LA INVENCIÓN DEL BIEN Y DEL MAL

HANNO SAUER

LA INVENCIÓN DEL BIEN Y DEL MAL

Una nueva historia de la humanidad

Traducción de Lara Cortés, Ana Guelbenzu y Cristopher Morales

PAIDÓS Contextos

Obra editada en colaboración con Editorial Planeta - España

Título original: *Die Erfindung von Gut und Böse,* de Hanno Sauer

Esta edición se ha publicado por acuerdo con Michael Gaeb Literary Agency, Berlín

© Piper Verlag GmbH, Munich/Berlin, 2023
© Hanno Sauer, 2023

© de la traducción, Lara Cortés Fernández, Ana Guelbenzu de San Eustaquio y
Juan del Cristo Morales Bonilla, 2023
Maquetación: Realización Planeta

© 2023, Editorial Planeta, S. A. - Barcelona, España

Derechos reservados

© 2026, Ediciones Culturales Paidós, S.A. de C.V.
Bajo el sello editorial PAIDÓS M.R.
Avenida Presidente Masaryk núm. 111,
Piso 2, Polanco V Sección, Miguel Hidalgo
C.P. 11560, Ciudad de México
www.planetadelibros.com.mx
www.paidos.com.mx

Primera edición impresa en España: mayo de 2023
ISBN: 978-84-493-4096-3

Primera edición impresa en México: febrero de 2026
ISBN: 978-607-639-170-9

Impreso en los talleres de Litográfica Ingramex, S.A. de C.V.
Centeno núm. 162-1, colonia Granjas Esmeralda, Ciudad de México
Impreso en México – *Printed in Mexico*

Res nolunt diu male administrari.

SUMARIO

INTRODUCCIÓN

Todo lo que era importante para nosotros

Permíteme que te cuente una historia. ¿Seguiremos siendo capaces de amarnos cuando llegue a su final?

Se trata de una historia larga, porque habla de todo lo que era importante para nosotros: nuestros valores, nuestros principios, los orígenes de nuestra identidad, los fundamentos de nuestra comunidad, la convivencia y el enfrentamiento, las dos caras de condenar y ser condenado, la certeza de que no siempre nos despertamos recostados sobre el mismo lado sobre el que nos habíamos quedado dormidos.

¿Qué puede servirnos de guía en este camino? ¿Cómo queremos vivir? ¿Cómo podemos ponernos de acuerdo? ¿Cómo hemos conseguido hacerlo en el pasado y cómo lograremos hacerlo en el futuro? Todas estas son preguntas de orden moral, y la historia que voy a contarte es una historia de la moral. Moral: una palabra que suena a represión y obligación, a limitaciones y sacrificio, a inquisición, confesión y mala conciencia, a castidad y catequismo; una palabra triste, claustrofóbica y amonestadora.

Y esta impresión no es desacertada, aunque sí reducida e incompleta. Mi historia recorrerá las transformaciones morales más importantes de la humanidad, desde nuestros antepasados más antiguos, aún no humanos, que vivieron en África oriental hasta los más recientes desencuentros —en torno a la identidad, a la desigualdad, a la opresión y a la imposición de un relato único acerca del presente— que se están librando a través de Internet en las metrópolis del mundo moderno. Hablará de cómo nuestra sociedad ha ido cambiando a lo largo de las sucesivas épocas, de cómo se han desarrollado nuevas instituciones, tecnologías, conocimientos y formas de economía en paralelo a nuestros valores y normas, y nos mostrará que cada uno de estos cambios presenta más de una faceta; porque quien vive en una comunidad excluye a otros, quien entiende las reglas quiere vigilarlas, quien confía se hace dependiente, quien genera bienestar también crea desigualdad y explotación, quien desea la paz se ve obligado a veces a guerrear.

Cada transformación entraña una dialéctica, cada avance positivo presenta un lado duro, sombrío y gélido, cada progreso tiene su precio. Nuestra primera evolución nos hizo cooperativos, pero también hostiles frente a aquellos que no pertenecían a nuestro grupo: quien dice «nosotros» pronto dirá también «ellos». El desarrollo del castigo nos domesticó, nos convirtió en seres amables y tolerantes, pero nos dotó igualmente de potentes instintos punitivos, es decir, de instintos castigadores mediante los cuales nos aseguramos de que nuestras reglas se cumplan. Nuestra cultura nos proporcionó nuevos saberes y nuevas capacidades, que fuimos aprendiendo de otros, pero acabamos volviéndonos dependientes de nuestros maestros. El nacimiento de la desigualdad y de la dominación generó una riqueza sin precedentes y también un nuevo grado de jerarquía y opresión. La modernidad liberó al individuo, que se hizo con las riendas de la naturaleza a través de la ciencia y la tecnología. Fue así como acabamos con la magia de nuestro mundo, en el que ahora nos sentimos apátridas, y como establecimos las condiciones necesarias para el colonialismo y el esclavismo. El siglo XX, que iba a ser el de la creación —mediante las instituciones mundiales— de una sociedad pacífica en la que todas las personas disfrutasen del mismo estatus moral, trajo consigo los crímenes más espantosos de la historia de la humanidad y nos arrastró al borde del colapso ecológico. En los últimos tiempos estamos intentando eliminar para siempre cualquier legado de la arbitrariedad y la discriminación, del racismo y el sexismo, de la homofobia y la exclusión; merecerá la pena hacerlo, pero tendremos que pagar un precio por ello.

Nuestra moral es un palimpsesto; un pergamino reescrito una y otra vez, a menudo ilegible, difícilmente descifrable. Pero ¿qué es la moral? ¿Cómo se define? De entrada, lo mejor sería no definirla de ninguna manera, porque «solo es definible aquello que no tiene historia».[1] Sin embargo, nuestra moral sí tiene una historia, que es demasiado compleja y voluminosa como para manejarla con estériles fórmulas que podamos imaginarnos mientras estamos acomodados en una poltrona. Pero que sea difícil definir la moral no significa que no podamos decir con claridad en qué consiste. Lo único que ocurre es que no es posible decirlo *sucintamente*.

Una historia de la moral no es una historia de la *filosofía* moral. Llevamos mucho tiempo reflexionando acerca de nuestros valores, pero hace muy poco que hemos empezado a poner esos pensamientos por escrito. El Código de Hammurabi y el sermón de la montaña, el imperativo categórico de Kant y el velo de la ignorancia de Rawls ocupan un espacio en mi historia, pero, comparativamente hablando, se trata de un espacio mínimo. Esta es la historia de nuestros valores, normas, instituciones y prácticas. La moral no está en nuestra cabeza, sino en nuestras ciudades y nuestros diques, en nuestras leyes y nuestras costumbres, en nuestras fiestas y nuestras guerras.

La historia que voy a narrar nos ayudará a comprender el presente. Hoy en día, las sociedades modernas se encuentran sometidas a una presión moral: es posible que su propia continuidad esté ligada a las verdades más desagradables de su existencia. ¿Cómo podemos cartografiar las remodelaciones de la infraestructura moral a las que estamos asistiendo actualmente de manera que la luz se abra paso por todos los rincones? ¿De dónde procede la intransigencia de la polarización a la que asistimos en nuestros días? ¿Qué relación existe entre identidad cultural y desigualdad social? Al final de esta obra, el vínculo entre estos elementos será tan estrecho que nos permitirá realizar un diagnóstico de nuestros tiempos, de la crisis moral del presente. El diagnóstico que propongo elaborar será fruto de la historia de nuestra moral, que iré exponiendo a lo largo de este libro. Para entender el presente, es necesario volver la mirada al pasado.

En pocas palabras: la evolución de nuestra moral nos hizo capaces de cooperar, pero también limitó el alcance de nuestra predisposición exclusivamente a aquellos que forman parte de «nuestro» grupo (capítulo 1, «5.000.000 de años»). Los cambios externos de nuestro entorno hacían cada vez más necesario cooperar y la única respuesta posible era convivir en grupos cada vez mayores. La práctica del castigo nos proporcionó el autocontrol y la paz social que se requería para ello, pero, por otra parte, también nos dotó de una psicología que controlaba de manera más estricta el cumplimiento de las normas de nuestro grupo (capítulo 2, «Medio millón de años»). La coevolución de los genes y la cultura nos convirtió en seres obligados a aprender de los demás si queríamos absorber del mejor modo posible el capital cultural de informaciones y habilidades acumulado hasta entonces. Al mismo tiempo, tuvimos que decidir de quién deseábamos aprender —es decir, de quién nos fiábamos y a quién creíamos—, y si pudimos anticipar esta confianza fue porque compartíamos unos mismos valores (capítulo 3, «50.000 años»). Gracias a la naturaleza de nuestra especie —cooperativa, punitiva y con capacidad de aprendizaje—, pudimos finalmente construir sociedades cada vez mayores, que vivían bajo la amenaza de que su elevado número de miembros acabara provocando su colapso. Nuestro igualitarismo originario empezó a ser sustituido por formas muy jerárquicas de organización, que dividieron a las sociedades humanas en élites socioeconómicas, por una parte, y en una mayoría desfavorecida desde el punto de vista político y material, por otra. La desigualdad social creció al mismo ritmo que nuestra aversión hacia ella (capítulo 4, «5.000 años»). Solo era una cuestión de tiempo que la historia de la moral produjese una coyuntura cultural en la que el parentesco y la jerarquía, en tanto principios estructurales de la sociedad, se sustituyeran por los comportamientos cooperativos surgidos de manera autónoma entre los individuos. Esta nueva etapa de la evolución social generó unos impulsos nunca vistos para el crecimiento económico, el progreso científico y la emancipación política, que desembocaron en la sociedad moderna en la que vivimos aún hoy (capítulo 5, «500 años»). Al mismo tiempo, aumentaron las tensiones entre nuestra aversión psicológica a la desigualdad social y las ventajas económicas que posibilitaba la estructura social basada en las libertades civiles. A medida que crecían los excedentes materiales, se alzaban cada vez más voces para exigir que se cumpliese de una vez por todas la promesa de igualdad entre los seres humanos: el estatus sociopolítico de las minorías desfavorecidas se convirtió así en una prioridad moral (capítulo 6, «50 años»). Sin embargo, este problema no se está resolviendo con la celeridad esperada, y eso es justo lo que caracteriza nuestra situación actual, en la que los principales elementos de la historia de nuestra moral se han combinado en una mezcla tóxica: nuestra psicología grupal, que se alimenta de la moral, hace que tendamos precisamente a la división social. Las dificultades a la hora de superar incluso las últimas desigualdades sociales nos llevan a sospechar de todos aquellos que no luchan por nuestra causa con la vehemencia que consideramos necesaria. De ese modo, se acrecienta la división de la sociedad entre «nosotros» y «ellos», lo cual, a su vez, nos hace más propensos a caer en la desinformación, porque cada vez decidimos en mayor medida a quién o quiénes dar crédito en función de las señales de su pertenencia moral. Nuestra psicología punitiva está empezando a examinar con una sensibilidad creciente los marcadores simbólicos que nos identifican como miembros de un grupo, así como a sancionar de un modo cada vez más excesivo el incumplimiento de las normas vigentes en cada momento. Los conflictos identitarios actuales —tanto en las filas de la izquierda como en las de la derecha— son el resultado de esta dinámica (capítulo 7, «5 años»). Pero la historia no tendría por qué terminar así: en realidad, en la mayoría de los casos nuestras diferencias de opinión en el terreno político son muy superficiales, y bajo esa superficie existen valores morales profundos y universales que todos los seres humanos compartimos y que podrían constituir la base de un nuevo entendimiento («Conclusión»).

Lo adelanto ya: esta es una larga historia. Comenzó hace mucho tiempo y terminará en el futuro. Su evolución se acelera y se compacta: el primer y el segundo capítulo abarcan millones de años; los tres últimos, en cambio, apenas comprenden unos cientos. La división cronológica por la que he optado no debe tomarse demasiado al pie de la letra: muchos de los avances que describo aquí se solapan o ni siquiera se pueden organizar temporalmente de manera inequívoca. Los periodos en los que se estructura esta narración deben contemplarse como escalas que marcan el ritmo y proporcionan una visión de conjunto. Habría sido posible —y razonable— organizarla en otras divisiones. La historia de nuestra moral también se podría narrar como la historia del crecimiento de las sociedades humanas: de los pequeños grupos familiares formados por unos cuatro o cinco miembros se pasó a los primeros clanes y tribus de cincuenta o quinientas personas y a las ciudades más antiguas, de cinco mil o cincuenta mil habitantes, hasta llegar a las grandes sociedades modernas, de cinco mil millones de personas o más.

La historia de la moral es también la historia de las diferentes formas que adopta la evolución humana. Arranca con los mecanismos de la evolución biológica, cuando nuestra moral contribuyó a definir el tipo de animal en el que nos convertiríamos y la manera en la que nos constituiríamos como la especie natural que somos hoy; rastrea las formas de la evolución cultural con las que creamos nuestro propio mundo, y sigue la trayectoria de la evolución social y política que está modelando el momento presente de la historia de la humanidad.

Por último, también puede narrarse como la historia de los elementos fundamentales de nuestra infraestructura moral, en los que se unen nuestra capacidad de cooperación, nuestra propensión al castigo, nuestra confianza en los demás y nuestra dependencia con respecto a ellos, nuestra igualdad y nuestra jerarquía, nuestra individualidad y nuestra autonomía, nuestra vulnerabilidad, nuestra pertenencia y nuestra identidad, dentro de nuestro particular estilo humano de vida. La división que he elegido aquí es un mapa, en la medida en que está pensada para proporcionar una guía y no para reproducir una realidad. No siempre los mapas más precisos son los mejores.

Cada capítulo se basa en el anterior y continúa la lógica interna de la narración. Sin embargo, todos ellos están escritos de manera que sean independientes y puedan leerse por separado. Si estás interesado en la evolución biológica del ser humano y en el modo en que nuestra moral nos formó *como especie* puedes centrarte en los primeros capítulos. Si deseas conocer algo de nuestra historia cultural temprana y descubrir la manera en que la infraestructura moral de las primeras civilizaciones marcó esta cultura sacarás provecho especialmente de los capítulos centrales. Los tres últimos se dirigen sobre todo a quienes quieran comprender mejor el espíritu moral de nuestro tiempo. Y las personas que —como yo— consideren que lo ideal para alcanzar esta comprensión del presente es entender el pasado deberían leer el libro entero.

Esta es una historia pesimista del progreso. Es pesimista porque *dentro de* cada generación hay demasiado mal. Y es una historia del progreso porque *entre* generación y generación parecen prender mecanismos que contienen el potencial necesario para mejorar gradualmente la moral humana, y también porque, a veces, hemos sacado partido de ese potencial. El progreso moral siempre es posible y, a menudo, también es una realidad. Pero no puede darse por sentado, ya que cada conquista tiene que defenderse de las fuerzas regresivas de la compleja naturaleza humana, la irracionalidad de nuestra mente y la crueldad del destino.

La idea de que solo podemos comprender nuestra moral con todos sus enigmas y contradicciones si entendemos también sus orígenes no es nueva. Su irrupción definitiva en el terreno de la filosofía llegó de la mano de Friedrich Nietzsche, quien, guiándose por las investigaciones genealógicas, la bautizó, precisamente, como «genealogía». Nadie mejor que él sabía que los argumentos y los hechos son insuficientes para provocar por sí mismos un cambio de mentalidad. En el contexto de la moral, sostiene el autor, la historia de las revueltas de esclavos —en las que triunfa una transmutación de todos los valores por obra de los perdedores y de quienes se han quedado descolgados de los demás, a los que azuza el veneno del resentimiento frente a los fuertes, los bellos y los aristócratas— constituye una herramienta retórica que debería despertar una primera *sospecha* frente a nuestros «prejuicios» morales. De ese modo, Nietzsche se lleva su verdadera crítica moral a su terreno, en el que traza su alternativa positiva: una moral que se oriente hacia los valores terrenales de la nobleza, el orgullo y la fuerza creadora que afirma la vida.

En *La genealogía de la moral*, obra del año 1887, Nietzsche plantea que la reinterpretación del binomio de valores «bueno» y «malo» como «bueno» y «malvado» es una sutil imposición de una «moral de rebaño», mediante la cual los débiles y los desposeídos lograron en su momento atacar psicológicamente a los aristócratas y a los fuertes, de manera que estos empezaron a confundir lo fracasado con lo digno de ser amado y lo exhausto con lo valioso. Nietzsche intenta demostrar que nuestra conciencia moral responde más a la interiorización de los impulsos de la crueldad que a una voz interna que nos recuerde de manera imparcial nuestras obligaciones morales; y tacha de síntoma de decadencia y hostilidad a la vida cualquier ascesis moral vinculada a la negación de uno mismo.

El principal problema de este relato acerca del origen de la moral es que no es cierto. La hipótesis de que el canon cristiano de valores —la sumisión y la igualdad, la humildad y la compasión— que se impuso en su momento es fruto de la impotencia y del odio que sienten hacia sí mismos los débiles, y de que su envidia y su desprecio hacia el esplendor de los poderosos los llevaron a crear valores enemigos de la vida, no resiste un examen histórico.[2]

Muchos aspectos siguen siendo desconocidos. Sin embargo, con el tiempo hemos conseguido determinar con bastante exactitud en qué términos se debería plantear el interrogante sobre los orígenes de la moral y cómo habría de ser aproximadamente la respuesta adecuada a esta pregunta. Tenemos que ir mucho más atrás de lo que el propio Nietzsche juzgó necesario y evitar centrarnos en la transición desde la ética terrenal, aristocrática y heroica de la Antigüedad hacia la de la Alta Edad Media cristiana, que empezó a subrayar el valor de la compasión y la sumisión, el pecado, la abnegación y el más allá. En lugar de ello, debemos plantearnos un problema mucho más importante: ¿cómo es posible que surgiera nuestra moral humana? Solo así conseguiremos entender cómo han podido cambiar a lo largo de las épocas nuestros valores y las estructuras sociales que los encarnan.

La historia de la moral que voy a exponer no es una historiografía en el sentido tradicional, en la que haga referencia a hechos y evoluciones concretos y más o menos bien documentados. En realidad, es una forma de «historia profunda», que no procederá a partir de años y nombres, sino que presentará un escenario plausible de lo que pudo ocurrir aproximadamente.

Nunca conseguiremos descifrar cómo fue el devenir exacto de los acontecimientos, porque el pozo del pasado es profundo (y tal vez ni siquiera cuente con un fondo). Tendremos que confiar en la mejor combinación posible de diversas disciplinas. La genética, la paleontología, la psicología y las ciencias cognitivas, la primatología y la antropología, la filosofía y la teoría de la evolución proporcionan, cada una de ellas, perspectivas propias que confluyen en una imagen.

¿Conseguirá esta narración sacar a la luz ese *pudenda origo* de nuestros valores que denunciaba Nietzsche, es decir, su vergonzoso origen? ¿Seguiremos siendo capaces de amarnos cuando llegue a su final? La incómoda verdad, contemplada a la fría luz del día, ¿desmoronará nuestra confianza en nuestros valores? ¿O demostrará que nuestra moral resiste un examen más minucioso? ¿O bien toda esta gran fiesta terminará en escombros, odio y vergüenza?

No podemos saber qué nos deparará el futuro, cómo querremos convivir con los demás ni cómo lo haremos. Pero tampoco es necesario saberlo. Nuestros valores morales son como los faros de un automóvil: no nos permiten ver a grandes distancias, pero, si confiamos en ellos, podremos realizar un largo viaje. Esta es la historia de ese viaje.

Y comienza así.

5.000.000 de años

Genealogía 2.0

EL DESCENSO

Durante la sequía desaparecieron los árboles. A medida que la tierra se resquebrajaba, surgieron profundos valles y abruptos desfiladeros, gigantescos y oscuros lagos y pantanos, altas montañas y suaves colinas. En el lugar que antes ocupaban los frondosos bosques —que en su momento nos proporcionaron un refugio entre lianas, enormes helechos cubiertos de rocío y carnosas suculentas, y junto a cuyas raíces, que sobresalían del suelo, crecían decenas de setas sobre coloridos cálices de flores—, pronto aparecieron arbustos espinosos, matorrales y hierbas puntiagudas.

Una vez que abandonamos los árboles y que ellos nos abandonaron a nosotros, lo que nos esperaba era un horizonte abierto. En este nuevo mundo sin fronteras llovían piedras y fuego, y el alimento escaseaba. Además, había grandes animales con terribles fauces que eran más veloces que nosotros y que estaban igual de hambrientos.

Un carrito de la compra medio lleno de huesos petrificados:[1] eso es lo único que ha quedado de nuestros antepasados más antiguos. Sus restos apenas consisten en un par de dientes, fragmentos de cráneos, trozos de arcos superciliares, pedazos de maxilares inferiores y superiores y esquirlas de algunos fémures.

La terminología que usan los especialistas es desconcertante. Hoy en día se distinguen varios taxones (del griego clásico *taxis*, es decir, ordenación), según la rama del árbol genealógico zoológico en la que nos encontremos y las diferencias y escisiones evolutivas que queramos subrayar: la familia de los *Hominidae* engloba a todos los homínidos, esto es, no solo al género *Homo*, sino también a los gorilas, a los orangutanes y al género *Pan*, entre cuyos representantes más recientes se encuentran los chimpancés y los bonobos. La denominación *Homininae*, en cambio, se reserva exclusivamente para los homínidos africanos (lo cual excluye a los *Ponginae* asiáticos, o sea, a los orangutanes), de los que forman parte, además del ser humano, el género *Pan* y los gorilas. Por último, el término *Hominini* se refiere a todos los humanos en un sentido estricto (aunque no en el más estricto posible): a esta estirpe —una tribu, en la acepción biológica del término— pertenecen los seres de tipo humano (bueno, no muy humanos aún) que hace unos cinco millones de años empezaron a poblar zonas del sur y el este de África; una serie de primates *Australopithecina* y otros de diferentes categorías más conocidas, como *Homo ergaster*, *erectus*, *heidelbergensis* o *neanderthalensis*. De todos estos *Hominini*, solo ha quedado uno: *Homo sapiens*.

COOPERACIÓN

La historia de la evolución de los *Hominini* más antiguos es la historia de los primeros antecesores protohumanos que surgieron tras separarse de aquellos antepasados que compartimos con el resto de los homínidos que siguen vivos. Esta crítica etapa inicial de nuestra evolución puede datarse hace aproximadamente cinco millones de años.[2]

La mayoría de los fósiles que se conservan —con excepción

de los del *Sahelanthropus tchadensis*, el más antiguo, cuyo cráneo, deformado de manera asimétrica, se descubrió en el árido desierto de Yurab, en el norte del Chad, dentro del yacimiento de Toros-Menalla— procede principalmente de África oriental, en concreto del territorio actual de Etiopía, Kenia y Tanzania. Se trata de fragmentos de huesos del muslo y el pulgar del *Orrorin tugenensis*, en la Formación de Lukeino, situada en las verdes colinas de Tugen; de varios molares del *Ardipithecus ramidus* y de una mandíbula inferior del *Australopithecus afarensis* (especie de la que forma parte Lucy), hallados en la depresión de Afar, junto al río Awash. La segunda gran concentración de hallazgos fósiles se encuentra en Sudáfrica, donde se han localizado los restos de varios de nuestros antepasados en las cuevas de Sterkfontein, Gladysvale, Drimolen y Malapa. No es improbable que esta especie de «mensaje dentro de una botella» nos haya llegado gracias a los leopardos y a otros grandes depredadores que vivieron en esas grutas y que solían arrastrar hasta ellas a sus presas para devorarlas.

Hoy en día, estos despojos fosilizados se encuentran diseminados por centros paleoantropológicos de investigación de todo el mundo, donde se les asigna una denominación a efectos burocráticos, se toma nota de ellos, se recogen en archivos, se registran y se diferencian bien. En este ámbito, al *Sahelanthropus tchadensis* se lo conoce, muy prosaicamente, como «TM 266»; el *Orrorin tugenensis* es «BAR 1000'00», y otros fragmentos, esquirlas y trozos constan como «Stw 573», «KT-12/H1» o «LH4». El *Ardipithecus ramidus*, por su parte, se llama «Ardi»; algo nada original, pero en fin...[3]

La historia de la hominización que nos narran estos hallazgos es provisional. Tal y como nos recuerdan a veces los filósofos, sigue siendo «rehén de los datos empíricos» y cada nuevo descubrimiento amenaza con evidenciar la necesidad de revisarla, corregirla y reescribirla, lo cual, en todo caso, es normal: solo los dogmas permanecen inmutables; en las ciencias, en cambio, los conocimientos rara vez son duraderos. El acceso a nuestro pasado más remoto sigue siendo especulativo, pero no utilizo este adjetivo en un sentido nebuloso, porque se trate de algo que no pueda comprobarse o que esté cogido por los pelos, sino en el sólido sentido de que legiones de mentes despiertas, armadas con los métodos más sagaces de la morfología comparativa, la genética molecular, la datación por radiocarbono, la bioquímica, la estadística y la geología, están intentando reconstruir la versión más plausible de esta historia a partir de multitud de teorías y conjuntos de datos heterogéneos. Esta reconstrucción dependerá de los secretos que la corteza terrestre, a través del azar geológico, decida compartir con nosotros. En este ámbito, a menudo somos como ese borracho que, cuando alguien le pregunta por qué busca junto a la farola las llaves que ha perdido, responde que mira allí porque precisamente es el sitio que está mejor iluminado.

Si en su momento fue posible reubicar la cuna de la humanidad en África oriental, es porque las condiciones geológicas de esta región permitieron sacar a la luz estratos de roca que en otros lugares se encuentran enterrados bajo decenas de metros de guijarros, arena y arcilla. Además, al igual que en cualquier otra disciplina científica, existe una estructura de incentivación que conduce a los investigadores —incluso a los más serios— a tender a relacionar sus descubrimientos más recientes con nuestros antepasados, y no con otras especies supuestamente menos importantes. De hecho, sorprende que no exista casi ningún fósil de chimpancé o de bonobo. Naturalmente, «nadie quiere renunciar a la oportunidad de convertirse en el descubridor de uno de los primeros homininos, en lugar de en el descubridor del primer panino».[4]

Pero, cuando hablamos de los primeros antepasados humanos tras la escisión evolutiva que los separó del resto de los homínidos, nos estamos refiriendo a animales cuya fisionomía y aspecto apenas recuerdan a los humanos modernos. Estos protohumanos, de poco más de un metro de altura, provistos de esos larguísimos brazos tan característicos de los primates, hocico prominente, orificios nasales anchos y un espeso pelaje marrón oscuro que les cubría todo el cuerpo, se parecían más a los monos actuales que a nosotros. En realidad, los primeros signos de cultura y resolución inteligente de problemas no aparecieron hasta mucho tiempo después: las herramientas primitivas de piedra a las que debe su fama la garganta de Olduvai, en Tanzania, son de una antigüedad de, como máximo, dos millones y medio de años.

Por aquel entonces la zona era ya cálida, pero no demasiado, porque nuestros antepasados solían vivir a altitudes superiores a los mil metros. En aquellas praderas extensas y con abundantes árboles se pasaban el día en pequeños grupos, buscando en el suelo raíces y bulbos, brotes amargos y rizomas estriados, frutos secos y termitas, y, con algo de suerte, encontraban restos de animales que las hienas o los leones —que por aquel entonces aún eran bastante más hábiles como cazadores que nosotros— habían dejado atrás. Los trozos secos de carne de los cadáveres les proporcionaban proteínas, al igual que la médula de los huesos y los sesos, que ellos, con sus diestros dedos, extraían a cucharadas de los cráneos hendidos.

Hace dos millones de años comenzó el Pleistoceno, y con él una de las eras geológicas más decisivas para la evolución humana. La Tierra estaba poblada por una extraña megafauna: mamuts, rinocerontes lanudos, tigres de dientes de sable y armadillos gigantes recorrían su paisaje. Todos ellos se han extinguido ya, en parte por nuestra culpa.

Vivíamos en un mundo duro y peligroso. La amplia extensión tipo sabana que había surgido como consecuencia de la fractura del Gran Valle del Rift —que desde ese momento modificó por completo la zona oriental del continente— nos hizo vulnerables a los depredadores, de los que, en aquella región que se estaba convirtiendo en una estepa, ya no podíamos protegernos trepando rápidamente a las copas de los árboles. Las montañas que habían empezado a acumularse por el oeste cerraban el paso al viento y a la lluvia, que hasta entonces habían llegado sin problemas desde el océano Atlántico y habían proporcionado agua al suelo.[5]

Las huellas de Laetoli, que se han conservado hasta nuestros días, nos hacen pensar en una familia —dos adultos y un niño—, cuyo rastro ha llegado a nosotros a través de casi cuatro millones de años desde las cenizas del volcán Sadiman, en el norte de Tanzania. Son los indicios fiables más antiguos de una existencia en la que caminábamos erguidos. Las nuevas condiciones vitales fuera de los densos bosques actuaron en favor del bipedismo. Pese a todo, seguimos siendo escaladores competentes durante mucho tiempo, pero cada vez nos veíamos más obligados a recorrer a pie largas distancias. En estas vastas llanuras cubiertas de vegetación merecía la pena disponer de una visión más general y caminar a un paso más ágil.

La vida social de este grupo de primeros homínidos puede analizarse a partir de una serie de modelos de presupuesto de tiempo, que, sin embargo, no ha sido posible formular hasta hace muy poco.[6] Para sobrevivir en el medio, nosotros, los primates (y también otros seres vivos), teníamos que realizar tres tareas: procurarnos alimentos, reservar momentos para el descanso y velar por la cohesión social. Si se tiene una idea aproximada de cómo era el entorno arcaico de aquel tiempo concreto y se averigua más o menos la cantidad de tiempo diario puro (es decir, excluyendo la noche) de que disponía una especie determinada, es posible deducir el tamaño máximo que alcanzaban los grupos de esa especie, teniendo en cuenta que su cohesión dependía de lo que se conoce como «acicalamiento social»; es decir, de la desparasitación mutua, que es el mecanismo central por el que se establece la solidaridad social entre primates. Si se dedica mucho tiempo a buscar comida y otro tanto a descansar, quedará como máximo una cantidad equis de tiempo para ocuparse de la cohesión del grupo. Pues bien, sabemos que ese tiempo permitía mantener unidos a grupos de no más de veinte miembros.

Pero ¿por qué la vida social era tan importante para nuestros antepasados? ¿Por qué nuestra capacidad de cooperación empezó a adquirir tanto peso? Estas preguntas nos conducen de nuevo a los cambios climáticos y geológicos que se estaban produciendo como consecuencia de la fractura del Gran Valle del Rift.

La primera transformación moral fundamental del ser humano consiste en el descubrimiento de la moral en sí misma. La mayor parte de las especies animales presentan regularidades en su comportamiento que permiten y favorecen la cohesión de un grupo. Los bancos de peces —que parecen seguir fantasmagóricamente un ritmo inaudible— cooperan a través del conformismo; los insectos sociales, como las abejas o las hormigas, han perfeccionado una división del trabajo en la que a menudo se exige el sacrificio total del individuo en beneficio de la colmena o de la colonia. La particular forma de cooperación que ha dado lugar a la moral del ser humano consiste en postergar el interés del individuo en aras de un bien común superior, del que todos se benefician.

El nacimiento de la cooperación humana fue el primer cambio moral decisivo de nuestra especie. ¿Y por qué la cooperación? La evolución de nuestra capacidad específica de colaboración fue posible gracias a las transformaciones climáticas y geográficas que determinaron que los bosques tropicales dieran paso a extensiones más abiertas, tipo sabana. Esto explica también que nuestro estilo de vida se diferenciase tan drásticamente del de los chimpancés y los bonobos. Nuestros parientes más cercanos, que se libraron de semejante cambio climático, siguieron viviendo en áreas de abundantes árboles alrededor del Congo, el río que discurre por el centro de África, por lo que quedaron expuestos a una presión selectiva completamente distinta. La desestabilización de nuestro medio y el drástico aumento de nuestra vulnerabilidad frente a los peligrosos depredadores nos empujaron en mayor medida a compensar esa nueva debilidad mediante una mayor protección mutua. Encontramos sostén y fuerza en grupos más grandes y con una colaboración más estrecha. Nosotros, los seres humanos, somos el fruto de lo que les ocurrió a los monos más inteligentes cuando, a lo largo de cinco millones de años, se vieron forzados a vivir en horizontes abiertos, en praderas extensas.[7]

ADAPTACIÓN

La psicología evolucionista se esfuerza por conocer nuestro presente a través de la historia de nuestra evolución. Tiene mala fama: muchos la acusan de ser un intento torpemente disimulado de legitimar prejuicios reaccionarios de carácter pseudocientífico. Esta sospecha no es del todo infundada, especialmente en el caso de la investigación sobre las diferencias entre géneros, que induce a ciertos teóricos a plantear relatos a veces descabellados; versiones de nuestra prehistoria evolutiva que suenan plausibles, pero que resultan casi imposibles de comprobar y que, en apariencia, explicarían por qué a las mujeres les gusta comprarse zapatos, mientras que los hombres prefieren ver un partido de fútbol. De acuerdo con estas narraciones, a la mujer arquetípica, cuyas antepasadas fueron recolectoras de frutas y bayas, le encanta buscar pequeños objetos coloridos para llevárselos a casa. El hombre, en cambio, que desde siempre ha estado obligado a cazar, siente de manera natural una fascinación sin límites por la competición física, la puntería, la lucha y la dominación. Por eso, hoy en día es totalmente normal que el hombre lleve presas a casa para alimentar a su familia, mientras que la mujer se asegura de mantenerse atractiva en todo momento.

Así las cosas, no parece en absoluto equivocado tachar de machista esta clase de psicología. Sin embargo, que la mitad de una disciplina sea una patraña sexista no significa que la mitad restante también carezca de seriedad. No es responsable negar que la evolución haya modelado nuestra mente, del mismo modo que ha modelado nuestro cuerpo: sería asombroso —y también misterioso y desconcertante— que la selección natural solo nos hubiese dejado huella de cuello para abajo.

La psicología evolucionista trata de gestionar la psicología con herramientas basadas en la teoría de la evolución. Intenta determinar si nuestra trayectoria evolutiva ha influido en cómo pensamos, sentimos, percibimos y actuamos y, de ser así, en qué medida lo ha hecho, con el fin de extraer lecciones del pasado que nos sirvan para el presente.

Una parte importante de este proyecto consiste en entender las condiciones del medio en las que tuvo lugar esa evolución. No es ninguna casualidad que desconfiemos de serpientes y arañas, que equipemos nuestras ciudades con parques que recuerdan los paisajes de la sabana, que sepamos apreciar las hogueras, que podamos pasarnos horas y horas cotilleando acerca de otras personas, que los ruidos repentinos y estruendosos nos asusten o que seamos capaces de hacer blanco con nuestras armas y de recorrer largas distancias. Nuestra percepción visual es sensible solo a una determinada parte del espectro electromagnético, concretamente a aquella que, desde el punto de vista biológico, resulta provechoso ver (y a la que denominamos «luz»). Se supone que estas condiciones también determinaron otras características de nuestra psicología. Nuestra mente sigue trabajando conforme a modelos que en su momento supusieron una ventaja competitiva para nuestros antepasados. A aquellas características que aportan una ventaja de este tipo a través de la adaptación se las conoce como «adaptativas». No todas nuestras capacidades tienen necesariamente un origen evolutivo. Sin embargo, es muy probable que las características funcionales complejas sean adaptativas o que lo fueran en el pasado.

Una de las consecuencias más interesantes de la psicología evolucionista es que permite explicar muchas de las disfunciones de nuestros pensamientos y acciones. Seguramente, el ejemplo más conocido de esta incongruencia entre la mente y el medio sea el apetito casi irrefrenable que sentimos ante el azúcar. Los hidratos de carbono constituyen una importante fuente de energía para el cuerpo humano, y si hay algo que caracterizaba en el pasado a la energía era precisamente su escasez. Por eso tendría sentido que, como consecuencia de la evolución, hayamos heredado una predisposición a no dejar pasar ni una sola ocasión de tomar azúcar. Mientras los carbohidratos fueron escasos, esta predisposición resultó adaptativa, ya que el deseo del azúcar nos empujaba de una manera eficaz a consumir una fuente de energía que era importante para nosotros. Sin embargo, a partir del momento en que dejamos atrás nuestro entorno de adaptación evolutiva y tuvimos un acceso permanente a provisiones ilimitadas de azúcar en los supermercados y en las estaciones de servicio, nuestra avidez se convirtió en un problema: ahora tenemos que poner coto de manera consciente al imperativo evolutivo que nos induce a tomar toda la energía posible en previsión de las épocas de vacas flacas.

Desgraciadamente, nuestra psicología incluye todo un arsenal de tendencias atávicas para las que nuestras sociedades modernas representan un entorno cada vez más hostil: en ellas nos vemos obligados constantemente a dedicar enormes esfuerzos a reprimir instintos y modelos de pensamiento y comportamiento primitivos, lo cual hace más necesario el autocontrol y nos lleva progresivamente a sentir un difuso «malestar en la cultura»,[8] porque, si bien nuestras necesidades materiales se han cubierto, también el nivel de exigencia con respecto a nuestra disciplina cognitiva se ha intensificado. De ese modo se perpetúa una percepción paradójica: del bienestar material de las sociedades humanas desarrolladas parece surgir una promesa de felicidad que se está cumpliendo solo a medias y a un ritmo frustrantemente lento, porque cada incremento de la complejidad social viene acompañado de un crecimiento de la sobrecarga cognitiva.

En una historia de la moral debemos analizar qué atributos de nuestro pasado evolutivo han modelado el tipo y el alcance de nuestra disposición a cooperar. Sabemos que en nosotros esa disposición es extraordinariamente espontánea y, además, sorprendentemente flexible. Pero ¿por qué?

La fase decisiva de nuestra evolución específicamente humana —es decir, la parte de nuestra prehistoria evolutiva que no compartimos con las amebas, los anfibios u otros mamíferos— tuvo lugar en un clima demasiado volátil. Con esto no me refiero a que en aquel tiempo la meteorología fuera especialmente imprevisible, sino más bien a que a lo largo de generaciones las poblaciones de nuestros antepasados tuvieron que lidiar con cambios climáticos rápidos y drásticos; unos cambios que, en condiciones normales, deberían haberse producido bien a un ritmo más lento, bien de una forma menos extrema, bien ambas cosas a la vez. Un entorno natural inestable premia la mayor flexibilidad y plasticidad —con lo que ello implica para la alimentación, la movilidad y el sedentarismo—, lo cual permitió a nuestros antepasados colonizar nuevos hábitats, incluso sin necesidad de experimentar previamente modificaciones anatómicas. Los avances tecnológicos mejoraron nuestra capacidad de lidiar con las exigencias que nos imponía la naturaleza y de resistir con éxito las nuevas condiciones de nuestro nicho. Además, en un entorno cada vez más caprichoso, tenía sentido compartir riesgos: si se sabe que cada año las tormentas derriban tres de cada veinte cabañas, pero no a qué cabaña concreta le tocará desmoronarse este año, merecerá la pena integrar en la estructura social sistemas de seguridad que, en caso de necesidad, protejan a los miembros de un grupo frente a los antojos del destino.

La presencia de especies de mamíferos de mayor tamaño determinó que la caza en equipo resultase una acción adaptativa. Muchos animales cazan de manera cooperativa, pero el nivel de precisión y coordinación que muestran los seres humanos no tiene parangón. En algún momento, nuestros antepasados empezaron a ser cada vez más dependientes del hallazgo de carne de animales grandes para alimentarse, con lo que, desde el punto de vista evolutivo, cobró sentido entrenar las intenciones colectivas

—las denominadas *we-intentions*, o intenciones nuestras—,[9] aprender la compleja capacidad de la caza y, finalmente, ejercitar esta actividad junto con los demás. En paralelo, comenzaron a desarrollarse unas instituciones perfeccionadas que organizaban la participación en la caza y el reparto de las presas.

De ese modo, unos seres capaces de cooperar —como era nuestro caso— consiguieron cosechar los frutos de la colaboración que les proporcionaba el entorno natural o social. Nacieron entonces las denominadas «economías de escala», con las cuales las ventajas de la cooperación ejercida a través de redes cada vez más grandes fueron incluso mayores. Este fenómeno, al que los economistas se refieren como los *increasing returns to scale* o rendimientos crecientes de escala, significa que el éxito de nuestras acciones no siempre evoluciona de manera lineal: en ocasiones explota de forma repentina. Imaginemos que para cazar un elefante o una cebra se necesita contar con un grupo de al menos seis cazadores. Pues bien, la diferencia entre estar en un grupo de cinco miembros o en un grupo de seis no reside en que el primero cazará cinco conejos y el segundo, seis; sino en que el primero atrapará cinco conejos y el segundo, *un elefante*.

La «caza del ciervo» es un modelo teórico que explica esta forma de cooperación. En este juego de la seguridad hay dos jugadores (A y B) y dos opciones (cazar un ciervo y cazar una liebre). Para abatir un ciervo, los jugadores tienen que cooperar, pero para atrapar una liebre pueden actuar cada uno por su cuenta. De lo que se trata es de que los jugadores *coordinen* sus acciones. Si A decide ir a por el ciervo y B a por la liebre, A volverá hambriento a casa y B habrá desaprovechado una oportunidad. Solo si ambos optan por cazar el ciervo, alcanzarán un resultado óptimo.

En nuestro entorno de adaptación evolutiva, vivíamos en pequeños grupos. Un concepto fundamental en la antropología evolutiva es el número de Dunbar. El psicólogo evolucionista británico Robin Dunbar demostró que el tamaño del neocórtex de los primates determina la cantidad máxima de miembros que pueden constituir un grupo, porque las comunidades más grandes y, consecuentemente, con una estructura social más compleja nos exigen procesar más información:[10] tenemos que decidir en quién podemos confiar, así como mantener al día nuestros registros de reputación social para valorar quién es un buen amigo, quién es un buen maestro y quién es ambas cosas, quién caza, cocina o sigue rastros mejor que los demás o quién, cuándo y en qué medida ha hecho daño a quién.

El crecimiento del volumen de una comunidad tiene un efecto desestabilizador a largo plazo, porque en nuestra naturaleza no traemos incorporada la caja de herramientas institucionales necesarias para garantizar la resistencia de los acuerdos cooperativos. Dunbar sostiene incluso que, teniendo en cuenta nuestro volumen cerebral medio, el tamaño natural de los grupos humanos no puede superar los ciento cincuenta miembros, aproximadamente. Esta cifra es válida para los contextos más diversos, desde sociedades tribales hasta estructuras internas de organizaciones militares. Dicho de un modo coloquial: el número máximo de personas con las que podríamos estar tranquilamente en un bar tomándonos una copa es de ciento cincuenta.[11] La característica particular de las sociedades humanas es que, naturalmente, pueden tener mucho más de ciento cincuenta miembros, pero este fenómeno es reciente y ha requerido un andamiaje institucional que regule de manera cooperativa la formación de grupos más numerosos. Las comunidades surgidas espontáneamente acaban dividiéndose tan pronto como se supera su capacidad numérica máxima.

Los grupos pequeños a los que se encontraban adaptados nuestros antecesores evolutivos estaban en un estado de constante conflicto, aunque solo fuera latente. Para empezar, en las azarosas condiciones del medio en el que se desarrolló nuestro pasado evolutivo se desataron con frecuencia violentos enfrentamientos por los escasos recursos naturales disponibles. Sigue sin estar claro si el hombre, como aseguraba Thomas Hobbes, es un lobo para el hombre, pero los datos de la arqueología forense indican con mucha claridad que en la mayoría de los casos los grupos humanos fueron extraordinariamente hostiles entre sí.[12] En ciertas tribus de cazadores y recolectores nómadas, el concepto de muerte natural —es decir, de una muerte no ocasionada por la violencia de los miembros de una tribu vecina— incluso es prácticamente desconocido.

No debe sorprendernos que el encuentro entre los grupos prehistóricos acabara con tanta frecuencia en violentos conflictos: desde el punto de vista evolutivo, era de esperar que estallasen guerras territoriales y enfrentamientos en torno a los recursos, porque los conflictos grupales son ideales para incrementar la presión selectiva a favor de los mecanismos cooperativos.[13] Cuanto más depende la supervivencia de un individuo del éxito del grupo al completo, antes empiezan a resultar beneficiosas las acciones altruistas a favor del colectivo. A muchas personas les repugna la idea de que la guerra pueda ser un ejemplo de cooperación altruista, pero técnicamente es así: quien guerrea subordina su propio interés a un proyecto común y, al hacerlo, elige la opción cooperativa.[14] Hay que tener en cuenta que su contribución individual no será ni mucho menos determinante para la victoria o la derrota y que también los objetores de conciencia se benefician de los frutos de una posible victoria. Así pues, las guerras plantean el clásico problema de la acción colectiva. Que los actos bélicos sirvan o no a una buena causa desde el punto de vista moral es un aspecto secundario: la cooperación sigue siendo un pilar esencial de la moral humana, incluso cuando se coopera en aras de objetivos infames.

Por aquel entonces, probablemente los estallidos de violencia no se producían solo como consecuencia de encuentros casuales, sino también, y sobre todo, en el marco de ataques estratégicos de grupos enemistados. El clima volátil al que hacía referencia en líneas anteriores favoreció ambas situaciones, en la medida en que el frecuente rechazo a los migrantes hacía más probable el choque entre grupos que por aquel entonces se encontraban aislados. Los estudios etnográficos realizados entre pueblos indígenas recientes dibujan el mismo panorama. Nuestros antepasados eran pacifistas y familiares de puertas para adentro, pero de puertas para afuera actuaban como bandas de asesinos y saqueadores.

Nuestro entorno de adaptación evolutiva no se corresponde con un espacio que pueda circunscribirse a un lugar específico en el mapa mundial ni con un periodo histórico que sea posible marcar en una línea del tiempo. En realidad, nuestro pasado evolutivo es un concepto amplio que recoge el conjunto de condiciones naturales y sociales que ejercieron una presión selectiva real sobre el desarrollo de nuestra especie. Quien quiera entender nuestra moral deberá entender también la historia de esta selección.

LA EVOLUCIÓN BIOLÓGICA

Para comprender mejor los mecanismos de la evolución humana es necesario saber primero cómo funciona la evolución en general. En 1790, Kant consideraba aún que «esperar que algún nuevo Newton vendrá un día a explicar la producción de un tallo de yerba por leyes naturales, a las que no presida designio alguno» era «absurdo»,[15] por lo que lo descartaba categóricamente. Sin embargo, apenas sesenta y nueve años más tarde se publicó la obra de Charles Darwin *El origen de las especies*, que volvió a demostrar que aquello que hoy nos parece imposible mañana puede ser una realidad.

A primera vista, la impresión de que el mundo animado es el resultado de una intervención intencionada parece irrefutable: el ojo está ahí para ver; el corazón, para bombear; los guepardos son esbeltos y rápidos *para* cazar bien; los pájaros pueden volar *para*... y así sucesivamente. Sin embargo, la teoría de la evolución acaba con esa impresión y la desenmascara como una mera ilusión teleológica. La orientación de la vida hacia unos objetivos es solo aparente: en realidad, sigue la marea no planificada de la mutación y la selección.

De hecho, lo que parece ser un diseño inteligente es en realidad el fruto de un proceso gradual, en el que, a lo largo de millones y millones de años, la frecuencia de las diferentes variantes ha ido cambiando por efecto de la presión selectiva externa (concretamente, de epidemias, cambios climáticos, etc.). La evolución siempre tiene lugar allí donde se produce una «descendencia con modificación» (en palabras de Darwin, *descent with modification*), que surge como consecuencia de la combinación de diversos factores, como la variación, las diferencias de éxito reproductivo y la herencia. Las mutaciones azarosas generan variación. Las diferencias en el éxito reproductivo relativo de las variaciones generadas conducen, a través de la herencia, a una nueva mezcla en la siguiente generación. Este proceso se denomina «selección natural».

Todo este desarrollo es «ciego», es decir, «no planificado»: nadie dirige su curso, que, como constató el filósofo Daniel Dennett, avanza de forma «algorítmica».[16] Un algoritmo es un procedimiento de adopción de decisiones que, cuando se aplica correcta y repetidamente, produce de manera mecánica un determinado resultado. La evolución genera adaptación —y, a largo plazo, la aparición de nuevas especies o especiación— a través de la aplicación repetida de la variación y la selección.

La selección natural no es el único mecanismo que determina la composición de una población: además de la azarosa deriva genética, también tiene peso la selección sexual. Con todo, no está claro si la selección sexual constituye una variante de la selección natural. En el proceso de la selección sexual, el éxito reproductivo concreto de un organismo (o, dicho de un modo más preciso, de sus genes) no depende del dictado de la naturaleza, sino del caprichoso gusto del otro género.

Probablemente existen pocos conceptos científicos que a primera vista parezcan tan sencillos de entender, pero que den lugar a tantos malentendidos. El concepto de adaptación nos conduce a la hipótesis errónea de Lamarck según la cual la influencia del medio puede provocar cambios fenotípicos en los organismos ya existentes. Así, por ejemplo, la evolución consistiría en el alargamiento del cuello de una jirafa como consecuencia de sus esfuerzos por alcanzar las hojas de los árboles especialmente altos. Sin embargo, lo cierto es que, salvando unas pocas excepciones epigenéticas, los rasgos adquiridos no pueden transmitirse por herencia. Además, ciertas características ni siquiera pueden adquirirse. Hay otro malentendido aún más básico: la idea de que la evolución es un proceso que tiene lugar en el individuo. En realidad, el concepto de la evolución debe entenderse en términos de estadística de las poblaciones: se refiere a la variabilidad intergeneracional en la distribución de un rasgo en una población, es decir, al cambio de la frecuencia de ese rasgo de una generación a otra. Las jirafas que poseen un cuello más largo tienen mayor descendencia, así que en la siguiente generación habrá más jirafas de cuello más largo.

La fórmula que explica la evolución como el proceso de la supervivencia del más apto —que en realidad no es obra de Darwin, sino que la acuñó, cinco años después de la publicación de *El origen de las especies*, el filósofo y sociólogo inglés Herbert Spencer— sugiere que existen criterios de aptitud independientes de la evolución y que, en cierto modo, el proceso evolutivo se encarga de rastrearlos. De hecho, los más aptos son, sencillamente, aquellos que logran el mayor éxito reproductivo. Este concepto de aptitud es prácticamente circular y tautológico: ¿quiénes se imponen? Los más aptos. ¿Quiénes son los más aptos? Los que se imponen. A la evolución le es indiferente *quiénes* sean los más aptos, es decir, si son altos o bajos, fuertes o débiles, inteligentes o estúpidos: lo que le importa es que sobreviven y tienen descendencia.

Que una característica sea adaptativa —lo cual se descubre siempre a toro pasado y nunca *ex ante*— no significa que se trate de la mejor adaptación posible. La evolución no busca la optimización. Por ejemplo, a muchas personas les sorprende que los humanos sigamos enfermando de cáncer. ¿No deberíamos haber derrotado hace tiempo a este «emperador de todos los males»?[17] ¿No debería la evolución habernos hecho inmunes frente a él? Por desgracia, a la evolución le damos igual nosotros y nuestro sufrimiento. Lo único que le interesa es cómo influye una determinada característica en el éxito reproductivo de los genes. La mayoría de las personas han transmitido sus genes mucho antes de enfermar de cáncer. A la evolución no le importa que fuese *aún mejor* no desarrollar cáncer, porque lo único que le interesa es que algo sea lo *suficientemente bueno*. De lo que se trata en la competición evolutiva es de ser *comparativamente más capaz de imponerse* que los competidores. La calidad óptima no tiene aquí ningún peso. De hecho, las estrategias de optimización pueden considerarse incluso un ejemplo de maladaptación, porque la presión selectiva premia con recursos la máxima eficiencia. A los perfeccionistas, en cambio, los castiga.

Por otra parte, no todas las características son el fruto de un proceso de adaptación. Además de las adaptaciones, existen las exaptaciones, en las que el perfil funcional de un rasgo que en su origen le había permitido ser seleccionado se aparta posteriormente de sus objetivos iniciales o, mejor dicho, de su función inicial. El ejemplo canónico son las plumas de los pájaros: su función inicial era la termorregulación, ya que permitían controlar la temperatura corporal, pero más adelante, durante la evolución, se convirtieron en herramientas para el vuelo. Además, hay que tener en cuenta que los cambios en la expresión de determinadas características en una población a menudo no tienen nada que ver con las diferencias reproductivas que surgen como consecuencia de un rendimiento (dis)funcional, sino con la azarosa deriva genética. Por ejemplo, puede darse una deriva no adaptativa cuando se produce una situación de cuello de botella en una especie: si, como consecuencia de una inundación o de una tempestad, una gran parte del grupo ha desaparecido, solo quedará la información genética de los ejemplares que, por mera casualidad, hayan sobrevivido.

A fin de cuentas, que una característica sea o no adaptativa —es decir, que conduzca o no al éxito reproductivo relativo— no tiene nada que ver con que esa característica pueda ser buena o deseable en cualquier otro sentido. La biología de la evolución y la psicología evolucionista son un panóptico de brutalidad y obscenidades que a menudo resultan favorables desde el punto de vista estratégico, pero son más que dudosas desde la perspectiva ética. En determinadas condiciones, el asesinato y el homicidio, la violación y el robo, la xenofobia y los celos pueden ser conductas bastante adaptativas, pero eso no las convierte en moralmente correctas.

Jamás se insistirá lo suficiente en la importancia que tiene el descubrimiento científico de la evolución. La idea de que una adaptación aparentemente intencionada puede explicarse mediante el concierto descoordinado de la mutación y la selección es uno de los principales hallazgos que se han producido en la historia de la humanidad, solo comparable con tres o cuatro descubrimientos más. «Si hundes largo tiempo tu mirada en el abismo, el abismo acaba por penetrar en ti»,[18] vaticinó en su momento Nietzsche. Y el «abismo darwiniano»[19] resultó ser más profundo de lo que se pensaba. Dennett describe acertadamente la teoría de la evolución como un «ácido universal» que corroe todos nuestros conceptos, ideas y teorías tradicionales.[20] Cualquier concepción del mundo que entre en contacto con él sufrirá un cambio fundamental. De hecho, muchas ideologías ni siquiera han sobrevivido a ese contacto.

La improbabilidad de la cooperación

Han pasado muchas cosas, sobre todo en los últimos milenios. El filósofo y neurocientífico Joshua Greene se ha imaginado qué ocurriría si una civilización superior, procedente de otro planeta, visitase la Tierra cada diez mil años para comprobar si alguna de las especies que habitan este planeta parece prometedora. Hace cien mil años esos extraterrestres habrían anotado, en referencia a los *Homo sapiens*: «Cazadores y recolectores, algunas herramientas primitivas, población: diez millones»;[21] lo mismo habrían escrito hace noventa mil años, y hace ochenta mil, e incluso hace diez mil. Sin embargo, en su visita más reciente, en el año 2020, sus registros dirían lo siguiente: «Economía industrial globalizada, tecnología avanzada que incluye energía atómica, telecomunicaciones, inteligencia artificial, viajes espaciales, amplias instituciones sociales y políticas, gobiernos democráticos, ciencia avanzada [...]». Hemos llegado lejos, y nuestra capacidad moral ha modelado e impulsado de manera decisiva este desarrollo.

Pero las cosas no tendrían por qué haber sucedido así: es fácil imaginar escenarios alternativos. La antropóloga estadounidense Sarah Hrdy ha pensado en lo que podría pasar si unos chimpancés viajaran en avión, y compara ese vuelo imaginario con el de unos pasajeros humanos.[22] Creo que son poquísimas las personas a las que realmente les gusta volar. Sin embargo, hemos de reconocer que, a pesar de los frustrantes obstáculos que tenemos que superar para embarcar, por lo general todos los trámites transcurren de forma civilizada. Una vez a bordo, nos pasamos varias horas sentados, apretujados entre desconocidos, callados e inmóviles, alimentados con una comida dudosa y entretenidos con unos medios aún más dudosos. De cuando en cuando nos molesta algún pasajero borracho o algún bebé llorón que no consigue calmarse, pero ¿quién ha vivido de verdad un percance serio o violento?

En cambio, ¿cómo se comportarían los chimpancés en unas condiciones similares? No le recomendamos a nadie que haga el experimento: asientos destrozados; ventanillas reventadas; charcos de sangre en la moqueta; orejas, dedos y penes desgarrados; un sinfín de monos muertos por todos los rincones de la cabina; un aullido único; dientes que rechinan...

No quiero decir con esto que los chimpancés —o cualquier otro animal no humano— sean unos monstruos absolutamente sanguinarios, impulsivos e incapaces de cooperar. Lo fundamental, más bien, es que la capacidad de cooperación en los humanos funciona de una forma distinta a la de todos los demás animales: nosotros cooperamos de manera más frecuente, flexible, generosa y disciplinada, y también menos recelosa, y lo hacemos incluso con extraños. Hay algo en nuestra especie que nos permite percibir las ventajas de la cooperación y, por decirlo así, subirnos a su carro. Si alguien consigue reclutar a sus congéneres para diferentes proyectos en los que todos salgan ganando, tendrá ante sí todo un mundo de nuevas posibilidades. Nosotros sabemos reconocerlas y aprovecharlas con una facilidad sorprendente.

Lo único que queremos es jugar

En el siglo XX surgió una disciplina científica que se dedica sobre todo a estudiar las condiciones y los límites de la cooperación humana. Se trata de la teoría de juegos, que analiza cómo interactúan entre sí los actores racionales y trata de explicar, fundamentalmente, por qué a menudo resulta tan difícil que surja y se consolide el comportamiento cooperativo.

El nombre teoría de juegos no es un acierto, ya que sugiere que esta disciplina se centra en el examen científico de los juegos —como el ajedrez, el póquer o el baloncesto—, o bien que la convivencia humana se debe considerar como un pasatiempo frívolo. Ni lo uno ni lo otro. En realidad, los especialistas de esta disciplina se ocupan de describir la interacción humana mediante modelos matemáticos precisos, básicamente con el objetivo de averiguar por qué la cooperación fracasa con tanta frecuencia o ni siquiera hace acto de presencia. La denominación teoría de *juegos* tiene que ver con el hecho de que las interacciones se contemplan como secuencias de actos en las que la jugada que realice en primer lugar A determinará cuál será la mejor respuesta de B.

Un comportamiento se considera cooperativo si aplaza el interés propio e inmediato en aras de una ganancia común mayor. Esto no tiene nada que ver con el autosacrificio: la cooperación beneficia a todos. Por eso resulta especialmente frustrante que fracase por estrechez de miras, impulsividad o pensamiento cortoplacista.

Las acciones cooperativas se orientan conforme a normas que limitan la maximización racional del beneficio de un individuo, pero, de ese modo, conducen a situaciones en las que todos salen ganando. En la teoría de juegos, estas situaciones se denominan «juegos de suma positiva». En cambio, los juegos de suma cero, como el póquer, se caracterizan por el hecho de que las pérdidas de uno de los actores entrañan las ganancias del otro: aquí la suma de ganancias y pérdidas es igual a cero. En los juegos de suma negativa, en cambio, todos pierden. Dado que las acciones cooperativas en las que todos ganan impiden que alguien salga perjudicado, cumplen un criterio de equidad importante: resultan justificadas para todas las partes.

Hay al menos una expresión de la teoría de juegos que con el tiempo ha pasado a utilizarse también en el lenguaje cotidiano: se trata del concepto del dilema del prisionero (*prisoner's dilemma*). La historia es más o menos la siguiente: la policía detiene a dos delincuentes. Existen pruebas de que han cometido un delito leve (tenencia ilícita de armas); sin embargo, también se les quiere imputar un atraco a un banco que ha sucedido poco tiempo antes, pero para el que aún no hay suficientes pruebas contra ellos. Así pues, los agentes conducen a cada detenido a una sala de interrogatorios diferente y les ofrecen un trato: si la persona A inculpa a la persona B, A solo será condenado a un año de prisión, mientras que a B le caerán diez años porque habrá pruebas de que ha cometido ambos delitos. Pero a B le ofrecen el mismo trato. Por lo tanto, si ambos permanecen callados y solo se les puede endosar el delito leve, a cada uno de ellos les corresponderán tres años de cárcel. Ahora bien, si se traicionan mutuamente, podrían caerles cinco años. Dado que no se les permite comunicarse entre sí, cada cual debe decidir por sí mismo cuál es la estrategia óptima. A piensa entonces: «Si B me traiciona, debería traicionarle yo también. De lo contrario, se me considerará autor único del delito y me pasaré diez años en la cárcel. Pero ¿y si B no dice nada? En ese caso, también debería traicionarlo, *a pesar de todo*, para que solo me caiga un año de prisión». El problema es que ambos se encuentran en la misma situación, así que se culparán mutuamente y al final se condenará a cada uno de ellos a cinco años.

El dilema del prisionero parece describir una situación especial y muy poco probable, que no resulta relevante a efectos de la vida cotidiana. Sin embargo, se trata de una vívida escenificación de un problema más general que permite ilustrar de una forma precisa el conflicto subyacente al comportamiento social. La acción cooperativa es casi siempre la mejor opción para todos los implicados. El problema es que *para cada individuo concreto* es aún mejor que todos los demás cooperen, mientras que él o ella procura sacar el máximo partido de la situación. Dicho de otro modo: para un individuo el comportamiento no cooperativo es siempre la mejor opción, independientemente de que los demás cooperen o no. Si me engañan, es mejor que yo también engañe, pero incluso si los demás son sinceros, será mejor que yo mienta. La ausencia de cooperación se convierte en la estrategia dominante y, si esa falta de cooperación es bilateral, nos encontraremos ante un equilibrio de Nash estable: nadie puede salirse unilateralmente de esta situación de equilibrio sin sufrir un perjuicio. Lo paradójico del dilema del prisionero es que nos muestra cómo pueden desintegrarse la racionalidad individual y la responsabilidad colectiva. Si cada persona actúa racionalmente de forma individualista, el resultado colectivo no es el óptimo, porque no se cosecharán los frutos de la cooperación.

Una vez que entendemos esta idea de base, empezaremos a identificar por todas partes dilemas del prisionero o, de un modo más general, problemas de la acción colectiva. Esto se debe, sobre todo, a que los problemas de la acción colectiva se encuentran *realmente* en todas partes. Probablemente los ejemplos más conocidos son los relacionados con el agotamiento de los recursos naturales. A este problema —que ya anticipó el filósofo escocés David Hume en el siglo XVIII— se le conoce como la «tragedia de los (bienes) comunes» (*tragedy of the commons*) desde Garrett Hardin.[23] Este ecólogo estadounidense observó lo siguiente: los recursos naturales que, como los pastos o las reservas pesqueras, no se parcelan estableciendo límites en cuanto a su propiedad tienden a ser explotados por encima de sus capacidades, porque, independientemente de cómo se comporten los demás individuos —es decir, sin contemplar que hagan un uso sostenible o insostenible de tales recursos—, para cada uno de ellos la mejor estrategia será siempre consumirlos de manera desmesurada. Por tanto, el individuo se beneficia de las ventajas de su mal comportamiento y «externaliza» sus desventajas al resto del colectivo.

Muchos fenómenos cotidianos aparentemente banales pueden analizarse como problemas de la acción colectiva. A menudo los atascos en las autovías se producen como consecuencia de la indiscreción de los mirones curiosos, que frenan unos instantes en el escenario de un accidente para echar un vistazo y provocan que, poco a poco, el tráfico tras ellos se ralentice cada vez más. Los conocidos como «caminos del deseo» son atajos que resultan beneficiosos para los individuos, pero que al final dejan el suelo lleno de huellas espantosas para todos.

Desde la publicación de la obra de Thorstein Veblen *Teoría de la clase ociosa*, en economía se habla del «consumo ostensible». Este término alude al hecho de que tendemos a gastar ingentes recursos en adquirir símbolos de estatus que, en última instancia, no nos proporcionan una satisfacción intrínseca, sino que provocan efectos puramente posicionales: los bienes solo tienen valor si (y porque) las demás personas carecen de ellos. Sin embargo, tan pronto como los competidores ganan terreno en la carrera, todos esos bienes pierden valor. En ese momento, todas las personas serán más pobres y ninguna de ellas será feliz, así que habría sido mejor no empezar siquiera esta competición por ver quién tiene más.[24]

En el terreno de la política, la teoría de juegos demostró su validez especialmente durante la absurda carrera armamentista de la Guerra Fría.[25] En aquella época, a muchos intelectuales les dio la impresión de que, sencillamente, el mundo se había vuelto loco. La capacidad de discernimiento de los bandos rivales se envenenó con ideologías irreconciliables que presentaban al adversario como alguien inferior o malvado. Sin embargo, la visión de aquellos intelectuales adolecía de un error fatal, ya que expulsaba el problema hacia el terreno de los irresolubles conflictos ajenos a la vida cotidiana, en lugar de reconocer el núcleo banal del escenario de intimidación recíproca: si todos los demás se equipan con armamento nuclear, lo mejor para mí es hacerme también con esas armas. Y si soy el único que las tiene, mejor que mejor.

Muchos problemas sociales pueden describirse siguiendo este mismo esquema: los estadounidenses que poseen armas suelen argumentar que se sienten más seguros con pistolas que sin ellas. Casi todas las personas reconocen que el deseo de autodefensa es legítimo, por lo que el *lobby* nacional de las armas achaca a un síntoma de la decadencia de la blanda costa este o al invasivo afán de control por parte de las élites de Washington cualquier reivindicación que pida una legislación más eficaz, especialmente en lo relativo a las armas potentes, como los fusiles de asalto. El vocabulario de la teoría de juegos demuestra que esta idea carece de sentido: en realidad, aquí estamos ante una situación en la que el acto racional individual de poseer un arma acaba convirtiéndose en un acto irracional colectivo. La tenencia generalizada de armas no tarda en «consumir» las ventajas que proporciona al individuo desde el punto de vista de la autodefensa: cada vez habrá que comprarse pistolas más y más grandes, hasta que llegará un día en que la paz del vecindario solo pueda garantizarse mediante tanques. Y ni siquiera así se preservará de forma duradera.

La creciente ola antivacunas que ha aparecido recientemente es una contrariedad que, en último término, también tiene su origen en un problema de la acción colectiva. Los supuestos riesgos de las vacunas son en su mayoría ficticios, pero ¿a quién de nosotros le apetece sacrificar una tarde en la sala de espera del pediatra, repleta de languidecientes niños de extraños, para permitir que al final les metan a nuestros propios vástagos una aguja metálica en el brazo, en medio de protestas y gritos? Si todos los demás se vacunaran, las ventajas de la inmunidad de grupo se podrían disfrutar sin necesidad de mortificar de ese modo a nuestros hijos. Solo cuando los niveles de vacunación descienden por debajo del umbral de la inmunidad de grupo, la vacunación individual frente a un aumento de casos de enfermedad vuelve a ser una decisión racional. Los antivacunas, aparte de creer a menudo en extravagantes teorías de la conspiración, no solo presentan un comportamiento irresponsable, sino también *inmoral*, porque se benefician de las estructuras cooperativas sin contribuir en absoluto a ellas.

Sea como fuere, en el mundo de la biología los problemas de la acción colectiva están en todas partes. Las secuoyas de California pueden llegar a alcanzar una altura superior a los cien metros para conquistar el mejor lugar desde el que captar el sol. Por desgracia, son incapaces de ponerse de acuerdo entre ellas para establecer un límite máximo de cincuenta metros, que permitiría poner fin, con una antelación suficiente, a esta competición obscena e ineficiente por superarse las unas a las otras.[26]

Actuar colectivamente no es imposible. Sin embargo, los ejemplos ya señalados y la lógica de los problemas de la acción colectiva demuestran que la formación de un «nosotros» con capacidad de actuación tiene que hacer frente a potentes obstáculos y que no existe ninguna receta de validez universal para superarlos. El problema de la constante vulnerabilidad de los acuerdos cooperativos frente a la explotación es irresoluble.

¿Qué implica todo esto para la evolución de nuestra moral?

Imagina un pequeño grupo de seres ficticios, parecidos a los humanos. Cada uno de esos seres lucha por sí mismo y solo piensa en su propio provecho. No existe entre ellos ni un ápice de cooperación. De repente, por una mutación genética casual, nace un individuo que es un poco más altruista y cooperativo que los demás —pero solo un pelín más—. Este individuo presenta una moral rudimentaria: en ocasiones tiende a no explotar a los otros y no siempre trata de defender su propio interés por encima de los intereses del resto.

Una variante como esta jamás lograría imponerse. Rápidamente sucumbiría en la guerra por los recursos y la reproducción. La presión selectiva sería implacable con ella e impediría que se expandiera entre la población. Ocurriría algo similar en el caso contrario: si en un grupo de seres que cooperan y se ayudan mutuamente nace un individuo que, por alguna mutación azarosa, está un pelín *menos* dispuesto a cooperar que los demás, este disfrutará de una ventaja competitiva mayor que la del resto. Sus genes se expandirán rápidamente en la población, ya que su descendencia será más numerosa. Así pues, parece que la presión selectiva de la evolución actúa siempre en detrimento del comportamiento moral. Ese es precisamente el enigma de la cooperación.

La cooperación, en el laboratorio

Se ha comprobado empíricamente una y otra vez que las estructuras cooperativas tienden a colapsar o a enredarse en ciclos de violencia destructiva. Los juegos experimentales de la economía conductual permiten concluir que, aunque los seres humanos se inclinan hacia la cooperación —si bien siempre con reservas—, en la mayoría de las ocasiones los denominados «polizones» se aprovechan de esta predisposición y, como consecuencia, la contribución media de cada individuo al bien común se va reduciendo drástica y rápidamente. Al final baja tanto que es casi inexistente.

Para estudiar con precisión el comportamiento cooperativo de los seres humanos, es necesario, en primer lugar, operacionalizarlo de manera científica. En el juego de bienes públicos, los problemas de la acción colectiva se constituyen como situaciones de adopción de decisiones: un pequeño número de jugadores —cuatro o cinco— recibe una cantidad inicial de dinero. Cada uno de ellos puede optar por quedárselo o por donarlo al bote común.[27] Al finalizar cada ronda, el importe conjunto obtenido se multiplica (en la mayoría de los casos por dos) y se distribuye por igual entre todos los participantes, independientemente del dinero que haya aportado cada uno de ellos. Muy pronto la estrategia que se impone es la del polizón, también llamada «defección»: cada participante se beneficia individualmente de las aportaciones de los demás y en cada ronda puede conservar la parte que no haya donado al bote común.

Este efecto se refuerza a medida que va avanzando el juego, sobre todo si los participantes conocen de antemano el número de rondas que habrá en él. Estamos ante un dilema del prisionero iterado. En este caso, es posible deducir cuál es la mejor estrategia en cada ronda a través de la inducción hacia atrás, tomando como referencia de partida la mejor estrategia de la última de ellas. Si se tiene claro que se van a jugar diez rondas, también estará claro que el comportamiento de un individuo en la décima y última partida no tendrá efecto alguno en el resultado de una undécima ronda (sencillamente, porque no habrá tal undécima ronda). Por eso, cabe esperar que en la última partida los participantes muestren un comportamiento no cooperativo, lo que, *de facto*, convierte a la novena ronda en la última, así que también en ella es previsible que no exista cooperación. De ese modo se va desmoronando toda la cadena. De hecho, a partir de la primera ronda la no cooperación parece ya una estrategia irresistible. Este resultado teórico se ha comprobado empíricamente: aunque en la primera ronda del juego de bienes públicos muchos participantes se muestran dispuestos a cooperar, esta disposición desaparece rápidamente en cuanto algunos jugadores empiezan a aprovecharse de las contribuciones de los demás sin aportar ellos nada a cambio. Al cabo de unas pocas rondas, los pagos al bote común tienden a ser cero.

Evidentemente, cabe dudar de que estos estudios experimentales nos estén aportando información válida acerca del mundo real (es decir, que tengan una «validez ecológica», como se dice en la jerga de esta especialidad), ya que las implicaciones del comportamiento de una serie de voluntarios cuidadosamente instruidos, en el contexto de unas situaciones de laboratorio muy artificiales, pueden verse matizadas cuando se trasladan a la maleza de la cotidianeidad de las personas de carne y hueso. Sin embargo, todos conocemos lo que ocurre cuando pasamos largo tiempo aislados en un campamento con un grupo: si los excursionistas se dan cuenta de que, poco a poco, algunos miembros del grupo están dejando de contribuir al bien común, se mostrarán cada vez menos dispuestos a colaborar.

Esta situación tampoco cambia cuando surge una nueva concepción de la especie: la idea de que los problemas de la acción colectiva solo aparecen cuando se admite que el ser humano es un *Homo oeconomicus* plenamente comprometido con las premisas ideológicas de las ciencias económicas es un cuento al que se suele dar credibilidad, pero que quedó desmentido hace ya mucho tiempo. La cooperación es frágil y, por eso, al igual que la porcelana, el cristal y la propia reputación, forma parte de la lista de cosas fácilmente destruibles, pero difícilmente reparables, que elaboró en su momento Benjamin Franklin.

Al principio de nuestra genealogía 2.0 nos encontramos, pues, con una constatación: cooperar es muy complicado, y más complicado aún es mantener el éxito cooperativo una vez que se ha alcanzado. Los dados del mundo están trucados para que no gane la cooperación. De hecho, la cooperación es un fenómeno que requiere explicaciones, mientras que la ausencia de cooperación constituye el estado normal. Al sociólogo Niklas Luhmann se le atribuye la siguiente frase: cuando se tienen en cuenta las posibilidades que hay de que la cooperación fracase, su éxito parece «improbable». En el momento en que se encuentran dos —o incluso más— personas, se produce una «doble contingencia»:[28] pueden pasar muchísimas cosas. Esas dos personas pueden ignorarse, atacarse, comportarse de alguna manera absurda o tratar de cooperar entre sí, aunque al final fracasen en ese intento. Que *ego* y *alter* «conecten» —como se dice a veces— sus acciones de manera exitosa es solo una de las muchas posibilidades que existen, y por eso mismo también es improbable que ocurra.

Humanos y monos

¿Tú también te callarías para no traicionar a tu cómplice? ¿No estamos quizá ante una cuestión de honor? «Hasta los ladrones tienen reglas», parece que dijo Cicerón, e incluso los estudiantes se niegan casi siempre a reconocer la lógica de la acción instrumentalmente racional; de hecho, para que sean capaces de detectar las ventajas de un comportamiento no cooperativo, es necesario instruirlos en ese sentido.

Si a ti te ocurre lo mismo, eso significa que tu brújula moral funciona. Además, confirma la tesis de que probablemente los instintos cooperativos son innatos. Si de forma intuitiva el comportamiento comunitario te parece atractivo y sientes incluso ira e indignación frente a los polizones, es porque la evolución, a través de un proceso de aprendizaje que ha durado millones y millones de años, ha consolidado en los seres humanos una serie de preferencias sociales que determinan que la cooperación nos resulte intrínsecamente imprescindible.[29] De hecho, no necesitamos aprender cómo funciona la colaboración.

La hipótesis de que nuestra capacidad de cooperación es innata resulta controvertida y es imposible demostrarla con certeza matemática. Sin embargo, sí que se pueden encontrar indicios sólidos de que un modelo de comportamiento sea innato o, dicho con mayor exactitud técnica, de que haya sido objeto de una fuerte *canalización* evolutiva. Siempre que una capacidad a) se desarrolle muy pronto, b) esté presente en todas las culturas y c) sea difícil o imposible de modificar, será una candidata idónea para considerarse una predisposición «programada de serie» (*hardwired*).

Justo eso es lo que ocurre con nuestra moral. Se ha demostrado ya de manera fehaciente que las tendencias protomorales aparecen en una fase sorprendentemente temprana. Mediante estudios que miden el tiempo de observación,[30] es posible probar que los bebés de menos de doce meses prefieren mirar figuras y formas que se comporten de manera servicial frente a aquellas otras que parecen molestar o dañar a otros. Los niños pequeños presentan también una reacción alérgica frente a la injusticia. Castigar a quienes hacen algo malo es un gesto espontáneo que no necesitamos aprender.

Con frecuencia las hipótesis relativas a nuestra especie se prueban con monos (igual que se hace con los medicamentos). Sin embargo, este planteamiento es muy limitado. El hecho de que determinadas capacidades se encuentren en tal o cual primate podría considerarse también una prueba de que esas capacidades *no* sirven para explicar nuestra moral. Los monos y los humanos son muy diferentes entre sí y actúan de maneras muy distintas (baste recordar el experimento de imaginar a unos chimpancés en un avión). Por tanto, identificar una característica en los primates no es suficiente para explicar un determinado comportamiento humano. Porque si los monos tienen la misma capacidad que nosotros, ¿por qué entonces no construyen barcos, por qué no se casan, por qué no escriben libros?

El primatólogo neerlandés Frans de Waal cae una y otra vez en esta trampa. Intenta refutar —especialmente en su prestigiosa obra *Primates y filósofos*, que en un principio fue una conferencia que impartió en 2003 en la Universidad de Princeton, dentro del ciclo «Tanner Lectures on Human Values»— la teoría de la capa (*veneer theory*), argumentando que nuestra moral tiene un profundo origen evolutivo. El lema de los defensores de esta teoría es el siguiente: «Rasca a un altruista y verás sangrar a un hipócrita». Según ellos, tras nuestra fachada civilizada se oculta en realidad un explotador amoral, que a lo máximo a lo que puede llegar es a respetar a regañadientes las reglas del juego, aunque siempre con reservas y teniendo presente su propio provecho. De hecho, tan pronto como encuentre una ocasión adecuada, este corderito que parece tan inocente se mostrará dispuesto a cometer asesinatos y saqueos.[31]

De Waal sostiene que esta idea es errónea, porque es posible encontrar capacidades morales básicas en nuestros parientes más cercanos, que son incapaces de cometer semejantes actos estratégicos de hipocresía. Además, defiende que la moral humana es más auténtica y profunda de lo que sostienen los cínicos, para los que nuestros valores son meros «pueblos Potemkin». Los chimpancés destacan en este sentido, ya que muestran claramente instintos sociales, como la empatía o los cuidados, y parecen sentir una aversión ante la desigualdad social similar a la de los humanos.[32] Hoy en día es ya legendario el estudio en el que un chimpancé se niega a aceptar un pepino al ver que a un congénere se le ofrecen uvas (aunque hay que decir que la interpretación de este experimento sigue siendo controvertida).

El problema es que la empatía y la reciprocidad son *necesariamente* insuficientes para explicar la moral humana, justo por el siguiente motivo: los seres humanos, que pueden constituir grupos de millones de miembros y encontrar soluciones cooperativas para estas comunidades, necesitan disponer también de otras herramientas psicológicas. Si bastara con algo de compasión y de desparasitación mutua para crear cadenas gigantescas y sumamente complejas de cooperación, ¿por qué entonces los chimpancés viven en grupos que presentan una estructura muy jerárquica y que jamás cuentan con más de un par de docenas de miembros? La clave es justo este fenómeno de la *hipersociabilidad* humana, cuyo origen sigue sin explicarse con precisión. Los primates pueden ayudarnos muchísimo a descifrar este enigma, pero solo porque nos indican cuáles de nuestras características son los rasgos determinantes de nuestra moral humana, es decir, cuáles de ellas nos separan de nuestros parientes más cercanos.

Así pues, una genealogía de la moral moderna y con bases científicas debe dar respuesta fundamentalmente a una pregunta: ¿cómo hemos conseguido los humanos desarrollar una predisposición hacia la cooperación a pesar de que esta sea tan inestable desde el punto de vista evolutivo? Para resolver este interrogante debemos analizar con mayor detenimiento las condiciones en las que superamos este reto evolutivo.

Virtud sin dios

Nuestra moral es un mecanismo psicosocial que hace posible la cooperación. Hasta ahora hemos conocido algunas de las herramientas científicas que nos permiten comprender este mecanismo.

A partir de esta base teórica podemos ya formular de un modo más preciso el problema del nacimiento de la moral: dado que esta no es una especie de catálogo de normas inspiradas por la divinidad o conocidas de antemano, sino que tiene una historia a sus espaldas, la filosofía moral es —y este fue el inestimable descubrimiento de Nietzsche— genealógica. Una historia fundamentada de la moral debe sostenerse sobre los hallazgos más recientes de la teoría de la evolución, la psicología moral y la antropología. De ese modo, evitaremos caer tanto en la ingenuidad que Nietzsche les reprocha a las especulaciones sobre el origen de la moral que se formulaban en su tiempo como en esa polémica hiperbólica que era una de las entretenidas (pero también malas) costumbres de este autor.

Nuestra moral nació en circunstancias muy concretas, en el contexto de nuestro entorno de adaptación evolutiva. En él vivíamos en grupos pequeños, enfrentados entre sí y cuya supervivencia dependía de la caza de mamíferos de gran tamaño en un ambiente de clima volátil. Este entorno nos hizo flexibles, inteligentes y cooperativos, pero también tribales y violentos.

Nuestra moral es una moral *específicamente humana*. Los primates pueden mostrarnos —por exclusión— qué capacidades *no* consiguen explicar el núcleo de nuestra moral. Si los monos disponen de una determinada característica, esta debe descartarse automáticamente como elemento que explique la cooperación humana.

La colaboración y el altruismo tienen que superar obstáculos enormes para poder siquiera nacer. Esos obstáculos permanecen y ejercen de manera constante un efecto desestabilizador sobre nuestras tendencias morales, así que los éxitos cooperativos alcanzados siempre son frágiles. El principal problema es que la no cooperación, es decir, la maximización del propio provecho, casi siempre es la mejor opción. Por desgracia, este principio es aplicable a todos los casos, así que las normas morales se tambalean permanentemente.

Desde el punto de vista de la teoría de la evolución, el carácter improbable de la cooperación puede plantear un problema a la hora de encontrar una explicación: ¿cómo consiguió la evolución generar tendencias altruistas o cooperativas a pesar de que —al menos por lo que parece— estas *reducen necesariamente nuestra aptitud reproductiva*? ¿Cómo es posible que ayudar *a otros* sea ventajoso *para mí*? ¿En qué puede beneficiarme subordinar mi propio interés al bienestar de la comunidad?

Durante mucho tiempo, la incapacidad de esta teoría para explicar nuestra moral altruista fue uno de los temas de conversación favoritos de los teístas escépticos ante la evolución, que se aferraban a la moral como un último resquicio de la naturaleza humana cuyo origen *debía* ser divino. La teoría de la evolución, sobre todo cuando se trivializa reduciéndola a una cuestión de supervivencia del más apto, parecía pronosticar que todos los seres actúan única y exclusivamente en su propio provecho. Pero ¿acaso los vecinos no se ayudan entre sí? ¿Acaso no nos sacrificamos por nuestros hijos? ¿Acaso no existen la amistad, las comunidades, la solidaridad? ¿Acaso no podemos amar a nuestro prójimo? Si contemplamos nuestra moral desde una perspectiva que excluya a la divinidad, tendremos la impresión de que este fenómeno constituye, como mínimo, un gran error o, en el peor de los casos, un misterio sin explicación posible, una anomalía científica que los ateos no tienen más remedio que asumir encogiéndose de hombros, como un hecho que está ahí, sin más.

La tesis que suelen seguir sosteniendo los apologistas de la religión —a saber, que el altruismo y la generosidad no pueden tener un origen evolutivo— debe calificarse hoy en día como lo que en realidad es: un mito que ha quedado refutado de manera definitiva. Sin embargo, tampoco debemos excedernos, porque a veces los biólogos evolutivos o los filósofos ateos, en su afán por no conceder ni el más mínimo espacio a Dios, tienden a exagerar el alcance de las explicaciones naturalistas. Hemos de evitar caer en esa tentación. De hecho, la modestia científica nos exige no ocultar las lagunas que presenta la investigación sobre la evolución, a pesar de los enormes logros que también ha conseguido. No sabemos —aún— de manera definitiva qué nos convirtió en seres cooperativos ni cómo funciona realmente la cooperación.

En realidad, lo que ha socavado los cimientos de la perspectiva teísta no es el hecho de que hayamos explicado o no de manera definitiva el nacimiento y la expansión de la moral, sino el éxito que han ido cosechando a lo largo del tiempo las explicaciones naturalistas acerca de la moral: a finales del siglo XIX la cooperación y la moral eran un completo enigma para los teóricos de la evolución. Hoy en día, sin embargo, ya hemos descifrado de manera satisfactoria muchos de sus aspectos, así que tenemos motivos fundados para esperar que también consigamos resolver los problemas que todavía están pendientes: «[p]oco a poco, la luz va inundándolo todo».[33]

DOS HERMANOS (U OCHO PRIMOS)

Los patrones morales elementales de nuestro comportamiento pueden explicarse desde el punto de vista evolutivo. Comportarse de manera altruista es costoso, sin duda alguna. No obstante, podemos identificar mecanismos que permiten que, en la lucha por los escasos recursos disponibles, la actuación cooperativa logre imponerse, incluso a largo plazo, frente a competidores estratégicamente astutos.

La teoría de la evolución parece dibujar un panorama sombrío y despiadado de la vida. Todo el mundo animado se encuentra en una lucha cruel e interminable, que se librará cueste lo que cueste y en la que caerán los débiles. Solo los fuertes se imponen y solo ellos consiguen tener una descendencia con posibilidades de salir adelante. De ese modo, sus genes —o, dicho de un modo más exacto, las copias de sus genes— se transmitirán a la siguiente generación. Es un mundo frío y sin espacio para la compasión, en el que los ganadores son premiados y no hay opción alguna para los perdedores.

Todo esto suena ya bastante atroz, pero la realidad es muchísimo más sombría. Para entenderlo, debemos tener claro a quién favorecerá o eliminará finalmente la presión selectiva del proceso evolutivo. ¿A los organismos individuales que tratan de imponerse? ¿A la especie en su conjunto, que se está repartiendo el planeta? Pues ni a los primeros ni a la segunda. En realidad, la unidad básica de la selección, cuyo destino se decide en el proceso evolutivo, no es otra que el *gen*.

Esta perspectiva, denominada «teoría de la evolución centrada en el gen», se hizo popular en la segunda mitad del siglo xx, sobre todo gracias al biólogo evolutivo británico Richard Dawkins, que marcó un hito con su obra *El gen egoísta*. Es legítimo decir que se trata del libro con el título peor entendido de todos los tiempos.[34] Muchos lectores piensan que la expresión *the selfish gen* se refiere a que la lucha por la supervivencia que he descrito anteriormente nos convierte a todos los seres, humanos incluidos, en sociópatas de sangre fría; a que somos así por nuestra propia naturaleza y, por tanto, no tenemos remedio; a que solo miramos por nuestro interés, y a que, en caso de que nos dejemos llevar por la bondad moral, lo haremos solo de manera temporal y por razones de cálculo o hipocresía.

El libro de Dawkins, sin embargo, sostiene justo lo contrario: somos altruistas porque *nuestros genes* son egoístas. Y precisamente porque a estos últimos les es indiferente cómo nos vaya, nos convertimos en seres morales. De hecho, nosotros, los humanos (y también todos los demás organismos), somos esclavos desinteresados que solo nos afanamos por servir a nuestros amos moleculares. Para formular con precisión este giro copernicano en el marco de la biología evolutiva, Dawkins diferenció entre replicadores y vehículos. Un replicador es una entidad que hace copias de sí misma. Un vehículo, en cambio, es el medio que utilizan los replicadores para realizar esas copias. *Nosotros* somos esos vehículos.

Las gallinas ponen huevos para crear nuevas gallinas. Los huevos producen gallinas para crear nuevos huevos. Resulta obvio que la historia de la evolución gira principalmente en torno a los genes. De hecho, a veces la evolución *se define* sencillamente como el cambio que se da en la frecuencia relativa de los genes (o, más exactamente, de los alelos) a lo largo de varias generaciones. No intentaré responder a este interrogante a través de un fíat abstracto, pero, en cualquier caso, es fácil entender que en último término no son los organismos individuales los que se someten al juego ciego de la selección y la mutación: solo pueden evolucionar aquellas entidades que son capaces de crear copias de sí mismas y cuyo diferente grado de éxito reproductivo a lo largo del tiempo determina que se acumulen o no determinadas variantes. De los árboles nacen nuevos árboles, y no copias de los antiguos árboles. Solo los genes son capaces de replicarse en el sentido estricto de la palabra.

Quien considere frustrante contemplar la historia de la evolución como una lucha implacable por la supervivencia encontrará aquí aún menos consuelo. Si la teoría de la evolución centrada en los genes es correcta, la evolución no gira en absoluto en torno a «nosotros». En realidad, no somos más que unos sofisticados robots construidos a lo largo de tres mil quinientos millones de años de mutación y selección con el objetivo de proteger de la inhóspita naturaleza a unos genes que se replican a sí mismos.[35] Uno de los argumentos a favor de esta teoría es que una buena parte de nuestro ADN no cumple ninguna función, sino que actúa como un sencillo carácter comodín. ¿Y para qué sirve este ADN no codificante (o *junk DNA*, es decir, ADN basura), aparentemente sin valor? Desde la perspectiva de nuestros genes, esta pregunta carece de sentido. Solo si damos por sentado que nuestros genes existen por nuestro bien nos parecerá enigmático que haya material genético que no codifique ninguna información útil. Sin embargo, si resulta que somos *nosotros* quienes *existimos por el bien de nuestros genes*, llegaremos enseguida a la siguiente conclusión: para cumplir nuestro cometido como vehículos, los portadores de replicadores solo necesitamos las instrucciones precisas para lograr el éxito en nuestra supervivencia y en nuestra reproducción. Todos los demás genes se copian de manera automática, lo cual no supone ninguna diferencia para ellos. A los genes les da igual que sean inútiles o no. Es más: ¿inútiles para quién?

Llegados a este punto, debemos recordar una vez más lo difícil que es mantener, desde el punto de vista evolutivo, patrones de comportamiento moralmente encomiables y por qué durante mucho tiempo el altruismo y la cooperación parecían carecer de sentido desde ese mismo punto de vista. Aun cuando el proceso de la mutación azarosa consiga en algún momento generar, por mera casualidad, un individuo predispuesto a la cooperación, pronto la selección actuará contra él. Ni siquiera un grupo compuesto por miembros cooperativos tiene garantizada su integridad, porque los aprovechados y los polizones pueden corromperlo: desde una perspectiva estadística, a largo plazo la recombinación de genes puede dar lugar de cuando en cuando a organismos cooperativos, pero los menos colaboradores saldrán mejor parados que ellos y, de ese modo, irá aumentando progresivamente su frecuencia. Da la impresión de que los altruistas cooperativos quedan *necesariamente* descartados y de que es inevitable que las estrategias no cooperativas acaben invadiéndolo todo.

En el concepto *aptitud inclusiva*,[36] acuñado por William D. Hamilton, se encuentra un primer indicio de cómo la predisposición altruista pudo estabilizarse evolutivamente. Con probabilidad, la ecuación (o inecuación) más conocida de la biología evolutiva sea la «regla de Hamilton»: este principio establece que en determinadas condiciones podemos contar con que aparezcan comportamientos altruistas, pese a que entrañen un perjuicio para quienes los desarrollen. Pero para ello será necesario, en primer lugar, que los costes de esos comportamientos sean lo suficientemente pequeños y, en segundo lugar, que el individuo que actúa de manera altruista y el individuo que se beneficia de esa acción tengan un grado de parentesco lo suficientemente estrecho entre sí, que permita que el organismo que presta su ayuda también esté ayudando en cierto modo *a sus propios genes*. Expresada formalmente, la regla de Hamilton dice así: $r * B > C$. El destinatario, por tanto, debe obtener un beneficio de la acción altruista mayor que el coste del «donante», así que $B > C$ (donde B significa beneficio y C, coste). El peso del beneficio obtenido disminuye en función del grado de parentesco (a eso se refiere r, que significa *relatedness*) y por este motivo se debe multiplicar por un coeficiente. Comparto el cien por cien de mis genes conmigo mismo, pero de media solo la mitad de ellos están también en mis padres o en mis hermanos biológicos. Los primos comparten un 12,5 % de material genético. Para que tenga sentido un perjuicio que reduce mi aptitud y que debo asumir por el bien de mi hermano, el beneficio que obtenga este hermano deberá ser como mínimo dos veces mayor que mi perjuicio, dado que B se multiplica por $r =$ 0,5. Hace unos años, el biólogo británico John Haldane resumió así la esencia de esta conclusión de su compatriota Hamilton: «¿Estaría dispuesto a dar mi vida por salvar la de mi hermano? No, pero sí que lo haría por dos hermanos o por ocho primos».

Quien ayuda a un familiar ayuda a sus propios genes, o, mejor dicho, a sus copias. De ese modo, el altruismo se hace adaptativo. La metáfora antropomorfista del gen egoísta que propuso Dawkins indica que los genes egoístas pueden generar vehículos altruistas: en concreto, nosotros. Como a mis genes les da completamente igual *mi* bienestar, porque lo único que les importa son sus copias, hay margen para que los cuidados y la disposición a prestar ayuda se desarrollen, siempre y cuando estos rasgos tengan un impacto positivo en la aptitud de las copias de los genes que se encuentran en mis parientes. Esta perspectiva puede tener un efecto perturbador, ya que nos aleja o nos distancia por un tiempo de los valores y las relaciones centrales. ¿Amamos a nuestros hijos por su propio bien o porque —siempre en beneficio de los replicadores que habitan en nosotros y en nuestra descendencia— estamos genéticamente programados para poner nuestros propios intereses al servicio de moléculas sin alma y sin sentimientos, cuyos propósitos, extraños a nosotros, toman posesión de nuestras motivaciones sin que nos demos cuenta?

Toma y daca

La evolución de las posiciones cooperativas entre miembros de una misma familia puede explicarse combinando la regla de Hamilton con una perspectiva centrada en los genes. A este mecanismo se le conoce también como «selección por parentesco» (*kin selection*).

Un segundo mecanismo que hace posible la evolución de la predisposición moral consiste en el establecimiento de relaciones recíprocas en beneficio mutuo. La reciprocidad —«tú me rascas la espalda a mí y yo te la rasco a ti»— funciona también entre individuos que no pertenecen a una misma familia o que presentan un grado de parentesco muy débil. Técnicamente, aquí no estamos ante una forma de altruismo, dado que el apoyo mutuo no ocasiona un coste neto para la parte que ayuda. Por eso en este caso se habla más bien de mutualismo: ambas partes se benefician, a diferencia del altruismo puro, donde solo el destinatario obtiene una ventaja.

Desde el punto de vista de su carácter adaptativo, la colaboración mutualista entraña un problema de estabilidad análogo al del altruismo a lo largo de la evolución. Al igual que ocurría en el caso de la aptitud inclusiva, los beneficios de la cooperación recíproca se deben calcular empleando un coeficiente (como r arriba) que puede diluir drásticamente el provecho. Hamilton demostró que la selección por parentesco favorece más el comportamiento moral cuanto más estrecho sea el vínculo consanguíneo entre los compañeros que interaccionan, por lo que si la ayuda que se prestan los parientes lejanos o las personas que no son parientes no es correspondida dejará de compensar muy pronto. Sin embargo, en el contexto del altruismo recíproco, disfrutar o no de las ventajas que proporciona la ayuda mutua dependerá de lo mucho o lo poco probable que sea que dos compañeros de interacción vuelvan a encontrarse en el futuro. Como constató el biólogo evolucionista estadounidense Robert Trivers, el altruismo recíproco solo compensa si la probabilidad de que se produzca un reencuentro en lo sucesivo es suficientemente elevada.[37]

En muchos casos merece la pena tejer alianzas que garanticen un apoyo mutuo y, en consecuencia, puedan ser ventajosas a largo plazo. Pero ¿qué estrategia de cooperación tiene más posibilidades de éxito? ¿Cómo se puede aplicar en la práctica la reciprocidad?

Para responder a estas preguntas, el politólogo estadouniden-se Robert Axelrod realizó a principios de la década de 1980 uno de los experimentos más famosos del siglo XX.[38] La idea de partida era comparar diferentes estrategias a través de la simulación de un torneo por ordenador para descubrir qué forma de cooperación daba los mejores resultados. Axelrod invitó a psicólogos, matemáticos, economistas y sociólogos a proponer sus propias estrategias de juego, que luego se confrontarían en el contexto del dilema del prisionero iterado. Cada forma de proceder se cotejaría con cada una de las demás (y consigo misma) a través de doscientas rondas. Al final, se comprobaría cuál de ellas había obtenido más puntos.

Los catorce participantes en el torneo de Axelrod presentaron los programas más diversos. Una de las estrategias posibles era la de la «retribución permanente»: en ella se parte de la cooperación, pero tan pronto como se percibe una explotación, se pasa a una actitud de no cooperación que se mantiene durante el resto del juego. Otra estrategia es actuar de manera azarosa e imprevisible. Otra, cooperar siempre. Otra, no cooperar nunca.

De entrada, era imposible prever cuál de todas aquellas estrategias sería la mejor. ¿Tal vez acabarían imponiéndose los fuertes y los desconsiderados, que solo buscaban su propio provecho? ¿O bien lo harían los delicados y bondadosos, que cooperaban de manera incondicional, incluso cuando se los explotaba? ¿O bien los veleidosos, cuyo comportamiento era arbitrario y, en consecuencia, imposible de predecir? ¿O los vengativos, que, en cuanto descubrían haber sido víctimas de un engaño, estaban dispuestos a arrasar con todo?

Se propusieron diferentes estrategias, con nombres tan crípticos como «LOOK AHEAD», «DOWNING» o «TIDEMAN AND CHIERUZZI». La estrategia victoriosa fue idea del matemático estadounidense Anatol Rapoport, profesor de la Universidad de Toronto. Era, además, la más sencilla de todas las que competían. Su nombre: «TIT FOR TAT» (es decir, *quid pro quo*, toma y daca). En el toma y daca, siempre se opta por la cooperación en la primera ronda. A partir de ahí, se copia el último movimiento del adversario: si él coopera, nosotros también cooperamos; es decir, entramos en el toma y daca. Si él apuesta por la defección, o sea, si no elige la cooperación, respondemos del mismo modo, igualmente en un toma y daca.

El toma y daca es sorprendentemente intuitivo y se corresponde en mayor medida con nuestra sensibilidad moral, con el modo en que consideramos que debemos mostrarnos cooperativos frente a los demás y con el lugar en el que decidimos poner los límites de nuestra buena voluntad. Intuitivamente parece correcto empezar ofreciendo colaboración, pero sin permitir que la contraparte nos explote. Además, si el adversario nos ofrece una reconciliación, debemos estar dispuestos a dar marcha atrás y a volver a cooperar. El hecho de que esta estrategia nos parezca emocionalmente adecuada constituye un indicio de que venimos equipados de serie, por nuestra evolución, con una receta para la cooperación que se corresponde más o menos con el toma y daca.

Los resultados del experimento de Axelrod sorprendieron a muchos, así que pronto se decidió repetir la prueba. En la segunda ronda, a todos los participantes se les informó de cuál había sido la estrategia más exitosa en la primera. Pues bien, incluso en esta segunda ronda el toma y daca resultó imbatible, a pesar de que muchos candidatos desplegaron versiones más complejas y aparentemente mejoradas de la misma regla. La primera solución, con toda su sencillez, volvió a vencer a todas. Por otra parte, las ocho estrategias que mejor habían funcionado tenían una característica en común: eran «amables». Una estrategia amable puede presentar las más variadas características, pero en cualquier caso jamás empieza cometiendo una defección.

Así, Axelrod pudo demostrar que, en determinadas condiciones, una psicología moral diseñada sobre la base de la cooperación puede imponerse evolutivamente. Los agentes que se muestran dispuestos a cooperar, pero no a dejarse explotar, se benefician mutuamente y, al mismo tiempo, evitan que los agentes de actitud no cooperativa creen alianzas beneficiosas para todos ellos e incluso que los exploten como hacen con las víctimas hipercooperativas. Esta posición, conocida como «cooperación condicional», puede llegar a ser estable desde el punto de vista evolutivo.

Imaginemos una población formada por tres tipos de personas: los «pringados», los «embaucadores» y los «resentidos». Estos tipos representan tres estrategias diferentes.[39] Los embaucadores no cooperan jamás; los pringados lo hacen siempre, aun cuando los exploten; y los resentidos solo cooperan con otros cooperadores, es decir, con los pringados y también con otros resentidos, pero con los embaucadores solo colaborarán como máximo la primera vez; a partir de ahí, nunca más. Al principio, a los embaucadores, que no cooperan, les va de maravilla. En las primeras rondas, se aprovechan de los resentidos y, sobre todo, de los pringados. Sin embargo, los pringados empiezan pronto a extinguirse porque no tienen nada que hacer frente a la implacable explotación a la que los someten los embaucadores. Por su parte, los resentidos se niegan a dejar que los embaucadores se aprovechen de ellos, así que, una vez que ha desaparecido el último pringado, ya solo quedan embaucadores que se explotan mutuamente y resentidos que cooperan entre sí. Al final, también los embaucadores se extinguen. Únicamente permanecen los resentidos, que han encontrado su nicho en la curva de retroalimentación positiva —lo que se conoce como «círculo virtuoso»— de la colaboración recíproca.

Señales costosas y barbas verdes

Para que la colaboración recíproca funcione es necesario saber identificar a los compañeros adecuados con los que establecer esa cooperación. Para ello se necesitan datos sobre quién responderá positivamente a nuestra oferta de cooperación y quién se aprovechará de nuestra disposición a ayudar. En el contexto de la evolución de la colaboración recíproca, las señales sociales son cruciales, porque no es nada fácil saber de antemano si un individuo es un socio fiable. Para cubrir la necesidad de información que surge cuando es preciso iniciar cadenas de cooperación recíproca sería útil que existiesen rasgos externos llamativos que identificasen al compañero de colaboración adecuado. Los biólogos evolutivos especulan con frecuencia sobre la posibilidad de que existan tales señales y, de ser así, sobre el modo en que funcionarían. Uno de los ejemplos más difundidos es lo que se conoce como la «barba verde».[40] Lo más sencillo sería que esos compañeros de colaboración presentasen alguna característica exterior inequívoca —como una larga barba verde— que nos permitiese reconocer inmediatamente a nuestros coetáneos bondadosos.

Probablemente, en la naturaleza las barbas verdes aparecen en ocasiones muy contadas. El código genético asociado a esas barbas verdes debería cumplir tres condiciones al mismo tiempo: a) proporcionar al individuo una barba verde; b) desarrollar en él la capacidad de reconocer sin problemas a otros portadores de barbas verdes, y c) generar la predisposición de establecer con ellos (y solo con ellos) una relación altruista recíproca. Sin embargo, dado que la información genética se combina y se vuelve a combinar constantemente, en algún momento será inevitable que las mutaciones azarosas den lugar a portadores de pseudobarbas verdes, que presentarían esa señal externa, pero carecerían de la costosa motivación altruista. En este caso, como consecuencia de la recombinación casual de genes, esa motivación habría quedado escindida de las otras dos condiciones. En el proceso de selección natural, a estas «barbas falsas» les iría siempre mejor, así que acabarían imponiéndose.

Existen señales fiables, pero también existen señales que no son de fiar. Y la existencia de señales que no son de fiar provoca un estímulo evolutivo: se perfecciona la simulación creíble de señales que, en realidad, son falsas,[41] lo cual a su vez nos lleva a mejorar de continuo nuestra capacidad para descubrir las verdaderas intenciones de los demás. Fijémonos en la siguiente frase: «Pablo se ha olvidado de que Carlota sabe que Fatih no cree que Julia sienta celos de Juan». Desde el punto de vista de las relaciones interpersonales estaríamos aquí ante una situación compleja, pero lo cierto es que, desde el punto de vista semántico, no tenemos ningún problema para entender esta frase, a pesar de que describe varios niveles de estados mentales encajados unos en otros. No existe ningún otro animal cuya capacidad de comprender las convicciones, intenciones y sentimientos de los demás —lo que a menudo se conoce como «lectura del pensamiento»— iguale o se acerque siquiera a la nuestra. Parece que la evolución nos ha dotado de un módulo que nos permite acceder de manera intuitiva a la mente de nuestros congéneres.

Esta dialéctica, consistente en una sutil lectura del pensamiento, unas sofisticadas capacidades para engañar y —fruto de las anteriores— una lectura del pensamiento perfeccionada, *profundizó* en nuestra mente. El mejor método para ocultar nuestras verdaderas intenciones a ojos de los demás es ocultárnoslas *a nosotros mismos*. Probablemente, la mayoría de las personas que aseguran coleccionar cuadros caros exclusivamente por amor al arte o haber financiado la construcción de una escuela que lleva su nombre por mera filantropía son sinceras: no se trata de mentirosos conscientes de su mentira. No obstante, no hay que ser un gran conocedor de la naturaleza humana para entender que estos «motivos placebo» cumplen principalmente la función de adornar con un barniz moral la verdadera motivación egoísta y la exhibición de símbolos de estatus. Por eso mismo, a menudo las verdaderas razones de nuestro comportamiento son invisibles también para nosotros mismos, porque gracias a eso nos resulta más fácil engañar de manera creíble a las personas que nos rodean.

Por suerte, no dependemos de las barbas verdes. Una manera mejor de resolver el problema de las señales falsas consiste en lograr que las señales auténticas sean *costosas*, lo que provoca que sea imposible simularlas o que su simulación exija asumir grandes pérdidas. De acuerdo con el principio de la desventaja que formuló Amotz Zahavi, las mejores señales son aquellas que resultan perjudiciales para sus portadores.[42] La hipótesis de este biólogo evolutivo israelí sigue una lógica perversa, porque las señales perjudiciales indican de manera indirecta que sus propietarios son capaces de soportarlas. Solo los pavos reales más fuertes y con mayor aptitud para imponerse pueden permitirse lucir plumas extravagantes en la cola; unas plumas que, para sus congéneres menos espectaculares, representarían una verdadera traba si tuviesen que llevarlas. La suntuosidad del plumaje es una señal costosa que no se puede simular, por la sencilla razón de que los ejemplares menos favorecidos por la genética no podrían aguantarla físicamente.

Algunas prácticas religiosas que fuera de su contexto resultan difícilmente comprensibles pueden interpretarse también como señales costosas —y, en consecuencia, fiables— de la disposición a cooperar dentro del grupo. Las religiones monoteístas, especialmente, parecen encontrarse en una competición por ver cuál de ellas puede conseguir que sus seguidores hagan profesión de los dogmas más grotescos y de las ideas más absurdas. Ya se trate de la promesa de recompensar el asesinato del mayor número posible de inocentes (y de uno mismo) con 72 vírgenes *post mortem*, de la idea de transformar el vino en sangre (aunque mantenga el aspecto y el sabor del vino, así como su capacidad para embriagar) pronunciando un par de fórmulas, o de la convicción, maravillosamente osada, de que un libro que manifiestamente ha escrito un determinado autor en realidad es una copia de unos extraños jeroglíficos estampados en unas planchas de oro —hoy en paradero desconocido, lo cual facilita las cosas—, cuya ubicación reveló un ángel y cuya lectura fue posible gracias a una piedra mágica, lo cierto es que las doctrinas de la mayoría de las religiones constan en general de falsedades tan evidentes que, de entrada, ninguna persona en su sano juicio les daría el más mínimo crédito. Entonces, ¿cómo llegan los humanos ya no solo a aceptarlas, sino incluso a proclamarlas en público? Desde la perspectiva de la teoría de las señales costosas, ese carácter extravagante de los cultos religiosos es precisamente su punto central: a los *verdaderos* creyentes se les reconoce por su disposición a presentarse ante los demás como perturbados.

La misma explicación se puede dar al hecho de que a menudo los textos científicos estén redactados en una jerga hermética. ¿Por qué tienden los científicos a escribir de una manera tan torpe y oscura, cuando, si lo hicieran de una forma sencilla y clara, también funcionaría? Y, sobre todo, ¿cómo es posible que se tome en serio a ciertos intelectuales justo porque se expresan de una forma tan incomprensible, y a pesar de que, a veces, tras sus largas frases no hay gran cosa o no hay nada en absoluto? Inicialmente, tenía sentido desarrollar un lenguaje científico rebuscado para hablar acerca de determinados procesos con precisión técnica y para depurar el discurso, eliminando las iridiscentes connotaciones semánticas propias de las conversaciones cotidianas. El lenguaje artificial y esotérico se convirtió así en una señal de seriedad y erudición. Pasado un tiempo, sin embargo, ciertas personas empezaron a copiar la señal de la «jerga compleja», pero sin presentar las características que subyacían a ella: nos encontramos aquí con una barba falsa.

Y este es el problema fundamental en la evolución de la moral: cada hipotética respuesta a la pregunta de cómo pudo surgir la cooperación genera un nuevo *statu quo* que es vulnerable a la invasión por parte de nuevas estrategias de no cooperación, que aparecen como fruto de mutaciones azarosas y que socavan esa respuesta.

Los altruistas se quedan entre ellos

Los fundamentos de la moral —el altruismo y la cooperación recíproca— pueden explicarse por la evolución, dado que existen mecanismos plausibles que convierten este patrón de comportamiento en una respuesta adaptativa. Sin embargo, con el tiempo también hemos descubierto que la selección por parentesco y la reciprocidad no son suficientemente «ampliables» como para que la capacidad humana de cooperación haya alcanzado la magnitud que tiene hoy en día.

Nosotros, los seres humanos, somos animales hipersociables que colaboramos en grandes grupos. Resulta fácil comprender por qué la aptitud inclusiva y el toma y daca no tienen la suficiente fuerza como para sostener el alto grado de convivencia que encontramos en las comunidades humanas. Si las predisposiciones altruistas solo pueden imperar entre los parientes lo suficientemente cercanos, en los grupos de varios cientos de miembros el vínculo genético se diluye tanto que los costes del comportamiento servicial dejan de verse compensados. Además, a partir de cierta cantidad de miembros, las cadenas de interacción recíproca son ya tan intrincadas que ese toma y daca social no sirve para integrar comunidades de cualquier tamaño.

La transición de un estado a otro sigue siendo un enigma: algunas especies viven en grandes manadas, otras en asociaciones más laxas constituidas por unos pocos individuos; pero ¿qué animal ha conseguido pasar de vivir en pequeños grupos hace cien mil años a hacerlo en una civilización global que domina hoy el planeta? Ninguno, salvo nosotros.

Cada vez son más los científicos que, para explicar cómo pudo generarse una cooperación humana de tan sorprendente magnitud, recurren al concepto de la selección de grupo.[43] La idea es que nosotros, los seres humanos, hemos desarrollado una creciente cooperación porque, en nuestro entorno de adaptación evolutiva, solo los grupos de miembros hipercolaborativos lograron imponerse en la competencia por los escasos recursos disponibles frente a otros grupos.

El propio Darwin se planteó ya en su momento la posibilidad de que existiera tal mecanismo: «[...] una tribu que contase con un gran número de miembros cuyo alto grado de patriotismo, lealtad, obediencia, valor y participación los llevara a estar dispuestos constantemente a ayudarse entre sí y a sacrificarse en aras del bien común vencería a la mayoría de las demás tribus, y esto sería selección natural».[44]

Desde entonces, existe unanimidad en torno a la conclusión de que una teoría de la selección de grupo como esta —a la que a veces se hace referencia como la teoría de la «selección grupal ingenua»— no funciona. El principal motivo es que esta ventaja competitiva, que se presenta de una forma más o menos vaga —la cooperación es «buena para el grupo»—, no basta para contrarrestar la selección *a favor de* los polizones *dentro* del grupo. Evidentemente, sería «bueno para el grupo» que todos se comportasen de manera altruista. Y también es cierto que, aunque los individuos egoístas vencen a los individuos altruistas, los grupos de altruistas derrotan a los grupos de egoístas.[45] Sin embargo, es igualmente cierto que para cualquier individuo siempre es mejor actuar de manera no cooperativa. El efecto positivo de la cooperación individual para el grupo no es lo suficientemente grande como para neutralizar la potencia subversiva del problema del polizón. El hecho de que sería beneficioso para todo el grupo que cada uno de sus miembros poseyese la característica X no basta por sí solo para que esa característica X se convierta en un rasgo evolutivamente adaptativo.[46, 47]

Por otra parte, la teoría de la selección de grupo presenta ventajas evidentes: por ejemplo, explica de manera elegante y con fundamento empírico diversas características de nuestra psicología. Desde el punto de vista interno, nos orientamos claramente hacia el grupo y mostramos a menudo una sorprendente disposición a ayudar a los individuos que son «de los nuestros» y a sacrificarnos por ellos, mientras que solemos mantenernos hostiles frente a los demás grupos y sus miembros.[48] Un pasado evolutivo en el que las pequeñas unidades tribales tuvieron que luchar por los escasos recursos disponibles podría haber determinado este perfil psicológico-moral. Los grupos que actuaban de forma pacífica de puertas para dentro y bélica de puertas para fuera tuvieron más oportunidades de cosechar éxito.

A la inversa, para que la selección de grupo funcionase, la presión selectiva contra la predisposición cooperativa *dentro* de un grupo tuvo que ser más débil que la presión selectiva a favor de esa misma predisposición *entre* grupos. Para que eso ocurriera, los portadores de los genes cooperativos también debieron mostrar cierta preferencia por unirse entre sí. Tanto la selección de parentesco como la selección de grupo se basan en un mecanismo de clasificación similar: el altruismo puede ser evolutivamente estable si —y *solo si*— los altruistas permanecen los unos junto a los otros.

La selección natural únicamente consigue desplegar su poder en caso de que las diferencias entre las unidades que se encuentran en plena competencia evolutiva tengan la suficiente entidad. Inevitablemente, cuanto más se parezcan dos grupos, menor será la ventaja evolutiva del uno con respecto al otro. Sin embargo, los estudios genéticos indican que en la mayoría de los casos el flujo de migraciones entre los grupos humanos —y, por lo tanto, el intercambio de material genético— fue elevado, bien por fenómenos de emigración e inmigración, bien por la esclavitud y los matrimonios. Todos estos mecanismos de «fluidez» genética socavaron la coherencia del grupo, lo cual debilitó la selección.

Aun cuando se consiguió preservar la integridad genética de diversos grupos, la selección a favor de las comunidades de individuos cooperativos solo funcionó cuando se contaba también con un mecanismo que permitía reunir a los altruistas con otros altruistas. Sin embargo, no se sabe muy bien cómo operó ese filtro de clasificación. En el caso de la selección por parentesco es evidente que las estructuras familiares y las relaciones emocionales entre padres e hijos facilitaron que se mantuviesen unidos entre sí. Pero ¿qué ocurría en ausencia de clanes familiares?

Probablemente, el mecanismo alternativo más plausible es la

preferencia, entre los individuos dispuestos a la colaboración, por convivir con otros individuos cooperadores, de modo que, de alguna manera, los miembros configurados altruistamente se muestran deseosos de permanecer juntos. Pero también esta propuesta tiene que lidiar con el problema de las señales falsas, porque en este caso los exigentes altruistas son vulnerables ante los lobos no cooperativos que llegan disfrazados con piel de cordero. Otra posibilidad es que, por motivos meramente estadísticos, una vez que los grupos alcanzaran un determinado número de miembros se produjera una «fisión» —es decir, una separación— en ellos y se constituyeran uno (o varios) grupos nuevos, que casualmente acabaron compuestos en su mayoría por individuos cooperantes. En lo sucesivo, esos grupos serían superiores a todos los demás y lograrían imponerse en el proceso de selección.[49]

Hace cinco millones de años descubrimos las ventajas de la cooperación. Pero la cooperación siempre es costosa y el comportamiento no cooperativo proporciona beneficios. Para que nuestros esfuerzos cooperativos se estabilizaran desde el punto de vista evolutivo, tuvimos que limitarlos a un pequeño grupo de personas: nos hicimos altruistas y serviciales, pero solo en combinación con una psicología que dividía a los seres humanos entre «nosotros» y «ellos». Nuestra moral se orientó hacia el grupo.

Pero ¿cómo conseguimos establecer estructuras cooperativas en comunidades más amplias y, de ese modo, seguir aumentando las ventajas del comportamiento colaborativo? ¿Qué cambios fueron necesarios para que el comportamiento antisocial acabara resultando aún más costoso y nos transformáramos en seres todavía más serviciales, pacíficos y sociales?

500.000 años

Crimen y castigo

LA CUEVA DE ADDAURA

Cuando se sale del casco antiguo de Palermo, ya no queda lejos: el camino atraviesa el barrio de Arenella, con su pequeño puerto, pasa por delante del cementerio de Santa Maria dei Rotoli y recorre un suburbio que, como tantos otros rincones de Sicilia, lleva el nombre de la Virgen María; después, avanza a los pies del monte Pellegrino hasta llegar al pueblecito de Addaura. Desde aquí asciende en suave pendiente hasta la cueva que hoy nos recuerda que la historia del ser humano siempre ha sido una historia de crueldad.[1]

En 1943, los aliados empezaron a utilizar este complejo de tres *grotte* como almacén de municiones para prestar apoyo, desde aquella isla ocupada, al avance de la invasión de la Europa fascista. Sin embargo, cuando el final de la guerra estaba casi a la vuelta de la esquina, el material explosivo que se guardaba en la cueva saltó por los aires y las paredes de piedra caliza se desmoronaron. En la roca que había tras ellas aparecieron unas extrañas escenas que alguien, mucho tiempo atrás, había confiado a la piedra. Junto a toros y caballos salvajes, había representadas una serie de siluetas humanas que, como en una especie de éxtasis, bailaban, llenas de júbilo y con los brazos en alto, alrededor de otras dos formas, que se encontraban tumbadas en el suelo, curvadas de una forma nada natural.

Esas otras dos figuras no eran ni mucho menos atletas antiquísimos que estuviesen mostrando sus habilidades artísticas al círculo de asistentes. Tampoco parece que nos estén permitiendo asomarnos al mundo de la concupiscencia prehistórica. En realidad, lo que inducía a ambas a mantener su dolorosa posición no era ni el deseo ni la fuerza de voluntad: si las observamos con detenimiento nos daremos cuenta de que una cuerda les recorre la espalda, uniéndoles el cuello a los pies. Está tan tensa que no podrán resistir mucho tiempo más antes de que el cuerpo, exhausto, ceda y el nudo se les cierre irremediablemente alrededor de la garganta. Estamos siendo testigos de una ejecución.

La pena de muerte es mucho más antigua que los grafitos que se grabaron en esta pared rocosa de Sicilia hace veinte mil años.[2] Esta constatación sorprende a algunas personas que, cuando piensan en el estado natural de los humanos, se imaginan una armoniosa acampada en la que un grupo de seres pacíficos y ligeritos de ropa se van quedando dormidos poco a poco, al calor del fuego y embriagados por el consumo de hierbas exóticas, mientras escuchan cantos rítmicos acerca de las heroicas hazañas de sus antepasados o les susurran a los niños cuentos sobre las travesuras de los espíritus buenos. Es posible que ese tipo de escenas se dieran también en la realidad, pero solo son la mitad de la historia; la otra mitad es un relato de sangre y vísceras, de lamentos y rechinar de dientes, de desmembramientos y muerte.

Hoy en día, la pena capital —o, dicho de una forma más abstracta, la ejecución premeditada de un humano a manos de otros como sanción normativa— está retrocediendo en todo el mundo.[3] De hecho, la mayor parte de los países la han abolido, y en aquellos cuyo ordenamiento jurídico aún la contempla —exceptuando algunos regímenes especialmente draconianos— se recurre a ella rara vez, en la mayoría de los casos solo cuando se han cometido los delitos más graves. En Alemania desapareció en 1949.

La pena de muerte ha ocupado un lugar especial en el pensamiento de Occidente. La historia de la filosofía (occidental) comienza, en realidad, con una ejecución: la de su fundador, Sócrates. En el año 399 a. C., un tribunal ateniense lo condenó a beberse una copa llena de cicuta, una hierba venenosa que provoca la muerte. Y podríamos decir que algo de razón tenía: no en vano, el filósofo había apoyado a los Treinta Tiranos, que acabaron con la democracia de Atenas y a cuyos representantes asesinaron de forma masiva durante los ocho meses en los que se mantuvieron en el poder. ¿O tal vez el filósofo era inocente?

Desde el punto de vista histórico, las sociedades en las que no existe *ningún* asesinato ritual-legal de sus miembros caídos en desgracia constituyen una excepción. Lo que, en cambio, se tiende a subestimar es la enorme importancia que ha tenido el castigo para la evolución de los seres humanos y, sobre todo, para la evolución de nuestra moral.

El primer paso importante en la historia de esta moral fue el nacimiento de la cooperación: ya hemos visto que cultivar la predisposición altruista y orientar el interés propio e inmediato hacia el bien común es, a largo plazo, la estrategia más inteligente. Pero también hemos comprobado que los mecanismos que, a efectos evolutivos, estabilizan las formas sencillas de la actuación cooperativa se topan pronto con sus límites: el poder de cohesión de la aptitud inclusiva y de la reciprocidad directa no es suficiente para garantizar un comportamiento colaborativo en aquellos grupos que cuentan con más de un par de docenas de miembros (o, en determinadas condiciones excepcionales, con más de dos centenares de miembros). Fuera de la propia familia nuclear, las relaciones de parentesco genético se diluyen tanto y las cadenas de apoyo mutuo se vuelven tan frágiles e intrincadas que se necesita una caja de herramientas mejor surtida para emprender la construcción de grupos más grandes. Y justo eso era lo que hacía falta, porque la convivencia con personas externas a una unidad basada en el amor familiar y el vínculo de la amistad exigía una fuerte capacidad de contención de los impulsos más agresivos.

La institución del castigo y de la domesticación lo hizo posible. Hace cerca de medio millón de años, mediante las sanciones sociales, aprendimos a convertir el comportamiento no cooperativo en algo que no salía en absoluto rentable. En los casos más extremos, si alguna persona tendía a tiranizar a los demás, a someterlos, a manejarlos, a atacarlos o a explotarlos, era asesinada sin más, a menudo en una acción concertada entre aquellos a los que poco a poco les había ido inflando las narices. Una especie que a lo largo de cientos de generaciones mata a sus ejemplares más conflictivos, agresivos e irrespetuosos genera una intensa presión selectiva hacia la paz, la tolerancia y el control de los impulsos. Nosotros somos los descendientes de los más pacíficos.

Pero que en algún momento de nuestro pasado evolutivo tuviera sentido eliminar a los miembros caídos en desgracia y que este hecho provocase a largo plazo una serie de felices consecuencias de las que hoy en día —cuando contamos ya con la fuerza de un mejor juicio adquirido con el tiempo— seguimos disfrutando no significa que ese comportamiento siga estando justificado. Antes al contrario: la historia de la moral nos demuestra que la época dorada de nuestro instinto punitivo quedó atrás hace mucho tiempo. En el mundo moderno ya no suele haber lugar para él.

ÉXODO

A veces miraba al cielo, que pendía, negro e incomprendido, sobre ella. Pero en la cueva la oscuridad era aún mayor que en el exterior y, a pesar de que por las noches se enfriaba más lentamente que el cauce del río que discurría a sus pies, nunca era del todo seguro salir sola de la protección de aquel refugio y abandonarse a los espíritus de las tinieblas.

Hacía solo unos días que el río del valle se había secado casi por completo. Sin embargo, en la caverna se había acumulado agua de lluvia. Sabía a arena y a putrefacción, pero se podía beber. A las acacias acudían enjambres de gigantescas langostas que no dejaban descansar ni un instante. La ligera brisa mecía las hojas y las ramas pequeñas, que la asustaban cuando se le enredaban en sus cabellos rizados.

A lo lejos se encontraban las marismas, que cubrían la hierba y de las que sobresalían algunas copas de árboles aislados, semejantes a bulbos, sobre las que revoloteaban durante el día pájaros de plumaje tornasolado.

Los datos genéticos muestran que hace entre setecientos cincuenta mil y doscientos cincuenta mil años nuestro linaje se separó de la línea que conduciría finalmente hasta los neandertales.[4] El síndrome de la domesticación característico del humano moderno apenas está presente en el *Homo neanderthalensis*. El humano moderno se ha convertido en un ser más pacífico, tolerante, controlado y cooperativo, lo cual nos lleva a pensar que los mecanismos punitivos que han generado este síndrome en el *Homo sapiens* empezaron a ganar peso aproximadamente por esa época. Dunbar corrige la datación de la evolución del *Homo heidelbergensis* —al que considera el primer humano arcaico— y la sitúa hace quinientos mil años.[5] Al final de este desarrollo, que, a través del castigo, nos transformó en seres sociales, apareció el humano moderno desde el punto de vista anatómico y conductual: el humano que, ya sin lugar a dudas, era semejante a nosotros. Al principio surgieron homininos arcaicos que vivieron en tiempos y lugares distintos: al *Homo antecessor* se le suele vincular con Europa, el *Homo ergaster* se localiza en África, el *Homo erectus* estuvo muy presente en la región asiática... El *Homo heidelbergensis*, que se considera el último antepasado común de neandertales y humanos, fue sustituyendo y desbancando poco a poco a estas especies tempranas, hasta que —aún no sabemos muy bien cómo— se convirtió en el humano actual.

Cuanto más aprendimos a cooperar unos con otros, a protegernos mutuamente frente a los peligrosos depredadores, a cazar juntos y a ayudarnos a encontrar abrigo frente a las inclemencias del árido entorno, más logramos sobrevivir en este medio. El desarrollo de nuestra capacidad de cooperación y de supervivencia condujo a un crecimiento continuo de la población, así que tuvimos que aprender a vivir en grupos cada vez mayores. No obstante, el incremento de la densidad de la población no solo proporcionó oportunidades, sino que también entrañó riesgos: estar rodeados de más congéneres brinda las ventajas propias de la cooperación, pero al mismo tiempo aviva la necesidad de coordinación y, en consecuencia, genera más conflictos. El potencial de fricción que surgió en este contexto nos exigió un mayor autocontrol y contención de la agresividad para evitar que nuestra cohesión social colapsara. Si logramos amansar a nuestra especie fue gracias al desarrollo de las prácticas punitivas, es decir, a una combinación de castigos violentos y de sanciones sociales «blandas».

Nuestros ancestros más antiguos, a diferencia de los Australopithecina, ya presentaban un aspecto muy humano. La francesa Elisabeth Daynès —experta en esculturas antropológicas— ha realizado una reconstrucción del niño de Turkana a partir de los restos hallados en el lago homónimo, en Kenia, que constituyen uno de los fósiles más completos y mejor conservados de los primeros humanos. En ella se muestra a este *Homo ergaster* preadolescente, de unos nueve años, con unos ojos mitad tristes, mitad cansados, sobre una nariz chata, y una piel desnuda cubierta de manchas claras de barro seco. El paleoartista estadounidense John Gurche ha representado al *Homo naledi* —un esqueleto también muy completo que se encontró hace solo unos años en la cueva sudafricana de Rising Star— como un varón adulto de mirada amenazante y barba erizada, que, con la comisura de los labios inclinada hacia abajo, parece estar observando algo con un gesto de desaprobación.

A estas alturas existe unanimidad sobre el lugar en el que surgió la humanidad: África. Hoy en día se considera que el éxodo desde ese continente tuvo lugar en dos fases distintas, que se conocen como *Out of Africa I* y *Out of Africa II*. Varias especies humanas arcaicas, primero, y después el *Homo sapiens* lograron salir de África y colonizar vastas zonas del continente euroasiático. Desde allí llegamos, por último, a América y a Australia. Durante la primera fase de *Out of Africa*, nuestro espacio vital, que al principio se limitaba a África oriental, se fue ampliando progresivamente hacia el norte de África, lo que nos permitió dar el salto hacia Europa a través de Gibraltar. En algún momento, nos abrimos paso por la península del Sinaí hacia el Cáucaso (los fósiles humanos más antiguos que se han hallado fuera de África se han encontrado en Dmanisi, Georgia) y, desde allí, atravesamos el territorio actual de Turquía y alcanzamos Europa. También avanzamos en el sentido contrario y nos expandimos así hacia el sur y el este de Asia.

Así pues, hace medio millón de años habíamos llegado ya muy lejos. En el yacimiento de Boxgrove, una cantera situada en el sur de Inglaterra, entre Brighton y Portsmouth, se localizó en la década de 1990 una tibia de un *heidelbergensis* que medía, según se ha calculado, un metro y ochenta centímetros y que vivió precisamente en esa época. Si conseguimos llegar hasta allí fue gracias a los gigantescos glaciares que por aquel entonces cubrían el hemisferio norte y que, debido a su tamaño, permitían alcanzar a pie, sobre suelo firme, la actual Inglaterra. Las herramientas y los huesos de animales que también se han hallado en este yacimiento indican que debió de ser una especie de matadero, en el que nuestros antepasados utilizaban bifaces —talladas con gran esfuerzo y aún muy rudimentarias— para separar de los huesos la carne de los lobos, castores, ciervos, bisontes y pequeños rinocerontes que habían abatido.

En Roccamonfina, en la región italiana de la Campania, un conjunto de cincuenta y seis huellas —a las que la población local ha bautizado con el nombre de «Sendero del Diablo»— nos narra la historia de una huida, en la que un grupo de *heidelbergensis* y una serie de animales trataron de escapar de una erupción volcánica, a trompicones, entre resbalones, caídas y ataques de pánico.

En el yacimiento de Terra Amata, situado en el antiguo puerto de Niza, en el sur de Francia, se han encontrado restos de cabañas construidas con ramas trenzadas y palos apoyados unos en otros. Estas chozas eran de planta oval y se sostenían gracias a dos pilares centrales. Protegían las hogueras frente al viento y las inclemencias meteorológicas y podían albergar a docenas de personas, que también en este caso eran *heidelbergensis*. En ellas se preparaba la comida, se dormía, se amamantaba, se colgaban las pieles para que se secasen y se afilaban las lanzas.

Promesas lícitas

Ya Nietzsche sospechaba que no es posible escribir una historia de la moral sin trazar la historia del castigo. En el segundo tratado de *La genealogía de la moral* intenta probar que la mala conciencia —es decir, la constatación de que nos hemos quedado por debajo de nuestro nivel de exigencia moral o del de otros— es fruto de la interiorización de nuestra agresividad instintiva, que tuvo que abrirse nuevos caminos a medida que avanzaba la socialización del ser humano: «Todos los instintos que no se desahogan hacia fuera *se vuelven hacia dentro* — esto es lo que yo llamo la *interiorización* del hombre: únicamente con esto se desarrolla en él lo que más tarde se denomina su "alma"».[6]

Esta idea se basa en un «modelo hidráulico» de nuestra psicología ya anticuado, que sostiene que, si no se descarga la presión de los impulsos, inevitablemente esa presión se irá acumulando y, de alguna manera y en algún lugar, tendrá que canalizarse:

La enemistad, la crueldad, el placer en la persecución, en la agresión, en el cambio, en la destrucción; todo esto vuelto contra el poseedor de tales instintos: ese es el origen de la «mala conciencia». El hombre que, falto de enemigos y resistencias exteriores, encajonado en una opresora estrechez y regularidad de las costumbres, se desgarraba, se perseguía, se mordía, se roía, se sobresaltaba, se maltrataba impacientemente a sí mismo, este animal al que se quiere «domesticar» y que se golpea furioso contra los barrotes de su jaula.[7]

Este modelo hidráulico que va ejerciendo presión en el interior de nuestra mente y que en algún momento hará valer sus derechos de una forma más o menos explosiva ha demostrado ser erróneo. Sin embargo, Nietzsche acertó al identificar el problema: ¿qué papel desempeñó el castigo en la evolución de nuestra moral? ¿Qué función cumplió en el pasado? ¿Y qué función cumple hoy en día? ¿Es tal vez el castigo una «resaca» evolutiva, esto es, algo para lo que ya no hay espacio en nuestras sociedades modernas, un vestigio atávico que deberíamos dejar atrás? Según Nietzsche, la tarea que se propuso la naturaleza al crear al ser humano era la de «criar un animal al que *le sea lícito hacer promesas*».[8] ¿Cuándo surgió este animal y qué lo hizo tan dócil y disciplinado, tan previsor y moldeable? ¿Cómo y por qué surgió? Y, sobre todo, ¿qué capacidades hay que poseer para poder hacer una promesa?

Hacer una promesa significa comprometerse con otra persona: si decimos que haremos X para el momento t, estamos diciendo también que esa otra persona tiene motivos legítimos para esperar que efectivamente lo hagamos. Para eso, en primer lugar, debemos tener un concepto de futuro y, especialmente, confiar en que seremos capaces de controlarnos para evitar vernos en una situación que nos impida realizar X. Además, debemos confiar en que, cuando llegue t, tendremos la disciplina necesaria para cumplir nuestra promesa, independientemente de que en ese momento nos apetezca o no hacerlo. Así pues, solo «nos es lícito» hacer una promesa si nos controlamos lo suficiente y si, en consecuencia, podemos garantizar que dispondremos de un dominio preciso sobre nosotros mismos. Si le prometo a una amiga que el próximo lunes por la mañana pasaré por su casa a recogerla para acompañarla a una cita médica, tendré que procurar no quedarme de fiesta hasta las tantas el domingo, porque eso me impediría levantarme de la cama al día siguiente. Además, con esa promesa le estoy indicando que apareceré en su puerta incluso si no me apetece lo más mínimo hacerlo. ¿Hasta qué punto es peculiar esta capacidad de hacer planes tan lejanos en el futuro? ¿Cómo de especial es este privilegio de los seres humanos? Para Nietzsche, el hecho de que podamos prometer —o de que nos sea «lícito» hacerlo— constituye el elemento crucial de otro problema más general: el nacimiento de un ser que posee formas humanas de autocontrol, previsión, disciplina y disposición a cooperar.

Hoy en día sabemos ya que el castigo fue uno de los factores más decisivos en la historia de nuestra moral y que gracias a él adquirimos esas capacidades. Pero, naturalmente, las cosas no sucedieron ni mucho menos como Nietzsche lo imaginó. No fue la interiorización de los impulsos agresivos lo que permitió que surgieran nuestro autocontrol y nuestra previsión, sino que la selección evolutiva contra la impulsividad y la agresividad fue lo que posibilitó nuestra capacidad de hacer promesas.

Un mono amansado

En la filosofía moral académica se ha tendido a considerar que el castigo constituye, en líneas generales, un mal necesario, una contrariedad, un molesto deber que, en todo caso, cumplimos de mala gana, y que preferiríamos que se ejecutase de manera discreta fuera de las murallas de la ciudad. Pero también en este caso Nietzsche propone un punto de vista diferente: «Ver-sufrir produce bienestar; hacer-sufrir, más bienestar todavía —esta es una tesis dura, pero es un axioma antiguo, poderoso, humano [...], que, por lo demás, acaso suscribirían ya los monos: pues se cuenta que, en la invención de extrañas crueldades, anuncian ya en gran medida al hombre [...]. Sin crueldad no hay fiesta: así lo enseña la más antigua, la más larga historia del hombre —¡y también en la pena* hay muchos *elementos festivos*!».[9]

Si echamos un rápido vistazo a la historia del castigo, confirmaremos la hipótesis de que venimos equipados con un potente instinto punitivo. En la historia de la filosofía ha tenido especial peso la descripción de la ejecución de Robert François Damiens en la plaza de Grève, en pleno centro de París, con la que el sociólogo francés Michel Foucault abrió su obra *Vigilar y castigar*:

Damiens fue condenado, el 2 de marzo de 1757, a «pública retractación ante la puerta principal de la iglesia de París», adonde debía ser «llevado y conducido en una carreta, desnudo, en camisa, con un hacha de cera encendida de dos libras de peso en la mano»; después, «en dicha carreta, a la plaza de Grève, y sobre un cadalso que allí habrá sido levantado [deberán serle] atenaceadas las tetillas, brazos, muslos y pantorrillas, y su mano derecha, asido en esta el cuchillo con que cometió dicho parricidio, quemada con fuego de azufre, y sobre las partes atenaceadas se le verterá plomo fundido, aceite hirviendo, pez resina ardiente, cera y azufre derretidos juntamente [...]».[10]

Llama especialmente la atención el afán saturnal con el que se puso fin a la vida del desafortunado Damiens. Estrictamente hablando, que se le acusara de asesinar al rey carecía de fundamento, ya que el atentado no tuvo éxito: Luis XV salió de él con apenas una herida leve y, eso sí, un gran pánico. Aquí no se trataba de garantizar de un modo desapasionado y burocrático el cumpli-

---

* En el original, Strafe: pena en el sentido de «castigo». (*N. de la t.*)

miento de la ley, sino de representar todo un espectáculo, de poner en escena una obra a la que, como atestiguan las litografías de aquel tiempo, asistieron miles de curiosos.

Pese a que la Octava Enmienda a la Constitución de Estados Unidos, aprobada en 1791, prohíbe expresamente los castigos «crueles o inusuales», parece que el verdugo francés Nicolas Charles Gabriel Sanson, que ajustició a Damiens, no pudo proceder de manera suficientemente cruel o inusual contra el condenado: «Finalmente, se le descuartizó —refiere la *Gazette d'Amsterdam*—. Esta última operación fue muy larga, porque los caballos que se utilizaban no estaban acostumbrados a tirar; de suerte que, en lugar de cuatro, hubo que poner seis, y no bastando aún esto, fue forzoso para desmembrar los muslos del desdichado, cortarle los nervios y romperle a hachazos las coyunturas [...]».

Hoy en día la mayoría de las personas considerarían que el martirio público de delincuentes es una barbarie grotesca, que solo valdría como material de esas historias de terror que solemos utilizar para convencernos a nosotros mismos de la superioridad de nuestra civilización. Esta aversión a la violencia y a los espectáculos crueles es, en realidad, el resultado tardío de un proceso de selección que comenzó hace mucho tiempo.

Autodomesticación

Si comparamos al ser humano con su pariente no humano más cercano (el chimpancé), nos daremos cuenta enseguida de lo inofensivos que somos. Débiles y de escasa estatura; desnudos, callados y lánguidos; nada amenazantes, sino más bien dignos de compasión: ese es nuestro aspecto (al menos, el de la mayoría de nosotros). Y no es una casualidad: la historia de la evolución del ser humano es, en buena medida, la historia de la supervivencia del más pacífico.[11] Esta «supervivencia del más amable» no es una alternativa a la «supervivencia del más apto» que formulaba Herbert Spencer. En realidad, nuestra tolerancia fue la base de nuestra capacidad de adaptación.

Una de las diferencias más importantes que existen entre humanos y chimpancés es la distinta inclinación que presentan unos y otros hacia la agresión reactiva como respuesta a una amenaza o provocación.[12] Frente a ella, está la *agresión proactiva*, que tiene un componente de planificación y de cálculo. Los chimpancés son extremadamente agresivo-reactivos y no es extraño que resuelvan sus conflictos con violencia, arrancando de un mordisco los genitales a sus adversarios o destrozándoles la cara. También los humanos son con frecuencia víctimas de esta actitud, como le ocurrió, por ejemplo, a Charla Nash con el chimpancé Travis en 2009 o a St. James Davis, quien, como consecuencia de un ataque por parte del chimpancé Moe, hoy va en silla de ruedas y ha perdido un ojo, la nariz y varios dedos. Moe había crecido con la familia Davis y convivía con ella.

Cuando varios grupos de chimpancés se encuentran por casualidad en su hábitat natural, casi siempre se producen terribles conflictos, que a menudo terminan con la muerte de algunos de los miembros de las bandas rivales. El comportamiento de los humanos, en comparación con el de los chimpancés, es como el de un *golden retriever* en comparación con el de un lobo. Naturalmente, esta analogía no es del todo acertada, pero la idea de base (a saber, que el ser humano recuerda de alguna manera a un animal domesticado) no es nueva. Ya Darwin planteó esta hipótesis, aunque acabó descartándola porque no se le ocurrió ningún candidato que pudiese ser responsable de nuestra domesticación. La explicación teísta, que veía aquí una intervención divina, le parecía carente de valor científico; la idea de que una especie superior *no* humana hubiese domesticado a la nuestra le resultaba igual de poco seria. Sin embargo, parece que consideraba improbable que nos hubiéramos domesticado *a nosotros mismos*, así que acabó desestimando su hipótesis.

Inicialmente, la idea de la domesticación procedía del antropólogo alemán Johann Friedrich Blumenbach, que en su ensayo *Über die natürlichen Verschiedenheiten im Menschengeschlechte* [Sobre las diferencias naturales en el linaje humano], publicado en 1775, y en escritos posteriores señaló que el patrón de características humanas se asemejaba en muchos sentidos al de los animales domesticados. Naturalmente, se abusó de esta idea de la domesticación humana —como casi siempre ocurría con las especulaciones en torno a la teoría de la evolución— para justificar la discriminación racista según la cual la raza blanca humana sería supuestamente superior a todas las demás por su mayor grado de domesticación. Hace tiempo que se considera que esta tesis es insostenible. De hecho, el propio Blumenbach la rechazó en su momento.

El síndrome de la domesticación se ha analizado de manera sistemática durante décadas, sobre todo en el siglo XX, y hoy en día sabemos bien en qué consiste, cómo se manifiesta, qué procesos genéticos lo determinan fisiológicamente y qué mecanismos evolutivos concretos han provocado en los humanos una selección favorable a una actitud más pacífica.

Los animales domesticados presentan casi siempre un conjunto de rasgos muy específicos y, en su mayoría, también muy llamativos, que los diferencian de sus parientes salvajes.[13] Por lo general, son más dóciles y juguetones, tienen mayor capacidad de aprendizaje y se comportan de una manera menos agresiva que sus congéneres no domesticados. Esta es la esencia del fenómeno, y se corresponde con la marcada neotenia que se observa en la mayoría de ellos, es decir, el mantenimiento de características juveniles incluso en la edad adulta, como, por ejemplo, un cuerpo de tamaño más pequeño y una mayor necesidad de cercanía física y de caricias. La mayoría de las especies domesticadas presentan, además, un cerebro y un cráneo de tamaño ligeramente inferior, así como dientes y orejas más pequeños y un hocico más corto. Cuentan asimismo con otra serie de características que intuitivamente asociamos a los animales más mansos y pacíficos, aunque de entrada no está claro por qué aparecen de manera sistemática en los animales domesticados. Entre ellas se encuentran la cola ondulada, las orejas gachas y una sorprendente despigmentación, que se manifiesta, por ejemplo, en la aparición de manchas blancas, sobre todo en la frente o entre los ojos.

Los hermanos Beliáyev fueron pioneros en el descubrimiento y la descripción de este síndrome. Nikolái Beliáyev, experto en genética humana, fue perseguido políticamente en la Unión Soviética hasta que, en 1937, la policía secreta de Stalin acabó con su vida a tiros. A partir de principios de la década de 1950, su hermano Dmitri y su compañera Lyudmila Trut continuaron sus estudios y contribuyeron de una forma rompedora al conocimiento de los procesos que conducen a la domesticación de los animales salvajes. Hacía ya tiempo que se sabía que las características antes descritas aparecían con frecuencia entre las especies domesticadas: estos y otros rasgos similares se venían observando también en caballos, perros, conejillos de Indias, camellos, vacas, ratones, cerdos, gatos y hasta llamas. Sin embargo, Beliáyev y Trut se centraron en una pregunta más profunda, relacionada con la evolución: ¿sería posible recrear la misma transformación de las características que se producía de forma natural a través de una selección artificial específica a favor de la sociabilidad? ¿Qué ocurriría si se criase una especie animal potenciando sistemáticamente su afabilidad?

Para responder a esta pregunta, Beliáyev y Trut se dedicaron durante décadas a realizar un experimento con zorros plateados siberianos.[14] A pesar de que fueron necesarios miles de años para que los lobos se convirtieran en perros, mediante esta selección artificial de los animales más cariñosos se logró comprimir el proceso en unas décadas. Desde el momento en que Beliáyev y Trut empezaron a garantizar el éxito reproductivo de los ejemplares más mansos del grupo, exclusivamente, pasaron diez, veinte y hasta cincuenta generaciones. En ese tiempo, los zorros comenzaron a tener no solo una fase de apareamiento al año, sino varias, que es otro de los efectos característicos de la domesticación. Los antaño huraños animales del bosque se habían convertido en divertidos compañeros de juegos.

Sin embargo, no ha sido hasta hace unos años cuando se ha conseguido descifrar la base genética del síndrome de la domesticación.[15] Durante largo tiempo se siguió sin saber en absoluto cómo y por qué una selección —natural o a través de la cría— a favor de la afabilidad y la disposición a cooperar podía provocar también el síndrome descrito. ¿Qué tiene que ver una reducción de la agresividad con las orejas gachas o con las manchas blancas? Entretanto, han aparecido indicios muy reveladores de que la solución a este enigma se encuentra en un tipo específico de células madre: las denominadas «células de la cresta neural». En algún momento durante las primeras fases del desarrollo embrionario, estas células dan lugar a las glándulas suprarrenales, que desempeñan un importante papel en la producción y la regulación de las hormonas relacionadas con el estrés y con el miedo. En último término, la domesticación es un proceso que provoca, de manera indirecta, una disfunción de estas glándulas. En los estadios tempranos del desarrollo de los embriones de los animales vertebrados, las células de la cresta neural se encuentran en una posición muy concreta: en el extremo dorsal (en la zona de la espalda) del tubo neural, que más tarde formará el sistema nervioso. A medida que el embrión va creciendo, estas células emigran no solo hacia las glándulas suprarrenales, sino también hacia el cráneo y las extremidades. Dado que *casualmente también* están implicadas en el desarrollo del cráneo y de los dientes e influyen en la pigmentación, al final generan manchas blancas y hocicos más cortos y con dientes más pequeños. El síndrome de la domesticación se debe, por tanto, a una selección a favor de una determinada forma de disfunción de las glándulas suprarrenales, que afecta, por una parte, a las hormonas que regulan el temor y la agresión y, por otra, al tipo de células que, en la fase de formación del cráneo, provocan una menor pigmentación y limitan el crecimiento.

La autodomesticación humana no solo tuvo consecuencias etológicas —es decir, en el comportamiento—, sino que también modeló profundamente la cognición de nuestra especie. Solo así fue posible que aumentara nuestra tolerancia, que se redujera nuestra agresividad y que se fomentase la vida en sociedad. La frágil paz grupal se vio cada vez menos expuesta a brotes de violencia, lo cual creó a su vez un nuevo nicho, en el que esas capacidades comunicativas mejoradas y la cognición social —es decir, la reflexión acerca de lo que otras personas piensan o quieren— pudieron desarrollarse de forma particularmente favorable. El fenómeno de la despigmentación es visible también en nuestros blancos globos oculares: su tonalidad clara nos permite descubrir rápidamente y con precisión hacia dónde está mirando el otro y en qué se está fijando, con lo que sus intenciones y sus pensamientos se vuelven más transparentes para nosotros. En cambio, los globos oculares del resto de los homínidos son casi negros, así que es sumamente difícil adivinar dónde están poniendo su atención.

La base material de estas capacidades cognitivas es el lóbulo frontal del neocórtex, que se encarga de controlar y coordinar las acciones. Si esta región de nuestro cerebro, situada tras la frente, sufre una lesión —por ejemplo, por algún accidente, tumor o ictus—, es habitual que nuestras capacidades de actuación y planificación queden limitadas y que nos surjan dificultades para ejecutar aquello que nos hemos propuesto. La consecuencia es una mayor impulsividad, un menor autocontrol y problemas a la hora de cumplir las normas y las reglas.[16] Este fenómeno se denomina «sociopatía adquirida».

Es evidente que el síndrome de la domesticación —el aumento de la neotenia, la reducción del cráneo, el acortamiento de los dientes, la aparición del comportamiento amable y cooperativo— también resulta visible en el ser humano. Sin embargo, aunque en el experimento con los zorros plateados quedó claro de dónde venía la presión selectiva que convertía a aquellos depredadores salvajes en animales domésticos que movían alegremente la cola, aún no sabemos con certeza quién amansó al ser humano.

Lo más probable, según se piensa hoy, es que fuésemos nosotros mismos los que nos domesticamos, matando sin más a los miembros más agresivos y violentos de nuestro grupo. A menudo, aquello ocurrió mediante pequeñas conspiraciones en las que, durante una emboscada nocturna, se liquidaba a los elementos más peligrosos para la paz. Al impedir, mediante una muerte violenta, que aquellos tiranos prehistóricos siguiesen teniendo éxito reproductivo, se fueron debilitando lentamente la agresividad, el escaso control de los impulsos y los comportamientos brutales. El ser humano fue domesticado igual que más adelante lo serían el zorro plateado y (un poco antes) el lobo.

De ese modo, nuestra historia evolutiva nos fue convirtiendo, al mismo tiempo, en más y en menos bárbaros: desde esa fase, somos, en términos generales, pacíficos y cooperativos y necesitamos la armonía, pero también reaccionamos con mayor sensibilidad a la desviación con respecto a las normas, que vigilamos escrupulosamente y castigamos de manera implacable. Mucho más tarde, nuestra aversión a la violencia también evolucionó hacia una aversión al castigo, pero ya volveremos más tarde a este punto.

Evidentemente, es difícil encontrar indicios directos de la expansión de formas arcaicas de la pena de muerte. Con todo, sabemos que en sociedades más recientes de cazadores-recolectores se practicaba con frecuencia el asesinato de los elementos impopulares o de los enemigos de la paz. Por ejemplo, en el sur de África los !kung san, que mantuvieron su estilo de vida tradicional hasta bien entrado el siglo XX, consideraban que la solución de *ultima ratio* a sus conflictos era la ejecución planificada. Richard Borshay Lee, el mayor experto mundial en la vida de los !kung san, explica:

Los ju/'hoansi [denominación alternativa de los !kung san] cuentan con un último recurso, una última baza, para poner fin a una cadena de asesinatos. La única forma posible de describirla es utilizando el término *ejecución*. [...] Hay un ejemplo tristemente famoso, un caso extraordinario de una acción decidida por unanimidad: a un hombre llamado Twi, que había matado a otras tres personas, se le tendió una emboscada a plena luz del día y se le atacó hasta causarle la muerte. Mientras aún estaba agonizando, todos los hombres dispararon flechas envenenadas contra él, hasta que, en palabras de un informador, quedó «con un aspecto similar al de un puercoespín». Una vez muerto, tanto los hombres como las mujeres se acercaron a su cadáver, le clavaron lanzas y, de ese modo, se repartieron simbólicamente entre todos la responsabilidad de su muerte.[17]

Todos debían participar: un indicio más de que las sociedades humanas se organizan de una forma sumamente igualitaria. A diferencia de los chimpancés, que viven en rígidas jerarquías con un macho alfa en la cúspide, que controla a modo de monopolio los alimentos, los recursos y el sexo, los seres humanos vivieron hasta la revolución neolítica en estructuras más fluidas, sin una casta dirigente estable y sin marcadas desigualdades materiales (véase el capítulo 4). Este equilibrio, claro está, no se mantiene por sí solo, y probablemente la ejecución de los desobedientes que aspiraban a convertirse en tiranos explica en parte por qué los seres humanos consiguieron conservar durante tanto tiempo su estilo de vida igualitario.

Evidentemente, había que garantizar *de alguna manera* la cohesión social de los grupos humanos pequeños. Pero que no exista un monopolio de la violencia no significa que no exista la violencia: aun cuando los paleoanarquistas y los libertarios que cuestionan la autoridad gusten de presentar la ausencia del Estado en las sociedades prehistóricas como un paraíso perdido, es incorrecto partir de la idea de que los grupos de cazadores y recolectores, que carecían de dirigentes, no tuvieran que buscar algún modo de mantener su convivencia bajo control. Aquello debió de generar a menudo un ambiente paranoide, en el que casi todos los miembros adultos tenían constantemente la sensación de que debían cumplir de manera hiperescrupulosa las normas sociales vigentes en su comunidad para evitar ser los siguientes candidatos a la ejecución.

Los procesos culturales que arrancaron entonces modelaron la mente y el cuerpo de los humanos y facilitaron la aplicación práctica de la pena de muerte. Matar a un ser humano representaba también un problema de carácter técnico, ya que era una acción no exenta de riesgos: en la mayoría de los casos, lo más probable es que la persona a la que había que asesinar tuviera otros planes y no estuviera dispuesta a irse de este mundo sin oponer resistencia. Una serie de hallazgos anatómicos sugiere que hace cerca de medio millón de años los humanos habrían adquirido ya la capacidad de manejar armas arrojadizas. Debido al crecimiento del volumen de su cerebro, la necesidad de obtener energía aumentó tanto que solo se podía cubrir mediante un mayor consumo de carne. Sin embargo, conseguir esta carne era probablemente algo que solo estaba al alcance de aquellos que podían participar en una caza cooperativa mediante lanzas. La precisión que requieren estas armas exige también poseer una determinada constitución anatómica que coordine la colaboración armoniosa de hombros, brazos, caderas y tronco, de modo que se alcancen la fuerza y la puntería necesarias para herir de muerte a un mamífero de gran tamaño —o a otra persona— desde lejos. Los fósiles descubiertos muestran que en aquel tiempo ya podrían haberse completado estos cambios anatómicos.[18] Los seres humanos nos volvimos mansos en parte también gracias a los logros técnicos conseguidos, que nos permitieron asesinarnos mutuamente de un modo más sencillo y *seguro*.

Castigo y cooperación

Cuando dos de los buzos británicos, John Volanthen y Richard Stanton, los encontraron sobre una isleta de la cavidad, los doce jugadores del equipo tailandés de fútbol infantil Wild Boars llevaban ya diez días atrapados a unos cuatro kilómetros de la entrada de la cueva de Tham Luang.[19] Sin comida ni luz, pero en buen estado de salud, habían perdido por completo la noción del tiempo.

En la gruta se consultó a los chicos cuál de ellos debía ser rescatado en primer lugar. Decidieron entre todos que los primeros que debían emprender el regreso buceando tenían que ser aquellos cuyo hogar se encontraba más lejos de allí. Daban por sentado que iban a volver a casa en bicicleta. ¿Por qué no iba a ser así? No en vano, habían llegado en bici y no sabían que desde hacía semanas el mundo entero estaba pendiente de su suerte, ni que a la entrada de la gruta había más de diez mil personas trabajando en su rescate, entre ellas más de cien buceadores profesionales, doscientos soldados, representantes de más de cien países, periodistas, médicos, curiosos y, por supuesto, sus padres. Cientos de voluntarios cocinaban, ayudaban a bombear el agua para evacuarla de la cueva inundada y se encargaban de mantener el campamento.

Ninguno de los participantes creía realmente que aquel operativo tendría éxito. No era de extrañar: sencillamente, parecía demasiado improbable que se lograse salvar a un joven y a doce niños que, en plena temporada de lluvias monzónicas, se encontraban atrapados en uno de los sistemas de cuevas más profundos y peligrosos del mundo. Ninguno de los chicos tenía experiencia en el buceo; de hecho, muchos de ellos ni siquiera sabían nadar. Para evitar que entraran en pánico cuando se sumergiesen bajo el agua, hubo que proporcionarles una fuerte sedación y colocarles máscaras de oxígeno que les cubriesen toda la cara. Solo entonces un equipo de expertos buzos procedentes del Reino Unido, Estados Unidos y Australia, además de militares de la unidad NAVY Seal tailandesa, pudieron remolcarlos durante horas a través de la accidentada cueva, avanzando a contracorriente y sin apenas visibilidad. En aquella intervención, uno de los buceadores perdió la vida. A pesar de todo, la operación salió bien, y dieciocho días después de su desaparición, el último de los rescatados, el apátrida Mongkhon Bunpiam, alcanzó la entrada de la cueva.

Nuestra moral hace posible que cooperemos globalmente y que asumamos riesgos sorprendentes para acudir en ayuda de desconocidos en apuros. Pero ¿cómo lo consigue? Compartimos más del 99 % de nuestro material genético con chimpancés y bonobos, que llevan millones de años viviendo en grupos pequeños y jamás han logrado ir más allá de cascar frutos secos con piedras del tamaño de un puño.

Como ya hemos visto, parte de la respuesta a esta pregunta tiene que ver con la autodomesticación del ser humano. La sistemática selección contra los miembros más violentos y agresivos de nuestra especie nos hizo extraordinariamente pacíficos y disciplinados. La fuerza moldeadora de la pena de muerte se inscribió —la *inscribimos*— en nuestro ADN. Pero el castigo no solo influyó en nuestra moral convirtiéndonos en los primates más complacientes de todos los tiempos: el ejercicio del castigo es también una *institución* que, a través de las sanciones sociales, genera alicientes contra el comportamiento no cooperativo.

A modo de recordatorio: el problema que tenía que resolver la evolución de la cooperación era (y sigue siendo) su inestabilidad. En cada forma de interacción entre individuos, *ego* se pregunta si debe comportarse de un modo cooperativo o no cooperativo frente a *alter*. De entrada, el comportamiento cooperativo resulta siempre costoso: ayudar a otra persona o abstenerse de explotarla supone una desventaja o, como dicen los teóricos de la evolución, una «maladaptación».

El concepto de aptitud inclusiva, acuñado por Hamilton, y el de altruismo *recíproco*, propuesto por Trivers, explican de qué modo las formas sencillas de cooperación consiguen imponerse desde el punto de vista evolutivo: vale la pena ayudar a individuos genéticamente emparentados con nosotros o que en el futuro pueden convertirse en compañeros de colaboración si el parentesco es lo suficientemente cercano o la probabilidad de reencontrarnos con esas personas es lo suficientemente alta. Sin embargo, dado que en los grupos de mayor tamaño no suele cumplirse ninguna de estas dos condiciones, los acuerdos cooperativos necesitan en estos casos un empujoncito más.

Es ahí cuando aparece una tensión: cuanto más crece el tamaño de un grupo, más complicado resulta transmitirles las ventajas de la cooperación a otros miembros de ese grupo, aun cuando la mayoría de ellos presente una mentalidad cooperativa. Esto tiene consecuencias paradójicas, ya que, al final, en un grupo grande a los individuos no cooperativos les irá necesariamente mejor, y ello implica que cada vez se expandirán más, porque pueden beneficiarse tanto de las ventajas de su no cooperación como de las de la cooperación de los demás.[20] Con el tiempo, las estrategias no cooperativas (la «defección») dominarán el terreno. Para que también aumenten los miembros cooperadores y puedan acabar imponiéndose, el número de los no cooperadores no podrá ser demasiado elevado. De lo contrario, toda la estructura colapsará.

El castigo puede resolver este problema, porque provoca que el comportamiento no colaborador salga caro a largo plazo.[21] Aunque desvalijar a los demás pueda parecernos de entrada una estrategia excelente —sobre todo cuando estamos rodeados de personas que no se pasan el día desvalijándonos a su vez—, la situación cambia rápidamente a partir del momento en que este comportamiento se castiga: el escaso botín que he conseguido en mis tres últimos atracos a un banco será un pobre consuelo si me pillan y tengo que pasarme años y años en la cárcel.

Lo que hace especial nuestro ejercicio del castigo es que conocemos el castigo altruista. Otros animales pueden sancionar el comportamiento no cooperativo defendiéndose de un ataque o vengándose con posterioridad. Sin embargo, en los humanos se añade algo más. De hecho, algo (sumamente) singular: C puede estar muy motivado para castigar a B por lo que este le ha hecho a A, aunque C no haya sido realmente víctima de B.

El castigo contribuye al nacimiento de la cooperación humana y, en consecuencia, al bien común. Con todo, hay que admitir que esta explicación presenta dos lagunas fundamentales: en primer lugar, el ejercicio del castigo no responde, en esencia, a la pregunta sobre cómo pudo surgir evolutivamente la cooperación, ya que el castigo altruista constituye en sí mismo una forma de cooperación individual y costosa (a esto se le conoce como «problema de la acción colectiva *de segundo orden*», ya que, naturalmente, no es posible explicar la cooperación argumentando, sin más, que presupone una forma previa de cooperación). En segundo lugar, las sanciones sociales pueden estabilizar *cualquier* tipo de comportamiento, y no solo aquellos que proporcionan beneficios. Compartir el botín supone compartir también los riesgos: cualquiera puede tener mala suerte cazando, así que a todos les merece la pena garantizar mediante normas el reparto de la carne, por si acaso llega una racha de infortunios. Si alguien recibe carne de otros, pero no quiere compartir la suya, será castigado.

A veces, no obstante, aparecen en las sociedades humanas normas que no velan por el interés de nadie o que solo están al servicio de las minorías poderosas. El vendado de los pies en China o la mutilación genital en ciertas culturas son terribles ejemplos de cómo se pueden expandir en un grupo social comportamientos objetivamente dañinos, dolorosos y extravagantes. Tan pronto como se establecen las normas correspondientes, se aplican a través de los mismos mecanismos de castigo que consiguen que el incumplimiento del resto de las pautas de comportamiento esperadas (y tal vez también mucho más útiles) deje de ser atractivo. Como, además, el desprecio de las normas existentes o la negativa a participar en la vigilancia de su cumplimiento suelen conllevar una enorme pérdida de la propia reputación, puede ocurrir también que, a través del castigo altruista, se lleguen a consolidar reglas anómalas o perjudiciales para la población.

Posiblemente, la selección de grupo desempeñó un importante papel en este sentido. Quizá deberíamos plantearnos que la evolución del castigo se produjo de tal forma que algunos grupos descubrieron esta institución de manera, por así decirlo, casual, pero otros no lo hicieron. Los primeros habrían salido mejor parados gracias al aumento de la cooperación que consiguieron como consecuencia. Si la presión selectiva entre los diferentes grupos competidores tiene más fuerza que la presión selectiva entre los individuos dentro de un mismo grupo, las comunidades castigadoras habrían podido imponerse a largo plazo.

Lo sabemos: los castigos pueden proteger los acuerdos cooperativos. El funcionamiento de este proceso puede estudiarse a través de experimentos: los economistas Ernst Fehr y Simon Gächter han demostrado que los castigos pueden ser sorprendentemente eficaces para mantener un nivel adecuado de cooperación social.[22] Ya hemos visto que, en caso de dilema, las normas cooperativas colapsan rápidamente, porque la estructura de incentivación del comportamiento no colaborativo del polizón se convierte en la estrategia dominante: hagan lo que hagan los demás, siempre sale más rentable no cooperar. En el juego de bienes públicos se observa que, pasadas apenas unas rondas, las contribuciones al bote común caen en picado y al final tienden incluso a cero.

Para averiguar cuál es el efecto de las sanciones sobre la estabilidad social del grupo es necesario simular una situación en la que resulte beneficioso para todos los participantes en su conjunto que cada uno de ellos haga X, pero siempre sea beneficioso para cada participante en concreto hacer Y. A continuación, habría que comparar los resultados en este grupo de control con los de otro grupo al que se le haya brindado, además, una posibilidad adicional: castigar el comportamiento no cooperativo. ¿Cuál de los dos grupos estaría más dispuesto a trabajar por el bien común?

Esta fue justo la pregunta que se plantearon Fehr y Gächter. Ambos autores realizaron un experimento en el que se formaron varios grupos de cuatro miembros, a cada uno de los cuales se les proporcionó una determinada cantidad de dinero (en este caso, veinte francos suizos, denominados «unidades monetarias»). A lo largo de varias rondas, los participantes tenían la posibilidad de decidir cómo iban a contribuir al bote común. Las posibilidades de pago estaban organizadas de tal forma que lo más rentable para cada individuo era no contribuir en absoluto a ese bote o hacer solo una aportación muy pequeña. Sin embargo, para el grupo en su conjunto lo mejor era que cada cual pagase siempre la máxima cantidad posible.

Se jugaron primero seis rondas, y este fue el resultado: la disposición de los participantes a cooperar —calculada a partir del importe medio por ronda que se depositaba en el bote común— fue débil desde el principio y se redujo rápidamente. Al final de la sexta ronda, los jugadores se guardaban la mayoría del dinero para sí. Después se repitió el torneo y se brindó a los participantes la posibilidad de «castigar» a los jugadores más avaros. Por cada unidad monetaria que desembolsara un jugador para el castigo de un compañero no cooperativo, se le quitaban al castigado tres unidades monetarias. El efecto sobre la disposición general a colaborar fue espectacular: al final de estas seis rondas, el nivel de cooperación casi había alcanzado su grado máximo. Castigar a quienes se negaban a cooperar resolvió, por tanto, el problema del polizón.

Las situaciones de la vida real con las que tuvieron que lidiar nuestros antepasados hace medio millón de años presentaban una estructura muy parecida. Tanto en los enfrentamientos violentos entre grupos enemigos como durante la caza de animales salvajes de gran tamaño o la construcción de viviendas, era necesario que cada cual contribuyese a un proyecto mayor, que sería imposible de llevar a cabo si no se contaba con el trabajo en equipo. Sin embargo, tampoco en esos casos estaba garantizada la contribución de todos y cada uno de los miembros. También quienes no luchaban o no cazaban se beneficiaban de la seguridad del pueblo construido o del imponente animal cazado. Esta posibilidad de aprovecharse de la cooperación social sin contribuir a ella se restringió mediante el castigo altruista, pero sigue existiendo aún hoy.

LA PSICOLOGÍA DE LA VENGANZA

Para evitar esta posibilidad, el castigo debe proporcionarnos placer. Los procesos de selección que tuvieron lugar en este periodo no solo establecieron normas y prácticas punitivas que se lograron transmitir a las siguientes generaciones en forma de instituciones culturales, sino que, además, inscribieron profundamente en nuestra mente el gusto por sancionar a quienes violan las reglas, como puede leerse aún hoy en la gramática de nuestra psicología punitiva;[23] una gramática que es, en buena medida, innata: aunque varía de unas culturas a otras, muestra un patrón universal, del que a menudo no somos en absoluto conscientes. Nos resulta imposible detectarlo en nosotros a través de la mera reflexión: para descubrirlo tenemos que realizar unos ingeniosos experimentos.

En el día a día, nuestra necesidad de venganza y las justificaciones que damos para explicar determinados actos punitivos se disgregan con frecuencia.[24] Si se nos pregunta explícitamente por qué queremos castigar, argumentamos que el efecto atemorizador de las sanciones es relevante. Sin embargo, cuando descartamos de manera expresa la posibilidad de que el castigo obre tal efecto, nuestra opinión sobre la dureza de la punición que se debería aplicar al infractor apenas cambia. En un interesante estudio, el etólogo Eyal Aharoni y el experto en psicología social Alan Fridlund presentaron a los participantes el caso de un violador que, como consecuencia de una enfermedad aparecida con posterioridad a la comisión de su delito, se había quedado totalmente paralítico y cuya condena, además, no se había hecho pública. Les demostraron que no cabía esperar que el castigo tuviese efecto alguno. Sin embargo, esta constatación no evitó que los participantes siguiesen esgrimiendo como principal argumento para mantener el castigo el temor que, según ellos, provocaría. Continuaron haciéndolo incluso cuando se les volvió a mostrar de manera concreta que aquella privación de libertad sería completamente inútil. La justificación oficial de los castigos con el argumento de que las sanciones sociales tienen un poder aleccionador se sigue manteniendo hasta cuando el efecto atemorizador queda descartado rotundamente.

Si alguien infringe una norma, actuamos por venganza o desquite, y nos resulta difícil tener en cuenta en nuestros cálculos las consecuencias probables del castigo. Cuando se les pide a unos voluntarios que juzguen un caso en el que una compañía farmacéutica ha producido una vacuna contra la gripe que, en líneas generales, salva vidas, pero que también ha provocado la muerte de algunos niños, a la mayoría de ellos les es más o menos indiferente qué efecto podría tener condenar a la empresa.[25] Independientemente de que se la castigue de manera pública o en secreto, de que ese castigo implique frenar en seco la producción de la vacuna (lo que, al final, provocará la muerte de muchos más menores) y de que la farmacéutica disponga de un seguro que la protegerá frente a demandas de este tipo (lo que le permitirá evitar cualquier consecuencia), los voluntarios mantienen exactamente igual el importe de la multa que proponen. El riesgo de reincidencia tampoco parece influir de una manera determinante en nuestra opinión acerca de cómo se debe castigar y cuál ha de ser la dureza del castigo.[26]

Nuestra psicología de la venganza parece ser, en cierto modo, contradictoria. La función de la condena es provocar un determinado efecto, en concreto fomentar el cumplimiento de las normas de la convivencia cooperativa. Al mismo tiempo, sin embargo, nuestros juicios conscientes acerca de si se debe condenar a alguien y, de ser así, qué castigo imponerle presentan una particular resistencia y se mantienen independientemente de que la condena propuesta sirva o no para generar ese efecto. ¿Cómo se explica esto?

Lo que ocurre, en realidad, es que esta contradicción es solo aparente. Sucede con frecuencia que, en el fondo, la función evolutiva y el contenido de un estado cognitivo se disgregan. Por ejemplo, ¿por qué practicamos sexo? La explicación distal (relativa al pasado remoto) de nuestro interés por las relaciones sexuales está ligada a la evolución y tiene que ver con cómo era antaño la función de la reproducción biológica de nuestra especie: queremos sexo porque somos los descendientes de los ejemplares que mostraban interés por la reproducción sexual. Es evidente que aquellos de nuestros ancestros a los que este asunto les era más bien indiferente dejaron una huella genética más débil en las generaciones posteriores. Esa es la *función* del sexo. Sin embargo, cuando sentimos deseo, rara vez la función reproductiva tiene peso *en ese preciso instante*; la explicación proximal (relativa al presente) sobre esta o cualquier otra indiscreción casi siempre es otra: sencillamente, nos sentimos atraídos por otra persona, bien por factores físicos, bien por factores emocionales, bien por ambos. Este es el *contenido* del sentimiento, independiente de la función que este cumple. Con frecuencia, convertir la función distal del sexo en su motivo proximal llega incluso a generar ambientes incómodos: muchas parejas que están tratando infructuosamente de concebir un bebé podrán confirmarnos que el pragmatismo orientado hacia los resultados y la pasión espontánea suelen ser elementos incompatibles.

Con nuestra psicología punitiva ocurre algo parecido. La función distal del castigo consiste en evitar el colapso de los grupos grandes. Por eso, en la jerga especializada a esta función se la califica de «consecuencialista», ya que intenta alcanzar un determinado resultado. Sin embargo, si contemplamos nuestra necesidad de castigar desde una óptica proximal, nos daremos cuenta de que no es consecuencialista ni está orientada hacia los resultados, sino que es retributiva; es decir, queremos que el infractor se lleve su merecido. En ese momento, nos da exactamente igual que el castigo nos ayude en algo a nosotros o a nuestro grupo.

Mentirosos e impostores

Venimos equipados con módulos cognitivos que sirven específicamente para identificar a los individuos que rompen las normas y se niegan a cooperar. Como dijo Konrad Lorenz, el *a priori* de nuestro pensamiento (es decir, aquello que, de entrada, no aprendemos a partir de nuestra propia experiencia) es el *a posteriori* (o sea, aquello que solo sabemos a partir de nuestra experiencia) de la historia de nuestra evolución: la experiencia de nuestros antepasados se ha asentado como un poso en nuestro equipamiento mental a través de generaciones y generaciones de proceso adaptativo de ensayo y error (*trial and error*).[27] Algunos de estos patrones de pensamiento programados de serie sirven específicamente para posibilitar y mantener las estructuras cooperativas.

Un conocido ejemplo de ello es la detección de los impostores sociales (*cheater detection*). Diferentes estudios han demostrado que, por nuestra propia naturaleza, estamos sensibilizados frente a la violación de las normas sociales. Esos estudios se basan en lo que se conoce como la «tarea de selección de Wason». Existen dos versiones distintas de esta prueba: una consiste en un ejercicio de pensamiento abstracto, mientras que la otra aplica este ejercicio a las normas sociales. Aunque se trata de la misma prueba, la mayoría de las personas son incapaces de realizar la primera versión, pero ejecutan la segunda sin ningún problema. Pensar acerca de las normas sociales nos resulta intuitivamente sencillo porque forma parte de nuestra esencia social.

En la versión inicial, este test trata de determinar nuestra capacidad de cognición condicional, es decir, de reflexionar acerca de las relaciones «si... entonces». A los participantes en el estudio se les muestran cuatro cartas: en una de sus caras aparece una vocal y en la otra, un número. Los voluntarios pueden ver que en la primera carta figura «A»; en la segunda, «K»; en la tercera, «4», y en la última, «7». La tarea consiste en comprobar si la siguiente regla de «si... entonces» es válida para estas cuatro cartas: «Si en una de las caras de una carta figura una consonante, entonces en la otra cara aparecerá un número impar». Para confirmar o descartar categóricamente esta regla, los participantes deben levantar la menor cantidad posible de cartas. La mayoría de ellos opta por levantar la carta «K» y la «7». Sin embargo, esta solución no es correcta: lo adecuado sería elegir «K» y «4», dado que solo si aparece una consonante al dorso de un número par se refutaría la regla. Que al dorso de «7» aparezca una consonante o una vocal será irrelevante a efectos de determinar la verdad de la regla (dado que esta *no* dice que *solo* si hay una consonante en una cara podrá aparecer un número impar en la otra).

Casi todo el mundo comete este error porque todos somos víctimas de nuestra tendencia hacia el sesgo de confirmación (*confirmation bias*) y, por lo general, no somos muy buenos reflexionando sobre frases condicionales abstractas que carecen de relevancia para nuestro día a día. El interés de esta prueba con cartas para la genealogía de la moral se evidencia cuando el contenido del test se modifica para relacionarlo con la violación de normas sociales. Si se sustituyen las consonantes y los números por reglas y actos humanos, de repente nos convertimos en agudos expertos en lógica. Tan pronto como el enunciado sea «si una persona bebe alcohol, deberá tener más de dieciocho años» y el contenido de las cartas sea a) «bebe alcohol», b) «no bebe alcohol», c) «tiene más de dieciocho años» y d) «tiene menos de dieciocho años», automáticamente levantaremos las cartas correctas, es decir, a) y d). Sin embargo, este test es estructuralmente análogo a la variante abstracta que veíamos arriba.[28]

¿Por qué cuando los fríos números y letras se reemplazan por contenidos sociales de repente la cognición condicional nos resulta tan sencilla? La psicología evolucionista cree que venimos programados de serie con una facultad intuitiva que nos ayuda a reconocer de manera certera y rápida los quebrantamientos de las reglas. Y, desde el punto de vista evolutivo, esto tiene sentido: sirve simplemente para que, a la hora de abordar problemas recurrentes, no nos veamos obligados a realizar una y otra vez grandes esfuerzos para reflexionar de manera consciente hasta llegar a un resultado. Si los grupos humanos dependen del éxito de la cooperación, adoptar de manera rutinaria una determinara actitud frente a los polizones que no están dispuestos a colaborar constituye la máxima prioridad: si la humanidad no dispusiera de esta capacidad, se habría sumido pronto (y completamente) en el caos.

SANCIONES SOCIALES

El castigo ayuda a domesticarnos porque gracias a él adquirimos habilidades importantes, como el autocontrol, la docilidad, la previsión y el comportamiento pacífico, que nos permiten vivir en grupos cada vez mayores. El hecho de que los primeros homínidos consiguieran hacerlo sin contar aún con estructuras estatales ni con un monopolio centralizado de la violencia podría dar alas a las fantasías de los anarquistas actuales. Sin embargo, esta libertad aparentemente sin límites por la ausencia de una autoridad oficial se pagaba caro: el ejercicio de la violencia y la disciplina no era insignificante; lo único que pasaba es que se materializaba a través de un control colectivo de las normas sociales más blando, pero omnipresente.

No todas las sanciones sociales eran tan duras y definitivas como la pena de muerte. Nuestra moral humana está constituida también por una parte igual de importante (o más) de prácticas más sutiles de vigilancia informal del cumplimiento de las normas, con las que una comunidad puede llevar de manera muy sofisticada el inventario de la reputación social de sus miembros. Para seres tan dependientes de la cooperación como nosotros, un daño de la propia fama puede ser catastrófico.

La herramienta mediante la que se registran y se archivan la fiabilidad y el prestigio de un miembro de la comunidad era (y es) el chismorreo. El intercambio de cotilleos y rumores ha tenido un papel destacado en la historia de nuestra evolución, especialmente de la evolución de nuestro lenguaje, cuya función original pudo haber consistido en posibilitar el entendimiento social a la hora de hablar del comportamiento de los demás.[29] La maledicencia supuso tal vez una especie de versión ampliada de la limpieza y la desparasitación mutuas que se dan entre los monos y que hasta ese momento habían constituido los pilares fundamentales de la cohesión social. También aquí ocurrió que, a medida que fue creciendo el tamaño de los grupos, se hizo necesario pasar a nuevas formas de cooperación social: dado que la desparasitación requiere un contacto corporal directo y lleva mucho tiempo, no era un medio apropiado para que los seres humanos reforzaran su cohesión más allá del círculo familiar más estrecho. En cambio, el lenguaje presentaba la ventaja de que permitía enviar señales de manera simultánea a un número superior de congéneres. De ese modo, se desarrollaron redes de confianza, se intercambió información sobre el carácter de otros miembros del grupo, se tejieron alianzas y se fijaron, pulieron y descartaron normas de comportamiento.

La pérdida de la reputación siempre tenía consecuencias devastadoras, de las que muchos de los afectados jamás lograban recuperarse. Pero ¿por qué? ¿A quién le interesa —podríamos preguntarnos— lo que otros piensen de nosotros? Mientras no sufra daños en su integridad física, su vida o su propiedad, puede ser bastante indiferente lo que opinen de él otros miembros de la tribu, sus familiares inoportunos o una horda de extraños envidiosos en Twitter. Pero no es así: «Un hombre se sentirá profundamente herido si se le dice que su aliento apesta, aunque eso no represente ningún perjuicio para él»,[30] constataba, en un tono acertadamente lacónico, David Hume. Tampoco a Immanuel Kant —quien no era conocido precisamente por su delicadeza ni por su capacidad de observación— le pasó desapercibido lo importante que nos resulta la percepción que tienen de nosotros los demás y el papel que desempeñan los rumores y el chismorreo para la convivencia colectiva:

Pero entre todos los razonamientos ninguno hay que tenga tanta aceptación entre personas que, por lo demás, se aburren pronto con las sutilezas, ninguno que introduzca una cierta animación en la sociedad, como el que trata del *valor moral* de esta o aquella acción, por donde se ha de decidir el carácter de alguna persona. Aquellos para quienes las sutilezas y los refinamientos de las cuestiones teóricas son pesadas y desagradables toman pronto parte en la conversación si se trata de decidir el valor moral de una acción buena o mala que acaba de referirse. Y entonces ponen en buscar lo que pueda rebajar la pureza de intención y por ende el grado de virtud de la misma, o por lo menos hacerla sospechosa, una exactitud, un refinamiento, una sutileza que nunca se hubiera esperado de ellos tratándose de un objeto de especulación.[31]

Kant mostraba mucha menos comprensión hacia las formas más tenebrosas del chismorreo, a las que calificaba de «maledicencia», de una manera de «espiar las costumbres ajenas» y de «sarcasmo».[32]

Es cierto: la pérdida del reconocimiento social tiene a menudo consecuencias muy palpables. Para los habitantes de Yasawa —un diminuto archipiélago del sur del Pacífico—, la reputación social de una persona determina también su estatus legal. Cuanto más dañado esté el prestigio de un vecino, más legítimo será hacerle el vacío, someterlo a escarnio o violencia, robarle y cometer contra él actos lesivos. Mientras este condenado al ostracismo social está pescando, los demás habitantes pueden provocar un incendio en su casa o arrebatarle sus herramientas, y saldrán siempre impunes. También esto tiene un efecto domesticador: «Aquellos individuos que no consiguen aprenderse las normas locales, que no se controlan o que violan una y otra vez las normas acaban siendo expulsados del pueblo, pero antes se convertirán en víctimas de una explotación despiadada».[33]

La pérdida proverbial de la consideración social es, además, un detonante frecuente del suicidio. Por ejemplo, entre los asantes de Ghana se decía aún a principios del siglo xx: «"Si hay que elegir entre la vergüenza y la muerte, es mejor optar por la muerte". Hay una historia que ilustra a la perfección esta idea: un antiguo habitante del pueblo, durante una reverencia que realizó como señal de respeto hacia un alto dignatario que estaba de visita, tuvo "un ataque incontrolado de flatulencias". Al cabo de una hora, se marchó a su casa y se ahorcó. Cuando se les preguntó a sus compañeros de tribu si estaban de acuerdo con aquella drástica reacción, todos indicaron que, dadas las circunstancias, había actuado de la forma adecuada».[34] En algunos pueblos, la pérdida de la reputación social no es ya una alternativa suave a la ejecución, sino la peor de las desgracias.

El esclarecimiento de los delitos

Uno de los mayores logros morales del ser humano fue encontrar placer en la crueldad. Eso hizo aún más difícil desaprender este gusto por lo cruel una vez que se alcanzó el objetivo que se perseguía con él.

Si echamos un vistazo al pasado, podemos incluso pensar que la mayor parte de nuestra inventiva y de nuestra maestría artesana se canalizó hacia el desarrollo de métodos cada vez más sofisticados con los que ocasionar dolor a otros seres humanos. En el número 449 de la calle Singel, en el distrito de los canales de Ámsterdam, existe un museo de la tortura en el que, por 7,50 euros (o 4 euros para los menores de doce años), pueden examinarse las opciones más originales para este fin. Hay cadenas y jaulas, cuchillas y cajas, empulgueras, potros, tenazas al rojo vivo, patíbulos, picotas, horcas y doncellas de hierro. «*Discover the painful past*» [descubra el doloroso pasado] no es el eslogan del psicoterapeuta de la esquina, sino la invitación que aparece en la página web del museo. Probablemente los ingenieros medievales sentían una especial fascinación por la conexión entre el dolor y el acto de sentarse, ya que la silla de tortura —con la superficie del asiento y el respaldo cubierta de pinchos de hierro— parecía ser un instrumento muy popular. En el repertorio también se incluye una especie de aparatos de ejercicios gimnásticos con forma de pirámide, en cuya cúspide tenían que sentarse los torturados. En la barriga del toro de Falaris —una escultura de bronce hueca con forma de toro— se encerraba a las personas para asarlas vivas, mientras un sistema de embudos y tuberías permitía transformar sus gritos de dolor en sonidos parecidos a los mugidos del animal.

Nuestra historia evolutiva nos muestra claramente una tendencia hacia el exceso. Durante mucho tiempo vagamos por la senda de los castigos excesivamente severos, en lugar de los excesivamente indulgentes, y asumimos que aplicar sanciones cada vez más duras, crueles y despiadadas era de lo más eficaz. Castigar a un culpable de una forma demasiado suave es para nosotros emocionalmente inaceptable. Por eso, hasta los más pequeños pasos hacia la moderación de nuestra sed de sangre pudieron suponer un enorme avance. Hoy en día, la ley del talión, que está presente en la mayoría de las culturas y que establece que hay que pagar con el mismo sufrimiento que se ha causado, se cita a menudo como ejemplo de la barbarie más primitiva. Sin embargo, deberíamos comparar el principio de «ojo por ojo, diente por diente» con las alternativas más populares de su tiempo. En una sociedad que caía una y otra vez en interminables ciclos de devastadora venganza, el llamamiento a la proporcionalidad que entraña la ley del talión debió de constituir una mejora importante.

Sin embargo, la sencillez de este principio se convirtió al mismo tiempo en su condena, porque, aunque las reglas simples resultan intuitivamente más fáciles de comprender, de enseñar y de aprender, pueden fracasar a la hora de aplicarse a todo tipo de casos específicos y de enfrentarse a los obstáculos que entraña su ejecución técnica. En algunas sociedades, la violación o el asesinato de la hija de un hombre se reparaba violando o asesinando a la *hija del culpable*.[35] Pero ¿qué pasaba si el culpable no tenía hijas? En Babilonia, el Código de Hammurabi establecía que el destrozo de un ojo se pagaba con el destrozo de otro ojo; y la pérdida de un diente, con la pérdida de otro diente; pero, sorprendentemente, la pérdida de la audición se pagaba con «una mina de plata». ¿Acaso es que entonces no se sabía muy bien cómo se dañaba el oído de una persona y hubo que pensar en una compensación alternativa?

En cualquier caso, el crimen y el castigo nunca se repartían de forma justa. Las desigualdades sociales dentro de una comunidad se evidencian allí donde se violan las normas y donde esta violación acaba sancionándose. Existe un grupo que siempre ha constituido la inmensa mayoría de los autores y las víctimas de los delitos de violencia: los varones jóvenes. Por ejemplo, más del 80 % de las víctimas de homicidios son hombres. Pero la representación masculina entre los homicidas es aún más pronunciada: suponen más del 90 %.[36] Los delincuentes masculinos suelen recibir también castigos claramente más severos, en buena medida porque se los considera más peligrosos. Los ahorcamientos, destripamientos y desmembramientos que en el siglo XIII, durante el reinado de Enrique III, se empezaron a aplicar a los culpables de alta traición en Inglaterra jamás se utilizaron con mujeres.

También las diferencias de estatus socioeconómico entre distintos grupos se reflejan en la práctica social del castigo: algunos códigos jurídicos, como el *Manusmriti*, redactado en la India hace aproximadamente dos mil años, establecían distinciones explícitas entre las diversas castas:[37] básicamente, lo que se venía a decir es que cuanto más alta era la casta, menor sería la sanción. Los castigos físicos eran especialmente duros para los sudrás, el grupo inferior, pero solo se aplicaban en casos excepcionales a los brahmanes, que eran la clase superior. En cambio, la responsabilidad económica en caso de que se hubiesen provocado daños materiales se estructuraba al contrario, de manera que un mayor prestigio social obligaba a abonar indemnizaciones más altas.

Además de estos curiosos métodos arcaicos de castigo, a lo largo de la historia encontramos muchos ejemplos de cómo nuestra práctica punitiva se fue individualizando cada vez más. Aunque en la mayoría de las sociedades la familia seguía siendo casi siempre la unidad básica de la vida social, algunas comunidades en desarrollo reconocieron progresivamente los derechos y los deberes de cada persona. En la China medieval, la responsabilidad penal de un hecho aún se establecía en función del parentesco que existiera entre el culpable y la víctima. Si el delito se cometía contra un familiar cercano, se castigaba con más dureza que si iba dirigido contra un familiar más lejano, aunque en este último caso el castigo era mayor que cuando la víctima no era un pariente.[38] También la estructura interna de la familia tenía su importancia. Así, las personas de más edad tenían, en general, más libertad de acción: un padre podía matar a su hijo y no recibir más que una amonestación, mientras que si era un hijo el que mataba a su padre se exponía a consecuencias mucho más drásticas.

Además, era posible pedir cuentas a toda la familia a la que perteneciera el autor de un acto infame. Este principio de la «responsabilidad penal extendida» solo empezó a debilitarse cuando dio comienzo la Alta Edad Media en Europa. Las Leyes de Magdeburgo, del siglo XII, fueron las primeras en formular la idea de que no se debe reclamar nada a un padre por el asesinato cometido por su hijo, siempre y cuando seis testigos varones independientes y de intachable reputación declararan que el progenitor no estaba implicado.[39]

Esta fase de transición estructural de la condena para pasar del principio de la consanguinidad al del castigo del individuo concreto por parte de terceros anónimos se sigue observando aún hoy en los métodos punitivos que se aplican en las diferentes culturas.[40] En los experimentos basados en los juegos se confirma que en la mayoría de las sociedades se castiga el comportamiento no cooperativo. Sin embargo, en las culturas de la Europa del Este y de Oriente Medio se constata que los participantes que han sido penalizados en la primera ronda tratan de vengarse en la siguiente de aquellas personas que, sospechan, los han sancionado antes. Esto ocurre sobre todo en sociedades con un Estado de derecho más débil y menos capital social, es decir, con menos modalidades informales de confianza social. En las sociedades occidentales, en cambio, este comportamiento prácticamente no se da.

La transformación y abolición parcial de las normas jurídicas basadas en el parentesco vino acompañada del concepto de *mens rea* (o «ánimo culpable») como principio básico para la imputación de un incumplimiento de la ley. En la Edad Media, los expertos en derecho canónico empezaron a diferenciar entre la culpa como hecho (*actus reus*) y la culpa como estado mental (*mens rea*). La erosión de la responsabilidad penal extendida a la familia, que había comenzado ya con la aparición del principio de la responsabilidad individual, fue más acusada entonces, ya que había que analizar en qué medida la conciencia, la intención, la previsibilidad y la causalidad eran relevantes para juzgar un delito.

> Consideremos este caso: un herrero arroja un martillo a su ayudante y lo mata. Los legisladores medievales comenzarían por preguntarse no solo si aquel *quería* matar a su ayudante (motivo: el muerto había flirteado con la mujer del herrero), sino también si *pretendía* de hecho hacerlo y si *creía* que el martillo era una buena herramienta para ese objetivo. ¿Importa si el herrero pretendía matar a su ayudante a la semana siguiente (envenenándolo, por ejemplo) pero, por accidente, lo mató de un martillazo, pensando que se trataba de un intruso que entraba en la herrería? La decisión sobre la culpabilidad podía variar dependiendo de qué estados mentales hubiesen concurrido de entre todo el abanico posible.[41]

En este punto ya no se estaba lejos de admitir que existen circunstancias atenuantes de la culpabilidad de una persona: un individuo inmaduro, bebido, enfermo o enajenado momentánea o permanentemente no podía recibir el mismo castigo que otro que hubiese cometido una injusticia en pleno uso de sus facultades mentales.

Sin embargo, a aquellas alturas aún era impensable abolir la pena de muerte, y lo siguió siendo durante mucho tiempo. Una de las fortalezas más dudosas de la filosofía alemana es precisamente esta: la racionalización de la violencia. Immanuel Kant, conocido y alabado sobre todo por su audaz defensa de la dignidad humana, tenía una opinión clara acerca de cómo se debía tratar a los delincuentes, y la mostró sin cortapisas en uno de los pasajes más sombríos y obscenos de la filosofía de la Ilustración:

> Pero si ha cometido un asesinato, tiene que *morir*. No hay ningún equivalente que satisfaga a la justicia. No existe *equivalencia* entre una vida, por penosa que sea, y la muerte; por tanto, tampoco hay igualdad entre el crimen y la represalia si no es matando al culpable por disposición judicial, aunque ciertamente con una muerte libre de cualquier ultraje que convierta en un espantajo la humanidad en la persona del que la sufre. Aun cuando se disolviera la sociedad civil con el consentimiento de todos sus miembros (por ejemplo, que decidiera disgregarse y diseminarse por todo el mundo el pueblo que vive en una isla), antes tendría que ser ejecutado hasta el último asesino que se encuentre en la cárcel, para que cada cual reciba lo que merecen sus actos [...].[42]

Georg Wilhelm Friedrich Hegel llegó tan lejos en su sistema filosófico que rechazaba incluso la denegación de una ejecución, ya que consideraba que eso constituiría una falta de respeto hacia el condenado. Un asesino, asegura, tiene derecho al reconocimiento que entraña implícitamente la pena de muerte, dado que esta evita reducir al ser humano a un animal que se mueve por sus impulsos e instintos:

> Al considerar que la pena contiene *su* propio derecho, se *honra* al delincuente como un ser racional. No se le concederá este honor si el concepto y la medida de la pena no se toman del hecho mismo, si se lo considera como un animal dañino que hay que hacer inofensivo o si se toma como finalidad de la pena la intimidación o la corrección.[43]

El pensamiento *utilitarista* fue el primero en reclamar que se humanizase el castigo. El utilitarismo es la corriente filosófica que considera que el objetivo de la moral es la maximización del bienestar humano. Los utilitaristas opinaban (y opinan) que también las sanciones que impone la sociedad deben valorarse en último término conforme al criterio de su utilidad social, para brindar «la mayor dicha al mayor número». En este sentido hay que destacar la influencia que ejerció el autor italiano Cesare Beccaria, filósofo del derecho que, con su breve ensayo *De los delitos y las penas*, publicado en 1764, se convirtió en el primer autor que abogó sistemáticamente por la abolición de la pena de muerte y por la modernización general de los castigos impuestos por el Estado. Estaba convencido de que la pena capital era incompatible con el contrato social, ya que nadie estaría dispuesto a reconocer voluntariamente al Estado el derecho a matarlo. Dado que, además, la amenaza de una muerte rápida genera —según Beccaria— menos miedo que la promesa de una larga temporada de miseria en la cárcel, y considerando que las ejecuciones, más que civilizar a una sociedad, la embrutecen, el autor rechaza rotundamente la pena de muerte.

La filosofía moral utilitarista genera en el terreno sociopolítico (para bien y para mal) una cierta mentalidad propia de ingenieros y comerciantes. Con frecuencia los primeros utilitaristas mostraron su entusiasmo ante propuestas de reformas que estaban a medio camino entre una tierna ingenuidad y una distópica arrogancia planificadora. Un ejemplo especialmente famoso es el proyecto de Jeremy Bentham para el establecimiento de una nueva arquitectura en las prisiones, con celdas parecidas a las de los panales, dispuestas en círculo alrededor de una torre central. Mediante esta estructura se pretendía vigilar a la mayor cantidad posible de presos empleando el menor número de guardias: desde la torre del centro sería posible ver todas las celdas sin que los prisioneros supieran si la mirada del vigilante estaba posada en ese momento en ellos o en otra persona, así que, en cierto modo, los propios presos acababan vigilándose a sí mismos. Bentham bautizó este proyecto como panóptico, es decir, «el que todo lo ve».

El proceso

En la mayoría de las sociedades, el castigo de un infractor viene precedido de algún tipo de proceso en el que, aplicando normas establecidas de manera más o menos formal, se debe determinar si el acusado ha de ser condenado y, en tal caso, cómo. También en este terreno la historia de los procesos y los juicios se utiliza a menudo para confirmar de manera acrítica el nivel de progreso de nuestra sociedad y describir a los actores de antaño como verdugos sin escrúpulos o como fanáticos paranoicos que, por cinismo o por ceguera ideológica, abusaban de su autoridad jurídica para organizar actos despiadados de lo más retrógrado. En realidad, hasta las prácticas más anticuadas siguen una lógica interna, que solo puede descifrarse analizando con precisión las circunstancias históricas de cada momento.

Así, nosotros, hijos de la modernidad, solemos llevarnos las manos a la cabeza cuando hablamos de los juicios de Dios que se celebraban en la Edad Media. Su ingenuidad nos parece divertida: en esos procesos, la culpabilidad de un acusado se decidía dando a Dios la oportunidad de revelar la verdad de lo ocurrido. En realidad, aquellos juicios eran sorprendentemente racionales y nada ciegos.[44] En primer lugar, hay que subrayar que el *iudicium dei* solo estaba previsto para los delitos más graves y, en consecuencia, menos frecuentes, e incluso para ello era imprescindible que no hubiera habido una confesión, que no existiesen coartadas confirmadas por testigos fiables y que no apareciese ningún otro indicio o prueba que permitiese emitir un fallo. Mucha gente tampoco sabe que, en la mayoría de los casos, los juicios de Dios se resolvían con la absolución del acusado. De acuerdo con el *Regestrum Varadinense*, una especie de registro húngaro de las penas impuestas a principios del siglo XIII, en más del 60 % de los procesos la prueba del agua hirviendo —en la que el acusado tenía que extraer un anillo u otro objeto de un caldero con agua a muy alta temperatura sin sufrir quemaduras durante la operación— sirvió para liberar sin cargos a los imputados. ¿Cómo era posible?

Parece que la mera amenaza de esta prueba inducía a muchos culpables crédulos a confesar lo que habían hecho: en nuestros días se subestima la confianza que los propios acusados tenían en este tipo de juicios. Por su parte, la mayoría de los inocentes, que estaban igualmente convencidos de la fiabilidad de los veredictos divinos, accedían a pasar por la prueba, así que quienes se sometían a ella eran por lo general los no culpables. Pero ¿cómo se podía impedir que se acabase condenando masivamente a acusados inocentes, que, inevitablemente, saldrían escaldados de la prueba? De acuerdo con las normas oficiales, la preparación del caldero de agua debía realizarse en secreto, así que el clérigo que se encargase de ella podía regular la temperatura del agua de manera que resultase soportable y el procesado superase el ritual prácticamente sin sufrir lesiones. Además, a los responsables del procedimiento les interesaba muy mucho evitar inculpar a inocentes. De cuando en cuando podía ocurrir que alguien hubiese sido condenado por asesinato y, poco después, el supuesto asesinado volviese a aparecer vivito y coleando. La invalidez posterior de una sentencia considerada infalible podía minar para siempre hasta la confianza de los miembros más piadosos de la comunidad, algo que había que impedir a toda costa. La influencia terrenal en los juicios de Dios era mucho mayor de lo que se creía en muchas partes por aquel entonces.

Ni siquiera los animales, los difuntos o los objetos inanimados podían librarse del largo brazo de la ley. La historia mundial está repleta de criaturas que comparecieron con el mayor aplomo y la más digna seriedad ante los tribunales, cuyos jueces proclamaron ante Dios y ante el mundo sus fechorías y los disciplinaron como era debido.[45] En Saint-Julien, una aldea de los Alpes franceses, se dirimió el caso de unos gorgojos que habían devorado la cosecha. En el lago Lemán se decretó en 1451 una disposición provisional contra las lampreas que atacaban a los salmones. Poco después, en Basilea, se degolló a un gallo al que se había declarado culpable de poner un huevo. A los pobres mulos, perros y burros que se convertían en objeto de una atención excesivamente afectiva por parte de los humanos se los azotaba, desterraba o quemaba. Cerdos, vacas, ratas y caballos eran con frecuencia acusados de asesinato y también condenados. En Madagascar, cuando se atrapaba por casualidad a algún cocodrilo, se le sometía a un interrogatorio para que confesase si alguno de sus congéneres había matado a alguien. En el Concilio Cadavérico (*Synodus horrenda*) del año 897, se juzgó al papa Formoso por irregularidades en su elección: el pontífice estuvo presente (por decirlo de algún modo) en la sala del juicio, pero llevaba meses muerto, así que hubo que exhumarlo. Se llegó incluso a procesar a espadas, pozos y carruajes, sospechosos de «asesinato». Hasta se encarceló a campanas de iglesias —que, aunque hoy en día no lo sepamos, en aquella época representaban un peligro mortal que no convenía subestimar—. Y cuando, en 1535, Anthony Wylde murió en Nottinghamshire por asfixia en un almiar, el perspicaz jurado consiguió fallar contra un determinado manojo de paja como principal culpable de los hechos.[46]

El futuro del castigo

Conocer el papel del castigo en la historia de la moral puede ayudarnos a determinar cómo deberían sancionar las sociedades modernas. El futuro de las condenas pasará por penas más suaves y por un distanciamiento con respecto a nuestros despiadados instintos, a los que claramente debemos poner freno.

En la historia del castigo se evidencia que la punición más

dura no necesariamente es la que más disuade. La evolución de la moral nos enseña que *cualquier* sanción social desempeña un papel imprescindible en el mantenimiento de un nivel aceptable de cooperación comunitaria, pero la variable decisiva no es la dureza del castigo, sino el provecho (o, a ojos del condenado, el daño) que se espera conseguir con él. Y, como es evidente, eso no solo depende de lo desagradable que sea la pena, sino también de la probabilidad de que se aplique. Ni siquiera la pena de muerte resulta demasiado intimidatoria si pensamos que jamás nos tocará sufrirla. En cambio, la amenaza de diez bastonazos puede tener un efecto bastante más intenso si estamos lo suficientemente seguros de que algún día los recibiremos.

Existen motivos excelentes para moderar nuestra sed de castigo, y eso se evidencia especialmente cuando, por ejemplo, adoptamos decisiones políticas solo porque queremos satisfacer nuestro afán de venganza. El filósofo estadounidense Neil Sinhababu ha calculado que los costes que generó la guerra de Irak son equivalentes al dinero que sería necesario desembolsar para regalarle a cada uno de los cerca de dos mil pandas que quedan hoy en el planeta un avión bombardero furtivo (sabiendo que el precio de cada una de estas aeronaves es superior a setecientos millones de dólares).[47] Aun cuando en origen la guerra contra el terrorismo pudo parecer justificada, llega un momento en que es necesario preguntarse si de verdad el asesinato de tres mil estadounidenses inocentes el 11 de septiembre de 2001 podía compensarse enviando a la muerte a más de seis mil compatriotas —por no hablar ya de los cientos de miles de víctimas que hubo en el lado afgano y en el iraquí—, simplemente para firmar un acuerdo de paz con el enemigo inicial veinte años después del estallido de la guerra. Esta forma de proceder no resiste ningún análisis coste-beneficio.

También la denominada «guerra contra las drogas» —que, a partir de la expansión del *crack* en la década de 1990 en Estados Unidos, se libró cada vez con menos vehemencia— puede considerarse hoy en día una guerra perdida, indudablemente: se basó en los mismos principios de crimen y castigo transmitidos a lo largo de la evolución, según los cuales un comportamiento social indeseado solo puede combatirse con eficacia si se recurre a sanciones cada vez más severas. Sin embargo, eso no solo conduce a una tipificación excesiva de comportamientos que en realidad no pueden considerarse delitos, sino también a una represión desproporcionada de actos que, como ocurre con el consumo de droga, no perjudican a nadie o solo perjudican a quien los comete.[48] Además, hoy en día existe una tendencia global a pasar del castigo físico a las penas de cárcel o incluso a las sanciones económicas y a las indemnizaciones, tendencia que convendría seguir o, aún mejor, acelerar.[49]

Las sobrerreacciones punitivas son injustificadas, porque muchas veces las circunstancias en las que ha nacido una persona como consecuencia de la lotería genética, los problemas sociales que se va encontrando a lo largo de su vida o los estímulos que recibe para iniciarse en el comportamiento colectivo no son más que fruto de la casualidad.[50] El endurecimiento constante de las penas de cárcel no hace sino agravar esta situación, ya que la permanencia durante largo tiempo en prisión dificulta, más que facilita, el regreso a una trayectoria social más adecuada. El castigo es más eficaz cuando se impone de manera rápida y cuando, además, es muy probable que se aplique. A menudo los castigos severos se caracterizan justo por lo contrario. La condena a la pena de muerte o su ejecución, por ejemplo, constituye en la mayoría de los casos un proceso larguísimo, porque los juicios requieren mucho tiempo —nadie quiere acabar por error con la vida de un inocente— y porque es inhabitual que la condena llegue realmente a aplicarse.

En muchos casos, es mejor dar prioridad a la zanahoria frente al palo: los incentivos para mantener un comportamiento no delictivo suelen ser más eficaces que el temor del castigo.[51] A menudo, a este tipo de medidas se las tacha, desde un punto de vista moralista, de «recompensas» a las carreras criminales, lo cual pone claramente de manifiesto lo difícil que nos resulta preferir las mejores políticas a las peores, aun cuando los datos hablen por sí mismos. Tan pronto como una medida del derecho penal choca contra nuestras profundas estructuras emocionales, optamos, ante la duda, por la alternativa que no le aporta nada bueno a nadie, en lugar de por aquella que realmente podría tener algún efecto.

Sea como fuere, y a pesar de que existen numerosas y lamentables excepciones, lo cierto es que las sociedades modernas avanzan, lenta pero inequívocamente, hacia la humanización de sus prácticas punitivas. Hay una cárcel en la ciudad neerlandesa de Utrecht que se llama Penitentiaire Inrichting Wolvenplein. Esta prisión, construida con ladrillos recochos y situada en una ubicación ideal dentro del anillo de canales del centro de la metrópoli, se encuentra vacía desde 2014. En los Países Bajos hay cada vez menos delitos, y no solo porque cada vez se cometan menos acciones delictivas, sino también porque cada vez son menos las acciones que se consideran delito y porque las que siguen siendo ilegales se castigan cada vez menos con la pena de cárcel. Muchos vecinos de Utrecht confían en que, una vez que este antiguo centro penitenciario se reconvierta en un edificio de lofts, contribuya a mejorar la tensa situación del mercado de la vivienda que se está padeciendo en este escenario histórico tan macabro.

Una muerte lenta

Qianlong está enfermo. Sufre una reacción alérgica a las esporas de unas setas tibetanas y, como él, emperador de China, está convencido de que, al ser su dolencia de origen tibetano, lo mejor es que la traten los médicos del Tíbet, ordena llamar a dos chamanes de Lhasa para que ayuden a la sanación de este «señor de los diez mil años». Entretanto, se extiende por la Ciudad Prohibida el rumor de que el emperador se está muriendo, una mentira que probablemente procede de dos médicos de la corte que se sienten engañados y heridos en su orgullo.

Seguramente no contaban con las consecuencias de aquel acto:

El tribunal de la corte había llegado a un veredicto y había dictado sentencia al cabo de tres horas de deliberaciones. A esos mentirosos les aplicarían el *lingchi*, la muerte lenta, rastrera, el primer día después de la fiesta de la Gran Nevada. Encadenado cada uno a un poste, debían situarse los dos cara a cara y contemplar, paso a paso, cómo al primero le infligían lo que le esperaba al otro un segundo después.

Primero, el verdugo les cortaría el pezón izquierdo con unas tijeras, luego, el derecho; después, con un cuchillo, todo el pecho; después los tendones de las piernas —los del muslo primero, después los de la pantorrilla— en tiras delgadas hasta que los huesos asomasen por entre un manantial de sangre. Después, también la carne de los brazos y los antebrazos debía caer en el serrín ensangrentado hasta que esos embusteros parecieran esqueletos sanguinolentos, espectros que no paraban de chillar y en los que acabarían convertidos no solo por el castigo que les aplicaba el verdugo, sino por sus propias mentiras.[52]

El *lingchi*, un método de ejecución que durante un milenio se aplicó en China ocasionalmente —se tienen noticias de al menos dos docenas de veces durante el reinado de las dinastías Ming y Qing— y que no desapareció hasta principios del siglo XX, ha sido abordado por los intelectuales y escritores europeos desde hace mucho tiempo. La fascinación por su carácter macabro y exótico los ha llevado seguramente a exagerar y adornar algunas de sus descripciones. Lo cierto es que muchas veces se sedaba con opio a los ajusticiados antes de empezar a descuartizarlos. El filósofo francés Georges Bataille, al contemplar una serie de fotografías de este tipo de ejecución que se tomaron en su época, se dejó llevar incluso por un desatino sentimental, ya que creyó reconocer en la mirada ausente de un moribundo los signos de un éxtasis místico y de una dichosa entrega.

Esta «muerte por mil cortes» ilustra, una vez más, la pasión con la que nosotros, los humanos, solemos abordar la cuestión del delito: los mentirosos, los impostores, los adúlteros, los asesinos y los ladrones deben recibir siempre su justo castigo. La evolución nos convirtió en seres pacíficos, previsores y con capacidad de autocontrol, pero nos proporcionó un potente instinto punitivo que nos lleva con frecuencia a buscar castigos de una severidad implacable para quienes incumplan las normas de la convivencia.[53]

La autodomesticación a la que este proceso dio lugar nos hizo más dóciles y dispuestos a cooperar que cualquier otra especie humana con la que compartimos antiguamente la Tierra. Pero no fue solo esta domesticación la que nos permitió finalmente aventajar a esas otras especies, sino también, y en buena medida, nuestro nivel de complejidad cultural —el desarrollo de técnicas para la fabricación de ropa, viviendas, armas, alimentos y conocimientos—, que nos brindó una ventaja. La coevolución de la cultura y la moral nos ayudó, una vez más, a aumentar el tamaño de nuestras sociedades humanas, lo que nos convirtió en seres capaces de aprender en comunidad y de actuar sobre la base de normas morales y reglas sociales. Nuestra cultura nos proporcionó flexibilidad y diversidad. Fue así como nos convertimos en una maldición para nuestros congéneres y como determinamos el destino del mundo.

50.000 años

Seres carenciales

La vida de los otros

A menudo nos preguntamos si estamos solos en el universo, pero al hacerlo nos olvidamos de que lo estamos desde hace poco tiempo, en realidad.

¿Existe vida inteligente aparte de nosotros? Aquí ya no, en cualquier caso. Con frecuencia se nos critica nuestro desdén hacia los neandertales: su complexión musculosa y robusta, su rostro enmarcado por una abundante y enmarañada cabellera, sus torpes manos, terminadas en toscos dedos de uñas quebradizas, y nuestra habitual estrechez de miras nos han inducido durante demasiado tiempo a tildar a nuestros parientes humanos de ingenuos salvajes, de brutales cretinos. De hecho, en un momento dado el término *neandertal* pasó de designar un taxón biológico a convertirse en un calificativo hiriente, que hemos utilizado para calificar a congéneres a los que considerábamos patanes sin cultura.

Como era difícil negar la existencia de los neandertales, tuvimos que tomar distancia de manera urgente y rotunda con respecto a ellos, considerados como categoría. Era tal nuestra negativa a admitir que en el corazón mismo de Europa pudo vivir otra especie humana, extinguida hacía ya mucho tiempo, que hasta un naturalista moderno tan relevante como Rudolf Virchow concluyó en 1872, cuando le presentaron unos extraños fragmentos de una bóveda craneal, que se trataba de los restos de un humano ordinario, deformados como consecuencia de la artritis, de varias fracturas y del raquitismo; tal vez un cosaco solitario que se había perdido hacía mucho tiempo (bueno, más bien hacía muchísimo tiempo) y de alguna manera logró llegar a la cueva Kleine Feldhofer, cerca de Düsseldorf.

Hasta ese punto —situado, según Apple Maps, a unos doce kilómetros de la mesa en la que estoy escribiendo ahora mismo— había acudido, movido por la curiosidad, Johann Carl Fuhlrott, el presidente y fundador de la asociación local de ciencias naturales, que poseía la audacia intelectual necesaria para identificar como un resto humano aquel extravagante hallazgo óseo. Él mismo lo inspeccionó a finales del verano de 1856 y se lo llevó enseguida al experto en anatomía Hermann Schaaffhausen, profesor en Bonn, junto al que reveló su estremecedor descubrimiento un año más tarde, en un congreso de la Asociación de Historia Natural de la Renania Prusiana y Westfalia. Entretanto, los operarios de aquella cantera de cal, situada en el valle de Neander (el «Neandertal», en lengua alemana) y cuyas consecuencias serían tan trascendentes, confirmaron que los huesos se habían localizado a medio metro de profundidad, escondidos en una zona de piedra arenisca intacta. Así pues, debían de ser antiguos. Muy antiguos. Sorprendentemente antiguos. Inexplicablemente antiguos, incluso.[1]

El nivel de desarrollo de una cultura puede medirse en función de cómo entierra a sus muertos. Si nos basamos en este criterio, tendremos que reconocer que la vida interior de los neandertales debió de presentar una riqueza subjetiva que hasta hace poco —y, desde luego, más aún hace ciento cincuenta años— se habría considerado una sacrosanta prerrogativa de nuestra especie. El arqueólogo estadounidense Ralph Solecki descubrió en 1960 en la cueva de Shanidar, situada en los montes Zagros, en el

Kurdistán, la tumba de un varón adulto neandertal. Parece que quienes lo habían enterrado quisieron que el cadáver que se les había confiado se sintiera cómodo: habían dispuesto el cuerpo de su compañero en posición fetal y lo habían cubierto de manera tierna y delicada con gavillas de cereales y ramos de flores de plantas medicinales. De ese modo entregaron a la eternidad a su padre, amigo y compañero de lides.

Los círculos de piedras de Bruniquel revelan un gusto similar por la trascendencia. Nadie sabe qué función tuvieron en su momento estas estructuras, que descubrió un niño —Bruno Kowalczewski— a principios de la década de 1990, a cientos de metros de profundidad, dentro de una cueva de estalactitas y estalagmitas situada en las gargantas del Aveyron, en el sur de Francia. ¿Quién se atrevería ya a negar la posibilidad de que aquel conjunto de estalagmitas quebradas y apiladas se tratara de un espacio para los ritos de danza, canto y embriaguez en el que nuestros parientes empezaban a articular su noción, cada vez más potente, de un mundo que estaba más allá de lo que los sentidos podían percibir?

Los neandertales eran profundamente humanos. Sus dientes presentan un desgaste provocado por el uso de palillos, el tratamiento de las pieles de animales y la fabricación de cuerdas. Su cerebro era mayor que el nuestro y les permitió, durante cientos de miles de años, colonizar toda Europa, en un entorno inhóspito —a veces, gélido y cubierto por un manto creciente de glaciares; otras veces, sometido a rápidas subidas de temperatura—, en cuyos bosques de robles y tilos no solo vivían cabras monteses y uros, especies que aún hoy podríamos considerar propias de la zona, sino también gigantescos elefantes africanos de selva, hipopótamos y macacos de Berbería. Los neandertales producían herramientas cuneiformes de doble filo con sílex, que afilaban y reparaban con otras herramientas más pequeñas. Lucían joyas elaboradas con plumas de águilas y conchas de vieira,[2] y cadenas de perlas entrelazadas entre sí siguiendo ingeniosos patrones geométricos. Los orificios dispuestos en línea recta que se observan en algunos huesos de animales nos hacen pensar que incluso podrían haberlos utilizado como flautas. Construían casas fantásticas con los huesos de mamut de mayor tamaño y las cubrían con pieles de animales, que se mantenían levantadas sobre las puertas gracias a que estaban apoyadas sobre enormes colmillos. Merced a la anatomía de su garganta y de su paladar podían articular un idioma humano, y el diseño de sus oídos les permitía entenderlo.

Hace unos cincuenta mil años los neandertales empezaron a desaparecer. Se sigue pensando que tal vez fuimos nosotros quienes exterminamos a nuestros bonachones primos. No obstante, tampoco es infrecuente que una especie se extinga sin más. No en vano, durante decenas de miles de años vivimos en paralelo en diferentes regiones de Eurasia sin aniquilarnos los unos a los otros. Probablemente, fueron varios los factores que acabaron causando el ocaso de estos primeros europeos: los drásticos cambios climáticos del último periodo frío, que sepultaron amplias zonas del norte de Europa bajo una desoladora capa de cientos de metros de hielo; la consecuente huida de los grandes mamíferos, que habían sido ideales para la caza; la aparición de nuevas enfermedades; las erupciones volcánicas que oscurecieron el cielo... Sus últimas huellas, que se encuentran en la cueva de Gorham, en Gibraltar, datan de hace treinta mil años. Fue entonces cuando llegó nuestro momento.

Quiénes somos nosotros

Nos vemos a nosotros mismos como criaturas realmente fantásticas: los últimos seres humanos. Pero para muchas otras especies nuestra aparición fue, en la mayoría de los casos, un castigo con tintes de pesadilla: «Cuando, hace unos cincuenta mil años, llegamos a Eurasia, armados con nuestros proyectiles, para cazar y recolectar, aniquilamos prácticamente a todos los depredadores de la glaciación».[3] Nuestra aterradora superioridad tenía su explicación: «El periodo que comenzó hace aproximadamente cincuenta mil años se caracterizó por un cambio evidente en la calidad y la cantidad de armas, herramientas, joyas y obras de artesanía, con unas proporciones y una naturaleza jamás conocidas antes, por no hablar ya de las tiendas, las lámparas y toda una serie de artefactos aún más fundamentales, entre ellos las barcas».[4] Pero ¿de dónde salieron esos artefactos?

La época que voy a abordar aquí coincide con la expansión del *Homo sapiens* a través de la denominada «Ruta del Sur», que partió de África oriental y, atravesando la península arábiga, llegó hasta Europa y Asia, en un proceso que hoy en día se conoce como *Out of Africa II*. Por aquel entonces ya disponíamos de una particular combinación de características y capacidades que hacían que nosotros —que, entretanto, nos habíamos convertido ya en humanos modernos desde el punto de vista anatómico— fuésemos superiores a todos los demás grandes mamíferos y, especialmente, a todas las demás especies humanas con las que aún compartíamos el planeta. Para la evolución de la moral fueron particularmente interesantes, además de una serie de avanzadas habilidades cognitivas —entre ellas el dominio de un idioma gramaticalmente estructurado—, nuestra hipersociabilidad y nuestra capacidad de aprendizaje social.[5] Nuestra disposición ultracooperativa nos permitió vivir en grupos cada vez mayores, que, a su vez, crearon las condiciones necesarias para la aparición de una reserva de conocimientos culturales que aprendimos a absorber con la máxima precisión: como dicen los antropólogos, iniciamos entonces el aprendizaje de alta fidelidad (*high fidelity learning*).

Nuestra moral es el nicho que nos hemos construido. Nos ha permitido ejercer una dominación ecológica global nunca vista, cosa que lleva a muchos científicos a referirse a la era geológica actual como el «Antropoceno»: la era del ser humano. La mayoría de los animales nos aventaja mucho en velocidad, fuerza y habilidad (al menos, en los retos a los que deben dar respuesta). Nuestra fortaleza reside en la capacidad de compensar nuestras carencias internas mediante el uso de tecnologías externas. Las normas, los valores y las prácticas morales forman parte de esas tecnologías.

Este andamiaje (*scaffolding*)[6] que nos ha proporcionado el entorno construido por nosotros mismos —nuestro lenguaje, nuestras ciudades, nuestros inventos y nuestras instituciones— es posible gracias a nuestra hipersociabilidad. La dominación por parte de esos seres carenciales que somos los humanos depende básicamente de nuestra capacidad para cooperar dentro de grandes grupos. Sin moral sería impensable que hubiésemos alcanzado semejante éxito en la cooperación. Las normas y los valores morales son la vía por la que unos seres carenciales tan pobremente equipados como nosotros han conseguido un nivel de cooperación que no se encuentra en ningún otro lugar del reino animal no humano, salvo en ciertas especies de insectos sociales (con la diferencia de que estos siguen rígidos programas genéticos, mientras que nosotros somos capaces de construir estructuras de colaboración flexibles). De ese modo, nuestra moral se ha convertido en un factor decisivo —incluso en el factor decisivo— de la evolución de nuestra naturaleza humana y de la cultura en la que se integra.

Durante mucho tiempo la búsqueda de aquello que nos hacía tan especiales a los seres humanos fue infructuosa. Desde hace miles de años hemos intentado reducir la esencia humana a la fórmula «animal + x».[7] Sin embargo, cada nuevo intento de identificar esa x que poseemos los humanos —y solo los humanos— acabó revelándose equivocado.

¿Es el ser humano un *Homo faber*, es decir, el único animal capaz de utilizar herramientas? Hace ya tiempo que los chimpancés —que saben cascar frutos secos— y los cuervos —que emplean ramitas para «pescar» insectos— han refutado esta idea. ¿O es un *Homo ludens*, el animal que juega? Quien haya visto alguna vez a un gato con un ovillo de lana o a una camada de zorritos difícilmente pensará que el juego es un privilegio exclusivo del ser humano. ¿O acaso es, como siempre se ha dicho, un *Homo sapiens*, ese animal juicioso, capaz de pensar y dotado de inteligencia?[8] No sé qué técnica utilizas tú para separar el grano de la paja, pero lo que hacen los macacos japoneses para ejecutar esta tarea —sumergen los granos en agua del mar para que su parte más ligera y exquisita ascienda a la superficie, donde la atrapan— me parece bastante inteligente. Tampoco la resolución inteligente de problemas es, pues, la característica diferenciadora de nuestra especie, la más adicta, dentro del reino animal, al estatus.

Otra dificultad que surge aquí es que la definición que se haga del concepto *ser humano* no solo debe ser, como acostumbran a decir los filósofos, «extensionalmente adecuada», es decir, no solo debe identificar aquellas características que corresponden única y exclusivamente a las personas. Se dice que, a la pregunta de «qué es el ser humano», Platón respondió que un ser humano es un animal bípedo implume; una definición que merece todas y cada una de las burlas que se han hecho de ella en los últimos dos mil quinientos años. Por otra parte, es fácil ser especial: cada ser lo es a su manera, sin que eso lo convierta en especialmente interesante. De hecho, si Gottfried Wilhelm Leibniz está en lo cierto, todo es, por definición, especial: dos objetos que no presentan ni una sola diferencia entre sí no son, en realidad, dos objetos, sino uno solo.

La tan buscada «diferencia antropológica» que caracterizaría al ser humano debería ser un elemento que explicara su (supuesta) posición especial y, más aún, que nos ayudara a comprendernos a nosotros mismos. Si le decimos a alguien que el ser humano es el único ser vivo bípedo y, al mismo tiempo, implume, no le estaremos aportando una información que le desvele el enigma de nuestra especie —ni de sí mismo—.

Un poco más tarde, Aristóteles hizo un nuevo intento en este sentido y desarrolló la más conocida e influyente definición del concepto *ser humano* que se haya dado jamás: el ser humano es el ser dotado de lenguaje, el *zoon logon echon*, expresión que la escolástica traduciría al latín como *animal rationale* (lo que tendría importantes consecuencias). La versión de Aristóteles de la fórmula «animal + *x*» seguía la doctrina clásica, según la cual a la hora de definir hay que indicar el género inmediatamente superior y la diferencia específica dentro de ese género (*definitio fit per genus proximum et differentiam specificam*). El ser humano es el animal (género inmediatamente superior) que posee lenguaje (diferencia específica).

Sin embargo, con el tiempo también se hizo necesario revisar esta propuesta, dado que, aunque nuestra locuacidad pueda no tener parangón, lo cierto es que el lenguaje humano, el gorjeo, el canto, los gritos y los gestos de muchas especies animales parecen encontrarse en el mismo *continuum* de comunicación simbólica. Con su intento de definición, Immanuel Kant nos invitó a ser algo más modestos, ya que nos degradó sencillamente a seres dotados de razón (*animal rationabile*),[9] lo cual significa que la razón es un potencial presente en cada ser humano, pero solo lo aprovechan unos pocos, e incluso esos pocos únicamente lo hacen de manera ocasional e incompleta.

De ese modo, llegó un momento en que la búsqueda de aquello que hace especial a los seres humanos se consideró una causa perdida. El ser humano es el animal que busca su naturaleza y jamás la encuentra.

EL TELÉFONO Y LAS CUATRO MUERTES DE SU INVENTOR

Probablemente su respiración se detuvo un instante: cuando consiguió, por vez primera, transmitir sonidos de un lugar a otro mediante señales eléctricas, lo invadió la sensación de lo sublime. En 1854 había presentado a la opinión pública su invento, que por aquel entonces aún no era más que una idea; en 1860 ya sabía cómo transformar los ruidos en impulsos de tensión; en 1861 bautizó su creación como «teléfono», nombre que se seguiría utilizando en adelante; en 1871, la Oficina de Patentes de los Estados Unidos de América asignó a un aparato denominado *sound telegraph* (el primero que hizo posible que dos personas hablasen a distancia) una patente provisional con el número «3335»; a partir de 1876, tras una primera exhibición pública en la Exposición Universal de Filadelfia, ya nada detendría el éxito de esta tecnología revolucionaria.

El inventor del teléfono murió por primera, por segunda, por tercera y por cuarta vez en Nueva Escocia (Canadá), en Friedrichsdorf im Taunus (Alemania), en Saint-Céré (Francia) y en Staten Island (Nueva York, Estados Unidos), más o menos lejos del lugar en el que había nacido: Florencia, Edimburgo, Bruselas y la ciudad alemana de Gelnhausen.

En la versión en francés de la Wikipedia, la historia del teléfono arranca así: «En France, Charles Bourseul, agent de l'administration des télègraphes, posa le principe du telephone» [En Francia, Charles Bourseul, empleado de la administración de telégrafos, estableció el principio del teléfono]. La versión en italiano de esta enciclopedia en línea dice así: «L'invenzione del telefono elettrico è ufficialmente attribuita al fiorentino Antonio Meucci» [La invención del teléfono eléctrico se atribuye oficialmente a Antonio Meucci, natural de Florencia]; y Philipp Reis y Heinrich von Stephan son los primeros nombres que aparecen en el equivalente alemán de este sitio web. En el mundo anglófono, por supuesto, el escocés Alexander Graham Bell es quien consta como inventor.

En realidad, el teléfono no lo inventó nadie. O, en todo caso, no lo inventó una persona. La idea de que los grandes inventos se deben a un gran creador —un genio solitario, encerrado en su estudio, que le arranca a la casta naturaleza sus más profundos secretos— es en buena medida un relato de ficción alimentado por los historiadores patriotas. Si hoy en día podemos comunicarnos a través de largas distancias no es gracias a una persona, sino a un proceso que transcurrió en buena medida de cabeza humana en cabeza humana. Un proceso durante el cual un gran número de personas consiguieron, a través de pequeñas y mínimas mejoras científicas, técnicas y de diseño, encontrar una solución a un problema que apenas unas décadas antes nadie se había planteado como tal. Este proceso se denomina «evolución cultural acumulativa». ¿Cómo funciona la evolución cultural? ¿Y por qué ha tenido un peso tan decisivo en la evolución de nuestra moral?

El saber hacer cultural provocó toda una serie de avances de gran calado que hicieron posible la transición hacia los seres humanos modernos. En primer lugar, nos proporcionó la capacidad de sostener materialmente a grupos sociales cada vez más amplios gracias a una mejor tecnología y a una economía más eficiente. En segundo lugar, nos permitió vivir conforme a reglas cien por cien elaboradas por nosotros mismos, que dieron lugar a una pluralidad de estilos de vida humanos y nos liberaron de los imperativos de nuestra naturaleza biológica. La cultura genera diversidad y puede consolidar aún más esa psicología adaptada a la pertenencia al grupo que, en cualquier caso, ya habían impulsado los procesos de la evolución biológica. De ese modo, nos brinda la posibilidad de marcar simbólicamente las fronteras de nuestra comunidad a través de la moda, la lengua, la bandera o los rituales. En tercer lugar, todos estos avances nos convirtieron en seres que dependen del aprendizaje social y que tienen que adquirir sus capacidades y saberes a través de los demás, lo cual generó un hermanamiento entre conocimiento y moral que tendría importantes implicaciones: nos orientó hacia el grupo aún más de lo que ya estábamos antes porque el éxito en el aprendizaje dependía esencialmente de en quién depositábamos nuestra confianza, y ello a su vez dependía de quién compartía nuestros valores y normas. Cultura significa diversidad, flexibilidad y comunidad, pero también dependencia e indefensión. Después de un tiempo, estas características nos permitirían finalmente transitar hacia las grandes sociedades jerárquicas.

Desde hace entre diez y veinte años se viene imponiendo cada vez más la idea —impulsada por la teoría de la evolución y la antropología— de que en el mecanismo de la evolución cultural se encuentra la clave que explicaría algunos de los enigmas mejor guardados de la historia de la humanidad. La acumulación del capital cultural explica cómo poblamos el planeta. Demuestra que las innovaciones culturales fueron el elemento que posibilitó que nosotros, los seres humanos, realizásemos todas esas extravagantes hazañas de las que no es capaz ningún otro animal: sin evolución cultural no existirían la lectura y la escritura, la danza y la pintura, las ciudades, los puentes y las murallas. Sin evolución cultural tampoco existiría la moral (y viceversa), primero, porque las normas morales, que regulan nuestra convivencia y que son específicas según el contexto, únicamente pueden transmitirse como herencia cultural, y segundo, porque solo un ser capaz de entender y cumplir esas normas puede vivir en comunidades lo bastante grandes y numerosas como para mantener informaciones y técnicas complejas y no heredadas genéticamente.

El proceso de la evolución cultural nos ha transformado radicalmente —ha transformado nuestros genes, nuestra anatomía y nuestra fisiología— como seres biológicos. El concepto de ser carencial se refiere a que nosotros, los humanos, no podemos rivalizar en fuerza física ni en instintos innatos con casi ningún otro animal no humano, y eso no es una casualidad, sino una consecuencia del proceso de la evolución cultural, a lo largo del cual fuimos dejando cada vez más funciones de nuestro cuerpo en manos de un entorno construido por nosotros mismos. Las ollas y las sartenes sustituyeron en gran medida a nuestros intestinos. Las lanzas y las flechas hicieron innecesaria la fuerza física. Las normas del reparto y de la ayuda se apoderaron de la autoridad que antes ejercía el macho dominante.

Cultura acumulativa

Entretanto hemos descubierto ya qué es lo que hace al ser humano especial y extraordinario: somos el único animal que dispone de una cultura acumulativa. Así es como hace unos años se resolvió al fin esa búsqueda de la diferencia antropológica que había durado milenios enteros.

El término *cultura* debe entenderse aquí en un sentido amplio: no solo engloba a Beethoven y a Proust, sino también a todas esas informaciones, capacidades, prácticas, rituales, instituciones, reglas, valores, tecnologías y artefactos que se transmiten de una generación a otra a través de la enseñanza y el aprendizaje. Este proceso tiene lugar de manera horizontal: la transmisión de objetos culturales —ya sean ideas o herramientas— no sigue el mismo ritmo de la mutación y la selección, lento como el de un glaciar, sino que el conocimiento cultural puede pasar directamente de un portador al siguiente gracias al aprendizaje social. De ese modo, la mejora en la adaptación a nuestras condiciones de vida externas dejó de depender del implacable proceso ensayo-error de nacimientos y muertes y pudo probar nuevas variantes de manera flexible sin necesidad de generar una y otra vez un nuevo ser vivo con un nuevo equipamiento genético.

Es cierto que algunos animales —muy pocos, eso sí— presentan prácticas culturales rudimentarias: los macacos japoneses que mencioné en líneas anteriores no solo lavan el trigo, sino también las batatas. Aprendieron esa técnica de Imo, una congénere procedente de la isla de Kojima que, en 1953, cuanto tenía un año y medio de edad, empezó a practicarla de manera espontánea,[10] según parece. Pronto la mayoría de los demás monos de su entorno adoptó la técnica. Solo los de más edad se mostraron reacios a hacerlo, pero, desde que murieron, todos los miembros del grupo dominan este arte. Tampoco los primates son los únicos seres culturales. A menudo, los gorriones componen cantos diferentes en las diversas regiones en las que viven, que se transmiten dentro del grupo a través de procesos de aprendizaje.[11]

La diferencia con respecto a nosotros consiste en que nuestra especie no solo empezó a crear y a transmitir productos culturales: lo determinante en este caso es que cada generación que llegaba, en lugar de absorberlos de forma meramente pasiva, iba introduciendo poco a poco sus propias mejoras en la herencia cultural recibida. Si analizamos por separado este tipo de cambios a menudo nos parecerán insignificantes, poco espectaculares o meramente incrementales. Sin embargo, cuando pasa el tiempo suficiente, esas transformaciones permiten a los grupos humanos idear prácticas de una complejidad sorprendente. A partir de un determinado momento, la reserva de conocimientos y capacidades que se había ido formando de esta manera alcanzó tal nivel de sofisticación que ya no fue posible explicarlo por la potencia innovadora de cada individuo concreto ni recrearlo a partir de ella en caso de que se perdiera. Nuestra cultura cobró vida propia.

La cultura acumulativa no es solo lo que nos hace especiales: se trata de una característica lo suficientemente importante como para desentrañar buena parte del misterio que somos. La capacidad de cultura acumulativa es lo que nos permite poseer un lenguaje, sentir lo que sentimos y vivir como vivimos. No debemos subestimar su potencial explicativo: el científico canadiense Joseph Henrich, experto en evolución, sostiene que los procesos culturales han sido la fuerza motriz dominante de nuestro progreso a lo largo de los últimos cincuenta mil años —la fase decisiva para el desarrollo reciente de la humanidad—.[12] La cultura acumulativa explica por qué algunas personas tienen los ojos azules y son tolerantes a la lactosa; explica la bipedestación y nuestra capacidad de recorrer a pie grandes extensiones y de arrojar objetos con una puntería pasmosa; explica nuestra infancia, aparentemente interminable, nuestra prolongada dependencia y nuestra extrema necesidad de recibir cuidados en los primeros años de vida, y también explica por qué las personas de sexo femenino, a diferencia de la mayoría de los demás animales, paren con dolor.

Además, explica nuestros déficits. Tal vez nuestra característica más llamativa sea la escasez de conocimientos y habilidades innatos que poseemos. La constatación de que los seres humanos venimos poco equipados en comparación con los animales no humanos no es nueva. Al fin y al cabo, el contraste con respecto a otros mamíferos, que nacen relativamente completos, salta a la vista: los potros pueden ponerse de pie en cuanto vienen al mundo. Su desarrollo parece más o menos concluido. Lo único que les falta es crecer.

En cambio, los humanos somos radicalmente vulnerables: carecemos de pelaje, garras y alas; poseemos un cuerpo débil y desnudo que debe sostener un cráneo hipertrofiado y con mandíbulas atrofiadas; no tenemos ni instintos ni conocimientos innatos ni las capacidades más elementales que se requieren para sobrevivir, y dependemos por completo en nuestros primeros años de vida —y parcialmente también hasta la edad adulta— de una red de padres, abuelos, maestros y mentores, cuya principal función parece ser evitar que nos matemos de manera involuntaria.

Ya el filósofo prusiano Johann Gottfried Herder observó en la primera parte de su *Ensayo sobre el origen del lenguaje*, publicado en 1772, que el ser humano «es la criatura más desamparada de la naturaleza [...]. Totalmente desprovisto de vestido, débil y necesitado, pusilánime y desarmado y, lo que constituye el resumen de su indigencia, privado de toda guía vital».[13] La idea de la pobreza de instintos del ser humano y de su indefensión vuelve a aparecer en 1886, en la obra de Nietzsche *Más allá del bien y del mal*. Según este autor, el ser humano es un «aborto sublime», el «animal cuyo tipo no está aún fijado».[14] Ha pagado un alto precio por su apertura hacia nuevas impresiones y experiencias, por su flexibilidad a la hora de elegir su espacio vital y por su creatividad a la hora de responder a los retos siempre nuevos que le plantea su medio.

En la antropología filosófica —una corriente de la filosofía que surgió en la primera mitad del siglo XX en los territorios de lengua alemana—, esta tesis de que los humanos somos seres carenciales se ha llevado hasta sus últimas consecuencias. Max Scheler consideraba que lo que caracteriza al ser humano es su «apertura al mundo»:[15] los demás animales están en el mundo; los humanos, en cambio, tienen un mundo. Esta fractura en la relación entre el organismo humano y su entorno nos permite, en cierto modo, contemplar desde fuera la naturaleza y a nosotros mismos dentro de ella, en lugar de permanecer aprisionados en su interior. El concepto de *posicionalidad excéntrica* del ser humano, propuesto por Helmuth Plessner, traza una distancia similar:[16] todos los seres vivos se distinguen por establecer una frontera entre el organismo y el entorno, pero el ser humano lo hace de modo reflexivo, ya que no se limita a sobrevivir, sino que, a través de un comportamiento inteligente y de una manipulación intencionada de su medio, participa de manera consciente en una negociación conjunta de su relación con el mundo. Arnold Gehlen desarrolló el concepto de *ser carencial* y llegó a una llamativa conclusión político-sociológica: consideraba que el ser humano descarga funciones en las instituciones precisamente porque no viene bien equipado. La falta de fijación del tipo «ser humano» se compensa con unas prácticas sociales entrenadas y transmitidas de las que nos hemos vuelto existencialmente dependientes.[17]

Más o menos por aquella misma época, el biólogo suizo Adolf Portmann atribuyó al ser humano una «prematuridad fisiológica». La creciente complejidad de la convivencia humana exigió un crecimiento de nuestro neocórtex para responder cognitivamente a la escalada de las necesidades de procesamiento de la información. Esta región de nuestro cerebro —la más extensa— requiere sobre todo una cosa, aparte de más y más energía: espacio. Nuestro cráneo creció hasta alcanzar un tamaño enorme y pronto obligó a que el nacimiento se adelantara cada vez más, porque solo así la anatomía de nuestras antepasadas podía permitirse aquel parto. De ese modo, el nacimiento humano se convirtió en una actividad de muy alto riesgo. Una de las consecuencias fue una elevadísima tasa de mortalidad de las madres; otra, un retraso casi absoluto del desarrollo de los bebés humanos en el momento del nacimiento.

Perdidos y varados

Imagina que tú y cuarenta y nueve de tus compañeros os lanzáis en paracaídas desde un avión sobre una selva tropical. Junto a vosotros viajan cincuenta monos capuchinos, contra los que tenéis que librar una batalla por la supervivencia. No se os ha permitido llevar con vosotros nada de equipaje, excepto ropa (para los humanos). Dentro de dos años se hará un recuento de los supervivientes. El que más tiempo resista ganará. Joseph Henrich pregunta lo siguiente:

> ¿Por quién apuestas? ¿Por los monos o por ti y tus compañeros? A ver, ¿sabes cómo se fabrica una flecha o una red o cómo se construye una cabaña? ¿Sabes qué plantas e insectos son venenosos (muchos lo son, de hecho) o cómo se puede anular su veneno? ¿Sabes encender una hoguera sin utilizar cerillas? ¿Sabes cocinar sin emplear ollas? ¿Sabes preparar un anzuelo? ¿Sabes cómo elaborar pegamento natural? ¿Qué serpientes son peligrosas? ¿Cómo protegerte de los depredadores por la noche? ¿Cómo conseguir agua? ¿En qué medida eres capaz de seguir un rastro?[18]

Los monos se las apañarían. O, en cualquier caso, a ellos no les iría peor que a vosotros. Pero los humanos somos «adictos» a la cultura. Si se nos abandona a nuestra suerte y no contamos con el apoyo de herramientas, conocimientos específicos sobre el contexto local y prácticas que nos permitan orientarnos en un entorno conocido, prácticamente no somos más que unas *delicatessen* para los depredadores más competentes.

Los escenarios de este tipo no son pura ficción: HMS Erebus y HMS Terror fueron dos buques de guerra ingleses que, bajo las órdenes del capitán John Franklin, zarparon en 1845 en una expedición con el objetivo de explorar el paso del Noroeste, una ruta de acceso al Pacífico. En el segundo invierno de aquel viaje, los barcos se quedaron atrapados entre banquisas. Nadie volvió a ver a ninguno de los hombres que viajaban a bordo. En 2014, es decir, hace apenas unos años, se localizaron ambos buques en el fondo del mar, muy cerca el uno del otro.

¿Qué había ocurrido? Había surgido un gran problema: la tripulación se fue envenenando progresivamente con el plomo de las latas de conserva en las que almacenaban sus víveres —llevaban provisiones para cinco años—, que no estaban correctamente selladas. Y en el Ártico parece imposible conseguir comida. ¿O tal vez sí se pueda encontrar?

En realidad, la zona situada alrededor de la isla del Rey Guillermo estaba habitada desde hacía treinta mil años por los inuits netsiliks. El entorno es duro, pero rico en recursos. El problema no fue en ningún momento que no hubiese comida para los ciento cinco hombres que viajaban en ambos buques, sino que aquella tripulación, que era la más cualificada —aunque, sin saberlo, estaba condenada al desastre—, no podía aprovechar los miles de años de evolución cultural que permitían a la población local construir hogares seguros y cazar focas mediante arpones construidos con huesos de reno y oso polar. Para detectar los agujeros que excavan las focas, percatarse a tiempo de su presencia y matarlas de manera hábil y potente se requiere un conocimiento muy específico, que se obtiene, se transmite y se perfecciona a lo largo de generaciones. También es necesario saber cómo encender un fuego y cómo potabilizar el agua marina congelada.

¿Tú habrías sido capaz de construir un iglú? Lo dudo.[19] Para hacerlo se necesita un conocimiento sumamente complejo y preciso, que entraña múltiples pasos, y las instrucciones deben seguirse con tanta exactitud que sería imposible reinventarlas en una sola generación: una vez que se pierden, son (para los principiantes) irrecuperables. La casa de hielo no tiene ningún diseñador, ningún inventor. Es fruto de la evolución cultural.

Hacer fuego

Nunca sabremos con exactitud cómo nos convertimos en una especie cultural. El devenir preciso de los acontecimientos se ha perdido en las profundidades del pasado. Sin embargo, podemos afirmar con cierta seguridad que, de todos los mitos sobre los orígenes que los humanos nos contamos acerca de nosotros mismos, el más cercano a la verdad es la versión prometeica sobre el poder antropogenético del fuego. Probablemente, la innovación cultural más exitosa de cuantas han existido es el dominio de este elemento.[20] Gracias a este avance tomamos un camino de bucles de retroalimentación progresivos que aceleraron inexorablemente la coevolución, por una parte, de un entorno cultural enriquecido y, por otra, de unos primates con capacidad de aprendizaje que aprovecharon aquel entorno.

Nada muestra de una forma tan clara nuestra esencia de seres carenciales como los órganos con los que tomamos y digerimos los alimentos. Nuestras bocas son demasiado pequeñas, y no digamos ya la musculatura de nuestras mandíbulas; nuestros dientes son, en su mayor parte, inútiles, y el drama de nuestra digestión se completa con unos estómagos diminutos y con unos cortos intestinos.

La capacidad de controlar el fuego, de producirlo y de utilizarlo para la cocina explica, mejor que ninguna otra, por qué nos convertimos en seres carenciales. La comida cocinada aporta más energía y, al mismo tiempo, se digiere con más facilidad. Poco a poco fuimos consiguiendo «externalizar» cada vez más partes de nuestra digestión y de nuestro procesamiento de los alimentos. Empezamos a picar, moler, aplastar, rallar, conservar en sal y fermentar. Los alimentos resultantes —que, por una parte, estaban ya predigeridos y, por otra, eran más energéticos— nos permitieron ahorrar unos recursos que, de no contar con esa posibilidad, habríamos tenido que destinar al mantenimiento de unos órganos internos abultados y de unos músculos masticadores voluminosos. La energía que quedaba disponible podía derivarse hacia el desarrollo de nuestro cerebro, que contaba ya con espacio más que suficiente gracias a la atrofia del aparato de masticación y a un cráneo ampliado. Este proceso de retroalimentación nos puso en la senda del aprendizaje y, con él, de la cultura.

Los primates que cocinan viven más tiempo, están más sanos y tienen más descendencia, con lo que la predisposición a la cocina se fue imponiendo cada vez en mayor medida. Unos órganos más pequeños y unos cerebros más grandes acabaron sentando las bases de la mayoría de las adaptaciones anatómicas arriba mencionadas. Desde entonces, somos adictos a los alimentos cocinados. Más aún: si cambiáramos nuestra dieta y empezáramos a consumir carne cruda, nos veríamos obligados a comer más. Pronto nos sentiríamos hambrientos incluso después de cada comida, aun cuando tomásemos raciones cada vez mayores. Al cabo de quince días, comenzarían el envenenamiento por exceso de proteína y la diarrea. Unas semanas más tarde, moriríamos.[21]

Aprendices debido a la evolución

Probablemente, la consecuencia más importante de la coevolución de los genes y la cultura radica en cómo un entorno cultural enriquecido premia la capacidad de aprendizaje de los individuos. El conocimiento y, especialmente, el saber hacer que entraña un ambiente cultural ofrecen multitud de beneficios para la supervivencia. Aquellos individuos que están en mejores condiciones de conectarse a la reserva cultural proporcionada y de descargarse la información disponible en ella gozarán de una ventaja decisiva.

Los más capacitados para el aprendizaje cosecharán el mayor éxito reproductivo, de modo que, generación tras generación, toda la población se irá haciendo cada vez más capaz de aprender, lo cual enriquecerá en mayor medida aún la memoria cultural, que, igual que ocurre con una esponja cuando aumenta su tamaño y también su densidad, incrementará su capacidad de absorción. Y cuanto más contenido esté disponible para su descarga, más merecerá la pena invertir en el aparato cognitivo que permite acceder al uso de tal contenido.

Esta dinámica se acelera vertiginosamente en el momento en que el aprendizaje cultural no solo tiene lugar, por así decirlo, de manera casual, sino que los maestros y los aprendices también lo coestructuran de manera activa. A partir de un determinado punto en la historia de la humanidad, empezamos a configurar deliberadamente el entorno de aprendizaje de los jóvenes para que favoreciera y facilitara la labor de adquirir conocimiento. De acuerdo con el filósofo australiano Kim Sterelny, nos convertimos de ese modo en «aprendices evolucionados» (*evolved apprentices*).[22]

Las habilidades que se necesitan para cocinar, fabricar herramientas, contar cuentos o cazar se adquieren con mayor facilidad cuanto más simplifique la configuración del entorno de aprendizaje las tareas de enseñar y aprender. Al final de este desarrollo aparecen las guarderías, los colegios y las universidades. De hecho, en la mayoría de las sociedades actuales pasamos una buena parte de la primera mitad de nuestras vidas dentro de instituciones de transmisión social del conocimiento. Quienes superan hoy las pruebas de acceso a la universidad habrían sido considerados hace quinientos años los mayores matemáticos de su tiempo, con diferencia, y sus conocimientos enciclopédicos los harían pasar a la historia como genios sobrehumanos. Gracias a la evolución cultural, los genios de ayer —sobre cuyos hombros, claro está, nos encontramos— son los ciudadanos medios de hoy.

Construcción de nichos

La mayoría de los animales pasan su existencia en nichos estrechamente delimitados. Las ranas viven junto a aguas poco profundas y ricas en nutrientes; las cigüeñas suelen instalarse en zonas cercanas a los seres humanos. Entre cada especie y su nicho existe un alto grado de adaptación y esto hace que un determinado nicho acabe siendo imprescindible para la supervivencia de una determinada especie.

Sin embargo, algunos animales están genéticamente preparados para construirse su propio nicho. Los castores son expertos en la fabricación de diques y muchos pájaros son competentes arquitectos de nidos. Los guiones de actuación heredados tienen un peso tan grande en la vida de algunas especies que, para hacer referencia a esta realidad, Richard Dawkins ha acuñado el término *fenotipo extendido*.[23]

Nosotros, los seres humanos, somos especiales porque nuestra construcción de nichos es capaz de adaptarse con flexibilidad a nuestro entorno,[24] y esta capacidad nos convierte en el único mamífero de gran tamaño que puede vivir con éxito y prosperar en casi cualquier medio, desde el desierto de hielo del Ártico —tan hostil a la vida— hasta las agitadas calles de Londres, pasando por la selva tropical de Indonesia. En Arizona y en Dubái el aire acondicionado nos ayuda a lidiar con el caluroso clima. En las ciudades densamente pobladas, es nuestra capacidad para cooperar pacíficamente con desconocidos lo que nos permite sobrevivir.

La coevolución de genes y cultura

Para el nacimiento de los humanos como seres carenciales es imprescindible el concierto entre la evolución biológica y la cultural. Ambos procesos no solo tienen lugar en paralelo, sino que están ligados entre sí a través de complejos bucles de retroalimentación. Los cambios biológicos hicieron posibles los progresos culturales y, a un ritmo de crecimiento exponencial, esas innovaciones culturales dieron una forma específicamente humana a nuestra evolución genética. A esta combinación se la conoce como la «coevolución de genes y cultura» (*gene-culture coevolution*).

Se trata de un proceso «autocatalítico», es decir, que produce su propio combustible.[25] La presión selectiva, que en otras circunstancias respondería a las excesivas exigencias de una naturaleza incontrolable, se ejerce ahora en un entorno creado por la propia especie. Cuanto más adaptados se encontraban nuestros antepasados a un estilo de vida completamente cultural, mejor representados estaban sus genes en la siguiente generación.

La lista de estos efectos coevolutivos es extensa. En la mayoría de los casos, la influencia cultural sobre nuestra herencia genética apenas es perceptible en la superficie o resulta incluso imposible de reconocer. Sin embargo, todo nuestro cuerpo, de los pies a la cabeza, está moldeado por la cultura. Las adaptaciones termorreguladoras son tal vez el ejemplo más sorprendente de lo mucho que han determinado las innovaciones culturales nuestra trayectoria genética. Hay dos elementos principales que nos han convertido en una «especie que suda»: nuestro seguimiento de rastros y nuestra curiosa capacidad de recorrer a pie, perseverantemente, largas distancias. Las alargadas extremidades de nuestro cuerpo, las fibras musculares especialmente preparadas para sostenerlas, la potente musculatura de nuestra espalda y la habilidad humana para rotar el tronco y la cabeza por separado —lo que nos ayuda a mantener el equilibrio— nos hacen perfectos para caminar durante extensos trayectos. A su vez, esta actividad aumentó nuestra necesidad de consumir líquidos. En paralelo, fueron produciéndose también otros procesos coevolutivos que encogieron nuestros órganos internos, lo que impuso un límite superior perceptible a la absorción de agua dentro del cuerpo. La evolución cultural resolvió también este problema: los cazadores humanos descubrieron rápidamente cómo transportar agua en depósitos externos, concretamente en huevos de avestruz, pieles de animales o conchas de gran tamaño. La coincidencia coevolutiva del seguimiento de rastros, el recorrido a pie de largas distancias y el transporte de agua acabó convirtiéndonos en esos monos desnudos y sudorosos que somos hoy.

La tolerancia a la lactosa es quizá el ejemplo más conocido de las consecuencias genéticas de la cultura acumulativa.[26] Tiene su origen en una mutación que se produce en una única posición genética. Los humanos recién nacidos pueden tolerar la lactosa, pero esta capacidad solía desaparecer a lo largo de la infancia. Sin embargo, a partir del momento en que nuestros antepasados, ya sedentarios, empezaron a criar vacas lecheras, la presión selectiva a favor de la tolerancia a la lactosa en la edad adulta se incrementó drásticamente. No fue una mutación casual lo que permitió a determinados grupos metabolizar la lactosa: debemos nuestra tolerancia genéticamente heredada a las innovaciones culturales vinculadas a la ganadería que nosotros mismos generamos.

En las ciudades, la densidad de población es mayor y el contacto entre personas y animales, más intenso. Por eso, la vida urbana ha sido siempre el caldo de cultivo ideal para plagas y epidemias. Consecuentemente, en las poblaciones que tienen a sus espaldas una historia de urbanización más larga se encuentra una mayor resistencia a las enfermedades y unas tasas de inmunidad más altas.

También los ojos azules son un producto de la coevolución de genes y cultura. Si analizamos este rasgo desde una perspectiva histórica, constataremos que su origen se encuentra en los pueblos báltico-norteuropeos y que constituye una consecuencia de una menor producción de melanina. Los tonos más oscuros de piel, que aparecen cuando aumenta la producción de esta sustancia, brindan en las regiones ecuatoriales de la Tierra una importante protección frente a los riesgos asociados a los rayos UVA y UVB. El nacimiento de la agricultura permitió a los humanos colonizar regiones septentrionales, donde los alimentos disponibles eran menos abundantes. Cuando baja la radiación solar, se reduce la necesidad de melanina en la piel. Dado que, además, la melanina dificulta la síntesis de la vitamina D, tan importante para la supervivencia, tener una piel más clara constituye una ventaja evolutiva en las regiones menos soleadas. Cuanta menos melanina produce el cuerpo humano, más claros son también los ojos. Así, la evolución cultural de las prácticas agrícolas generó una nueva presión selectiva que determinó que la piel de las poblaciones del norte de Europa fuera clara y sus ojos, azules.

El uso de herramientas modeló nuestras manos, cuya habilidad no tiene parangón en el reino animal. De ese modo, se convirtieron en herramientas ideales para la enseñanza y el aprendizaje, predestinadas a la producción y el uso de artefactos complejos. Al mismo tiempo, nos transformamos en una particular especie balística, capaz de lanzar objetos y hacer blanco con ellos. Todas estas innovaciones nos hicieron artificialmente fuertes y físicamente débiles, porque llegó un momento en que dejó de merecer la pena invertir en potencia muscular. Un grupo cooperativamente armonioso de primates que pueden utilizar tanto el arco y la flecha como la lanza y la cerbatana deja de estar expuesto a casi cualquier peligro en el momento de la caza y se convierte en la pesadilla de toda la megafauna autóctona, cuya extinción fue a menudo la consecuencia de nuestra llegada.

Aparte de los ejemplos específicos de las huellas que ha dejado la cultura acumulativa en nuestros genes, lo cierto es que la existencia de conocimientos y capacidades no codificados genéticamente, a los que solo es posible acceder a través de la cultura, impone una mayor necesidad de artillería cognitiva. Allí donde había más cosas útiles que aprender, poseer una mayor capacidad de aprendizaje salía rentable. Esa capacidad requería un cerebro de mayor tamaño y con una estructura neuronal más densa. La evolución cultural nos proporcionó cerebros extragrandes, nacimientos peligrosos y una fase de desarrollo extremadamente larga durante la infancia, con una mayor plasticidad. De hecho, nuestra cultura acumulativa hizo tan grande nuestro cerebro que las dos regiones de nuestro cráneo solo se sueldan por completo después del nacimiento: de ese modo el feto puede soportar la compresión de su cabeza al atravesar el estrechísimo canal del parto.

La evolución cultural

Nadie sabe cómo se construye un avión.[27] Todos los aeroplanos que se suelen utilizar hoy en día son herederos directos del primer modelo de aeronave que funcionó bien: el que idearon los hermanos Wright en 1903. A ese prototipo lo precedieron cientos de modelos que, en cambio, no funcionaron. El primero que logró mantenerse en el aire se convirtió en el patriarca de todos los que llegaron después. Evidentemente, «nosotros» sabemos cómo se construye un avión, pero la evolución cultural nunca vuelve a sentarse ante una mesa de dibujo para empezar desde cero, sino que se basa en la mejora progresiva y la modificación experimental de nuestra herencia cultural. Si todos los aviones y los planos de construcción desapareciesen de la noche a la mañana, la humanidad se olvidaría de cómo se vuela. Los conocimientos culturales pueden perderse cuando no somos capaces de recordarlos de golpe, con inteligencia bruta, por decirlo así, y con un arduo proceso de reflexión.

No sería la primera vez que ocurre. El hormigón desempeñó un papel fundamental en la arquitectura y el urbanismo de la antigua Roma, pero después del colapso del Imperio romano la técnica para fabricarlo cayó en el olvido.[28] Durante siglos la humanidad tuvo que renunciar al uso de este elemento porque había perdido el saber hacer cultural necesario, y no lo recuperó hasta principios de la Edad Moderna.

Sin embargo, que la base del conocimiento cultural vaya menguando no siempre es necesariamente una mala noticia. En el año

2007 el Gobierno estadounidense descubrió, durante un examen rutinario de sus cabezas nucleares W76, que había olvidado cómo se construyen estas armas:[29] hoy en día es imposible fabricar uno de sus componentes fundamentales, el *fogbank* (cuya función exacta sigue siendo un secreto), porque ya no queda nadie que sepa hacerlo. El conocimiento cultural debe cuidarse. Si sus portadores desaparecen, ese saber desaparece con ellos.

Los productos culturales están sujetos a los mismos mecanismos de cambio y selección que determinan la evolución biológica: la descendencia con modificación y las diferencias de éxito reproductivo. Por tanto, los mecanismos evolutivos se encuentran por todas partes en la naturaleza. La evolución biológica y la evolución cultural constituyen casos singulares de un mismo principio general.

Quien haya pasado, aunque solo sea unas horas, navegando por Internet se habrá familiarizado —probablemente sin ni siquiera saberlo— con el vocabulario de las teorías de la evolución cultural: hoy en día se utiliza la palabra *meme* para aludir a prácticamente cualquier tipo de contenido que circule durante más de media jornada en foros de Internet como Twitter, Reddit o 4chan. En su origen, este término fue acuñado por Richard Dawkins para referirse al proceso por el que los productos culturales se expanden de manera análoga a la de los genes, es decir, a través de la mutación, la selección y la transmisión.[30] Las ideas, las informaciones, los conceptos, los rumores y las teorías estarían sujetos, por tanto, a los mismos mecanismos por los que se rigen las unidades biológicas. Los memes se copian y se imitan. Como en ese proceso cosechan diferentes grados de éxito, algunos de ellos logran imponerse, mientras que otros se extinguen. Muchos memes desarrollan una especie de vida propia y algunos, como la creencia en la brujería o las teorías antisemitas de la conspiración, provocan daños enormes.

Los memes que son especialmente exitosos se hacen «virales». Esta terminología tan reveladora se debe a la teoría cultural «epidemiológica» del antropólogo francés Dan Sperber.[31] Por otra parte, el biólogo estadounidense Peter Richerson y su compatriota el antropólogo Robert Boyd definen la cultura como «cualquier información capaz de influir en el comportamiento de los individuos y que los miembros de una misma especie pueden adquirir a través de la enseñanza, la imitación y otras formas de transmisión social».[32] Es evidente que no todas las unidades de información consiguen el mismo éxito en ese proceso de transmisión social. Las que salen mejor paradas se imponen y empiezan así a poblar de una forma cada vez más numerosa la memoria cultural.

Las ideas, los conceptos, las prácticas y las tecnologías se reproducen durante el intercambio social que tiene lugar entre individuos. Algunas ideas se imponen porque son muy sencillas; otras, por su elegancia o por lo fácil que resulta recordarlas; otras, porque despiertan emociones especialmente intensas o resuenan en nuestros instintos básicos. El planteamiento evolutivo explica también por qué las culturas jamás son del todo uniformes: las culturas no son monolíticas, sino que se encuentran fragmentadas, porque sus contenidos se van alimentando a través de diferentes épocas, tradiciones y contextos de origen: «Nothing about culture makes sense except in the light of evolution» [La cultura no tiene sentido si no es bajo el foco de la evolución].[33]

¿París o California?

La evolución cultural se basa en el principio darwiniano de la descendencia con modificación. Pero ¿qué es más importante? ¿El aspecto preservador de la descendencia o el aspecto constructivo de la modificación? El debate en torno a esta pregunta fundamental ha dado lugar a dos «escuelas» en las teorías de la evolución cultural, a las que a veces se conoce como «la escuela de París» y «la escuela de California».[34]

Para la de California, la transmisión social de las unidades culturales de información consiste básicamente en una copia. Solo a través de la imitación concienzuda, incluso hiperexacta, de las prácticas de resultados probados es posible alcanzar el éxito acumulativo que caracteriza a nuestra cultura humana. Para mejorar una técnica heredada y, finalmente, transmitirla a la siguiente generación, primero hay que ser capaz de reproducirla de manera precisa.

En cambio, la escuela de París pone el acento en la modificación frente a la descendencia: mientras los genes producen copias idénticas de sí mismos, algunos memes y otros productos culturales sufren cambios continuos a lo largo del proceso de enseñanza y aprendizaje. Este proceso de transmisión se regula mediante los denominados «atractores culturales», a través de los cuales el proceso de reproducción favorece determinadas variantes. Tengo en casa una edición de los cuentos completos de los hermanos Grimm, que consta de tres volúmenes y recopila cientos de historias. Sin embargo, yo no conozco más que diez de ellas, como mucho, y de esas diez únicamente podría contar dos o tres (y eso solo porque desde que soy padre he refrescado debidamente este conocimiento). Estoy seguro de que tú tampoco conoces muchos más cuentos. De hecho, apostaría incluso a que los que conoces son justo los mismos que conozco yo. «Caperucita Roja», «Hansel y Gretel» y «El príncipe rana» se corresponden claramente con emociones arquetípicas y patrones cognitivos que hacen que, en la competencia por la reproducción oral y la memorización, estos relatos sean más «aptos» que el desconocido cuento «El pájaro del brujo». Hasta el aparente absurdo de un relato puede actuar como atractor cultural. Por ejemplo, la increíble historia de un dios omnipotente y omnisciente que, sin embargo, se hace humano, se deja ejecutar con el propósito de expiar los pecados de toda la humanidad y, al cabo de tres días, resucita de entre los muertos es a todas luces insostenible. Sin embargo, puede que su manifiesta improbabilidad e, incluso, su carácter contradictorio sean lo que haya llevado a compartirla, a difundirla y a reinterpretarla una y otra vez. Tal vez lo que ocurrió, sencillamente, es que las religiones que por aquellos tiempos competían con ella y que quizá tenían más sentido no lograron imponerse frente a esta extravagante fábula, desconcertantemente pegadiza.

¿París o California? Probablemente la verdad está en el término medio. Algunas formas de producción cultural se corresponden mejor con el modelo de la copia exacta: cuando se reimprime un libro o se cocina según una receta, existe el afán de reproducir con la máxima precisión posible su contenido. Evidentemente, este proceso jamás es perfecto. Las imperfecciones que surgen a la hora de copiar tienen una gran importancia en los estudios medievales, por ejemplo, ya que a veces es posible trazar la genealogía de la copia de un manuscrito a través de determinados «fallos probatorios». En cambio, otras formas de transmisión cultural siguen más bien el modelo creativo de París: cuando se versiona una canción (o se cocina por segunda vez una receta), por lo general hay un afán de crear algo propio. Así pues, la evolución cultural es una mezcla de imitación cuidadosa y modificación constructiva, que mantiene lo preservado y, al mismo tiempo, lo mejora de manera experimental.

ARTEFACTOS COGNITIVOS

Existen motivos para considerar que las estructuras de pensamiento que nos capacitan para el aprendizaje cultural son, a su vez, adquisiciones culturales. La bióloga evolutiva británica Cecilia Heyes, del All Souls College de la Universidad de Oxford, ha intentado demostrar que no solo le debemos a la evolución cultural el «agua» de nuestro pensamiento, sino también los «molinos» que permiten sacar partido de esta agua. La autora se refiere a esos molinos como «artefactos cognitivos» (*cognitive gadgets*).[35]

Para construir una reserva cultural de conocimientos y capacidades se necesita, por encima de todo, una cosa: la capacidad de aprender de los demás. Este aprendizaje social se contrapone a menudo al aprendizaje individual. El aprendizaje social consiste en aprender de los demás —como ocurre, por ejemplo, cuando un miembro de más edad de la tribu enseña a los demás a fabricar una flecha envenenada o cuando un vídeo de YouTube nos muestra cómo se cambia la rueda de un coche—, mientras que el individual no tiene lugar directamente a través de otras personas —como ocurre, por ejemplo, cuando estoy delante de un semáforo y observo que podemos pasar cuando se cambia al color verde.

La psicología evolucionista analiza cómo funciona la mente humana —nuestras emociones, pensamientos y percepciones— partiendo de sus orígenes evolutivos. En su expresión clásica, trata de identificar los denominados «módulos» cognitivos,[36] es decir, los patrones de pensamiento programados de serie, no «aprendidos», que desempeñan una función muy específica, a la que a menudo se asigna una serie de estructuras neuronales especializadas en ella. Existe un indicio importante que respaldaría la existencia de estos módulos cognitivos: si alguno de ellos sufre un daño muy específico —por ejemplo, a través de tumores, lesiones o anomalías en el desarrollo—, este daño no tiene por qué afectar a las demás funciones del pensamiento. Es el caso de las personas que presentan prosopagnosia, a las que les cuesta reconocer rostros. El reconocimiento facial es, con toda probabilidad, una capacidad de percepción con una fuerte canalización genética, modulada por la evolución e imposible de aprender. Pues bien, la psicología evolucionista cultural considera que existen módulos cognitivos que no están programados genéticamente, sino que se configuran y se transmiten a través de procesos culturales. El aprendizaje social, por ejemplo, depende para su éxito de diferentes mecanismos de filtración que le indican al aprendiz de quién debería aprender: el aprendizaje social tiene que ser selectivo, en lugar de producirse al tuntún. Sin embargo, con mucha frecuencia estas estrategias de selección —«haz lo que haga la mayoría», «haz lo que hagan los individuos de más prestigio», «haz lo que hagan los más ancianos», «haz lo que hagan los más exitosos», «haz lo que hagan los expertos»— son estrategias transmitidas a su vez culturalmente.

De acuerdo con Heyes, en los procesos de percepción también existe un «paquete de bienvenida para principiantes» (*starter kit*) que posibilita, básicamente, el aprendizaje social. Dentro de ese paquete estaría nuestra tendencia natural a prestar más atención a las voces humanas que a otros ruidos (es evidente que este sesgo innato a favor del medio más importante para la transmisión de información entre humanos favorece el aprendizaje social). Sin embargo, es probable que muchas otras estrategias del aprendizaje social selectivo no vengan determinadas por la genética: «haz lo que hagan los nativos digitales» es una regla que aplican, con gran éxito, las personas de más edad cuando lidian con las tecnologías y los medios modernos de comunicación. Precisamente esas normas calificadas de «metacognitivas» se aprenden culturalmente y se transmiten por la vía social sin contar con una base genética.

Hiperimitadores

Además del aprendizaje social selectivo, para construir una cultura acumulativa es fundamental copiar el comportamiento de los otros. Casi siempre resulta eficiente imitar actitudes con resultados ya probados, porque así se aprende el saber hacer que de verdad es útil, sin necesidad de perder el tiempo en costosas pruebas.

Tanto los chimpancés como los niños aprenden de los demás. En muchos casos, el aprendizaje social optimiza el éxito de la acción: si nos orientamos conforme a lo que hacen los otros, nos resulta más fácil alcanzar nuestros objetivos. Sin embargo, los seres humanos nos caracterizamos por adoptar incluso los componentes aparentemente superfluos de un patrón de comportamiento complejo. Somos hiperimitadores. En un estudio que comparó el aprendizaje de varios niños de dos años con el de unos chimpancés se constató, por ejemplo, que los pequeños reproducen una técnica con la máxima exactitud incluso cuando es más ineficiente que otra alternativa.[37] La tarea que se propuso a los participantes en aquel ensayo era utilizar una herramienta con forma de rastrillo para alcanzar un objeto deseado (por ejemplo, una golosina). A los sujetos —tanto a los chimpancés como a los bebés— se les presentó el rastrillo con los dientes orientados hacia abajo, una posición que les haría difícil alcanzar el objeto, ya que este, debido a su tamaño, se solía colar entre esos dientes. Los niños ejecutaron la tarea tal y como les había mostrado el experimentador adulto, es decir, con la orientación inadecuada. Muchos chimpancés, en cambio, se dieron cuenta del problema y, sencillamente, giraron el rastrillo. Esta imitación servil de las acciones de los demás es característica de los seres humanos.

LA OPACIDAD DE LA CULTURA

La tendencia humana a la hiperimitación es aún más útil cuando hay que aprender procedimientos de actuación complejos que conducen a la consecución de objetivos, pero cuyo funcionamiento, de entrada, resulta difícil de entender. El documental *Jiro Dreams of Sushi* muestra de una forma impactante lo larga que puede ser la fase de entrenamiento e imitación. En él comprobamos que los años de formación de Yoshikazu Ono con su padre, Jiro, maestro del sushi de ochenta y cinco años de edad, aún no han terminado, a pesar de que el aprendiz ya es un hombre maduro.

Tal vez la implicación más sorprendente de la evolución cultural es el hecho de que puede producir objetos y prácticas que el propio usuario —ya sea maestro o aprendiz— no consigue entender. Tan solo los hiperimitadores humanos, que adoptan las actividades que se les enseñan aun cuando en un primer momento no capten su sentido, pueden aprender estas prácticas y mejorarlas gradualmente de generación en generación.

La preparación de ciertos alimentos en los pueblos indígenas y, sobre todo, la eliminación del veneno que contienen revelan de un modo extraordinario cómo los mecanismos de la evolución cultural pueden producir conocimientos y destrezas que van más allá de la comprensión de sus portadores humanos. En el este de Australia crece un tipo de helecho autóctono que se conoce como «trébol de agua» (*Marsilea drummondii*). Recuerda en su forma a un trébol, y sus esporocarpos producen esporas que algunos aborígenes, como los yandruwandhas, saben utilizar para elaborar una harina comestible.[38] Si no se procesa, el trébol de agua es tóxico y puede provocar beriberi por falta de tiamina. Para poder consumirlo sin peligro, los indígenas han desarrollado una técnica de preparación que incluye multitud de pasos: una vez recolectado, el trébol de agua se muele y se enjuaga; después se cuece, añadiendo cenizas a la pasta para reducir su pH. El proceso de eliminación del veneno se completa agregando determinadas conchas.

Los cocineros no saben por qué es necesario dar cada uno de esos pasos. Por eso, cuando, en 1860, los miembros de una expedición dirigida por Robert Burke y William Wills se vieron obligados a recurrir a los panes de trébol de agua una vez que se les agotaron sus propios víveres, no siguieron al pie de la letra el proceso, sino que se limitaron a copiar de manera aproximada la receta. Apenas unas semanas más tarde murieron de inanición, a pesar de que comían en abundancia.

La preparación de las raíces de yuca es aún más delicada. Este tubérculo, presente sobre todo en Sudamérica y cuyo aspecto está a medio camino entre el salsifí negro y la patata, es sumamente nutritivo.[39] En Colombia, el pueblo tucano ha desarrollado un procedimiento de una complejidad pasmosa para hacerlo comestible: primero raspan las raíces y luego las trituran, las lavan y las cuecen. A continuación, dejan reposar las fibras resultantes durante dos días, sin tocarlas en ningún momento. El venenoso hidrógeno de cianuro que se elimina mediante este tratamiento es especialmente traicionero: solo se manifiesta tras varios años de consumo, lo cual hace prácticamente imposible relacionar la enfermedad con la yuca, a menos que se disponga de los conocimientos médicos necesarios. Cada uno de los pasos de la preparación de este alimento es imprescindible, pero las mujeres que se encargan de ello son incapaces de explicar por qué.

La cultura es más lista que los individuos que la portan y la transmiten. Un último ejemplo: la producción de flechas envenenadas para la caza suele ser tan compleja que incluso los botánicos tienen dificultades para descifrar el sentido exacto de los diferentes pasos que requiere esta tarea. Las tribus amazónicas, como los yaguas, suelen necesitar decenas de componentes para preparar sus armas: el veneno (por lo general, curare) se tiene que mezclar con otras sustancias. Después, hay que calentarlo y enfriarlo antes de poder emplearlo para la caza. También en este caso el saber hacer necesario se ha ido adquiriendo y transmitiendo a lo largo de generaciones y generaciones de evolución cultural.[40]

La opacidad de los artefactos culturales se refleja también en las instituciones sociales. El funcionamiento de las sociedades democráticas, por ejemplo, depende de complejos encajes de instituciones, tradiciones, normas, valores, comportamientos y patrones de pensamiento y, después de décadas de estudio sistemático, aún no se sabe a ciencia cierta qué es lo que las estabiliza. La separación de poderes, los sistemas de partidos, las elecciones, las campañas políticas, la solidez de las sociedades civiles y el consecuente entramado de medios de comunicación se combinan armoniosamente de un modo que varía de un sistema democrático a otro y que no es posible replicar sin más. Por eso, entre otras cosas, es tan difícil exportar las instituciones democráticas a aquellos países que no cuentan con una práctica de siglos y siglos de tradiciones culturales. No suele haber atajos para la evolución cultural. Es necesario recorrerla antes de que pueda establecerse un tejido institucional con capacidad para funcionar de forma duradera.

Nunca se insistirá lo suficiente en la magnitud que alcanza nuestra dependencia con respecto al entorno vital cultural que hemos heredado, como se evidencia, por ejemplo, en el fenómeno de la «superficialidad» de nuestro conocimiento causal:[41] todos nosotros sabemos utilizar un retrete y manejar nuestro teléfono, pero ¿acaso tenemos una mínima idea —aparte de alguna que otra vaguísima imagen, relacionada tal vez con tuberías y señales de datos— acerca de cómo funcionan estos objetos de uso cotidiano? ¿Eres capaz de reparar tu teléfono? ¿O de construir uno? Si viajaras con una máquina del tiempo cien años atrás, ¿podrías explicarles a tus bisabuelos cómo funciona este aparato? ¿Y qué hay de tu placa de inducción? ¿Y del motor de tu coche? ¿Y de tu bolígrafo? A lo mejor conoces algo de tal o cual artilugio, pero de la inmensa mayoría de los artefactos que utilizas con la mayor naturalidad en tu día a día no sabes absolutamente nada.

En la mayoría de los casos, la opacidad causal de los productos culturales no es sino un efecto colateral de su complejidad. A veces, esta opacidad es precisamente un componente central de aquello que hace funcionar al aparato. En la provincia canadiense de Labrador viven los naskapis,[42] que son excelentes cazando. Por desgracia, los caribúes que ellos tratan de cazar son igual de buenos huyendo. Dado que estos renos norteamericanos evitan los lugares en donde ya se han encontrado en otros momentos con cazadores, los naskapis se ven obligados a anticipar, en la medida de lo posible, en qué lugares se van a instalar los animales y seleccionar así adecuadamente sus cotos de caza. Para conseguirlo, ponen al fuego durante largo tiempo los omóplatos de un caribú muerto hasta que quedan carbonizados. En las grietas, hendiduras y quemaduras de esos restos aparecerá un mapa que revelará en qué sitio se establecerán los renos.

Naturalmente, este método no funciona. O, al menos, no funciona como se piensa que debería hacerlo. La verdadera función del ritual es conseguir que los animales sean incapaces de prever las acciones de caza que emprenderán los naskapis. El hecho de que el patrón de quemaduras que aparecerá en los huesos de caribú no tenga ningún significado real es precisamente lo que le confiere su significado: permite seleccionar de forma aleatoria los cotos de caza. Es posible que este ritual de adivinación tenga un significado más profundo para los naskapis, que podría perderse fácilmente si se revela lo que hay en realidad tras él.

La aleatorización ayuda también a resolver los conflictos entre seres humanos. La cultura de los azandes, que viven en el norte de África central, está muy marcada por la creencia en las brujas. No obstante, en este contexto la brujería es un asunto más bien trivial, que nada tiene que ver con esa escandalosa afrenta metafísica, ligada a un supuesto pacto con el diablo, que Europa solía ver en este fenómeno. Para los azandes, buena parte de los percances de la vida cotidiana son atribuibles a los efectos de la brujería de algún vecino envidioso. El caso es que esa brujería puede ejercerse también de forma involuntaria, incluso inconscientemente o durante el sueño.[43] Para comprobar si un vecino sospechoso es realmente culpable, se consulta a un oráculo, denominado benge. Hay que practicar un ritual en el que se prepara un veneno, que se administra a una gallina. El denunciante pide al oráculo que mate a la gallina si el acusado es culpable (y que le perdone la vida si es inocente). La particularidad del benge es que, para que su sentencia pueda considerarse firme, es necesario repetir el ritual una segunda vez. Entonces se administra el mismo veneno a otra gallina y se repite la pregunta, pero ahora la señal debe ser la contraria: si en el primer ciclo el veneno debía matar al animal en caso de que el vecino fuese culpable, en el segundo el pobre pájaro debe sobrevivir al ritual en caso de culpabilidad. Solo se considerará plenamente demostrado que alguien es culpable si el veneno lo confirma mediante este efecto contrapuesto. En caso de «condena», por lo general bastará con que el supuesto autor de los hechos pida disculpas a través de otro ritual para restablecer la paz social.

¿Y por qué se realiza este segundo ciclo? Respuesta: porque garantiza la aleatoriedad y, con ella, una probabilidad del 50 % de que el veredicto sea de culpabilidad o inocencia, lo cual brinda a ambas partes un margen aceptable para ganar. Para que una gallina media sobreviva al ritual en la mitad de los casos y muera en la otra mitad, el veneno no debe ser ni demasiado potente —de lo contrario, el animal moriría siempre— ni demasiado débil. Probablemente, en el benge se busca también que los participantes no se percaten de cómo funciona en realidad el ritual. ¿Quién querría ponerse en manos del azar cuando lo que espera de verdad es conocer los sabios designios de los dioses?

La cuarta ofensa

La evolución cultural tiene lugar de cabeza en cabeza. ¿Qué consecuencias conlleva este proceso para la imagen que nos hemos hecho de nosotros mismos? Desde Freud se viene repitiendo la tesis de que la modernidad científico-técnica ha hecho mella en nosotros. La imagen cada vez más descentralizada que comenzó a extenderse a inicios de la Edad Moderna ha infligido a nuestro narcisismo metafísico tres «ofensas», que poco a poco nos han ido degradando: hemos pasado de ser los hijos favoritos y problemáticos de un creador todopoderoso a convertirnos en una nimiedad cósmica.[44] La primera ofensa llegó con el descubrimiento de Copérnico, que se tradujo en una visión heliocéntrica del mundo, en la que la Tierra deja de ser el centro del universo y es expulsada a la periferia de un sistema solar que es tan solo uno de los muchos que existen. La segunda ofensa, de Darwin, acabó con la idea de que el ser humano goza de una posición privilegiada entre los seres vivos: en lugar de ser la cumbre de la creación, con un alma inmortal y hecha a medida, nos convertimos en un producto fabricado masivamente en la cadena de montaje de la evolución, y dejó de existir por principio un abismo entre nosotros y los monos que lanzan heces, e incluso entre nosotros y las medusas y amebas más primitivas. La tercera ofensa, cuya autoría reclamó para sí Freud, fue la idea de que nuestro pensamiento consciente es tan solo la punta de nuestro edificio cognitivo y de que la mayor parte de nuestra vida mental tiene lugar en el sótano de las emociones reprimidas y los impulsos impenetrables.

A conclusiones parecidas llegaron ya Schopenhauer y Nietzsche, que, a pesar de todas las diferencias existentes entre sus ideas filosóficas, siempre estuvieron de acuerdo en que solo hay una cosa que supera la insignificancia del ser humano: su excesivo concepto de sí mismo. En lo que respecta al «puesto del hombre en el cosmos», Schopenhauer no hacía concesiones:

> En el espacio infinito hay incontables esferas luminosas, alrededor de las cuales giran aproximadamente una docena de ellas más pequeñas, más iluminadas, que, calientes en su interior, están cubiertas de una corteza más rígida y fría; sobre la corteza, una capa de moho ha creado seres que viven y que conocen.[45]

Y Nietzsche se expresa en términos muy similares:

> En un apartado rincón del universo donde brillan innumerables sistemas solares, hubo una vez un astro en el que unos animales inteligentes descubrieron el conocimiento. Fue el minuto más engreído y engañoso de la «historia universal», aunque, a fin de cuentas, no dejó de ser un minuto. Tras un breve respiro de la naturaleza, aquel astro se heló y los animales inteligentes hubieron de morir. Aunque alguien hubiera ideado una fábula así, no habría ilustrado suficientemente el estado tan sombrío, lamentable y efímero en que se encuentra el intelecto humano dentro del conjunto de la naturaleza. Hubo eternidades en las que no existió, y cuando desaparezca, no habrá ocurrido nada [...].[46]

Las teorías de la evolución cultural añaden a estos diagnósticos una cuarta ofensa y de esta forma se apuntan al género de la «narrativa del destronamiento»,[47] que, cada vez en mayor grado, expulsa al ser humano del centro del universo y le niega básicamente el control sobre él y hasta el entendimiento de su mundo. Estas teorías sugieren que cada ser humano no es más que una parte pequeña y, en buena medida, sustituible de un proceso que se le escapa; un proceso que comenzó antes que él y que continuará también tras él. Esta hipótesis erosiona la reconfortante idea de que los seres humanos hemos conquistado una posición destacada en la naturaleza, de que el universo es nuestra patria y de que en ella somos bienvenidos.

El hecho de que este planteamiento resulte incómodo no invalida su pertinencia. Que una teoría sea difícil de asumir no la convierte en falsa. Todo lo contrario: una teoría es más plausible cuanto más contradice las ilusiones a las que tanto nos aferramos.

EL PREJUICIO INDIVIDUALISTA

Otra tesis que resulta penalizada a la luz de la evolución cultural es la que podríamos denominar el «prejuicio individualista». «Atrévete a utilizar tu propia razón», decía Kant, que convirtió así el *sapere aude* en el lema de la Ilustración.[48] ¿Y quién querría llevarle la contraria? ¿A quién le gustaría verse a sí mismo como un animal cognitivamente gregario, que repite como un loro las opiniones de los demás sin plantear la más mínima crítica y sin formarse su propio juicio? ¿Acaso el siglo XX no ha demostrado del modo más espectacular y aterrador posible las trampas que entrañan el conformismo, la complacencia constante y la presión del grupo?

Sin embargo, si las teorías de la evolución cultural son correctas, es necesario revisar también este prejuicio individualista. Los humanos, en cuanto seres carenciales, dependemos de una cultura acumulativa, que compensa nuestras carencias físicas con conocimientos culturales transmitidos y perfeccionados a lo largo de generaciones. No tiene sentido preguntarse si deberíamos vivir con una (y a través de una) cultura acumulativa: somos, por nuestra propia naturaleza, seres culturales, lo cual determina que no tengamos otra vida posible más que aquella que transcurre en un nicho construido culturalmente. De hecho, ni siquiera sería deseable hallar una alternativa, porque tanto nuestra supervivencia como los bienes específicamente humanos (por ejemplo, el arte, la espiritualidad o el juego) no tendrían cabida sin la cultura.

Es en esta perspectiva donde el prejuicio individualista fracasa. Nuestra reserva cultural consta de información y destrezas que solo se pueden producir a través de un proceso de transmisión y mejora gradual del conocimiento y del saber hacer en el que están implicadas varias generaciones. Esa reserva no se puede recrear desde cero dentro de una sola generación, porque la complejidad del conocimiento cultural sobrepasa radicalmente la potencia innovadora de los individuos. Además, este proceso depende de dos factores: en el lado del emisor, las personas expertas se esfuerzan por estructurar el ámbito pedagógico de tal manera que la siguiente generación de aprendices humanos absorba el corpus de información cultural registrado del modo más fácil y seguro posible; en el lado del receptor, los aprendices humanos quieren asimilar el conocimiento disponible a través de la imitación y de tímidos ensayos.

La posibilidad y el éxito de la vida —y de la convivencia— humana dependen estrechamente de que las disposiciones de comportamiento contradigan de manera directa la máxima individualista según la cual es mejor pensar por uno mismo, formarse una opinión propia y cultivar una posición de escepticismo crítico frente al saber y las tradiciones transmitidos. Toda nuestra cognición y nuestra cooperación se basan en nuestra capacidad para adoptar las opiniones y los comportamientos de la generación precedente de manera más o menos acrítica. Para la construcción de una cultura acumulativa son de una importancia crucial la imitación y el conformismo.[49] El cuestionamiento, el análisis y la reflexión siguen siendo secundarios frente a la avalancha de la evolución cultural. El lema debería ser más bien «atrévete a servirte de la razón de otros» o, más exactamente, «mi razón es la razón de otros, sin la cual no podría existir».

Todo sigue igual

El planteamiento antindividualista que se centra en la importancia, para la vida humana, del saber demostrado y de los patrones de actuación probados parece dar necesariamente a las teorías de la evolución cultural acumulativa una orientación política conservadora. No es difícil percatarse de dónde viene esta impresión. Desde siempre, la tradición del pensamiento político conservador se ha basado en combinar el peso de las tradiciones probadas y el escepticismo frente a la posibilidad de introducir un cambio radical en las instituciones sociales. Ya Edmund Burke, probablemente el principal opositor conservador a la Revolución francesa, expresó sus dudas sobre las perspectivas de éxito de este movimiento, dudas que aludían al propio proceso de la evolución cultural acumulativa: «The work itself requires the aid of more minds than one age can furnish»[50] [El propio trabajo requiere la contribución de más mentes de las que puede proporcionar una época]. Siempre es más fácil destruir instituciones sociales estables que construirlas. Por eso hay que acoger con suma prudencia las propuestas radicales que aspiran a reconfigurar la sociedad básicamente desde cero.

Las utopías racionalistas suelen tener más sentido sobre el papel que en la vida real. Los filósofos tienden a esbozar grandes proyectos de una sociedad utópica única y definitiva, en la que todas las divisiones desaparecen, todas las injusticias se erradican y todos los conflictos se resuelven de una vez por todas. A la luz de esta visión, la institución de la familia resulta con frecuencia especialmente escandalosa: para crear una sociedad que sea justa de verdad, hay que empezar por reformar esta semilla del parentesco y la parcialidad. Los experimentos utópicos —desde la Granja Brook, en Estados Unidos, hasta los kibutz de Israel o las comunas del 68, pasando por la sociedad británica de los Shakers—[51] surgieron con frecuencia precisamente para eso y trataron de hacer realidad los exaltados proyectos de filósofos y reformadores sociales. Estos experimentos terminaron casi siempre en desastre y, cuando no fue así, su colapso se evitó en la mayoría de los casos reproduciendo progresivamente las mismas estructuras —familia y alianzas, división del trabajo, intercambio de bienes, sanciones sociales— que, de hecho, se había querido abolir mediante el experimento en cuestión. No podemos volver a un dique seco para construir desde cero el barco de nuestras instituciones sociales. En el fondo, dependemos de los estilos de vida que ya han sido probados.

A pesar de todo ello, es posible refutar esta interpretación conservadora de la evolución cultural. En primer lugar, cabe preguntarse si es cierto que el cambio cultural acumulativo hace deseable recuperar exactamente las instituciones sociales y los estilos de vida a los que los conservadores suelen querer volver. ¿Cómo era en realidad esa vida de antaño que los conservadores creen recordar? ¿Cuándo existió esa edad de oro a la que, supuestamente, sería mejor que regresáramos? ¿Tal vez en los años cincuenta del siglo XX? Lo cierto es que hace ya tiempo que todas esas estructuras —la familia burguesa compuesta por un hombre, una mujer y dos niños; un sistema económico basado en ciertas familias de industriales de fuerte arraigo nacional; un régimen político que, a cambio de la lealtad de la mayoría, proporciona ley y orden; una comunidad social reunida en torno a un canon de valores compartidos— quedaron socavadas o desaparecieron por completo. El regreso desde la realidad actual a la sociedad que la mayoría de los conservadores tiene en mente como ideal representaría precisamente ese tipo de transformación social radical contra el que siempre han alertado. El núcleo racional del pensamiento conservador aboga por no acabar con valores e instituciones probados si no existen motivos de peso para ello, pero esta posición se podría combinar con una disposición favorable a los cambios moderados.

En segundo lugar, se están exagerando las implicaciones conservadoras de las teorías de la evolución cultural. Con el paso del tiempo, los pronósticos parcialmente apocalípticos que anunciaban la decadencia en la que podría hundirse la sociedad si, por ejemplo, se legalizaba el matrimonio entre personas del mismo sexo o si se accedía a las reivindicaciones del movimiento feminista han demostrado ser completamente infundados.

Con todo, es cierto que no debería eliminarse el acervo de conocimientos demostrados y de formas de cooperación social probadas si no existen motivos de peso para hacerlo, e incluso en ese caso habrá que proceder con prudencia. Al mismo tiempo, la historia de éxitos de la evolución acumulativa nos alienta a mantener un espíritu abierto hacia la experimentación que renegocie una y otra vez la reserva cultural heredada con su potencial de innovaciones y cambios.

Cultura y moral

La cultura y la moral están estrechamente ligadas entre sí. En primer lugar, las normas y los valores morales son imprescindibles para la aparición de formas complejas de cooperación social, que a su vez, para empezar, hacen posible la construcción de una cultura acumulativa. Los bucles de retroalimentación que nacen de la dinámica de una mayor capacidad de aprendizaje y una reserva creciente de conocimientos culturales dependen en gran medida de que el grupo presente un determinado tamaño: cuantos más miembros lo formen, más rápido y mejor se rellenará un nicho con contenidos culturales, que la siguiente generación podrá absorber y perfeccionar. Nuestra moral resuelve esta dificultad, ya que los grupos humanos no pueden alcanzar el tamaño que se requiere para generar esta dinámica si no disponen de normas morales. La moral convierte en «ampliable» la convivencia humana, lo que, por otra parte, crea las condiciones necesarias para que se acelere la evolución cultural acumulativa. Dicho de otro modo: la moral permite a los humanos, como seres carenciales que son, compensar sus déficits físicos, organizando una convivencia cooperativa que siente las bases del nacimiento de una cultura acumulativa. El tamaño de un grupo está directamente relacionado con el nivel de complejidad cultural que puede mantener, ya que ciertos avances técnicos e intelectuales dependen de que exista una masa crítica de maestros y aprendices,[52] como se pone de manifiesto, por ejemplo, cuando comparamos el nivel de complejidad cultural de los grupos indígenas de Australia con los de Nueva Zelanda: a partir de un determinado momento, los pueblos de este último territorio, mucho más pequeños y aislados geográficamente, ya no pudieron reproducir con éxito ciertos artefactos y estructuras sociales, así que estos elementos cayeron en el olvido.

Las normas y los valores morales concretos con los que los diversos grupos humanos organizan su convivencia son, a su vez, producto de la evolución cultural. Los seres con cultura acumulativa —o sea, nosotros— son seres morales. Nuestras mayores capacidades de aprendizaje nos han dotado de una rica psicología de las normas que nos ayuda a adquirir y cumplir reglas sociales complejas. Esto significa, además, que la evolución cultural deja cierto margen para la variación en las normas y reglas con las que cada grupo estructura su cooperación. La evolución nos permite cooperar sobre la base de normas morales e instituciones sociales. Sin embargo, la forma concreta que se da a esas normas e instituciones depende de diversos factores. Nuestra naturaleza humana nos proporciona ciertas líneas que trazan el proceso de la evolución cultural de forma variable, lo cual provoca que la compensación de nuestras carencias a través de esa cultura que ha nacido gracias a la cooperación genere nuevos problemas —léase «nuevas carencias»— que, a su vez, exigen soluciones adaptadas.

Las etapas de desarrollo tecnológico impulsaron un nuevo aumento del tamaño de las sociedades humanas, lo que permitió a los beneficiarios del aprendizaje social producir, en condiciones favorables, un excedente económico. Tan pronto como un pequeño grupo de individuos logró apropiarse de este excedente y consolidar así su poder dentro de una sociedad cada vez más jerarquizada, descubrimos la desigualdad social como nuevo principio de construcción de las comunidades humanas. Las diferencias materiales y la estratificación social conllevaron la aparición de las primeras grandes sociedades humanas, de las civilizaciones imperiales más precoces y de una primera ola de urbanización, que pagó el boato de los reyes divinos y sobrehumanos con la opresión y el esclavismo. ¿Cómo era vivir en esas sociedades?

5.000 años

La invención de la desigualdad

EL DIOS DE LA LUNA

¡Venga, adelante! ¡Daos prisa, dejad vuestras tareas diarias, poneos en marcha para no perdéroslo!

Porque hoy viene al zigurat del dios Nanna el innominado, el destinatario de todos los nombres, el poderoso, el nunca visto, el de la barba larga, el resplandeciente.

¿Acaso no se lo debemos todo? Tenemos dátiles y nueces, jugosas serpientes y pan recién hecho, aceitunas, miel, peces de colores, carne de cabra y sopas picantes. Unos vapores olorosos de humo púrpura anuncian su llegada; el camino de su comitiva está plagado de tambores imponentes; suenan cuernos a lo lejos, desde palacio, para que nadie olvide besar el suelo cuando llegue Ur-Nammu a soñar con el dios de la luna en la casa elevada.

Llegan viajeros de todas partes: de Larsa, donde las puertas se cierran dos veces; de Nippur, donde habita el halcón; incluso de Eshnunna, donde, según dicen, el fuego nunca se apaga. Aquí los forasteros advierten a voz en grito del fin de los tiempos, mujeres enloquecidas con sus hijos sin vida en brazos ruegan a los dioses menores un consuelo, marginados vestidos con harapos se tapan las pústulas. Hay chicas de ojos negros que esperan en los callejones, hechiceros que mitigan el aburrimiento de los hombres ricos por unos cuantos séquels; hay bebida fuerte que cansa, pero también despierta, y el viento es tan cálido que dan ganas de beberse las fuentes enteras.

Ahí está, bajo el techo sagrado, la gran piedra roja que nos dice qué es del agrado del dios. Muy pocos soportan su imagen, y menos aún han llegado a verlo, pero está ahí, lo sabe todo el mundo, eso lo sabemos todos. Y hoy vuelve a ser el día en que el Gran Hombre le pide consejo, en que todo es como corresponde en los muros de Ur. Procede del palacio real que llamamos E-hur-sag, y la larga comitiva lo precede. Los sirvientes guían a los bueyes, cubiertos de cadenas que resuenan. Los castrados cargan con las literas donde reposan las mujeres que solo le pertenecen a él. Los sabios sacerdotes y consejeros van detrás en los machos cabríos; Šulgi, el dulce, la luz de nuestro futuro, ocupa un asiento más alto que los demás en el proboscidio, con la gran campana colgada al cuello.

Pero, ay, a menudo la vida se nos complica. Debemos agradecer a Tiamat, en cuyos ojos se originaron el Buranun y el Idigina, que nutren nuestra tierra, y también debemos dar las gracias a Meskalamdug, el grande entre los grandes, que lleva tanto tiempo bajo tierra y nos dio los diques. Silencio, así podréis oír susurrar a las mujeres y hombres y los niños tristes en los abismos que se abrieron con él mucho antes de que les llegara la hora.

Pese a todo, no seríamos nada sin la piedra roja de la ley. Nos dice cómo debe ser el mundo, dónde reside la gloria y dónde el sacrilegio y quiénes son los hombres malos. ¿Mato a golpes a quien se lleva a mi mujer? ¿A quien roba a mi hermano? ¿Debería conservar las platijas quien permite que se estropeen? ¿Qué le debo a quien me cura? ¿Y de quién es el agua?

Ha llegado. Por fin ha llegado. Quedan muchos peldaños hasta el lugar prohibido, incluso los casi inmortales tardan mucho en superar la escalera. Ahora entra. ¡Empieza el nuevo año! ¡Que nos obsequie con tanta riqueza como el anterior y, si Nanna quiere, aún más!

La edad de oro

Casi todas las culturas conocen la idea de edad de oro. Quien se refiere así a una época, casi siempre bastante anterior, entiende al mismo tiempo su presente como una era de decadencia: un estado intermedio, lamentable pero subsanable, en el que el ser humano ha perdido temporalmente su antigua forma de vida de noble inocencia y grandeza silenciosa. Antes, se suele decir, vivíamos en armonía con la naturaleza, que ahora explotamos y profanamos; donde ahora imperan la discordia, la desconfianza y la competición entre las personas, antes había cordialidad, buenos modales y virtud a raudales; hoy sufrimos bajo el yugo del arduo trabajo, antes sacábamos lo poco que necesitábamos de la exuberante opulencia de la tierra.

Lo peor de las edades de oro es lo fugaces que son. Se nos escapan y, por mucho que uno retroceda, para todas las generaciones ese estado de unión y felicidad pertenece al pasado. ¡Casi como si nunca hubiera existido!

El mito judeocristiano del jardín del Edén, la idea grecorromana de la arcadia, el *gullaldr* nórdico, el «tiempo del ensueño» de los aborígenes australianos o el *satya yuga* no designan una época histórica identificable: expresan una nostalgia cultural de un pasado indefinido sin preocupaciones. Además, hay que posponer continuamente el regreso a la tierra prometida, donde abundan la leche y la miel y los lobos se dan las buenas noches. Así, Tomás Moro acertó de pleno en su definición publicada en 1516 de una futura sociedad ideal al situarla en una «isla nueva» a la que llamó Utopía, es decir, un «no lugar». La promesa de dejar atrás de una vez por todas la miseria, la muerte y el sufrimiento aún no se ha cumplido.

Los mitos siempre son falsos, pero a menudo no del todo. La idea de que el modo de vida original de los humanos podría haber sido bastante soportable va ganando terreno. No había penicilina ni odontología ni taxis, pero tampoco existían apenas enfermedades infecciosas ni parodontosis ni reuniones molestas. Al parecer, la época entre la escisión de los humanos de sus parientes primates más próximos (hace unos pocos millones de años) y la aparición de las primeras sociedades complejas (hace unos pocos miles de años) se caracterizó por un grado asombroso de *igualdad política, material y social.*

Hace aproximadamente cinco mil años surgieron las primeras civilizaciones, y con ellas las ciudades, que a su vez se unieron para formar imperios. Más o menos al mismo tiempo se fueron produciendo los propios avances tecnológicos y procesos de evolución social: los humanos iniciaron la agricultura sistemática; empezaron a quemar tierra para hacer recipientes de barro; aprendieron a construir diques y a regar sus campos con ríos desviados. Poco a poco se crearon nuevas formas de repartir las tareas, que dieron lugar a los trabajadores especializados y los comerciantes. La economía y el comercio progresaron y por primera vez se consiguió obtener un excedente. Surgió una clase dominante que intentaba esculpir en piedra su propia autoridad con imponentes construcciones monumentales. Al mismo tiempo florecieron nuevas técnicas culturales como la escritura, el cálculo y la cartografía. También empezaron a extenderse las redes comerciales que iban más allá del mercado local y dependían de complejos procesos logísticos. Por último, las artes también se hicieron valer cuando aumentó la demanda de las aptitudes de pintores, escultores o creadores de mosaicos. En la arqueología del siglo XX, todos esos avances que ejercen una fuerza invisible y simultánea en todo el planeta se conocen como «criterios de Childe», en honor a Vere Gordon Childe.[1]

En la «media luna fértil» de Mesopotamia, entre los ríos Éufrates (en sumerio Buranun) y Tigris (Idigina) floreció la cultura sumeria, cuyas metrópolis de Uruk, Lagash, Kish y Babilonia fueron gobernadas por las dinastías de Ur y los reyes Sargón y Gilgamesh. En Mehrgarh y Harappa, en los actuales Pakistán y la India, surgió en paralelo la cultura del valle del Indo; en Zhongguo, el reino situado en medio de la actual China, los emperadores de la dinastía Xia declararon en algún momento su poder. Poco después, en Mesoamérica, entraron en el escenario de la historia los olmecas, la civilización más antigua del actual golfo de México, de la que sabemos poco y que conocemos principalmente gracias a las enormes cabezas de colosos con casco que crearon con roca de basalto en memoria de sus difuntos gobernantes.

En todos esos lugares existen rastros de alfarería, arquitectura y urbanismo, creación de alhajas y joyas, cultivo de plantas, uso agrícola de animales y reconocimiento ritual de un aparato de gobierno oficial, como si la humanidad siguiera un ritmo global. Ese ritmo produjo las primeras civilizaciones desarrolladas y al mismo tiempo generó un poder y una desigualdad social que nunca había existido.[2]

Desde Karl Jaspers, en filosofía se suele definir la fase hoy conocida como «era axial», comprendida entre el año 800 y el 200 a. C., como un episodio de transformación radical y progreso memorable en el que se creó el vocabulario fundamental y la autopercepción humanista que luego conformaron —aunque ocurriera bastante más tarde— los pilares de la Ilustración y la época moderna.[3]

Sin embargo, es un error. La apreciación de Jaspers parece basarse sobre todo en que durante ese periodo vivieron y trabajaron una serie de personas de gran influencia intelectual: desde Homero y Platón, pasando por Jesús de Nazaret y Zaratustra, hasta Siddharta Gautama, Confucio y Lao Tse. Sin embargo, la definición de ese periodo global como una «era axial» fundamental confunde —lo mismo podría decirse de Marx— la superestructura cultural de una formación social con su base material y al mismo tiempo hace hincapié, con el típico intelectualismo complaciente de los filósofos, en los propios filósofos como impulsores decisivos de la historia. En realidad, poco cambió gracias a esas mentes en la moral que se vivía en aquellas sociedades: tras la era axial tuvieron que pasar dos mil años más para que se cuestionaran los fundamentos de las sociedades feudales, creadas sobre la base de formas extremas de jerarquía y desigualdad material; un proceso que, hoy por hoy, aún no ha concluido.

INTER PARES

La razón por la que abandonamos nuestra edad de oro de la igualdad sigue siendo un misterio. ¿Qué nos llevó a descubrir la desigualdad hace cinco mil años?

Dado que a estas alturas estamos acostumbrados a aceptar la desigualdad social como un hecho natural e inalterable, cabe suponer que los seres humanos seguimos viviendo en sociedades donde la distribución del prestigio, el poder, la influencia y los bienes depende de la posición individual en una estructura de marcadores de estatus más o menos arbitrarios. De ahí parece extraerse una conclusión directa: en condiciones de desarrollo, cabría pensar que las diferencias naturales entre las personas y los grupos sociales pueden compensarse, de manera que un individuo que no es guapo ni listo ni fuerte, por lo menos es rico; y otro que es pobre, a cambio es guapo y listo. En las sociedades desarrolladas se dan todas las capacidades, talentos o cualidades posibles con las que destacar. Como nadie —o solo una minoría— cuenta con todos los atributos positivos o útiles, en realidad, cualquier persona ha de poder encontrar su sitio dentro del grupo gracias a sus puntos fuertes particulares. Sin embargo, si la posición social de una persona depende de poco más que de sus cualidades innatas, parece que el miembro del grupo más fuerte o con menos escrúpulos será capaz de dominar a los demás. Así, el estado natural humano habría sido siempre el de la desigualdad.

En el caso de nuestros parientes más cercanos ocurre lo mismo: los chimpancés y otros homínidos se organizan según una estricta jerarquía. Toda la vida en grupo la marca un macho alfa que decide la estructura de poder, supervisa la distribución de recursos y monopoliza el acceso al sexo y la reproducción.[4] Su dictatorial poder de disposición no se agota hasta su muerte o hasta que da señales inequívocas de debilidad física.

También las sociedades humanas que han dejado un rastro histórico notable se basaban siempre en una estructura de extrema desigualdad. Los registros escritos y otros legados simbólicos recogen señales de enormes riquezas y de prebendas sociales.[5] Sobre todo las tumbas nos revelan que los viajes al más allá, en el caso de un número reducido de nuestros antepasados ricos, se hacían con una extravagante abundancia de alhajas, sacrificios animales u objetos rituales. En cambio, hoy en día está aceptado que los grupos sencillos de cazadores y recolectores, a menudo nómadas, casi siempre se organizaban con una igualdad pasmosa. El patrón se confirma en las observaciones de sociedades tribales de nuestros días, desde el Ártico hasta el Kalahari y la meseta brasileña, donde se desconocen diferencias significativas de estatus o bienes, así como la centralización política, o son mucho menos importantes.[6] Los primeros casos de sociedades sedentarias con un orden estricto y un reparto del trabajo complejo aparecieron más tarde, hace unos treinta mil años.[7]

En cuestiones de igualdad de género, las sociedades de cazadores y recolectores destacan de forma encomiable en comparación con las sociedades modernas y premodernas de los últimos cinco mil años. Aunque había reparto de tareas —la tesis tan manida de que el hombre de la Edad de Piedra se dedicaba sobre todo a la caza, mientras que la mujer se ocupaba de recolectar frutos y criar a los niños es en gran medida cierta—, las mujeres de una familia tan amplia tenían una influencia (proto)política considerable; es decir, participaban en los procesos de toma de decisiones que afectaran a la vida en común tanto como los hombres.

EL MAYOR ERROR DE TODOS LOS TIEMPOS

Uno de los principales factores del proceso de cambio hacia la jerarquía y la desigualdad parece ser el desarrollo de la agricultura y de una forma de vida cada vez más sedentaria. Con el fin de la Edad de Hierro hace unos diez mil años —tras una fase de inestabilidad que duró muchos cientos de miles de años y nos hizo inteligentes y con capacidad de aprendizaje—, se dieron por primera vez las condiciones climáticas para practicar con provecho la agricultura, criar ganado y cultivar plantas. El modo de vida agrícola nos dio seguridad y estabilidad por dentro y por fuera, una oferta regular de alimentos y protección frente a las inclemencias de la naturaleza.

El geógrafo e historiador Jared Diamond, que ha descrito en varios libros el ascenso y la caída de civilizaciones antiguas y modernas,[8] presenta la invención de la agricultura como «el peor error de la historia de la humanidad».[9] Pero ¿por qué? La cuestión de si el estado natural del ser humano es una condena o una bendición hace tiempo que ocupa un lugar central en la filosofía política. Cuando se trata de determinar si la convivencia organizada por el Estado con un monopolio fundamental del uso de la fuerza y el ejercicio de la autoridad política está justificada, la respuesta es obvia en comparación con la alternativa anárquica. ¿Somos mejores los humanos desde que abandonamos nuestro estado primitivo sin Estado? ¿O en el paso de la tribu al Estado reside la verdadera raíz de todos los males?

Thomas Hobbes dejó clara su posición en 1651 en uno de los fragmentos más citados de la historia de la filosofía:

De ahí se deduce que los seres humanos, durante la época en la que viven sin un poder común que lo mantiene todo bajo control, se encuentran en un estado o condición llamado guerra, en concreto en una guerra de todos contra todos. [...] Por eso, todo lo que conlleva un tiempo de guerra, en el que cada persona es enemiga de los demás, se aplica también al tiempo en que las personas no tienen más seguridad que la que les procuran su propia fuerza e ingenio. En semejante situación no hay espacio para el trabajo, porque uno no puede estar seguro de sus frutos; por tanto, no hay agricultura, ni navegación, ni artículos que pueden ser importados por mar, ni edificios cómodos, ni instrumentos para mover y remover las cosas que requieren mucha fuerza, ni conocimiento de la faz de la Tierra, ni cálculo del tiempo, ni artes, ni literatura, ni relaciones sociales; y lo que es lo peor de todo, hay miedo constante y peligro de una muerte violenta; y la vida del ser humano es solitaria, miserable, repugnante, animal y breve.[10]

La obra de Jean-Jacques Rousseau *Discurso sobre el origen y los fundamentos de la desigualdad entre los hombres*, de 1755 —probablemente el texto fundacional de la crítica moderna a la cultura y a la civilización—, se posiciona en contra del influjo corruptor de la cultura humana.[11] Con la vida en sociedades más grandes y duraderas, la sana autoestima del ser humano (*amour de soi*) fue reemplazada por un amor propio pervertido (*amour propre*) que convirtió su inocencia y virtud naturales en envidia y lucha de poder.

¿Quién tenía razón? Ya no podemos contentarnos con especulaciones que en su mayor parte no se sostienen, basadas en la contraposición de la teoría rousseauniana del «buen salvaje» (*sauvage noble*) a la imagen contraria del ser humano defendida por Hobbes, según la cual el hombre es un lobo para el hombre (*homo homini lupus*). De hecho, los dos filósofos se equivocan: Rousseau al definir a los seres humanos como criaturas solitarias y pacíficas, aunque los humanos siempre hemos sido seres sociales pacíficos, equitativos y cooperativos en nuestro interior, pero nos comportábamos como sanguinarias bandas de ladrones, violadores y asesinos. Y Hobbes porque nos veía solo como unos egoístas estrategas y calculadores, cuyos acuerdos carecen de valor sin la espada del Estado, pese a que somos seres dispuestos a cooperar que solo necesitan una autoridad central en grandes agrupaciones. Sin embargo, Hobbes acertó en la descripción del problema que tuvo que solucionar al principio nuestra evolución: la cooperación solo puede producirse si la conducta poco colaboradora deja de ser la estrategia prevaleciente. Alguna solución tiene que haber para el dilema del prisionero, es decir, el problema de que la conducta racional individual a menudo da resultados colectivos desastrosos. Es evidente que Hobbes no podía creer que la violencia estatal fuera la única solución al problema.

La aparición de los Estados (pre)modernos y las primeras civilizaciones no habría sido posible sin la transición a la agricultura como principal fuente de alimentación, ya que un número creciente de personas que convivían en un espacio cada vez más reducido solo se podía abastecer mediante el cultivo controlado de alimentos muy nutritivos. El precio de este avance fue una alimentación más monótona. Una dieta basada en su mayor parte en arroz o patatas no ofrecía la misma variedad que las decenas de plantas, frutos y animales que consumían con regularidad los cazadores y recolectores. La concentración en unos pocos alimentos entrañaba, además, el riesgo de hambruna extrema si el mal tiempo o un parásito especializado en un tipo de planta acababan con toda la cosecha. La vida sedentaria derivada de la agricultura aumentaba también el riesgo de sufrir enfermedades y epidemias zoonóticas, es decir, transmitidas de animales a seres humanos, que desde entonces han afectado sin cesar a las civilizaciones humanas. A menudo las consecuencias eran desastrosas: muchas de las pandemias más letales de todos los tiempos, como la peste negra, la tuberculosis, la gripe española, el sida o la malaria, se remontan directa o indirectamente a la cría (masiva) de ganado y solo fueron posibles por la elevada densidad de población.

Aun así, cabría suponer que la abrumadora comodidad material y la seguridad de la vida sedentaria compensarían esos evidentes inconvenientes, pero no fue así. Nuestros antepasados anteriores a la civilización trabajaban menos, dormían más y tenían más tiempo libre. Según algunas valoraciones, la semana laboral de cazadores y recolectores era de bastante menos horas que las cuarenta a las que estamos acostumbrados en la actualidad, y no tenía nada que ver con la interminable y monótona pesadez que ha definido el día a día de la mayoría de las personas durante el último milenio. Afecciones propias de la civilización, como la depresión, el dolor de espalda, el acné, las enfermedades cardiocirculatorias o incluso el cáncer, eran prácticamente desconocidas entre nuestros primeros antepasados, igual que el sobrepeso.[12] La esperanza de vida sí que era baja, pero el principal motivo era que la mortalidad infantil, sin una medicina avanzada, solía ser en comparación bastante alta. Solo poco más de la mitad de la población vivía más de cinco años. Sin embargo, quien superaba ese escollo gozaba de una vida sana, relajada y, en cualquier caso, no demasiado corta: era fácil alcanzar los sesenta años, a veces incluso bastante más.

El resultado de la comparación es contundente: no puede saberse con certeza si los cazadores y recolectores eran *por término medio* más felices que *algunos* de los humanos modernos. Sin embargo, para muchísima gente el cambio de un modo de vida primitivo a una vida al borde de la modernidad tuvo unas consecuencias catastróficas indiscutibles. Sin duda, los mil millones de personas famélicas y los varios millones de niños trabajadores vivirían *mucho* mejor en las condiciones anteriores al Neolítico.

La ofensa de la carne

La igualdad social parece ser la forma de vida «natural» del ser humano. Aun así, las sociedades tribales primitivas tuvieron que hacer un esfuerzo notable para conservar esa condición. Distintas fuerzas —desde coaliciones sociales hasta unas capacidades superiores, la falta de escrúpulos individual o el puro azar— desafiaban sin cesar la situación igualitaria y amenazaban con desequilibrarla.

Para mantener a raya las fuerzas centrífugas de la desigualdad social, nuestros antepasados crearon diversas técnicas que establecían una «jerarquía de dominación inversa».[13] Un método probado por nuestros antepasados consistía en recordar a los advenedizos ávidos de poder, por medio de rumores, blasfemias, chismorreos y burlas, que incluso el más fuerte de los autoproclamados cabecillas no deja de ser un mortal. Si aquello no surtía efecto, ya solo quedaba asesinar al tirano. Para el grupo suponía un reto permanente nivelar socialmente las desigualdades de bienestar o estatus que surgían. Puede que la igualdad fuera el estado «natural», pero no era evidente. Sin embargo, cuando aprendimos a colaborar también supimos conspirar en grupos pequeños contra otros individuos.

Las estructuras de propiedad igualitarias impedían que miembros concretos del grupo adquirieran distinción social por medio de una riqueza desmesurada. Existían formas rudimentarias de propiedad privada o, mejor dicho, de privilegios en el derecho de uso, pero, como el uso de herramientas, recursos, carne o vivienda estaba regulado por normas comunales de acceso que no excluían a nadie, nunca se produjo un gran desequilibrio. Quien necesitaba herramientas podía servirse de ellas. El cuidado de los niños corría a cargo de todos. Una persona sufría hambre solo si todos pasaban hambre. Así era muy difícil que un individuo o una familia pequeña lograran atesorar suficientes propiedades para destacar por encima del resto del grupo. Dado que prácticamente nadie tenía pertenencias estables, también había poco que heredar, así que la transmisión intergeneracional de bienestar como fuente de desigualdad tampoco existía.

El método más drástico para recuperar el equilibrio igualitario consistía, como ya hemos dicho, en asesinar sin más a los aspirantes a déspota que reclamaban el control del grupo. Contra los «grandes hombres» más insoportables solía formarse una coalición de los oprimidos —o de los amenazados con la opresión— que se deshacía definitivamente de sus torturadores mediante una ejecución pública o una emboscada secreta.

Una forma muy original de sofocar desde el principio la desigualdad social en las primeras sociedades humanas fue la sistemática minusvaloración de los logros personales: un individuo no podía destacar sobre el resto del grupo gracias a unos buenos resultados en la caza, por ejemplo. Entre los !kung san, que hoy siguen habitando la sabana del Kalahari, es habitual reaccionar a una suerte extraordinaria en la caza con una humildad ritual. Cuando un hombre consigue llevar a casa una presa de un tamaño inusual, se espera que reste importancia a su hazaña en la medida de lo posible. Un miembro de los !kung san describe así la manera de proceder:

> Supongamos que un hombre ha salido a cazar. No puede llegar a casa y anunciar como un fanfarrón: «¡Hoy he matado algo grande en la selva!». Primero tiene que sentarse en silencio hasta que alguien se acerque a su hoguera y le pregunte: «¿Qué has visto hoy?». Él contestará con calma: «Bah, no soy bueno cazando. No he visto nada de nada..., puede que algún animalillo». Entonces yo sonrío para mis adentros porque sé que ha cazado una presa grande.[14]

Cuando por fin la presa llega al poblado, los demás hombres reaccionan como es debido:

> ¿Quieres decir que nos has arrastrado todo el camino para que lleváramos a casa tu montón de huesos? De haber sabido que sería tan delgado, ni siquiera habría venido. Vamos, he desperdiciado un precioso día de sombra en esto. Puede que en casa tengamos hambre, pero por lo menos hay agua fresca para beber.

Por medio de esa «ofensa de la carne», las prácticas de comunicación social dejan claro que no se puede tolerar ninguna forma de orgullo desmedido. En algunas culturas, hay tabús muy eficaces que determinan cómo se reparte una presa: sea cual sea el género, la edad o la posición social de una persona, ciertas partes de un animal solo pueden ser consumidas por unos individuos concretos, de manera que queda garantizado un reparto más o menos justo.

En la forma de vida de una especie siempre se manifiesta la presión selectiva relevante para dicha especie. Así se convirtió la forma de vida práctica de nuestros antepasados en el contexto sociocultural que caracterizó nuestra posterior historia de adaptación. Poco a poco fuimos desarrollando una predisposición igualitaria que nos hacía afrontar las desigualdades sociales ante todo con escepticismo. Nuestro espíritu quedó imbuido para siempre de una aversión hacia las diferencias sociales demasiado exageradas o a todas luces arbitrarias.

Los niños del maíz

Pese a esa aversión, para la inmensa mayoría de las personas el paso de la «edad de oro» que supuso su existencia de cazadores y recolectores a una vida de duro trabajo y servidumbre entrañó un claro empeoramiento, y las pequeñas comunidades a menudo se resistían con rotundidad a sumarse a las primeras grandes sociedades. Puede que con el tiempo —aunque desde hace muy poco y en contadas regiones del mundo— hayamos empezado a elevar nuestro nivel prehistórico de satisfacción y bienestar. Así, la tragedia de los últimos cinco mil años sería el precio que pagaron nuestros antepasados. Un rodeo de miles de años por gobiernos déspotas, saqueo y guerra en algún momento propició las condiciones para que surgieran las sociedades modernas. ¿Valió la pena?

La desigualdad, la esclavitud, el sometimiento y la miseria que las primeras civilizaciones impusieron a la humanidad eran el caldo de cultivo ideal para las religiones soteriológicas del más allá, que no aceptaban la muerte con resignación como una pura banalidad en el inevitable ir y venir de las generaciones, sino que empezaron a verla como la redención de este valle de lágrimas terrenal con el que se nos había castigado a los pobres pecadores. «No hay ateos en las trincheras» era un aforismo muy extendido entre los soldados estadounidenses en la Segunda Guerra Mundial, y Marx también acertó con su diagnóstico al describir las religiones redentoras como el «suspiro de la criatura acosada»[15] y deducir que tras ellas se escondía una función sobre todo paliativa y de consuelo.

El concepto *estratificación social* solía aunar la desigualdad y el poder. Cuesta imaginar el alcance de esa estratificación en las primeras grandes sociedades con varios miles o decenas de miles de miembros que conocemos de Mesopotamia o el norte de África. Ni siquiera las sociedades actuales se acercan a esas formas primitivas de dominio y servidumbre, que obligaban a los sometidos a postrarse ante los reyes sagrados, casi siempre coronados de forma extravagante y sobrecargados de joyas, conchas, huesos o metales nobles.

Al mismo tiempo, cada vez había menos alternativas a semejante grado de desigualdad, simplemente por motivos de organización, ya que a partir de una determinada cantidad de miembros un grupo humano ya no podía mantenerse unido por medio de las estructuras sociales preneolíticas que hemos descrito antes, basadas en compartir y en la supervisión informal de las normas de la vida comunitaria. Una forma de sociedad cuya estabilidad se fundamenta en las relaciones de parentesco y de reciprocidad no puede aumentar de tamaño arbitrariamente. Con unos pocos centenares de miembros, el modelo ya tiene sus limitaciones. Solo en una sociedad de base jerárquica con una burocracia y un poder de decisión centralizados empieza a poder solucionarse ese problema de organización, y cuesta lo suyo.

El método escogido sigue siendo los impuestos. Las sociedades humanas primitivas se basaban sobre todo en una economía de subsistencia, que por así decirlo iba de la mano a la boca. Así, la formación de un Estado solo era factible allí donde se producía un excedente que permitía que algunos miembros de la sociedad se dedicaran a profesiones más nobles. Las ceremonias en honor de los monarcas; los rituales perfeccionados por sacerdotes e iluminados; las labores de contabilidad, revisión, conservación, planificación y registro, que exigían una administración profesionalizada; el juicio de delincuentes, que necesitaba de una casta de expertos en leyes: todas ellas son tareas exigentes que no dejan tiempo para cazar ni recolectar.

Por eso casi todas las primeras civilizaciones se basan en el cultivo de cereales, además de en el esclavismo.[16] Hasta que no se instauró un medio de intercambio formal como la moneda, la tributación tuvo que basarse en algún bien que fuera posible almacenar, transportar y, sobre todo, contar. Los tubérculos como la chirivía, la zanahoria o el tupinambo crecen en el suelo y, por tanto, es fácil esconderlos del fisco; la mayoría de las demás plantas son delicadas y perecederas; las vacas y las ovejas son difíciles de transportar y muertas pierden rápidamente su valor. Además, todos esos bienes variaban de tamaño y peso, lo que dificultaba instaurar unos impuestos eficaces y comparables. Los cereales, en cambio, eran fantásticos en todos los sentidos: se pueden almacenar y transportar, son difíciles de esconder y se pueden agrupar o empaquetar en cantidades precisas comparables. Por eso, los primeros Estados dominaban siempre el cultivo de cereales.

También en el ámbito «político» el mecanismo de explotación de la recaudación planteaba nuevas exigencias a los gobernantes, como la de ocuparse del suministro. La idea de que las comunidades de cazadores y recolectores habían cambiado encantadas la vida a la sombra de una naturaleza despiadada entre depredadores y otros peligros por una existencia segura y estable de agricultores y ganaderos es un mito alimentado justamente por las élites explotadoras que sacaron provecho de esa transición. La aparición de la desigualdad extrema en los cacicatos y los primeros imperios con el tiempo generó una creciente necesidad de legitimización: cuando uno ya está torturado, saqueado, oprimido y agotado, por lo menos quiere saber que es por un buen motivo. Pronto la casta de los religiosos ocupó ese nicho, pues a ellos les correspondía explicar por qué era de justicia que solo unos pocos pudieran decidir quién construye los templos, quién distribuye los campos y quién se sacrifica ante los dioses; y que esos pocos pudieran vivir en la opulencia, mientras que el resto seguía condenado a la servidumbre desde la cuna hasta la tumba.

Pero, si las desventajas de una sociedad agrícola y sedentaria son tan radicales y evidentes, ¿cómo se pudieron imponer con tanta contundencia? ¿Cómo consiguieron los primeros cacicatos y Estados mantener a sus miembros de su parte si la mayoría no parecía beneficiarse?

La respuesta a ambas preguntas es por medio de la fuerza y la violencia. En la mayoría de los casos, la gente no renunció a su vida en grupos pequeños de individuos (más o menos) iguales por voluntad propia, sino que opuso resistencia, ya fuera luchando, huyendo o rechazando el cambio. Las guerras romano-germánicas de hace unos dos mil años se entienden siguiendo este modelo, así como la mayoría de las coyunturas históricas en las que un imperio en expansión topaba con «bárbaros» díscolos que no querían someterse sin luchar a los enormes imperios enemigos y su forma de gobierno. Ese proceso también se puede entender como una forma avanzada de selección de grupos: antes de que pudieran surgir esos imperios enormes tuvieron que existir algunos colectivos que, gracias a su superioridad numérica, a unas estructuras de cooperación más rigurosas y a artes bélicas superiores consiguieron eliminar o absorber a grupos de la competencia.[17]

Salvo en contadas ocasiones, toda resistencia carecía de sentido a largo plazo, así que los primeros imperios eliminaron a las sociedades tribales mucho más pequeñas que se cruzaban en su camino, subyugaron a sus miembros o ambas cosas a la vez. Este es uno de los motivos principales por los que al final se impuso el modelo de sociedad de las primeras civilizaciones, muy desigual y basado en la opresión: el inmenso poder militar y las ambiciones imperialistas de los autoproclamados reyes sagrados se impusieron al modelo de pequeños grupos dispersos, que, en realidad, era mucho más atractivo para la mayoría de la gente.

El arqueólogo británico Ian Morris afirma que el sistema de valores de una sociedad también se adapta a su estructura social o, para ser exactos, a sus métodos preferidos para obtener energía. Eso significaría que la caza y la recolección, la agricultura y los combustibles fósiles determinan el grado de desigualdad social y de violencia física que está dispuesta a tolerar una comunidad que aplica tales técnicas.[18] Así, las sociedades de recolectores prefieren la igualdad y una convivencia pacífica (de puertas para dentro). En cambio, las comunidades que marcan el inicio del vuelco agrícola contaban con una organización muy desigual y de una extrema violencia tanto de puertas para adentro como hacia fuera. Una sociedad basada en los combustibles fósiles como principal fuente de energía acepta las desigualdades materiales, pero va desarrollando una aversión cada vez mayor a la violencia interna y, con el tiempo, también a la externa, es decir, a la guerra. Cada época trabaja con los valores que necesita.

Pese a los logros militares, las estructuras imperiales tienden al colapso. En muchos casos, las primeras civilizaciones fueron víctimas de su propio éxito porque, gracias a una fuerza económica cada vez mayor, poco a poco empezaron a superar la capacidad de aguante de su entorno sin poder recuperarla a tiempo con tecnologías más avanzadas.[19] Llegó un momento en que ni siquiera la expansión territorial fue capaz de amortiguar el crecimiento de la población fruto de las nuevas formas de economía y colaboración. La reproducción material de la sociedad se volvió frágil y desembocó en hambrunas e inestabilidad política. Fue muy célebre el ejemplo de la isla de Pascua en la Polinesia, cuyos primeros habitantes rindieron tributo a sus jefes y antepasados con unas gigantescas esculturas de piedra, los moáis.[20] Es evidente que esa forma de reconocimiento escultórico se hipertrofió hasta tal punto que la sociedad que la practicaba llegó a desforestar tanto la isla y descuidar tanto la pesca que tuvo que volver a una forma de organización primitiva y hasta verse obligada a practicar el canibalismo.

Los límites de la organización burocrática y del manejo de la información hicieron que la mayoría de los reinos prometedores se acabaran desintegrando. Una sociedad en crecimiento aumenta el grado de complejidad social, que a su vez incrementa la necesidad de una administración más compleja. Sin embargo, también esa complejidad está sujeta a la ley de los rendimientos decrecientes: a partir de un determinado punto, aumentan las inversiones necesarias para superar el siguiente incremento de la complejidad.[21] Una vez alcanzado ese momento, se llega a un punto muerto, a la frustración y la incapacidad de obrar. Este tipo de conflictos internos obligan a un imperio a reorganizarse en un nivel de desarrollo «más bajo». El crecimiento conduce al descenso.

Por qué nos quedamos atascados

El Tereeoboo y primogénito de la dinastía de los ali'i era venerado como un dios: los cuadros de la época lo representan con una mirada furibunda y majestuosa, el pelo negro tapado con el casco de plumas real, que parece caer sobre la frente como una ola, y envuelto en el manto de rombos rojos y amarillos del gobernador, que le daba calor y protección espiritual.

Cuando, en 1778, James Cook llegó en el HMS Revolution a las islas que bautizó en honor del conde de Sándwich, hasta él y los suyos quedaron sorprendidos por el grado de desigualdad social que existía en aquellos parajes. Los ingleses del siglo XVIII conocían bien las diferencias de posición social.[22] Sin embargo, incluso a los británicos obsesionados con la clase les llamó la atención la humilde obediencia que se dispensaba a Kalani'ōpu'u, el gobernante supremo de la isla de Hawái. El pueblo llano estaba sometido en cuerpo y alma a los miembros de la clase dominante, en particular al rey. Se practicaban sacrificios humanos con una indiferencia terrible y se aplicaba la condena a muerte por transgredir las prohibiciones más insignificantes. Los cabecillas y la familia real eran los dueños de la tierra, que trabajaban los esclavos, cuya condición de marginados despreciables a menudo quedaba inscrita en su rostro con algún tatuaje.

El paso de los pequeños grupos prehistóricos a las grandes civilizaciones premodernas fue casi siempre un cambio de comunidades con una estructura igualitaria por otras con desigualdad social y gobiernos despóticos.[23] Parece que la extrema desigualdad social en el bienestar, el poder y la posición con la que convivimos en la actualidad es el precio inevitable de la evolución social hacia sociedades complejas.

Pero ¿es esto cierto? Cada vez suscita más dudas la idea simplista según la cual durante el Pleistoceno los humanos vivieron en pequeños grupos desperdigados que tenían una organización equitativa.[24] Las investigaciones más recientes demuestran que también entonces existía un buen número de estructuras sociales más sedentarias, de mayor envergadura y más desiguales en el ámbito político de lo que se suponía hasta ahora.

El antropólogo David Graeber y el arqueólogo David Wengrow advierten de la tentación de caer en semejantes simplificaciones.[25] El relato tradicional del paso de las comunidades tribales igualitarias a las grandes sociedades desiguales en realidad nos prepara para aceptar ese cambio —y con él las formas de desigualdad social y dominio político que conllevó— como inevitable y sin alternativa. Lo que se presenta como una descripción objetiva del curso histórico es, en realidad, una explicación con una fuerte carga ideológica que pretende ahogar nuestra imaginación política.

De hecho, según Graeber y Wengrow, los seres humanos siempre hemos vivido en todo tipo de circunstancias y, sin importar el clima ni el tamaño de los grupos, con todos los acuerdos sociopolíticos posibles. Siempre hemos sido actores políticos que actuábamos de forma consciente y que no se dejaban poner una «camisa de fuerza evolutiva».[26] Algunas sociedades pequeñas conocieron las jerarquías rígidas y la explotación despótica; y los habitantes de comunidades indígenas bastante grandes de Norteamérica, con varias decenas de miles de miembros, se reían de la falta de autoestima de los franceses e ingleses recién llegados al Nuevo Mundo, que se sometían ante los que tenían una posición social superior como unos pusilánimes que les besaban los pies. En algunas sociedades existían jefes o cabecillas cuya función se entendería como la de un sirviente; otros grupos oscilaban sin dificultad, según la época del año, entre estructuras políticas radicalmente opuestas, de modo que durante los meses de abundancia del verano eran dueños libres de sí mismos, mientras que durante los meses más frugales del invierno se sometían temporalmente y en cualquier momento al mal necesario de un soberano político.

No es de extrañar que surgieran distintas variantes de socialización en el transcurso de la evolución social. La cuestión en realidad es por qué estamos *estancados* en la actualidad: ¿por qué nos parece que no existe alternativa a la desigualdad material y la jerarquía política y que no se puede negociar? Graeber y Wengrow apuntan con razón que siempre vale la pena reflexionar sobre las alternativas políticas: ¿qué podemos perder si coincidimos con Francis Fukuyama en que el pacto entre liberales, demócratas y capitalistas es el final de la historia, el único contendiente serio en la competición de sistemas políticos?[27]

Sin embargo, aunque Graeber y Wengrow consiguen echar por tierra los relatos simplistas del progreso de lo pequeño/igualitario a lo grande/desigual y demostrar que la historia de la humanidad siempre fue un relato de gran plasticidad política y variabilidad social, en el que nosotros moldeamos en gran medida nuestra propia convivencia, ni siquiera tratan de mostrar que podrían existir sociedades modernas sin desigualdad ni poder. Ese es justo el motivo por el que nos parece que hoy en día estamos estancados: es cierto que lo estamos, y, dejando de lado el retorno a formas de convivencia radicalmente más sencillas —con esa combinación de romanticismo y dureza—, es muy poco probable que puedan organizarse sociedades desarrolladas sin una elevada estratificación sociopolítica. ¿Cómo se ha llegado a esto?

Grandes dioses

Las primeras grandes sociedades imperialistas empezaron poniendo por escrito las reglas de convivencia. El más célebre es el código babilónico de Hammurabi (*ca.* siglo XVIII a. C.). La estela de piedra negra, que en la actualidad se conserva en el Louvre, regula —de forma parecida al Código de Ur-Nammu que contiene la piedra roja (*ca.* siglo XXI a. C.)— la gestión de los delitos de muerte, propiedad o contractuales, así como otros temas específicos: ¿los hijos que un hombre tuvo con su esclava son reconocidos como legítimos cuando él muere? ¿Qué castigo corresponde al asesinato de un ciudadano? ¿Y al de un dignatario real? El código sumerio de Lipit Istar (*ca.* siglo XIX a. C.) ya imponía esas reglas. Por ejemplo, se establecía que quien hiciera caer un árbol en el jardín de otro hombre debía compensarle con una mina de plata, y quien hiriera a un buey en la carne de alrededor de la nariguera debía pagar una tercera parte del precio exigido por el animal.[28]

Estos códigos casi siempre se instauraban con la legitimidad divina del gobernante (o de toda la dinastía de gobernantes): antes de ahondar en los detalles jurídicos había que dejar claro que la validez de la ley no dependía, obviamente, del derecho de los más fuertes, sino de la bendición divina. No es algo casual, ya que la fe en la autoridad de los dioses moralizantes, es decir, los que velaban por el cumplimiento de las reglas, desempeñó una función primordial en el origen de las primeras civilizaciones desarrolladas. Las criaturas sobrenaturales de las comunidades tribales más pequeñas suelen ser encarnaciones burlonas y amorales de distintas fuerzas de la naturaleza que tenían sus propios objetivos y a las cuales se podía sobornar con ofrendas o calmar con amenazas. Las primeras civilizaciones, en cambio, apuntan casi siempre a un cambio de paradigma hacia los llamados grandes dioses:[29] unas cuantas megadeidades del más allá, imaginadas cada vez de forma más abstracta, que tiempo después, tras varias fusiones en el *dramatis personae* teológico, desembocaron en la idea monoteísta de un dios completamente olvidado por el mundo terrenal; una deidad eterna, todopoderosa y omnisciente que todo lo ve y, por tanto, es capaz de castigar todas las vilezas.

Con el aumento del tamaño de los grupos y la extrema desigualdad material, cada vez resulta más difícil instaurar la cooperación social mediante la reciprocidad, los vínculos familiares o, simplemente, las sanciones sociales. Las instituciones penales incrementan nuestra disposición a cooperar, pero no solucionan del todo el problema. ¿Qué ocurre con los delitos que no se conocen o quedan impunes? A partir de entonces, las sociedades que asumen la idea de un dios severo, omnisciente y omnipresente, que registra y persigue todas las infracciones, lo tienen más fácil.

En esa situación, el concepto de alma inmortal se convierte en una necesidad. La idea de que, en caso de cometer una falta, el individuo siempre recibe su justo castigo no se corresponde con la experiencia de la vida real, en la que no existe una conexión especial entre una conducta loable y el éxito terrenal. Al contrario: a los malvados les suele ir bastante bien, mientras que muchas personas buenas salen bastante mal paradas. Así que había que inventarse un concepto que ayudara a satisfacer la idea de justicia en todos los casos, que castigara a los pecadores y equilibrara la relación entre catadura moral y bienestar. La idea del alma inmortal, tal y como dijo el filósofo inglés John Locke, es de origen forense, es decir, que siempre ha ido ligada a hacer comprensible metafísicamente la capacidad de castigar en el más allá las malas acciones cometidas en nuestra vida; dicho de una manera más sencilla: si se puede exigir responsabilidades a alguien tras su muerte, en el más allá, por su mala conducta, estará más dispuesto a respetar las normas en este mundo.

En cuanto que seres hipercooperativos, somos capaces de formas avanzadas de cognición social que nos permiten adivinar por intuición el estado de ánimo de las personas que nos rodean con mucha fiabilidad. Esa capacidad también nos permitió suponer que no éramos unos simples montones andantes de carne y hueso, sino que disponíamos de algo más: un elemento separado —un espíritu o un alma— que albergaba nuestras intenciones, deseos, convicciones, anhelos y opiniones. En el momento en que el hombre empezó a establecer una separación categórica entre ese espíritu y su sustrato físico —el cuerpo mortal de un ser humano— para así poder comprender mejor la psique de otras personas, estaba a solo un paso de la idea de que también podían existir seres del todo inmateriales, puramente espirituales. Luego solo hubo que inflar esa idea fundamental hasta concebir grandes dioses sobrehumanos.

¿Fueron las sociedades con grandes dioses las que lograron convertirse en civilizaciones? ¿O fueron las sociedades en crecimiento y en proceso de civilización las que inventaron a los grandes dioses?[30] Una cosa queda clara: los grandes dioses exigen colaboración.[31] En los juegos económicos, los participantes hacen aportaciones más elevadas si se les recuerda con discreción la posibilidad de una supervisión divina. En el juego del dictador, una persona puede decidir con total libertad cómo repartir una cantidad concreta de dinero entre ella y otro individuo. Las personas que participaron en el experimento donaron aproximadamente una cuarta parte de dicha cantidad; pero las que tuvieron que completar previamente una tarea con alusiones a Dios compartieron alrededor de la mitad. Esos estímulos inconscientes —conocidos en psicología como «preparación»— tienen un efecto más intenso en las personas creyentes: su predisposición a colaborar aumenta de forma significativa cuando se les pide antes del juego que coloquen en la secuencia gramaticalmente correcta una serie de palabras que contienen términos tales como *divino* o *espiritual* (por ejemplo: «postre, el, divino, estaba»).[32]

Aun así, tampoco queda del todo claro cuál es el mecanismo exacto que entra en juego: ¿nos motivan los grandes dioses a través del miedo al castigo, de manera que muchas veces no cedemos al impulso de dejarnos llevar por una mala conducta moral por temor al fuego del infierno? ¿O la idea de un dios severo solo facilita la decisión porque nos recuerda las normas morales?

La psicología de la desigualdad

Una de las fases más decisivas de nuestra evolución como seres humanos la pasamos en pequeños grupos equitativos, y eso conformó nuestra psique. Hoy en día, los humanos seguimos intentando crear un ambiente de igualdad siempre que tenemos ocasión. Queremos tratarnos «de tú a tú», por eso nos sentimos igual de a gusto en equipos, asociaciones y comunidades de Facebook que en discotecas, bares, conciertos o alrededor de una hoguera cuando acampamos. Las grandes sociedades anónimas, donde los desconocidos comercian entre ellos o elaboran propuestas de soluciones políticas para problemas globales mediante procedimientos formales, siempre nos parecen un poco inquietantes, ajenas y sospechosas. Esa «resaca» evolutiva —un vestigio del pasado que hoy nos provoca náuseas y dolor de cabeza— también explica por qué todas las generaciones redescubren el socialismo. La visión de una sociedad basada en la solidaridad espontánea y en compartir sin tapujos sigue siendo emocionalmente irresistible. Y también sigue siendo el principio vertebrador tanto en las familias como en los campamentos de verano.[33]

En cambio, nos parece incomprensible desde el punto de vista psicológico que las grandes sociedades modernas y anónimas no puedan organizarse de ese modo, sino que, lejos de ello, muestran la molesta tendencia de convertirse al poco tiempo en distopías ultrajerárquicas. Por desgracia, de momento nuestra evolución cultural aún no ha encontrado la manera de que las grandes sociedades se puedan organizar de un modo realmente igualitario. Algunas investigaciones alentadoras demuestran que en experimentos en los que se enseña a los individuos gráficos de pastel donde se representan distintos patrones de distribución sin más datos añadidos, estos prefieren la versión sueca —mucho más equitativa— a la de Estados Unidos, donde el 20 % superior dispone de más del 80 % de los bienes.[34] (Por supuesto, Suecia también es una sociedad muy desigual, sobre todo porque sus ventajas, salvo en contadas excepciones, quedan reservadas a los que viven en Suecia.)

Nuestro pasado evolutivo, además de volvernos escépticos ante la dominación y la jerarquía, también nos ha hecho alérgicos a la desigualdad social, y eso significa sobre todo desigualdad económica. Una causa importante podría ser que juzgamos la desigualdad según nuestra mentalidad de suma cero heredada evolutivamente.[35] La economía de las comunidades de cazadores y recolectores era muy poco diferenciada: cada uno recibía una parte de lo que se mataba o encontraba. Si una persona recibía más que otra, al final a otra persona le faltaría esa cantidad suplementaria. Las ventajas de uno siempre eran a costa de los demás. La idea de que pueda existir una desigualdad que no se base en el aprovechamiento, el robo o el saqueo nos resulta ajena por intuición. Y que incluso puedan existir desigualdades que en principio beneficien a todos los implicados suena casi incongruente. Nos cuesta aceptar las desigualdades porque el bienestar de uno siempre parece ser a costa de los demás.

NIVELAR A LA BAJA

Nuestro rechazo a la jerarquía y la dominación se activa gracias a las desigualdades sociales, pero en realidad nuestra indignación no se debe en absoluto a la desigualdad como tal —entendida como el dato aritmético de que algunos tienen más y otros menos—, sino a la *injusticia*, es decir, a la desigualdad injustificada.[36] Está claro que una distribución desigual de bienes o privilegios puede estar justificada y un reparto equitativo, injustificado: la igualdad no es condición necesaria ni suficiente para la justicia. Una profesora que ponga el mismo sobresaliente a todos los alumnos sin tener en cuenta su rendimiento actúa de forma injusta; un ricachón inútil que vive de los fondos de su papá ofende nuestra idea de justicia y mérito. Aun así, la mayoría de la gente coincide en que la desigualdad es una desgracia. Existe menos consenso en cuanto a por qué es así.

La idea de que hay un vínculo directo entre justicia e igualdad se llama igualitarismo. Una de las consecuencias más inoportunas del igualitarismo es que parece otorgar legitimidad moral a acciones que no ayudan a nadie y perjudican a algunos. ¿Tendría sentido de justicia arrancarles los ojos a todas las personas videntes para generar igualdad con los ciegos? Este argumento se conoce como el «problema de "nivelar a la baja"» (*leveling down objection*).[37]

Los antigualitaristas filosóficos se toman muy en serio esa objeción y, de hecho, adaptan sus proyectos políticos de antemano para que las comparaciones carezcan de relevancia moral. Así, una sociedad justa no depende de si una persona tiene más o menos que otra, sino de si tiene *lo suficiente*.[38] Por supuesto, en muchos casos una persona es más rica de lo que le corresponde, o más pobre de lo que merece, pero para los antigualitaristas eso no depende de cuánto tiene una persona en relación con otra. La justicia distributiva, es decir, la justicia en el reparto, se defiende sin esas comparaciones. Una sociedad justa procura que todos sus miembros vivan de una forma decente y digna, no importa si algunos llevan una vida más que decente.

Así, los contrarios al igualitarismo pueden argumentar sin problemas que prácticamente todas las desigualdades presentes e históricas son y han sido injustas. Los antigualitaristas no necesitan ser inegualitaristas que consideran que la desigualdad es intrínsecamente aconsejable: la igualdad y la desigualdad no tienen peso moral por sí mismas. El feudalismo europeo, el sistema de castas de Asia oriental, el *apartheid*, la segregación, la esclavitud y la discriminación se califican como injustos sin recurrir a comparaciones relativas a la igualdad. Se puede condenar que las personas sean explotadas, maltratadas o excluidas por el color de la piel, el género o la clase social sin considerar la igualdad un fin en sí mismo.

Las sociedades no generan de forma automática un estado de igualdad social. Como el reparto equitativo de recursos y posiciones no surge solo, se necesita una intervención constante para ajustar una y otra vez el *statu quo* desequilibrado al ideal igualitario que se persigue. Para lograrlo, hay que firmar un pacto con el diablo porque la redistribución necesaria solo se puede alcanzar si se otorga a una administración de gobierno central el poder de intervenir en la vida privada de sus subordinados. Así, el problema de la desigualdad no se soluciona nunca de verdad, sino que va cambiando una forma de desigualdad por otra. El precio de sustituir la desigualdad económica por la política puede estar justificado. Sin embargo, la esperanza de poder suprimir las desigualdades sociales mediante la intervención política es fútil porque solo es posible una acción política eficaz si existen asimetrías de poder social, las cuales constituyen una forma de desigualdad.

En la filosofía política del siglo XX se apoyó una premisa parecida de los pensadores libertarios, como el estadounidense Robert Nozick,[39] quien quiso demostrar en un célebre experimento de pensamiento que se puede pasar de un estado de igualdad material perfecta (que llamaremos E_1) a un estado de enorme desigualdad (E_2) sin necesidad de que se produzca ninguna injusticia por el camino. Ahora bien, y esa era la pregunta de Nozick, ¿cómo podría ser injusto E_2 si es fruto de unos pasos intermedios impecables con un punto de partida intachable? Cabría pensar que las transferencias justas no pueden convertir una situación justa en injusta.

Nozick utilizó a Wilt Chamberlain, por aquel entonces el mejor jugador de baloncesto del mundo, para su experimento de pensamiento: vivimos en una sociedad perfectamente igualitaria. Un día, poco antes del inicio de un partido, Wilt Chamberlain anuncia que a partir de ese momento solo seguirá jugando si todos los asistentes al partido dejan diez centavos adicionales en una hucha que serán para él mismo. Como la mayoría de la gente acude para verlo jugar a él, los diez mil espectadores aceptan el trato de buena gana, y Wilt se va a casa al terminar el partido con mil dólares más que sus compañeros de equipo. ¿En qué bando se ha cometido la injusticia? La cuestión es que E_1 solo se puede sostener a largo plazo si se contrarrestan por completo esas transacciones de por sí inofensivas que todos los implicados hacen con gusto y por voluntad propia. Además de percibirse como despótico, parece de una extrema injusticia impedir a personas adultas que decidan con libertad sobre sus diez centavos.

Algunos filósofos creen que ya no se puede defender la idea de la igualdad moral básica de todas las personas en condiciones seculares.[40] En todo caso, esa era la idea de Nietzsche: solo somos iguales como receptores del amor incondicional de Dios. Tras su muerte tuvimos que hacernos a la dura idea de que aquello fue un error.

¿En qué debería basarse nuestra igualdad fundamental? Resulta difícil refutar que debe basarse en algo: nadie cree que las piedras y los saltamontes tengan el mismo valor moral que una persona. Es evidente que se debe a que los seres humanos contamos con determinadas cualidades de las que carecen los objetos inanimados o los seres vivos más sencillos. Sin embargo, en cuanto se intenta identificar una de esas cualidades que nos convierten en sujetos con el mismo valor moral, surgen las dudas: ¿es la razón?, ¿la conciencia?, ¿nuestra capacidad de sufrir? Enseguida se ve que no existe una cualidad que a) tenga algún tipo de relevancia moral y b) la compartan de verdad todas las personas. Los lactantes no tienen razón, las personas en estado de muerte cerebral no tienen conciencia; y, aunque lográramos encontrar la cualidad igualadora, habría infinidad de características que diferencian a los individuos. El fundamento metafísico de nuestra supuesta igualdad moral sigue siendo un misterio.[41]

DESPUÉS DE LA GUERRA SOMOS TODOS IGUALES

Incluso si los inegualitarios se equivocaran y la igualdad socioeconómica fuera un valioso bien intrínseco, seguiría quedando una pregunta abierta: la de si ese bien se puede facilitar sin problema, y, en caso afirmativo, cómo. El camino al infierno está plagado de buenas intenciones, y desde el punto de vista político no basta con exigir una situación si uno no puede indicar cómo alcanzarla de forma realista.

El origen de la desigualdad se puede reconstruir como una evolución en la que las primeras élites se apropiaron de los beneficios adicionales obtenidos gracias al crecimiento de la población y a las innovaciones agrícolas. La legitimización ideológica de esas jerarquías de clase se logró, como hemos explicado, mediante la distinción de una clase intelectual y religiosa de ideólogos profesionales.[42] El poder militar que ganaron las primeras civilizaciones de este modo desembocó en la supresión o la incorporación de los pequeños grupos igualitarios que aún coexistían, cuya forma de vida luego fue suplantada para al final casi extinguirse del todo.

Después, la usurpación de recursos que antes eran comunes por parte de unos pocos se consideró inevitable durante muchos milenios. En todo el mundo, los señores de la guerra y los bandidos con menos escrúpulos se convirtieron en señores feudales que a partir de entonces se dedicaron sobre todo a consolidar y ampliar sus privilegios. Así, la desigualdad social se convirtió en algo de lo más natural; de hecho, la idea de que en realidad no existen personas de primera, segunda y tercera clase no se pudo recuperar en el ámbito político hasta los inicios de la era moderna, y luego con cada vez mayor urgencia en la Ilustración, y el proceso aún no ha terminado.

Entretanto, las fases de creciente igualdad social casi siempre se pagaban caras. Desde el punto de vista histórico parece que existen cuatro mecanismos básicos para subsanar de forma efectiva las desigualdades sociales: las guerras, las revoluciones, el colapso de sistemas y las epidemias.[43] La segunda mitad del siglo XX ha quedado grabada en la memoria colectiva de muchos países como una época de especial armonía y prosperidad: en Francia se conocen como los «gloriosos treinta» y en Alemania son los años del «milagro económico». Por supuesto, no hace falta ser economista para entender que es más fácil alcanzar la igualdad y el crecimiento cuando se está dispuesto a destruirlo todo antes. Después de 1945 tampoco se pudo salvar el modelo *zaibatsu*, que dejaba el poder económico de Japón en manos de unos cuantos dueños de gigantescas empresas familiares. El patrón de las guerras como factor igualador se repite una y otra vez: en los estados del Sur, la guerra civil norteamericana redujo el peso de la clase alta pudiente en la fortuna total de la sociedad más de un 10 % a mediados del siglo XIX.

En la Revolución rusa y durante el «gran salto hacia delante» de la Revolución Cultural china, en Corea del Norte y Camboya, pero por supuesto también durante la Revolución francesa, más de ciento cincuenta años antes, la igualdad social se generó asesinando a las fuerzas burguesas de los *kulaks*, los terratenientes contrarrevolucionarios y el Antiguo Régimen (o, si no, matándolos de hambre y expropiándolos). Decenas de millones de personas sufrieron las consecuencias.

También se cobró víctimas la peste negra, que llegó a Sicilia en 1347. Quien resumió con mayor fortuna su efecto devastador fue tal vez Agnolo di Tura, el cronista de Siena, un año después:

Y así morían. Y ya no había nadie que pudiera enterrar a los muertos a cambio de dinero o por amistad. Los miembros de una familia llevaban a sus difuntos como podían a una fosa, sin sacerdote, sin acompañamiento divino. Tampoco las campanas repicaban para los muertos. Y en muchos lugares de Siena se cavaron hoyos y se llenaron con multitud de muertos. Morían por centenares, de día y de noche, y a todos los lanzaban a esas fosas y los cubrían de tierra. Y en cuanto se llenaban las fosas, se cavaban otras. Y yo, Agnolo di Tura [...] enterré a mis cinco hijos con mis propias manos. Y murieron tantos que todos creían que era el fin del mundo.[44]

Al final, la peste niveló todas las desigualdades sociales, pero al mismo tiempo redujo a la mitad la población de Europa y el norte de África.

La desigualdad hoy

Pocos temas ocupan tanto espacio en la mente y los escritos de los analistas políticos como el problema de la desigualdad social.

La desigualdad social se puede medir de distintas maneras. El instrumento más conocido para determinar la desigualdad de riqueza es el coeficiente de Gini. Siempre se sitúa entre el 0 y el 1 y refleja las desigualdades distributivas en el ámbito nacional, así que es válido para países enteros. Un valor de Gini de 1 significaría que una sola persona dispone de la riqueza de todo un país, mientras que los demás no tienen nada. En el caso de un valor 0, cada persona posee exactamente la misma riqueza o los mismos ingresos. En términos generales, podría decirse que los países menos igualitarios del mundo, como Sudáfrica, obtienen un coeficiente de Gini aproximado de 0,6. En el medio —entre el 0,4 y el 0,5— se sitúan países como Estados Unidos o Rusia, donde las desigualdades también están muy extendidas. En comparación, países más igualitarios como Alemania o los Países Bajos obtienen un 0,3 o algo menos.

Para medir la desigualdad entre grupos más pequeños o incluso entre individuos se suele recurrir también al estatus socioeconómico (SES, *socioeconomic status*). Este valor ofrece una visión un poco más compleja. Gracias a él se pueden extraer observaciones sobre el reparto de los ingresos y la riqueza, el nivel de formación, aspectos del estilo de vida, la salud mental y física o también el prestigio laboral.[45] Un jefe de redacción cultural afanoso o un médico con ingresos medios o riqueza heredada tiene un SES elevado; una persona en paro sin estudios, uno bajo.

La función primordial que el fenómeno de la desigualdad social desempeña en nuestro pensamiento político se evidencia, por ejemplo, en el éxito del libro *El capital en el siglo XXI*, del economista francés Thomas Piketty, un bestseller mundial publicado en 2013.[46] Por una parte, el autor se esfuerza en hacer digeribles sus tesis económicas con alusiones a las novelas de Honoré de Balzac y Jane Austen, pero con sus gráficos, datos y ecuaciones repartidos en más de ochocientas páginas era bastante improbable que se convirtiera en un superventas. Si Piketty está en lo cierto, el periodo de relativa igualdad que se observa sobre todo en la segunda mitad del siglo XX fue una fase excepcional fruto de la guerra y la destrucción.

Así, contradice la tesis de su colega estadounidense Simon Kuznet, que veía el avance histórico del desequilibrio distributivo como una curva en forma de campana: a un punto de partida igualitario le sucede una fase de aumento de la desigualdad en beneficio de unos pocos, que vuelve a bajar en la medida en que un número cada vez mayor de personas tiene acceso a los frutos del crecimiento económico que permite la tecnología.[47] Piketty objeta que, históricamente, los beneficios de la riqueza casi siempre disminuyen más que el crecimiento económico. Lo expresa con una sencilla fórmula: $r > g$, que indica que la tasa de rendimiento del capital (*return on capital*) es mayor que la de crecimiento económico (*economic growth*). Mientras siga siendo así, sin una redistribución agresiva será inevitable que las desigualdades socioeconómicas aumenten y se estabilicen a largo plazo. Es el llamado efecto Mateo: a quien tiene, se le da.

Varias veces al año organizaciones no gubernamentales como Oxfam abordan el problema de la desigualdad social en el plano global. En 2020 se resumió el desequilibrio en el bienestar global más o menos así: los veintidós hombres más ricos del mundo atesoran más riqueza que *todas las mujeres de África juntas* (que suman 325 millones).[48] Raro es el caso en que este tipo de afirmaciones no se rebate; por ejemplo, al centrar la atención en el patrimonio neto de una persona, es decir, su riqueza en relación con sus deudas, un residente en Londres con un crédito inmobiliario de más de un millón y medio de euros es más pobre que una persona de Zimbabue que no tiene nada, pero por lo menos no tiene deudas. Sin embargo, demuestran que la acumulación de riqueza y el vertiginoso aumento de los ingresos en unas cuantas regiones de pocos países son fruto de un grado de desigualdad material desconocido durante mucho tiempo.

La herencia de la desigualdad

Las desigualdades socioeconómicas son solo una dimensión de la injusticia. El que un reparto desigual de recursos como el poder o la riqueza sea injusto no solo depende de lo pronunciadas que sean las divisiones sociales en una comunidad, sino también de hasta qué punto es factible moverse entre los entornos existentes. ¿El poder, la riqueza y la posición social están abiertos a cualquier persona, o se hallan enrocados en una separación de niveles insuperable?

Así que no solo se trata de las diferencias sociales, también es importante la *movilidad social*. Una vez instauradas, las desigualdades demuestran una perseverancia apabullante. No es de extrañar, pues las élites actuales deciden quién pertenecerá a las élites del mañana. Por lo general son sus propios hijos, a quienes los progenitores, preocupados por su estatus, preparan (supuestamente) para su futura función en la clase alta con una inversión en ocasiones asombrosa en clases de piano, visitas a museos, clases de equitación, de idiomas y la perspectiva de la fortuna familiar.

El economista escocés Gregory Clark ha investigado la permeabilidad, es decir, la porosidad de las sociedades modernas, haciendo un seguimiento de la posición social de familias con apellidos poco comunes a lo largo de varias generaciones.[49] Por ejemplo, el primer Pepys conocido aparece en 1496: era un estudiante de la Universidad de Cambridge. Desde entonces, más de cincuenta Pepys han asistido a la misma institución educativa, más de veinte veces más de lo que cabría esperar estadísticamente. Cuatro de los dieciocho Pepys que siguen con vida son médicos. Los Pepys que murieron jóvenes dejaron de media una fortuna superior a los quinientos mil euros.

Lo que resulta especialmente asombroso es que el grado de movilidad social se haya mantenido casi intacto en el ámbito político. Ni un sistema de educación público con enseñanza general obligatoria, ni un fuerte crecimiento económico, ni la ampliación demográfica del derecho a voto o los derechos civiles, ni la redistribución fiscal han logrado que las sociedades modernas ganen porosidad. Sobre todo, las formas más suaves de desigualdad social, como las jerarquías de estatus —¿quién forma parte de la *upper class* y quién de la clase baja?—, son imposibles de erradicar en la práctica, por lo menos mientras no se codifiquen de forma explícita. Si las diferencias de clase vienen determinadas por ley, se pueden suprimir oficialmente mediante una modificación de las leyes correspondientes (o como mínimo se moderan). Kurt von Kleefeld, cuñado de Gustav Stresemann, fue el último alemán al que se le concedió un título nobiliario en 1918. El artículo 109 de la Constitución de Weimar, aprobada poco después, estipulaba: «Queda anulado todo privilegio de derecho público o desigualdad de nacimiento o de posición social. Las denominaciones nobiliarias solo son válidas como parte del apellido y ya no se podrán conceder». Así pasó a la historia una de las causas más importantes de desigualdad social en Alemania.

Hay, por otra parte, un sinfín de factores más sutiles que definen la pertenencia a una clase socioeconómica. La fascinante obra de Pierre Bourdieu sobre la «distinción»[50] ha demostrado cómo las diferencias sociales se plasman en un *habitus* individual, a través del cual se manifiesta en ciertas señales externas y rasgos de la conducta la pertenencia de una persona a un grupo social. El capital cultural de una persona es lo que más influencia tiene en su percepción social. La forma en que una persona maneja los cubiertos, si conoce la música clásica, si ha estado en los museos más oscuros de Londres, cómo habla y con qué acento o dialecto, cómo vive y dónde, cómo se viste y la naturalidad con la que participa durante una cena en conversaciones sobre relojes antiguos, las regiones productoras de riesling, la arquitectura de la Bauhaus, la pintura impresionista, los administradores de patrimonios familiares o el realismo mágico en Latinoamérica: todo ello define el capital cultural del que dispone una persona.

Dado que este tipo de «saber señorial» debe adquirirse desde una temprana edad para que parezca auténtico, aquellos que se han criado en hogares cultivados gozan de una ventaja que a menudo resulta insalvable. Es difícil neutralizar políticamente esa ventaja inicial porque el código de conducta que define el estilo de vida y el modo de actuar de una persona se trabaja y se transmite de forma implícita y, por tanto, no resulta fácil de redistribuir. Incluso una sociedad que pudiera garantizar una igualdad material total se vería impotente frente a esos mecanismos de transmisión intergeneracional de privilegios sociales. Puede que una mayor igualdad económica incluso agudizara el problema de las diferencias de clase porque las élites, siempre ansiosas por distinguirse, al no poder diferenciarse pecuniariamente de las masas desaseadas, concentrarían toda su energía en perfeccionar los símbolos de estatus más sutiles, como, por ejemplo, el uso de la palabra *pecuniario*.

Problemas de género

Además de las diferencias de clase económica, en la mayoría de las sociedades existen otras formas de desigualdad social que hacen que la posición de una persona en las estructuras sociales dependa de su pertenencia a distintos grupos. El caso más conocido es la desigualdad entre géneros.

Durante mucho tiempo, la historia del origen de la equidad de género se ha explicado de la siguiente manera: había una vez una sociedad en la que hombres y mujeres tenían los mismos derechos. Un día, los hombres consiguieron hacerse con el control, impulsados por una combinación de bajas pasiones como los celos o la misoginia. Desde ese momento, en todas partes gobierna el patriarcado, que ostenta el poder político, económico y cultural y ha instaurado las estructuras sociales que excluyen, discriminan y despojan de sus derechos a las mujeres de forma sistemática y las condenan a una vida dedicada al hogar y la cocina.

De hecho, ahora existen modelos explicativos mucho más sofisticados que no entienden las desigualdades entre géneros como una subyugación de las mujeres al patriarcado (y sus cómplices femeninas) casi a modo de conspiración, sino que las definen como el resultado de un proceso social y evolutivo en cuyo transcurso se han introducido las categorías de género por motivos pragmáticos de coordinación que más adelante, en una fase posterior, se convirtieron en la base de la discriminación social.

Las sociedades humanas se forman para dar solución a una serie de problemas de coordinación. A veces la coordinación es *correlativa*: en esos casos, lo que importa es que todos hagan lo mismo. No tiene importancia por qué lado de la calle se conduce, solo importa que todos circulen por el *mismo* lado. Otros problemas de coordinación son *complementarios*: es indiferente quién guíe en un vals; lo único que importa es que la mitad de los bailarines guíe y la otra mitad se deje guiar.

La división social del trabajo es eficaz. Tiene sentido que no todos hagan lo mismo, y una sociedad en la que todos sean profesores o policías no parece muy funcional. Pero ¿cómo decide una sociedad quién asume cada tarea? Hace falta una característica que permita la asignación de tareas. Así, la división del trabajo se convierte en un problema de coordinación complementaria.

Para reducir al mínimo las complicaciones a la hora de combatir los problemas de coordinación complementaria puede resultar útil adaptarse a un reparto de funciones que vincule las distintas opciones —guiar o dejarse guiar, arar o cocinar— a diferentes categorías sociales. Todas las sociedades humanas conocidas solucionan numerosos problemas de coordinación recurriendo a las categorías sociales. Existe un gran margen de maniobra para asignar a cada categoría un significado social, pero casi siempre la elección recae en propiedades de distribución fáciles de reconocer para alguien externo, de forma rápida e inequívoca. Por eso en todas las sociedades existen diferencias en el papel y la función social que desempeñan los géneros. Esas diferencias de género funcionales no son «naturales» o innatas, mientras que la decisión de qué género cazaba y cuál criaba a los niños sí tenía una explicación evolutiva. La existencia de hombres y mujeres es más bien un hecho biológico que a su vez marca las características que sirvieron de base para asignar las funciones sociales por el bien de la coordinación.

La asignación es amplia, pero no del todo casual. En todas las sociedades tradicionales, por ejemplo, la caza de los animales más grandes o el trabajo de los metales iba a cargo *de facto* de los hombres.[51] La tarea de lavar o tejer, en cambio, la asumían casi en exclusiva las mujeres. Otras actividades, como la fabricación de cuerdas, la construcción de casas o la siembra, unas veces se asignaban a un género y otras, al otro. También en las sociedades modernas es más bien atípico, desde el punto de vista estadístico (en relaciones heterosexuales), que las mujeres se dediquen a cortar el césped o sacar la nieve a paladas mientras los hombres se ocupan de la colada y algunas labores manuales, aunque el reparto de papeles podría ser otro sin problemas.

Mientras esa estructura de tareas no provoque diferencias de poder, posición social o ingresos, poco hay que objetar a tal reparto del trabajo. Sin embargo, es fácil comprobar que, aunque no exista un grupo de siniestros personajes que mueven los hilos a propósito a su favor, prácticamente todas las sociedades tienden por sí solas a una situación de desigualdad social. La desigualdad social supone un «equilibrio de población». El motivo es que los problemas de coordinación se suelen solucionar mejor si un grupo fácilmente reconocible (por ejemplo, «las mujeres») asume la tarea A y el otro grupo (por ejemplo, «los hombres») asume la tarea B. Da la casualidad de que, en determinadas situaciones, no todas las tareas son igual de lucrativas, de manera que aquellos grupos a los que por azar se les asigna la opción más conveniente acaban en mejor posición.

Aun así, a cada individuo implicado puede convenirle a título personal aceptar ese equilibrio asimétrico porque el aumento de la eficiencia que se consigue gracias a una buena coordinación le resulta más atractivo que el fracaso absoluto del correspondiente intento de coordinación. Así, si existen algunas formas de división del trabajo más ventajosas para una categoría social que para otra, al final es inevitable que en algún momento un grupo prefiera sistemáticamente determinadas divisiones del trabajo. Cuando se dan mecanismos de coordinación complementaria con esos equilibrios asimétricos, las desigualdades sociales surgen de manera casi espontánea. Asimismo, como la convivencia humana está sometida a las fuerzas de la evolución cultural, una vez instauradas las disparidades sociales se perpetúan y aumentan de forma natural. No es una justificación de la desigualdad, pero demuestra lo difícil que es eliminarla del todo.

El precio de la desigualdad

Las desigualdades sociales surgen de manera espontánea, se transmiten a través de las generaciones y son difíciles de eliminar.

En resumidas cuentas: el problema de la desigualdad socioeconómica ha llegado para quedarse. Es lo que se llama un *wicked problem*, porque nadie sabe con exactitud en qué consiste el problema, pero hace tiempo que se debate cuáles serían las mejores soluciones.

Hasta donde sabemos, es imposible lograr una sociedad del todo igualitaria. Además, la disyuntiva entre desigualdad desatada e igualdad radical induce a error porque, aunque una igualdad socioeconómica absoluta no es ni posible ni deseable, tal vez una sociedad *relativamente* igualitaria supusiera una ventaja para todos.

Uno de los mayores inconvenientes de la desigualdad creciente reside en que las estructuras no igualitarias destruyen el capital social de una sociedad, es decir, la red informal de normas sociales que gozan de una aceptación general y permiten una colaboración sin fisuras entre todos los miembros de una sociedad.[52] Se trata sobre todo de recursos de *confianza social*, porque solo si las personas confían por principio las unas en las otras se puede conservar la estructura social, que es la base de una convivencia eficaz y armoniosa. Los síntomas de la pérdida de confianza que genera la desigualdad social abarcan desde la erosión de estructuras básicas de la comunidad hasta una degradación de la salud pública, pasando por un incremento de los trastornos mentales y un aumento de la predisposición a la violencia y de la resignación porque amplias capas de la sociedad deducen, con razón, que no se les han concedido unas posibilidades de éxito justas. Dicha configuración puede desembocar en un incremento de las «muertes por desesperación» (*deaths of despair*), ya sea a través del suicidio o del abuso de las drogas.[53]

Las sociedades modernas deberían ser capaces de tolerar cierto grado de desigualdad, pero solo si las instituciones que lo permiten ofrecen otras ventajas que compensen adecuadamente los costes psicológicos y emocionales que conlleva. Incluso los mercados que funcionan bien generan asimetrías socioeconómicas porque hacen que el éxito económico dependa de coincidencias afortunadas, de un origen favorable y del talento individual. Aun así, los beneficios en eficiencia y bienestar que aporta este tipo de acuerdo les convienen a todos. Hoy en día la humanidad sigue sin saber cómo crear grandes sociedades que no se caractericen por una marcada desigualdad, aunque esos acuerdos sociales contradigan nuestras intuiciones morales. Son pocos los que encuentran un auténtico atractivo en el regreso a formas de convivencia «más primitivas», y si lo hacen es porque las revisten de un halo romántico.

Así, la desigualdad se convierte en un problema cuando por su culpa nadie mejora. Los llamados «bienes posicionales» son aquellos cuyo valor reside principalmente en que otras personas no los tienen. No todo el mundo puede permitirse un reloj F. P. Journe, y la cantidad de pisos en Central Park West también es limitada. La adquisición de esos bienes, calculada respecto de la sociedad entera, es un juego de suma cero porque la ganancia de uno implica necesariamente la pérdida de otro. La desigualdad social que se genera mediante la competencia entre clases y los bienes posicionales no hace que aumente la felicidad media de la sociedad porque produce ganadores y perdedores complementarios.

Así, la desigualdad material se convierte en un problema en las sociedades desarrolladas cuando socava la base social del amor propio individual. El concepto de pobreza relativa que se utiliza en estadística para reflejar la situación de la sociedad alemana no se centra en la privación económica fundamental, sino en la falta de los recursos necesarios para una participación social adecuada. No hace falta que alguien pase hambre o frío para sufrir el estigma social que supone no poder ir a un restaurante o no tener dinero para una entrada de cine. Ya en el siglo XVIII, el economista y filósofo de la Ilustración escocés Adam Smith formuló como criterio imprescindible para lograr una sociedad decente que todos sus miembros contaran con los recursos para mostrarse en público «sin vergüenza»:

Una camisa de lino, por ejemplo, no es, en sentido estricto, imprescindible para la vida. Los griegos y los romanos vivían, supongo, con muchas comodidades pese a no tener lino. Sin embargo, en la actualidad, en gran parte de Europa, un jornalero respetable se avergonzaría de mostrarse en público sin una camisa de lino porque se supone que ese defecto sería un indicio del vergonzoso grado de pobreza que nadie puede sufrir sin una mala conducta extrema.[54]

Hay que admitir que ese rasero incluso solamente es indicativo de una participación social *suficiente*, que sobre todo se asegura garantizando un mínimo distributivo en el extremo inferior del reparto de ingresos. Por tanto, el criterio de Smith no impide que existan multimillonarios, un fenómeno compatible con el amor propio de cualquier miembro de la sociedad.

Una de las virtudes particulares de las sociedades descentralizadas consiste en que, dadas las condiciones del pluralismo moderno con su diversidad de valores, son capaces de crear una cantidad en principio ilimitada de jerarquías de clase, que funcionan con su propia escala de prestigio y de éxito. Mientras no haga falta ser multimillonario para obtener reconocimiento social y uno pueda distinguirse por ser un criador de palomas competente, un remero superior o un cantante de coro con gran talento, hay suficientes categorías para todos.[55]

Existen infinidad de ejemplos de aspiraciones de igualdad que funcionaron de maravilla y a las que ya resulta inconcebible renunciar: durante los últimos trescientos años se ha producido la abolición de los privilegios sociales oficiales de la aristocracia, así como (en la mayoría de las zonas) el fin de la esclavitud, la introducción de derechos civiles para la población negra de Estados Unidos tras la era Jim Crow, la instauración del sufragio femenino, el fin del *apartheid*, la erosión de los sistemas de castas, la ampliación de los derechos civiles de las minorías, como, por ejemplo, el matrimonio homosexual, y un trato inclusivo para las personas con discapacidades físicas o mentales. Estos avances reflejan un nivel moral del que es impensable retroceder.[56]

Entretanto, hemos visto que la reducción de la discriminación ejercida desde la política y la eliminación de las prebendas aristocráticas no es una vía directa al paraíso igualitario de una sociedad sin clases. La transformación meritocrática de las sociedades modernas tiene sus propios costes sociales (a menudo elevados):[57] ahora los hijos de grupos antes desfavorecidos son aptos para competir por la posición social y los ingresos con inteligencia, empeño y talento. Gracias a los exámenes estandarizados, hoy en día Harvard acepta a más estudiantes judíos y japoneses, un colectivo que en el siglo XX seguía sufriendo una acusada discriminación. Por otra parte, una sociedad que vincula el amor propio al éxito, y este al rendimiento, provoca competiciones tóxicas ya entre los niños, que, animados y acompañados por unos padres preocupados por la posición social, compiten con clases de violín y chino o por una plaza en la mejor guardería. Al mismo tiempo genera un relato según el cual aquellos que no lo han «conseguido» son responsables de su propio fracaso, mientras que en condiciones feudales por lo menos todos tenían claro que la relación entre riqueza y cualidades personales era muy frágil. Una sociedad que premia sobre todo a una élite de *knowledge workers* sumamente cualificados que solo se relacionan entre ellos en las ciudades superestrella existentes entre San Francisco y Singapur dificulta que la minoría que ha quedado descolgada llegue a obtener el reconocimiento adecuado.

No siempre queda claro en qué premisas se basa el actual escepticismo frente a la meritocracia. La idea es que las desigualdades sociales se pueden corregir si todo el mundo puede acceder a las posiciones sociales por principio y estas responden al desempeño personal. ¿El problema reside en la propia idea o en su defectuosa puesta en práctica? En su crítica a las sociedades del rendimiento meritocrático, el filósofo estadounidense Michael J. Sandel escribe: «No tiene nada de malo clasificar a las personas según su rendimiento».[58] Y añade: «En términos generales es conveniente que el gobierno lo dirijan personas con formación». «Las aristocracias son injustas porque confinan a las personas en la clase en la que nacen. No les permiten ascender.»[59] Entonces, ¿en qué consiste la tiranía de la meritocracia? ¿Cuál sería la alternativa exactamente?

El problema de la desigualdad social surgió en las primeras civilizaciones de la Antigüedad. Durante los últimos cinco mil años nunca se ha cuestionado que solo algunos disfrutaran del poder y el bienestar, mientras que la abrumadora mayoría seguía siendo pobre y estaba privada de derechos. El intento de replantearse la cuestión de cuáles son los principios básicos de una sociedad justa es reciente, y se busca con una urgencia sin precedentes. ¿Cómo es una sociedad que reconoce la dignidad del individuo? ¿Cómo conseguimos conciliar la libertad del individuo con el deseo de felicidad terrenal? ¿Y qué significa vivir entre iguales? Esas preguntas son los fantasmas que acechan al mundo desde hace quinientos años.

500 años

El descubrimiento de la rareza

EL HUNDIMIENTO

Hace muchos años —ya no recuerdo con exactitud cuánto tiempo ha pasado— conocí a un hombre que acababa de regresar de un viaje a un país lejano. Era bastante mayor que yo, y durante una cena le pedí consejo, le hablé de mis planes y esperanzas y de todo lo que quería lograr aún en la vida. Él me escuchó con paciencia y, cuando por fin hice una pausa, me sonrió con el bondadoso escepticismo de quienes ya han cumplido la mayor parte de las ambiciones de su vida y me contestó de un modo misterioso. Sus palabras no tendrían sentido para mí hasta mucho tiempo después.

Empezó a hablarme de un desierto que acababa de recorrer. Un día, tras una larga caminata, vio alzarse hacia el cielo unas piernas imponentes, desgajadas del torso y hechas de piedra; al lado, en la arena, había medio enterrado un rostro enorme y agrietado, con expresión seria, marcada por unos labios torcidos. La frente arrugada en un gesto burlón de fría contención indicaba que el escultor debía de conocer de primera mano los sentimientos ocultos en ese rostro. La obra de arte ante cuyos restos se encontraba mi acompañante era muy antigua; aun así, había sobrevivido con creces a su autor, que había moldeado el retrato en aquellos objetos inanimados con una pizca de burla. En el pedestal se leían las siguientes palabras, que mi acompañante recordaba con precisión: «Me llamo Ramsés, hijo de Seti y de Tuya, heredero de Ra, portador de la corona de plumas, rey de reyes. ¡Admirad mi obra, vosotros los poderosos, y desesperaos!».

Según aquel hombre, no quedaba nada más de semejante escultura. Y alrededor de las ruinas de ese gigante caído solo había visto desierto, una tierra pelada y en apariencia infinita, con sus superficies de arena extendiéndose solitarias hasta el horizonte.

Una genealogía de la modernidad

Tanto los grandes imperios como los primeros centros urbanos del mundo antiguo han perecido. Los turistas admiran los restos de su gloria anterior y guardan en Instagram el esplendor perdido de sus ruinas y restos de muros.

¿Cómo pudo surgir este mundo, nuestro mundo, de aquel otro? En el presente capítulo se traza la genealogía de la modernidad: la historia de un avance durante el cual se reclamó la autonomía e individualidad del ser humano con una perseverancia sin precedentes. Exigió una reforma radical de nuestros valores e instituciones, así como de las estructuras normativas que definieron las reglas de nuestra convivencia. Desató nuevas energías económicas, científicas y tecnológicas que ponían en cuestión las jerarquías tradicionales y reclamaban los derechos del individuo. Era una evolución nueva. ¿O acaso lo que ocurría es que por fin había llegado su momento?

Para entenderla hay que recordar cómo habíamos vivido hasta entonces los humanos, durante los últimos cinco milenios, desde la aparición de la desigualdad en las primeras grandes sociedades humanas: teníamos una vida corta, llena de pobreza y suciedad, miseria y servidumbre, atormentados por déspotas asesinos, asolados por enfermedades y epidemias, arrastrados a guerras absurdas, aterrorizados por supersticiones religiosas y temiendo (o esperando) la muerte; niños con la espalda encorvada de tanto acarrear agua y mujeres que permanecían encadenadas al yugo del embarazo y el parto y el nuevo embarazo hasta su muerte demasiado temprana.

La orientación básica de la vida de cada individuo la determinaban las circunstancias del nacimiento: casi nadie podía salir de la misma aldea de siempre, donde el abuelo y el bisabuelo habían sido herreros, ebanistas o pastores, y si lo conseguían, era a costa de correr grandes peligros, bien a pie, bien en carros que traqueteaban de un lado a otro; atravesando bosques oscuros e interminables estepas habitadas por animales y forajidos peligrosos, o viajando en el casco de un barco de madera por mares tempestuosos hasta los límites de un mundo ignoto.

Al final del proceso surgió una época nueva en la que los cosmopolitas conectados globalmente tuvieron que demostrar una gran inventiva para poder seguir dotando de sentido y diversión la propia vida, que entonces duraba el doble por término medio. Una época en la que una gran cantidad de personas se habían liberado del yugo del trabajo arduo; en la que muchos podían decidir qué deseaban ser y dónde querían vivir; en la que los dulces frutos de países lejanos, antaño tan raros e inalcanzables que hasta los más pudientes los conocían solo por los cuadros colgados en casa de personas aún más adineradas, se podían conseguir en cualquier momento; una época en la que el sueño de volar se hizo realidad, y en la que se logró que corazones ajenos latieran en el pecho de personas condenadas a morir.

La genealogía de la modernidad habla de cómo se consiguió pasar de la miseria y la opresión a la doble promesa de dicha y libertad. Una promesa que, por supuesto, no se ha cumplido ni para todos ni en la misma medida en todos los casos. Aun así, la modernidad creó un hombre nuevo que se concibe a sí mismo como individuo rodeado de otros individuos con los que convive de manera libre y voluntaria, y que, al menos esa era la intención, ostenta la única y definitiva autoridad sobre las condiciones en que quiere hacerlo. Supone una ruptura radical con los milenios anteriores, en los que el ser humano había aprendido a considerarse principalmente como miembro de una familia y parte de una jerarquía natural, como nodo de una red de relaciones de parentesco y como súbdito.

La historia de ese nuevo ser humano es la del origen del individualismo, la libertad política y la dignidad del individuo. Hace tiempo que intelectuales, teóricos culturales, filósofos y sociólogos intentan resolver el misterio de su aparición. ¿Cómo se produjo la transformación de una «comunidad» tradicional en una «sociedad» moderna, que sustituye la tradición por el acuerdo?[1] ¿Qué promovió el paso de la solidaridad «mecánica» a la solidaridad «orgánica», que sustituyó estructuras sencillas por una división del trabajo funcional?[2] ¿De dónde procede el «proceso de racionalización occidental» postulado por Max Weber, que pretende que el mundo entero sea previsible?[3]

El paso a la modernidad es el final de un proceso que «concluyó en su mayor parte hace quinientos años».[4] ¿Cómo cambió esa transición nuestra moral y qué ajustes hubo que hacer en nuestros valores para iniciar la transformación hacia la modernidad?

LAS PERSONAS MÁS RARAS DEL MUNDO (PRIMERA PARTE)

En el verano de 2010 trabajé como doctorando en un proyecto de investigación de la Universidad de Leiden, en los Países Bajos. En nuestro grupo de lectura, que se reunía un par de veces al mes, comentábamos las novedades en la publicación de investigaciones que podían ser relevantes para el tema general de nuestro proyecto: los fundamentos psicológicos del pensamiento y la acción morales. Para ello nos centrábamos en los especializados debates internos de la filosofía (a menudo exageradamente técnicos y poco emocionantes), que intentaban analizar los fundamentos cognitivos del juicio moral, la posibilidad del libre albedrío o la influencia de los rasgos generales de la personalidad y el carácter en nuestra conducta.

Para preparar la siguiente sesión, uno de los colaboradores del proyecto propuso que leyéramos juntos una publicación que acababa de aparecer con el críptico título de «The weirdest people in the world?». El texto, obra de un equipo de psicólogos canadienses, había sido citado casi nueve mil veces desde su aparición y no tardó en ser considerado un clásico moderno.

Los psicólogos quieren entender la mente humana. ¿Cómo funciona nuestra percepción? ¿Cómo se generan los recuerdos? ¿Cómo se procesan los sentimientos? ¿Cómo funciona nuestro pensamiento? ¿Qué conforma nuestra identidad? ¿Cuál es la causa de las diferencias en la inteligencia? ¿Cómo tomamos decisiones? Para poder contestar a esas preguntas elaboran estudios que aportan información sobre la conducta humana e investigan los mecanismos que rigen el funcionamiento de la psique humana. El problema que llamó la atención de Joseph Henrich y sus colegas es que los conocimientos sobre la naturaleza humana *universal* que, en principio, busca la psicología casi siempre se obtienen a partir de datos que *no son en absoluto universales.*

La regla de oro de la investigación psicológica es el estudio aleatorio: los participantes se escogen al azar entre la población general y luego, de nuevo por azar, se les asigna una condición de control o de ensayo con la esperanza de averiguar si la manipulación experimental tiene efecto o no y, en caso afirmativo, la intensidad de ese efecto. Sin embargo, por motivos en gran medida pragmáticos, es decir, para ahorrar costes y tiempo, los psicólogos suelen utilizar en esos estudios a sus propios estudiantes, muchas veces a cambio de puntos en la nota final.

Así, las afirmaciones generales sobre la naturaleza universal de la psique humana se llevan a cabo según unos patrones de pensamiento y conducta extraídos de un grupo muy específico: casi todos los participantes en estudios psicológicos proceden de regiones acomodadas, occidentales, industrializadas y democráticas con un nivel educativo elevado.[5] Henrich y sus colegas acuñaron para ese grupo el que probablemente sea el mejor acrónimo de todos los tiempos: *WEIRD people,* cuyas iniciales corresponden a *western, educated, industrialized, rich* y *democratic* y cuya traducción sería «personas raras».

Esto no entrañaría ningún problema si las personas de dicho grupo fueran representativas del resto de la humanidad, es decir, si no existieran diferencias sistemáticas y sólidas entre las personas *weird* y todos los demás. Sin embargo, resulta a todas luces evidente que es muy poco probable: sería sorprendente que una muestra de adolescentes muy listos de los países más ricos del mundo, que estudian en unas cuantas universidades hiperselectivas, tuviera las mismas intuiciones cognitivas, patrones de percepción, preferencias y códigos de conducta que un individuo escogido al azar del resto de la población humana.

Pero, al parecer, Henrich y su equipo no esperaban encontrar tanta «rareza» en los participantes en su estudio. Al indagar de forma sistemática en esta cuestión se demuestra que las poblaciones *weird* casi siempre representan el caso especial respecto de la estadística. El ejemplo más fascinante de ese papel residual corresponde al ámbito de la percepción visual: las personas raras tienen una visión rara. En muchos casos se puede aprender mucho de cómo los seres humanos acceden visualmente al mundo estudiando desviaciones. Las ilusiones ópticas ofrecen una idea reveladora sobre cómo funciona la percepción visual en un caso normal. Tal vez la alucinación más conocida sea la «ilusión de Müller-Lyer», en la que dos líneas que objetivamente son igual de largas parecen tener longitudes distintas cuando se les añaden en sus extremos puntas con forma de flecha, que señalan hacia dentro o hacia fuera. Durante mucho tiempo ese engaño se consideró una desviación universal que se producía en todos los seres humanos, relacionada con el funcionamiento de nuestro aparato de percepción. Sin embargo, en muchas culturas del mundo la ilusión de Müller-Lyer simplemente *no es una ilusión*. Los san del Kalahari ven las líneas igual de largas, como también lo hacen los ijaw nigerianos y los songyes del Congo. Los valores de los estudiantes norteamericanos —que indican la intensidad con la que sucumben a la ilusión— son notablemente más altos que los de todos los demás grupos. Una posible explicación es que algunas personas crecen desde las etapas más tempranas de su desarrollo infantil en un entorno «habitacional», de manera que su forma de procesar la información visual se ajusta a la presencia frecuente de ángulos rectos.

En casi todos los demás rasgos psíquicos se da un patrón similar, y aparecen tanto al comparar países desarrollados con sociedades más sencillas como al enfrentar sociedades occidentales y no occidentales, e incluso *entre* sociedades occidentales en las que los estudiantes universitarios con determinadas capacidades cognitivas y trasfondo socioeconómico divergen mucho de la media. Las personas «raras» —es decir, personas de países industrializados, modernos y occidentales— piensan, sienten y viven de manera distinta, cuentan con otros valores y son, por lo general, el caso especial estadístico. Si se les pide que nombren objetos, dicen «árbol» y «pájaro» en lugar de «abedul» y «petirrojo», y, por tanto, saltan desde el principio a la categoría general antes de pasar al ejemplo concreto. Cuando se les pregunta quiénes son, mencionan su profesión, sus logros personales, su edad y sus particularidades, y después dicen de quién son hija o hijo y de qué comunidad se sienten parte.

¿Cómo surgieron esas personas *weird* y por qué? ¿Cuándo aparecieron y qué las distingue?

Con el tiempo se ha demostrado que fueron los cambios *morales-institucionales* los que transformaron de forma radical la percepción, el pensamiento y el sentir del ser humano moderno.

LAS PERSONAS MÁS RARAS DEL MUNDO (SEGUNDA PARTE)

Las personas *weird* muestran una compleja plétora de características cognitivas y morales. A partir de ahora las llamaré, simplemente, personas «raras» porque esta denominación me ofrece varias ventajas: evita el anglicismo, en ocasiones poco elegante; no hace alusión expresa a una región, ya que existen distintos grados de rareza cultural en el mundo que no se limitan a Europa y «Occidente», y, además, es un término neutro, es decir, ni claramente positivo ni negativo.

Las personas raras suelen estar representadas, aunque no exclusivamente, en democracias occidentales modernas: en Dinamarca y Alemania, Noruega y Suiza, Inglaterra, Australia, Canadá y Estados Unidos, España y Argentina. Aun así, desde un punto de vista global, las personas raras son una anomalía estadística. Antes de preguntarnos cómo acabaron siéndolo, deberíamos averiguar qué distingue *moralmente* a esas personas.

Uno de los aspectos más importantes de la moral rara es su acusada tendencia al *universalismo* moral. Una moral universalista se distingue sobre todo de una moral particularista en que parte de reglas morales de validez universal que afectan en la misma medida a todas las personas. Los valores especiales de las comunidades sociales o las relaciones personales entre amigos o familiares no influyen en la validez de dichas reglas.

Imagínate que te ves implicado en un accidente en el que se ha atropellado a un peatón.[6] Tú eres el copiloto del coche, que circulaba a casi sesenta kilómetros por hora en una zona con un límite de treinta, y al volante iba un buen amigo tuyo. ¿Deberías declarar en contra de tu amigo en el juicio? ¿Tu amigo tiene derecho a esperar eso de ti? (Es el llamado dilema del copiloto.) La mayoría de la gente considera que lo más sensato es decir la verdad ante el tribunal. El factor decisivo que distingue un planteamiento universalista de uno particularista es si el hecho de que sea la responsabilidad de mi amigo la que se dilucida tiene relevancia moral.

En los países raros, la inmensa mayoría de la gente considera inaceptable brindar un trato distinto al amigo que a cualquier otro individuo con el que no se tenga un vínculo personal. Eso es el universalismo moral.

«Las personas raras son malas amigas», resume Henrich.[7] Sin embargo, esa gelidez social tiene otra cara apetecible, que en la jerga especializada se denomina «prosocialidad impersonal». Este factor tiene que ver con el grado en que una persona está dispuesta a confiar en desconocidos y colaborar con amigos. Ya hemos visto que, por causas evolutivas, nuestra predisposición a la colaboración sigue en esencia muy orientada al grupo; por tanto, la prosocialidad impersonal va en contra de la línea evolutiva.

Si se plantea a los participantes en el estudio la pregunta de si confían en los demás y en qué medida, o si en la relación con desconocidos nunca se es lo bastante prudente, aparece de nuevo una notable diferencia entre las poblaciones raras y las no raras. El 70 % de los noruegos dan una respuesta afirmativa a la pregunta, mientras que solo el 5 % de la población de Trinidad y Tobago confía en desconocidos. También dentro de Europa se dan distintos grados de rareza: los italianos del norte obtuvieron valores bastante más altos en «confianza impersonal» que los sicilianos. A diferencia de la mayoría de la gente, las personas raras conceden a los miembros de su propio grupo (familia, amigos o país) una prioridad moral mínima en comparación con la otorgada a desconocidos.

Por supuesto, las personas raras también prefieren a familiares y amigos antes que a los desconocidos, y el trato es amable y menos hostil. Aun así, cabe destacar que en ese grupo la tendencia es de media bastante más débil. El patrón es parecido en el trato con «el propio yo del futuro». En psicología, la importancia que otorga uno a su propio futuro se suele designar con los conceptos de *descuento temporal* y *recompensa aplazada*. El descuento temporal tiene que ver con cómo cambia la preferencia de una persona por un producto o suceso en función de lo distante que se encuentra el suceso en el futuro o de si la persona obtiene el producto de inmediato o en un momento posterior. Mucha gente preferiría tener *ahora* una pequeña cantidad de dinero que una mayor *más tarde*. La capacidad de apreciar el valor de las cosas independientemente de su distancia temporal con respecto al presente es la capacidad de obtener una recompensa aplazada (*delayed gratification*) o, dicho de otro modo, simple paciencia.

Todo el mundo tiende al descuento temporal y valora más el presente que el futuro. Y esto, en esencia, tampoco es irracional: mientras no exista ninguna garantía de que siga con vida el año que viene, cien euros hoy y cien euros el verano que viene no son equivalentes. Sin embargo, también se dan diferencias notables entre los importes que hay que ofrecer (de media) a un noruego para que renuncie a los cien euros ahora (que en su caso serían 144 euros) y a una persona de Ruanda, que solo está dispuesta a esperar por 212 euros. El efecto se agudiza porque, según el entorno político, el pensamiento a largo plazo unas veces importa más y otras menos: en condiciones de estabilidad socioeconómica es más fácil planificar.

Además, las personas raras son inconformistas. En la psicología social, el patrón de conducta de los inconformistas —es decir, la tendencia a adaptar la propia conducta al comportamiento real o supuesto de los demás— se investiga tradicionalmente en el marco del paradigma de Asch.[8] En este experimento, creado en la década de 1950 por el psicólogo gestáltico de origen polaco-estadounidense Solomon Asch y que desde entonces se ha convertido en uno de los estudios más afamados de la psicología general, se pide a los participantes que escojan entre tres líneas rectas las que tienen una longitud idéntica al modelo ofrecido. La prueba en sí es sumamente fácil: en condiciones normales, cerca del cien por cien de las personas escogen la solución correcta. En la configuración de la prueba de Asch, en cambio, los participantes están rodeados sin saberlo por un grupo de «iniciados» con indicaciones previas para que den la respuesta incorrecta. Al enfrentarse a esa forma de presión grupal, se consigue que una cantidad notable de personas se sumen a una opinión a todas luces errada. No depende necesariamente de si los participantes en el estudio creen de verdad en la respuesta incorrecta; el efecto de la presión de conformidad consiste en que aceptan la solución errónea. Las personas raras son, en comparación con otras poblaciones (ya sean de Kuwait, Hong Kong o Zimbabue), las menos susceptibles a esa presión, y el efecto es más intenso en las generaciones actuales que en las anteriores. La probabilidad de que personas raras jóvenes se adapten a la conducta de los demás es, por tanto, mínima.

También los sentimientos morales de las poblaciones raras son inusuales en un sentido global. En muchas sociedades tradicionales prevalece una «cultura del honor»: una divisa importante en las relaciones sociales es la reputación del individuo en cuanto que hombre o mujer, padre o madre, empresario, obrero o miembro de una comunidad. Ese honor puede depender de distintos factores, como el éxito profesional de una persona, su fiabilidad o su conducta sexual. El individuo reacciona a las ofensas del honor con *vergüenza*: se siente rebajado, humillado, expuesto en público y le gustaría zafarse de las miradas de los demás, que lo tragara la tierra, ocultar su rostro. La vergüenza cuenta con un descrédito en la valoración social de los demás.

Algunas personas, en cambio, son unas desvergonzadas y tienden a sentir culpa. La culpa y la vergüenza son sentimientos morales cuya fuerza motivacional (la mayoría de la gente considera esas reacciones muy desagradables y procura evitar los sentimientos de culpa y vergüenza) nos permite regular nuestra conducta. No obstante, funcionan de manera distinta. Mientras que los sentimientos de vergüenza dependen en esencia de la valoración de los demás (la misma acción puede provocar una intensa vergüenza o ninguna según si alguien la observa o tiene lugar en público), los sentimientos de culpa surgen sobre todo cuando una persona no está a la altura de sus propios principios morales. Alguien que quiere llevar una auténtica vida vegetariana puede sentir una culpa extrema tras un momento de debilidad carnívora, incluso si está rodeado solo de amigos no vegetarianos que entienden perfectamente que acabe de engullir un bistec. Las personas raras son mucho más susceptibles a esos sentimientos de culpa que no son de transmisión social.

Esto también tiene consecuencias en la manera como se sanciona la infracción de normas sociales. Las personas raras son menos propensas a reaccionar con venganza a una ofensa contra su honor (o contra el de un familiar o ser querido) y tienden más bien a aplicar las reglas sociales a terceros.[9] En las sociedades tradicionales, lo primordial es defender la posición socioeconómica del propio grupo ante posibles amenazas. Lo que hagan otras personas o comunidades, qué disputas tengan y qué reglas infrinjan no me incumbe mientras no me afecte ni a mí ni a los míos. Las personas raras tienden menos a la venganza, pero, a cambio, presentan una mayor predisposición a sancionar la infracción de normas sociales generales.

Una de las causas de esas diferencias en el pensamiento y el modo de actuar de las poblaciones raras es que sus miembros tienen una concepción diferente de sí mismos y de los orígenes de su identidad. Las personas raras entienden su identidad como algo impersonal y abstracto, mientras que la mayor parte de las demás tienen una idea concreta de sí mismas, marcada por relaciones y funciones sociales más bien complejas.[10] Cuando se pide a personas raras que completen frases según el modelo «yo soy...», enumeran una serie de atributos, logros, conquistas o ambiciones personales. Las personas raras entienden la pregunta por su identidad como una consulta sobre lo que las hace únicas, lo que las define a ellas y solo a ellas. Así, la identidad de este tipo de individuo vendrá definida por si es cinéfilo o aficionado a la gastronomía, seguidor del Manchester United o filatelista, empresario o practicante de deportes extremos, médico o jugador de ajedrez, y depende en gran medida de sus intereses y capacidades particulares. En las personas no raras depende más bien de su pertenencia a una densa estructura de funciones y relaciones sociales. En los entornos raros existe una expectativa *disposicionalista* que exige que los individuos se construyan una personalidad estable que permanezca uniforme en cualquier contexto social.[11] En las sociedades no raras es normal ser callado, tímido y respetuoso con los abuelos de un amigo, pero ruidoso, extrovertido y arrogante en otros ambientes. Una clara mayoría de las personas no raras se ven principalmente como miembros de una comunidad familiar y religiosa, como herederas, tutoras y depositarias de una red de relaciones y costumbres.

¿Hay alguna diferencia moral en que alguien haya hecho algo a propósito o sin querer? La atención al individuo como unidad ética fundamental también se nota en la manera en que se contesta a dicha pregunta. Si consultamos a personas procedentes de distintas formas de sociedad (poblaciones urbanas de Los Ángeles, ganaderos como los himbas de Angola, cazadores y agricultores como los tsimanes en la Bolivia actual, los yasawas de las islas Fiyi, que son sobre todo pescadores) acerca de si ven una diferencia moral específica entre acciones que tienen las mismas consecuencias (y, por ejemplo, causan los mismos daños), pero se llevan a cabo por distintos motivos, sale a la luz la relevancia que tiene la intencionalidad de una acción para considerarla reprochable o merecedora de castigo.[12] Las personas raras consideran bastante más excusable «robar» sin querer la bolsa de la compra a alguien porque se ha confundido con la propia que llevársela a propósito (aunque en principio todo el mundo ve la diferencia). En las sociedades no raras depende en gran medida de las consecuencias de la acción, sin importar el razonamiento que haya detrás. ¿Quería robar la bolsa? ¿Quería hacerlo por cleptomanía, por avaricia o por simple malicia?

Existe una última diferencia que afecta al pensamiento abstracto. Las poblaciones raras tienden (como siempre, por término medio) al pensamiento *analítico*, mientras que los grupos no raros son proclives al *holístico*. Quien piensa de forma analítica intenta comprender el mundo como un conglomerado de entidades aisladas con ciertas propiedades que las distinguen de las demás. La forma de pensar holística hace hincapié en las relaciones entre las cosas y trata más bien de descubrir vínculos y puntos en común. Los pensadores holísticos ven «el todo»; y los analíticos, las partes.

Una forma sencilla y muy intuitiva de verificar experimentalmente los dos estilos de pensamiento consiste en enfrentar a los participantes en un estudio a las llamadas tareas de tríada, en las que en una selección de dos objetos hay que asignarle uno a un tercero. Supongamos que el «objeto de destino» es una liebre; y los otros dos, una zanahoria y un gato. La tarea consiste en decidir cuál de los dos objetos «pertenece» a la liebre. Las personas raras unen la liebre y el gato porque los dos pertenecen a la categoría *mamífero*. Los habitantes de Tailandia o Bulgaria, en cambio, suelen ver un vínculo mayor entre la liebre y la zanahoria porque existe una relación concreta entre ellos. Y, si las personas no raras dan respuestas propias de un estilo analítico, luego suelen resultar holísticas: Henrich comenta un caso en el que un miembro del pueblo mapuche había asociado la palabra *perro* (y no *maíz*) con *cerdo*, pero no porque ambos tipos de animal pertenecieran a la misma categoría, sino porque los perros «protegen» a los cerdos.

Los diez países con los valores más altos de pensamiento analítico fueron Países Bajos, Finlandia, Suecia, Irlanda, Nueva Zelanda, Alemania, Estados Unidos, Gran Bretaña, Canadá y Australia. Es fácil ver que el pensamiento analítico y la moral individualista se complementan: la propensión a considerar el mundo como una colección de entidades aisladas encaja a la perfección con una perspectiva moralista que enfrenta a los individuos con derechos, obligaciones e intenciones personales en cuanto que miembros de la familia socialmente introducidos, cuyo papel en la comunidad confiere una estructura ética a su vida.

La diferencia entre estos estilos de pensamiento no equivale en ninguna de las características mencionadas a distinguir entre un pensamiento mejor o peor, o correcto o incorrecto. Una forma analítica de pensar, un mayor peso de la función de las intenciones o un planteamiento más orientado al futuro puede ser adecuado a la situación según el entorno cultural o natural en que se viva. En algunas sociedades es más importante saber que las liebres y los gatos son mamíferos, en otras, que las liebres comen zanahorias. Aun así, desde el punto de vista cultural puede ser muy distinto vivir en una sociedad que tiende a estar formada por personas raras de pensamiento analítico o por individuos no raros que piensan de manera holística.

Las personas raras tienen una psicología moral atípica: son universalistas morales que (en términos comparativos) colaboran con desconocidos sin importarles las relaciones personales. Entienden el individuo como la unidad moral fundamental que establece por propia voluntad relaciones de cooperación con los demás y valora las acciones de una persona según sus intenciones. Vinculan la identidad de una persona a sus logros particulares y sus rasgos de carácter en lugar de a la pertenencia a una familia, clan o tribu, y son más pacientes a la hora de obtener recompensas. Aunque puede que la combinación de esas características nos resulte conocida, es objetivamente inusual, una excepción desde el punto de vista global y muy reciente en la historia.

El cambio más trascendental que provocó la evolución cultural de las personas raras fue de índole económica y política: las instituciones que permitieron el paso a las grandes sociedades modernas fueron, en primer lugar, unas extensas redes de comercio e intercambio organizadas sobre la base de unos indicadores de precios descentralizados, también conocidas como mercados; y, en segundo lugar, la creciente protección de los derechos individuales de un grupo cada vez mayor de ciudadanos que exigían libertad y participación, también conocida como democracia. Sin embargo, al mismo tiempo la transición solo pudo llevarse a cabo sobre una base sociocultural específica en la que las estructuras de parentesco y dominio, que habían constituido hasta entonces el marco organizativo central de la sociedad, se estaban erosionando poco a poco.

Las personas más raras del mundo (tercera parte)

Los miembros de los países industrializados occidentales más ricos se consideran desde el punto de vista global un caso especial en lo que se refiere a cognición y moral. Las personas raras piensan de manera distinta y tienen valores diferentes, pero ¿por qué? ¿Cómo surgió este «complejo del individualismo»?[13]

Joseph Henrich y su equipo de investigación averiguaron que existen personas con un perfil psicológico raro, pero no ofrecieron ninguna explicación sobre el origen de esos patrones cognitivos y morales que al final dieron lugar a la explosión de la era moderna. Tampoco queda claro qué factores son los responsables de que dicha transformación ocurriera justo donde se aprecia en la actualidad.

A los pocos años de haberse publicado los resultados de aquella investigación, hoy ya legendarios, empezaron a trascender los primeros indicios de que Henrich, a la sazón profesor en Harvard, trabajaba junto con su equipo en una teoría general del origen de los valores y el patrón de pensamiento raros. En 2020 se publicó su monumental obra *Las personas más raras del mundo*, que proporciona una explicación amplia y de lo más desconcertante sobre la aparición de la rareza moderna.

Henrich argumenta que la moral universalista y el estilo de pensamiento analítico de las poblaciones raras son fruto de un proceso que dura más de mil años, durante el cual la Iglesia católica destruyó las estructuras tradicionales de la familia extensa que había en Europa. La destrucción de las redes de parentesco como principio organizativo crucial de la economía, la política, el derecho, la religión y la vida personal puso en marcha un proceso de evolución cultural que culminó hace unos quinientos años en la modernidad.

La tesis de que fue la política familiar de la Iglesia católica la que generó las características de la moral y la cognición occidentales parece en un principio sorprendente. Sin embargo, Henrich respalda la proposición con tal grado de detalle en los datos que resulta fascinante, por no decir arrebatadora. *Las personas más raras del mundo* es posiblemente la publicación sobre sociología más importante del siglo XXI hasta la fecha.

Un elemento central de la teoría de Henrich es la idea de «programa matrimonial y familiar de la Iglesia occidental», abreviado PMF. Durante los mil años transcurridos entre el Concilio de Elvira, organizado en la Granada española alrededor del año 300, y el cuarto Concilio de Letrán, celebrado en Roma en noviembre de 1215, la Iglesia católica romana llevó a cabo una transformación absoluta de las estructuras del matrimonio y la herencia que eliminó poco a poco las intensas relaciones de parentesco y familia predominantes hasta entonces en la sociedad occidental.[14]

El parentesco y la familia constituyen la estructura básica de la convivencia social en cualquier sociedad. No es esta una declaración normativa según la cual «la familia» debería desempeñar ese papel, sino puramente descriptiva, es decir, que en la práctica es así. Las características más importantes de los vínculos de parentesco tradicionales en la mayoría de las sociedades, pero sobre todo en la Europa precristiana, eran las siguientes:[15]

a. La vida humana transcurría en su mayor parte en grupos basados en el parentesco, que a su vez se integraban en grupos o redes más amplios (clanes, tribus, castas, etc.).

b. Las familias estaban organizadas de un modo «patrilineal»: la línea paterna decidía sobre la herencia, los bienes y el lugar de residencia. (Esto no siempre es así. En algunas sociedades no es la esposa la que se muda a casa de su marido, sino al revés: el marido habita después del matrimonio en el hogar de su suegra.)

c. Estas unidades de parentesco ejercían un control colectivo del territorio y de la propiedad.

d. La identidad individual de las personas dependía de las funciones sociales que se asumían en las correspondientes redes de parentesco.

e. Los conflictos y las cuestiones de responsabilidad se abordaban y, a ser posible, se solucionaban dentro del propio grupo de parentesco, de acuerdo con la costumbre.

f. Las relaciones de parentesco operaban como redes de seguridad social que protegían frente a la enfermedad, la pobreza o los reveses del destino.

g. Los matrimonios de conveniencia estaban muy extendidos. La decisión de con quién se casaba una persona se tomaba a menudo teniendo en cuenta a la familia y sus bienes.

h. Los matrimonios polígamos, o, para ser exactos, la poliginia (la poliandria existía, pero era muy poco frecuente), según la cual un hombre tiene varias esposas, estaban muy extendidos, aunque solo entre hombres poderosos o adinerados.

En las sociedades tradicionales no raras, las relaciones de parentesco dominaban la vida entera del individuo, cuyo domicilio, cónyuge, profesión y trayectoria vital estaban determinados por su papel social en las redes familiares creadas. Y, entonces, ¿cómo consiguió el programa matrimonial y familiar de la Iglesia occidental erosionar poco a poco esas estructuras? El ya mencionado Concilio de Elvira, que se celebró alrededor del año 300, proporciona cierta información al respecto: durante esa asamblea de autoridades religiosas organizada en España, los eclesiásticos redactaron unas resoluciones que hoy en día se cuentan entre los testimonios escritos más antiguos de la Iglesia católica. El tema central era el modo de vida moral, el matrimonio y otros asuntos cotidianos que exigían una orientación cristiana. Así, esas resoluciones, además de ofrecer una visión de la historia eclesiástica europea de aquella época, muestran lo mucho que cambiaron entonces las estructuras sociales organizadas en torno a la familia. En los concilios de Neocesárea y Nicea se prohibió el levirato (esto es, el matrimonio de una viuda sin hijos con el hermano del fallecido); el Concilio de Agda, que tuvo lugar en el sur de Francia en septiembre del año 506, declaró intolerable el matrimonio entre primos primeros y segundos, así como el de un hombre y la viuda de su hermano, el matrimonio con la hermana de la esposa, el matrimonio con la madrastra, la viuda o la hija del tío o con cualquier otro pariente: en adelante, todos estos casos se clasificaron como incesto y no pocas veces se castigaron con la muerte. Además, la Iglesia introdujo el padrinazgo, merced al cual personas sin relación de parentesco podían actuar con un niño como una suerte de padre o madre espiritual, con lo que se restó importancia a la adopción de niños huérfanos por parte de sus propios parientes consanguíneos; por supuesto, también se prohibió el matrimonio entre padrinos y sus ahijados, lo que restaba aún más fuerza a los vínculos familiares.

Durante los siglos siguientes, la Iglesia se superó a sí misma con unas reglas y prohibiciones cada vez más minuciosas sobre quién podía casarse con cada cual: en el programa matrimonial y familiar fue de especial importancia la prohibición del matrimonio entre primos,[16] que se trocaría en una relevante característica distintiva de las Iglesias occidentales con respecto a las Iglesias ortodoxas de Oriente. El contenido esencial del programa matrimonial y familiar era el siguiente:

a. Prohibición del matrimonio entre parientes consanguíneos (hasta los primos o primas de sexto grado).
b. Prohibición de la poliginia.
c. Introducción del parentesco espiritual (padrinazgo).
d. Aceptación verbal pública en la ceremonia nupcial para eliminar los matrimonios de conveniencia.
e. Domicilio neolocal (los recién casados tenían que mudarse a su propia vivienda).

f. Titularidad individual de la propiedad y herencia mediante testamento personal.

Al final de este proceso se encontraba la familia nuclear protoburguesa, que había reemplazado las estructuras patriarcales de clanes extensos, en las que todos estaban emparentados con todos, por una asociación más relajada de hogares en esencia independientes. Esta tendencia repercutió también en la denominación de las diversas relaciones legales y de parentesco, ya que los términos específicos para designar a los miembros de la familia —muchas sociedades distinguen entre tíos maternos y paternos— se sustituyeron por vocablos que ponían de relieve el carácter incestuoso de las relaciones sexuales. Así, la madre de la esposa de un hombre se convirtió en la suegra, y la esposa del hermano en la cuñada, o en inglés, con un término más literal, en *sister-in-law*.

No hay ningún impedimento físico para que personas emparentadas genéticamente mantengan relaciones sexuales. Por tanto, la mayoría de las sociedades tuvieron que buscar una solución para la posible existencia de una reproducción incestuosa. Una parte del problema se resuelve biológicamente: a los niños que se han criado con una relación muy estrecha más adelante les cuesta mucho sentir una atracción sexual mutua, al margen de que sean o no parientes de verdad (es el llamado «efecto Westermack»). Eso explica también por qué casi todas las personas sienten una aversión intuitiva muy acusada hacia el sexo entre hermanos; como hemos dicho, es por motivos biológicos, no culturales. Aparte de eso, la evolución cultural de las normas tiene que establecer los pormenores del tabú del incesto. Existen grandes variaciones culturales en este sentido, y las medidas que adoptó la primera Iglesia europea se sitúan en un extremo del espectro.

Henrich resume lo que significaron esas medidas: «El programa matrimonial y familiar de la Iglesia reconfiguró la familia europea en un proceso que estuvo prácticamente concluido hace unos quinientos años. Pero ¿de verdad ha influido todo ello en la psicología actual? ¿Criarse en una sociedad con unas instituciones de parentesco menos intensas repercute de manera efectiva en nuestras motivaciones, percepciones, emociones, forma de pensar y concepto de nosotros mismos? ¿De verdad debemos buscar los orígenes del alma moderna en la Iglesia?».[17]

LA EVOLUCIÓN CULTURAL DEL ALMA MODERNA

El programa matrimonial y familiar de la Iglesia católica no destruyó las estructuras familiares y de clanes de Europa occidental de la noche a la mañana, sino de manera gradual. Las estrechas redes de parentesco quedaron eliminadas como principios organizativos de la sociedad: a partir de entonces, la política y la economía tuvieron que llevarse a cabo sin recurrir a lealtades genéticas. Esto facilitó la evolución cultural de la forma de pensar analítica y (aún más importante para una historia de la moral) la aparición de la prosocialidad impersonal y del individualismo moral, lo cual hizo posible la colaboración entre desconocidos de forma voluntaria y en beneficio mutuo.

El resultado fue una ampliación aún mayor del sistema de relaciones, así como niveles hasta entonces desconocidos de crecimiento económico, de desarrollo tecnológico, de emancipación política y hasta de progreso científico, ya que estos elementos básicos de las sociedades modernas requieren justamente de una manera de pensar analítica y de las formas más fluidas de colaboración que introdujo el PMF. Así empezó la hegemonía global de las sociedades raras.

Pero ¿por qué hizo todo eso la Iglesia occidental? No pudo haber en ello premeditación alguna. Los avances que acabamos de mencionar eran tan novedosos, imprevisibles y prolongados que era imposible que se hubieran producido de manera deliberada. Las autoridades religiosas se veían a sí mismas como fideicomisarias de los planes divinos. No tenían ni idea de los cambios institucionales que estaban provocando ni de las consecuencias a largo plazo que tales transformaciones tendrían para el dominio cultural, económico, político y militar de Occidente. Ni siquiera está claro cuáles eran los objetivos de los artífices de semejante proceso ni los motivos que creían tener para llevarlo a cabo.

El concepto de evolución cultural permitía mostrar que los procesos de mutación y selección pueden generar artefactos complejos, como herramientas o instituciones, por ejemplo, de cabeza en cabeza. Posiblemente en este caso se trate también de un proceso de evolución cultural en el que las fuerzas de la selección natural ejercen presión sobre unas «mutaciones» culturales surgidas de forma más o menos casual. En la época en que se sentaron las bases del programa matrimonial y familiar de la Iglesia occidental existía una amplia panoplia de corrientes religiosas alternativas que había incido en normas y tabús morales de carácter muy distinto, aunque también fuera por casualidad. Ni el islam, ni el judaísmo, ni la Iglesia ortodoxa oriental, ni el zoroastrismo persa conocen restricciones cuyo rigor se acerque siquiera al de las estrictas normas matrimoniales de la Iglesia occidental. En la mayoría de los casos, se mantuvieron en su esencia la poliginia, la ley del levirato o el matrimonio entre primos. Así se conservaron las estructuras familiares tradicionales sin que surgiera la necesidad práctica de cambiarlas por nuevas formas de cooperación social.

Al final resultó que, sin que nadie lo planificara ni lo previera, el modelo raro fue el que había descubierto durante el proceso de evolución cultural sin propósito fijo una variante que permitió la transición a la modernidad, con sus instituciones de economía de mercado, su política igualitaria y participativa, su burocracia impersonal y una ciencia liberada de dogmas religiosos. Este camino hacia la modernidad no era un objetivo previsto: daba la impresión de que todas las sociedades estuvieran embarcadas en una competición mundial para ver quién descubría primero el perfil psicológico e institucional que encerraba la clave del éxito. Como ya ocurrió con la aparición de las primeras sociedades de organización jerárquica, el modelo raro es el que *a posteriori* ha resultado ser el más riguroso en términos relativos.

Al éxito de este modelo contribuyeron en buena medida las innovadoras normas de propiedad y herencia, con las cuales se consiguió concentrar cada vez más riqueza en manos de la Iglesia occidental. La fortuna individual siempre ha levantado sospechas morales en la ética cristiana. En el Nuevo Testamento se deja claro en repetidas ocasiones que es más fácil que un camello pase por el ojo de una aguja que un rico entre en el reino de los cielos. Para las personas acomodadas, tales normas fueron al principio una novedad desesperante, ya que asociaban la esperanza de gozar de la felicidad terrenal con la perspectiva de la maldición eterna. De ahí que el código moral de la Iglesia fuera para ellas tan poco atractivo. La ingeniosa solución que pronto ofreció la Iglesia a este problema consistió en prometer a los ricos la entrada en el paraíso, aunque conservaran y disfrutaran de su riqueza en esta vida, siempre y cuando *al morir* se la legaran a la Iglesia. Las estructuras de propiedad de esta naturaleza cimentaron también el poder de la Iglesia en este mundo y, al mismo tiempo, contribuyeron a debilitar las estructuras familiares existentes al bloquear éticamente la transmisión intrafamiliar de los bienes.

Más denso que el agua

Para demostrar también de forma causal la influencia del programa matrimonial y familiar de la Iglesia occidental, Henrich y su equipo desarrollaron un novedoso y particular método que establecía una correlación entre la densidad de las redes de parentesco y el grado de influencia eclesiástica al que estuvo expuesta una región cultural a lo largo de los siglos. Estos dos factores —«¿Qué importancia tiene el parentesco?» y «¿En qué medida influyó el PMF?»— se comparaban después con los perfiles psicológicos propios del pensamiento y la moral raros.

¿Son más raras las sociedades cuanto mayor ha sido la «dosis» recibida de ese programa matrimonial y familiar de la Iglesia occidental a partir del año 300? La respuesta corta es sí, y se puede demostrar de una forma muy clara. Henrich y sus colegas lograron elaborar unas escalas numéricas que reflejaban tanto el contacto de una sociedad con la política familiar eclesiástica como la intensidad relativa de las relaciones de parentesco existentes (el llamado «índice de intensidad de parentesco»). Al comparar esos valores, se observa que los rasgos psicológicos descritos antes con todo detalle mantienen siempre una fuerte correlación con dicho índice. Cuanto mayor es la dosis de PMF, más bajo es el valor de una población en el índice de intensidad de parentesco, y más rara es la población en cuestión. El individualismo, la intencionalidad, el pensamiento analítico, la culpa en lugar de la vergüenza, el inconformismo y la prosocialidad impersonal asociada a la confianza en los desconocidos están profundamente conectados con ambos parámetros.

El influjo de la «nueva» moral familiar católica fue tan fuerte que incluso en la actualidad, quinientos años después de que concluyera el proceso de transformación, se pueden rastrear con precisión los límites municipales de noventa y tres provincias italianas. Según lo estrecho que fuera el contacto con el programa matrimonial y familiar de la Iglesia occidental bajo el mando papal, en la Italia actual (igual que en otros países) se siguen detectando diferencias radicales de pensamiento y de conducta, a menudo entre un pueblo y el de al lado. La frecuencia de los matrimonios entre primos y primas hace quinientos años, por ejemplo, se refleja aún hoy en la cantidad de personas que hacen donaciones de sangre anónimas y en las que prefieren el efectivo a otras formas de ahorro, así como en el grado de corrupción de una región.[18]

En el fondo, estos ejemplos muestran también la función básica de la cooperación social en nuestra convivencia: a lo largo de la historia de la humanidad, una moral que permite formas más inclusivas de colaboración con un mayor número de personas casi siempre ha entrañado una mejora de la eficiencia técnica y científica, un incremento del progreso económico y un mayor dominio militar.

LA DIALÉCTICA DE LA RAREZA

La mayor hazaña que ha logrado jamás el diablo es haber logrado convencer a la Iglesia católica de unos valores que en última instancia provocaron su decadencia.

A todo principio le corresponde un final. La otra cara de la moneda de la destrucción de estructuras familiares tradicionales es el respaldo de formas no tradicionales de socialización porque la disolución de la familia (extensa) no conllevó, por supuesto, la desaparición de la sociedad. Más bien obligó al mundo europeo a encontrar otras formas de convivencia y a canalizar su energía hacia nuevas prácticas económicas y de cooperación. Una comunidad cuya organización no se basa en el parentesco genético debe dar con vías alternativas de interacción y crear nuevos métodos de intercambio de bienes, información y valores. De ahí derivó el refuerzo de las instituciones sociales que no se fundamentaban en vínculos sanguíneos, sino en la participación voluntaria. El resultado fue la fundación de las primeras universidades en Bolonia, Oxford y Heidelberg en los siglos XI, XII y XIV, respectivamente, la aparición de ciudades imperiales libres como Fráncfort y Colonia o la constitución de grandes redes comerciales como la Liga Hanseática, integrada, entre otras, por las ciudades libres de Lübeck, Bremen y Danzig. También en esa época surgieron monasterios, asociaciones y corporaciones. En todos estos casos se inventaron e institucionalizaron nuevas formas de sociabilidad que abrieron el camino a la colaboración de los individuos sobre la base de una adhesión voluntaria, de acuerdos contractuales y de reglas codificadas de forma explícita. De este modo, la producción de bienes, el acceso al conocimiento y la toma de decisiones pasaron poco a poco de estructuras patriarcales de parentela a pactos individualistas.

Las comunidades políticas también se vieron sometidas a la nueva lógica moral del individualismo y el consentimiento voluntario. Mientras que, en la Alta y Baja Edad Media, el Estado se entendía como el reino sagrado de Dios que se encargaba de administrar, promover y perfeccionar la moral del ser humano, en esta época se concibe más bien como un proveedor de servicios cuya legitimación consistía en garantizar la seguridad y los derechos del individuo. El fin de la sociedad ya no era hacer realidad los planes del Señor, sino proporcionar a los seres humanos las condiciones jurídicas e institucionales necesarias para llevar una vida de libertad y bienestar. El Estado (en gran medida gracias a las teorías políticas de Thomas Hobbes, John Locke, Jean-Jacques Rousseau e Immanuel Kant) pasó de ser un instrumento de Dios a un objeto contractual, cuya lógica laicista rompe cada vez más el estrecho vínculo entre Iglesia y Estado.

Solo era cuestión de tiempo que la dialéctica de la rareza también alcanzara el ámbito religioso. Henrich define el protestantismo, cuyo auge se produjo a partir del siglo XVI, como la más rara de todas las religiones porque desvincula la fe, la virtud y el temor de Dios de la intercesión de autoridades jerárquicas y dignatarios eclesiásticos ataviados con zapatillas de brocado y los convirtió en asunto del individuo. No es casualidad que Martín Lutero, como monje, empleado universitario y habitante de una ciudad libre, perteneciera al mismo tiempo a tres organizaciones que habían roto de forma radical con el principio del parentesco como criterio de admisión.[19]

Fue el programa matrimonial y familiar de la Iglesia católica el que provocó la propia decadencia de la institución, ya que creó las disposiciones cognitivas y morales que acabaron minando desde dentro la autoridad de Roma, basada en la tradición y la revelación. Siempre habían existido corrientes protoprotestantes: órdenes como la cisterciense y teólogos medievales como John Wyclif ya habían anticipado antes que Lutero y Calvino los principios básicos de la *sola scriptura*, según la cual la fe y la devoción dependen en esencia de la comprensión doctrinal del individuo: la gracia de Dios no la garantizan cargos mundanos, sino que la obtiene la conciencia individual del creyente. Lo más importante ya no es ser miembro de una determinada organización, cuyos dogmas y reglas deben aceptarse sin reservas. Ahora el ser humano debe establecer una relación personal con Dios, comprender su palabra revelada y asimilarla intelectualmente para profesar una fe auténtica.

Pronto la nueva necesidad de justificación alcanzó el orden político de la Edad Media, sobre todo, a través de varias revoluciones. En la guerra de los campesinos alemanes, que entre 1524 y 1526 puso a prueba las estructuras tradicionales que consideraba defectuosas, especialmente en Suabia y Franconia, ya se formularon las mismas exigencias con toda claridad (aunque todavía revestidas de términos teológicos): dado que Dios había creado a todos los seres humanos libres, los campesinos no querían seguir siendo siervos; su sustento no debía verse entorpecido por unos impuestos excesivos ni por la servidumbre feudal, y su acceso a la tierra, los bosques y la caza no debía verse limitado por la codicia de los señores ni los castigos depender de su arbitrariedad.

El desencantamiento del mundo

La modernización de la moral no solo provocó un salto en la política y la religión, sino en todo el pensamiento. Aun así, no se obtiene una nueva moral sin profundas consecuencias epistemológicas. Max Weber las presentó en 1919 como «el desencantamiento del mundo», que no consistía en haber descubierto todas las verdades ni resuelto todos los misterios del universo, sino en la confianza en que en el mundo siempre se hacía lo correcto. En que no había fuerzas mágicas, sobrenaturales o incognoscibles que pudieran escapar al dominio absoluto de las leyes de la naturaleza.[20] En 1935, Edmund Husserl llego a describir la aparición de esta previsibilidad técnica y matemática de la naturaleza como una «crisis». En ella, los pioneros de la ciencia y la filosofía de la modernidad impusieron un sistema de coordenadas sin ubicación, con puntos geométricos que chocaban entre sí, sobre el acogedor «mundo de la vida» de la cotidianidad humana.[21]

La visión del mundo predominante hasta la irrupción de la modernidad era absolutamente *teleológica*, es decir, dirigida a un objetivo. La naturaleza se entendía como un cosmos, como un orden de fines y medios creado por una mano sabia, en el que las cosas tenían un lugar y un estado naturales al que aspirar. La idea se encuentra tanto en el concepto de *causa finalis*[22] de Aristóteles como en la metafísica cristiana, que entiende el entorno natural como un «libro de la naturaleza» que basta leer para comprender su significado.

Los textos sobre ciencias naturales, como *El Fisiólogo* de la Antigüedad tardía, tuvieron una amplia difusión. En ellos se describía la naturaleza animada como una colección de parábolas y referencias que se habían hecho carne, donde la conducta de los animales (a menudo míticos) estaba al servicio del catecismo, del que se deducía un código de valores de conducta ejemplar.[23] La inocencia del unicornio, el coraje del león, la resurrección del fénix, la actitud servicial de la abubilla o la vileza de la hiena y la serpiente remiten de alguna manera a David, Job o Jesús de Nazaret, cuyas buenas cualidades se recomendaba imitar.

Así, el desencantamiento del mundo es también la expulsión de la moral de la naturaleza. Antes, el universo estaba dividido en dos mundos completamente diferentes: la esfera *sublunar* era el reino del devenir y el tránsito, el movimiento y la variabilidad, mientras que la esfera *supralunar*, situada por encima de la Luna (que no había sido reconocida aún como un simple cuerpo celeste y ni siquiera formaba parte de la naturaleza), estaba poblada de objetos eternos e inmutables de una perfección matemática formados por una *quinta essentia*, un elemento que, a diferencia del fuego, el agua, la tierra y el aire, no es terrestre. La auténtica revolución que propiciaron los descubrimientos de Galileo Galilei, Johannes Kepler, Tycho Brahe o Copérnico no consistió en comprender que la Tierra giraba alrededor del Sol (Aristarco de Samos ya lo había propuesto en el 300 a. C., pero hace quinientos años no le sorprendió a nadie), sino en constatar que todo el universo, tanto a pequeña como a gran escala, en la Tierra como en los cielos, pertenecía a una única naturaleza, que ciertamente no conocía ninguna meta, pero obedecía las mismas reglas.

Cuanto mejor entendíamos la naturaleza, menos espacio quedaba para los objetos etéreos de la antigua metafísica. El universo se convirtió en un recipiente hostil, despoblado y en su mayor parte vacío: no había ni rastro del buen Dios. Incluso a pequeña escala, el mundo estaba formado por unas partículas misteriosas tan minúsculas que el ojo humano jamás podría verlas; la búsqueda de un creador bondadoso era estéril.

El ímpetu analítico de las personas raras no se detuvo siquiera ante ellas mismas, así que empezaron a diseccionar y cartografiar el cuerpo humano. Así como en el universo ya no parecía haber espacio para Dios, en el cuerpo tampoco parecía haberlo para el alma. Pasó de ser el *pneuma* vivificante que impregna un cuerpo humano que respira, sangra, corre y baila a la abstracta *res cogitans*, condenada al exilio sin sentido de una visión dualista del mundo para dejar el terreno libre a la materia que se había vuelto consciente. La imagen que el ser humano tenía de Dios se volvió cada vez menos concreta y al final derivó en una teología negativa que no se atrevía a hacer afirmaciones estrictas sobre la esencia de Dios y solo podía apuntar qué *no* era Dios.

La forma de vida individualista y el pensamiento analítico que se implantaron en la sociedad gracias al programa matrimonial y familiar de la Iglesia occidental dieron lugar a un nuevo método científico que emancipaba la producción de conocimiento de las antiguas autoridades, como la Biblia, el papa y los filósofos antiguos, y se supeditaba a la presión eventual de unos experimentos mejores. La visión teleológica y moral que en la Edad Media se tenía de la naturaleza resultó cada vez más insostenible porque corroboraba la sospecha de que no eran el pecado ni la iniquidad los que causaban las enfermedades o los reveses del destino (como si estos pudieran evitarse con una conducta impecable), sino sobre todo el puro azar de una infección devastadora.

En 1755, un terremoto acabó casi por completo con la ciudad de Lisboa. Enseguida se hizo patente la arbitrariedad moral de la devastación, que salvó algunos burdeles, pero redujo a escombros muchos lugares de culto.[24] La guerra de los Treinta Años ya había demostrado hacía tiempo que era difícil conocer la verdad suprema en asuntos de Dios y del mundo con argucias teológicas, pero que los desacuerdos sobre dichas argucias podían tener como consecuencia décadas de asesinatos y violaciones:

> Un año después nos llegó la guerra. Una noche oímos un relincho, luego risas fuera con muchas voces y enseguida el crujido de las puertas al romperse y, antes de que pudiéramos salir a la calle, armados con horcas y cuchillos inútiles, prendieron las llamas. Los mercenarios tenían más hambre que de costumbre. Hacía tiempo que no entraban en una ciudad que les ofreciera tanto. La vieja Luise, que dormía profundamente y esta vez no tuvo ninguna corazonada, murió en la cama. El cura falleció cuando se colocó delante del portal de la iglesia para protegerlo. Lise Schoch perdió la vida cuando intentaba esconder las monedas de oro; el panadero, el herrero, el viejo Lembke y Moritz Blatt, así como la mayoría de los demás hombres, murieron cuando intentaban proteger a sus mujeres, y ellas murieron como mueren las mujeres en la guerra.[25]

Como la muerte no tenía fin y la disputa sobre el celibato o la transustanciación (la transformación del pan y el vino en el cuerpo y la sangre de Cristo) y otros problemas de la ortodoxia confesional no se resolvían por la vía científica, la tregua del liberalismo ideológico (una forma de vida cada vez más rara que no se había probado nunca) fue ganando atractivo como solución pragmática.

Esta dinámica de abandono gradual de una interpretación con carga moral de la naturaleza y la sociedad por la moneda fría y dura de los hechos objetivos perdura y aún hoy no ha terminado. Cada vez quedaba más claro que la mayoría de los hechos naturales que hacían en teoría inevitables las jerarquías sociales y las desigualdades existentes se basaban en prejuicios y en medias verdades. La discriminación sexista de la mujer y la explotación racista de otros países siempre se vendían como una consecuencia inevitable de la inferioridad natural del sexo débil y de los salvajes incivilizados. Sin embargo, la base real de tales formas de maltrato y discriminación social se volvió cada vez más frágil a medida que la igualdad natural fundamental de los seres humanos, independientemente de su género o etnia, era cada vez más innegable. Los testimonios personales sobre los horrores del comercio de esclavos transatlántico, como el de Ayuba Suleiman Diallo, un príncipe fulani de Senegal con un alto nivel educativo que en 1731 fue secuestrado y vendido y no pudo regresar a su país hasta años después, transmitieron de un modo conmovedor a un público ignorante y convencido de la superioridad de Europa y sus habitantes que la idea de los pueblos primitivos de África, sin voluntad propia, ingenuos y sufridores, era un mito destinado a legitimar ideológicamente la provisión sin escrúpulos de mano de obra barata para el «nuevo mundo». El libro *Vindicación de los derechos de la mujer*, de Mary Wollstonecraft, consiguió un efecto parecido en 1792 al establecer las diferencias sociopolíticas entre hombres y mujeres no como consecuencia de disparidades de género naturales que dividían el mundo en mujeres intelectualmente inferiores, siempre un poco al borde de la histeria, y hombres objetivos y comedidos, sino como resultado de una educación, un constructo cultural y, por tanto, opcional desde el punto de vista político. Y como parecía demasiado descabellado, incluso para los más audaces apologetas del sistema establecido, atribuir un interés por los valores humanos a los aburridos microorganismos, la teoría microbiana de la medicina acabó también (aunque fuera bastante más tarde) con la idea de que la enfermedad y las dolencias largas se debían a una vida disipada.

En la filosofía, el descubrimiento de la rareza desató una revolución intelectual que buscaba los orígenes de los actos morales y la legitimidad política en la capacidad del individuo o de la comunidad para *regularse por sí solos*.[26] El derecho natural promulgado por Dios y ratificado por la Iglesia quedó obsoleto. En adelante, el individuo tendrá que emanciparse de la autoridad de las estructuras familiares y de dominio tradicionales y vivir solo conforme a las normas razonables para un ciudadano libre.

Todos esos avances acabaron en dos posturas: en primer lugar, la visión de David Hume sobre la barrera entre el «ser» y el «deber ser» (que entretanto se había tornado insalvable).[27] La naturaleza no es en absoluto asunto del ser humano; ha quedado degradada a una simple encarnación de hechos carentes de relevancia moral sin un marco normativo. Los hechos son neutrales: la naturaleza y sus leyes no obedecen a ningún principio ético ni ofrecen recomendaciones morales.

En segundo lugar: si en la prescripción de las leyes morales de los actos humanos quedan excluidas todas las relaciones concretas, interpersonales y adultas de amor y atracción, amistad y parentesco, comunidad y pertenencia, entonces solo queda la pura legalidad como única autoridad moral sobre nuestras decisiones. Este es, en esencia, el principal argumento de Kant para su ley moral universal: «*Obra solo según una máxima tal que puedas querer al mismo tiempo que se convierta en ley universal*».[28]

Tanto la diferencia fundamental entre hechos y valores como la formulación más sistemática de una ética individualista autónoma —el imperativo categórico de Kant— son el producto cognitivo final de la política familiar defendida por la Iglesia católica medieval.

Sᴉɴ ʜÉʀᴏᴇs, ᴇɴ ɴɪɴɢᴜɴᴀ ᴘᴀʀᴛᴇ

En el canto XXI de la *Ilíada*, Aquiles deja claro a Licaón, al que matará poco después, qué hay en juego:

> Por tanto, amigo, muere tú también. ¿Por qué te lamentas de este modo? Murió Patroclo, que tanto te aventajaba. ¿No ves cuán gallardo y alto de cuerpo soy yo, a quien engendró un padre ilustre y dio a luz una diosa? Pues también me aguardan la muerte y el hado cruel. Vendrá una mañana, una tarde o un mediodía en que alguien me quitará la vida en el combate, hiriéndome con la lanza o con una flecha despedida por el arco.*

El lenguaje de la grandeza y la fuerza sirve de sustento a esa ética del ponerse a prueba y del sometimiento, de la ira y la temeridad que ya no tienen cabida en el mundo del crédito y el capital que estaba a punto de surgir. Desde Gilgamesh hasta las epopeyas alemanas de la Alta Edad Media, los intrépidos guerreros como Percival y Lohengrin, Erec e Iwein, Sigfrido y Hagen demuestran su honor cortesano en *âventiuren* siempre nuevas, pero ¿de qué sirven un cuerpo imponente, un manejo hábil de la espada y un frío coraje que hace mirar de frente al enemigo y la misma muerte en un mundo basado en el comercio y el intercambio de flores y especias?

No carecían por completo de valor, por supuesto, pero las discretas virtudes de los burgueses sustituyeron a la ética heroica que había conformado hasta entonces el canon occidental de valores de las clases dominantes. La aparición de las personas raras eliminó el ideal marcial de una sociedad dominada por la corte y la aristocracia y lo sustituyó por un catálogo reformado de virtudes burguesas hechas a la medida del funcionamiento de una economía que se estaba modernizando. La economista estadouni-

---

* La traducción al castellano de este fragmento es de Luis Segalà: Homero, *Ilíada*, Barcelona, Austral, 2019. (*N. de la t.*)

dense Deirdre McCloskey considera que el catálogo de las virtudes cristianas y paganas típicamente «masculinas» y típicamente «femeninas» es una combinación de valores éticos que ayudó a poner en marcha la «era comercial».[29] Este nuevo catálogo incluye, por ejemplo, virtudes como la inteligencia, la moderación, la justicia y el amor.

La ética heroica de los cinco mil años anteriores no quería saber nada de la magnanimidad femenina. Por supuesto, el *ethos* heroico que impregnaba las epopeyas antiguas y medievales era para la mayoría más ideología que realidad, y en todo caso un privilegio de la alta sociedad cortesana que poco importaba en el día a día de la plebe. Aun así, resulta llamativa la rapidez con que la superestructura ideológica de la sociedad feudal pudo dar un vuelco y pasar del machismo caballeresco a un discreto refinamiento y contención de los afectos.

En el siglo XI, el dux de Venecia se casó con una princesa bizantina de costumbres curiosas.[30] No comía como la gente educada: se rumoreaba que se llevaba la comida a la boca con una extraña herramienta, un palito dorado con dos púas. Los cortesanos estaban indignados. Nunca habían oído hablar de una sutileza tan excesiva, nunca se les había desacreditado tanto ni infundido una ofensa más altanera y arrogante. Al poco tiempo, la princesa sufrió una horrible enfermedad. El clero interpretó el destino de la pobre Argillo, que así se llamaba, como el justo castigo por sus delicadas costumbres. Ahora todo eso había cambiado. Pronto, es decir, solo unos siglos después, pasó a considerarse grosero y de mala educación sonarse con el mantel, escupir en el suelo o comer sin tenedor. Este «proceso de civilización», según la descripción de Norbert Elias, provocó una nueva ola de domesticación que instauró las refinadas normas de conducta de la *ruling class* y permitió convertir el mayor control de los impulsos en un diferenciador social, al tiempo que reemplazó el afán de pelea por la galantería y se extendieron valores y patrones de conducta más adecuados para una cena que para un combate de espadas.

La gran evasión

El descubrimiento de la rareza obligó a dar con nuevas formas de creer, gobernar e investigar. Sin embargo, las consecuencias más drásticas tuvieron lugar en la economía: la humanidad llevaba desde el inicio de los tiempos intentando en vano evitar la «catástrofe malthusiana», que había hecho que el nivel de vida de los seres humanos apenas hubiera cambiado desde hacía siglos.[31] Contrariamente a lo que se suele creer, la pobreza no tiene *causas*. La riqueza sí que las tiene; en cambio, la pobreza es el estado normal inmutable. (Desde luego, eso no significa que las personas a las que antes les iba bien no puedan empobrecerse con una guerra, una mala gestión o una catástrofe natural, sino que la mera existencia del bienestar social era un logro y no una obviedad.) En la catástrofe malthusiana en la que la humanidad había estado atrapada hasta entonces no existía un crecimiento económico sostenible porque cualquier mejora del nivel de vida quedaba engullida de inmediato por el aumento de la población que conllevaba.

Solo con la aparición de formas novedosas de actividad económica que no se basaban en la expropiación de un campesinado que se mataba a trabajar por parte de unos bandidos ociosos, la evolución cultural de la modernidad descubrió la posibilidad de un crecimiento económico verdadero. La riqueza ya no solo se movía del bolsillo izquierdo al derecho (o, mejor dicho, de abajo arriba), sino que se convirtió en un auténtico ingreso complementario del que (en teoría) todos podían beneficiarse.

Esa revolución económica no habría sido posible sin una revolución moral. Tuvimos que aprender a ampliar más que nunca nuestra red de colaboración, y eso solo se conseguía con nuevas estructuras morales que fueran más allá del pequeño grupo de confianza al que llamamos familia o amigos.

Los economistas suelen referirse al crecimiento económico a largo plazo de las sociedades raras que se inició hace unos siglos como «la gran divergencia»[32] o la «gran evasión».[33] El PIB mundial —es decir, el valor total de los productos y servicios fabricados durante un año en todo el mundo, siempre que sea posible calcularlo de forma realista— hasta entonces solo había conocido el estancamiento y durante milenios no había sufrido cambios notables.[34] El ser humano practicaba una economía de subsistencia, es decir, de la mano a la boca. Con la irrupción de la modernidad, algunas regiones del mundo lograron descifrar el secreto de la productividad económica, que, gracias a las innovaciones técnicas, una división del trabajo inteligente, una logística acelerada, nuevas formas de intercambio, comercio y negociación y una asignación eficiente de los recursos, no solo permitió repartir el pastel económico entre unos y otros, sino también generar un pastel cada vez mayor.

La prosocialidad impersonal de las personas raras, surgida por necesidad a raíz de la destrucción de las estructuras familiares tradicionales, era la condición indispensable para que ese proceso se consolidara. Un resultado sorprendente del estudio de Henrich, y nada intuitivo para muchas personas que estaban acostumbradas a la leyenda del *Homo oeconomicus* de actitud egoísta, es que la conducta de las personas de sociedades más comercializadas es la que más difiere de la conducta racional de maximizar las ganancias. Las personas raras de sociedades organizadas en torno al mercado son las que se comportan de manera más justa, colaborativa y digna de confianza y las menos egoístas de todas. Cuanto más estructurada está una sociedad en forma de mercado —algo que se comprueba con el porcentaje de bienes que una persona ha comprado, en lugar de crearlos ella misma o recibirlos de la familia o conseguirlos mediante un simple intercambio—, más generosas son las ofertas que hacen las personas de media en los experimentos de conducta económica.

Las sociedades modernas, estructuradas en torno a la economía de mercado, no están generando usureros fríos y calculadores que solo piensan en su propio beneficio, sino justo lo contrario:

las personas raras son, en comparación, menos leales a la familia y a la comunidad, pero, a cambio, son más altruistas y cooperativas con desconocidos que la media global. Las personas no raras pueden ser extremadamente colaboradoras en beneficio de amigos cercanos, miembros del clan o parientes consanguíneos, pero demuestran las mismas reservas, desconfianza y egoísmo ante el resto que siempre se le habían supuesto al *Homo oeconomicus*. Su conducta es, por tanto, justamente lo contrario de lo que afirman las formas menos complejas de crítica social, que atribuyen por defecto todos los males sociales a la influencia corruptora de la competencia capitalista.

Solo la orientación hacia las normas de mercado del comercio justo entre particulares, según las cuales tanto compradores como vendedores deben estar convencidos de que ese intercambio de bienes y servicios es beneficioso para ambos, hizo posible la gran evasión. Las enormes desigualdades geopolíticas entre países que observamos en la actualidad se producen porque el proceso transcurre de forma muy distinta en cada uno de ellos.

EL PRINCIPIO DE ANA KARENINA

Sin embargo, la rareza del ser humano no es la única responsable de todos estos sucesos, sino que complementa los modelos explicativos de la desigualdad global existentes hasta ahora, que, desde el libro de Jared Diamond *Armas, gérmenes y acero*, publicado en 1997, han hecho hincapié en la ventaja de la que gozan algunas regiones del mundo gracias a una determinada orientación geográfica o a una flora y fauna especialmente favorables.

Diamond lo describe como el principio de Ana Karenina.[35] Recurre a la célebre primera frase de la novela homónima de Tolstói: «Todas las familias felices se parecen; las desdichadas lo son cada una a su modo». La causa, según Diamond, es que solo se puede ser feliz de una manera, es decir, sin tener *ninguno* de los problemas que pueden ser motivo de infelicidad: los celos, la enfermedad, las necesidades económicas, las disputas o un deseo de maternidad incumplido. En cambio, la infelicidad tiene muchas caras, dependiendo del problema o combinación de problemas a los que se enfrente una familia.

Según Diamond, el mismo principio se aplica a los cereales o a los animales útiles: para ser domesticable, un gran mamífero debe contar con varias características sin que falle ninguna. Los elefantes son tan grandes que necesitan más de diez años para terminar de crecer. Hasta entonces generan más costes que beneficios. Las cebras son propensas a huir. Los grandes felinos son carnívoros muy peligrosos y, además, no dan un producto como la leche o la lana. Los candidatos adecuados para la domesticación como ganado deben tener el tamaño, el temperamento *y* los hábitos alimentarios apropiados. En el mundo existen 148 especies de grandes mamíferos terrestres herbívoros que pueden ser candidatas a la domesticación: solo 14 de ellas se dejan domesticar, y 13 de estas 14, de la vaca al conejo, habitan el continente euroasiático. En África y Australia no existe ni una sola especie de mamífero que cumpla los criterios imprescindibles.

Las plantas útiles también deben poseer ciertas características para ser productivas en la agricultura: las lentejas, el trigo, la cebada y el arroz son autóctonos de Eurasia; son resistentes y nutritivos y, además, fáciles de almacenar y sembrar. El eje horizontal del continente euroasiático también hace que se puedan extender tanto las técnicas agrícolas necesarias como las plantas en sí hacia el este y el oeste en condiciones climáticas parecidas. Las masas de tierra de África y de Norteamérica y Sudamérica están orientadas de norte a sur, lo que dificulta aún más la propagación y el cultivo de las plantas y animales, ya de por sí escasos.

El relato de las personas raras se inicia allí donde el principio de Ana Karenina alcanza sus propios límites: mientras los factores geográficos y biológicos, ambos azarosos, explican por qué los primeros imperios y las civilizaciones primitivas aparecieron en un tramo relativamente estrecho pero inusitadamente fértil del continente euroasiático, la rareza de Henrich demuestra que la siguiente oleada de evolución sociocultural solo pudo comenzar allí donde el parentesco como principio básico de la organización social fue reemplazado por la moral individualista.

Cuerpos saqueados

¿Las diferencias en el nivel de desarrollo técnico, científico y económico entre las diversas regiones del mundo se deben al saqueo de unas por parte de otras? «Un hombre rico y un hombre pobre se miraron el uno al otro. Y el pobre dijo débilmente: "Si yo no fuera pobre, tú no serías rico"», decía un poema de Bertolt Brecht, una prueba más de su talento para las expresiones pegadizas y las tesis económicas espontáneas.

La idea fundamental de la tesis del saqueo es que el bienestar de unas pocas regiones del mundo, que hace unos siglos empezó a crecer con mucha rapidez, no se explica sin la explotación imperial y la opresión colonial de otras zonas. Alrededor del año 1000, todos los países eran más o menos igual de ricos o, mejor dicho, igual de pobres. Hoy por hoy, algunas regiones del mundo, sobre todo en Europa occidental y sus esquejes poscoloniales de Estados Unidos, Canadá o Australia, son unas cincuenta veces más ricas que los países más pobres. ¿Cómo pudo ocurrir, si no fue mediante el robo y el saqueo?[36]

Al fin y al cabo, resulta sospechoso que el enriquecimiento de unos coincida en el tiempo con el saqueo de otros. En la actualidad, un grupo de historiadores intenta escribir esa «nueva historia del capitalismo» que considera que el esclavismo y el saqueo colonial fueron en gran medida condiciones indispensables para la aparición de las economías modernas.[37]

La esclavitud y el colonialismo eran y son episodios de una atrocidad inconcebible, con prácticas profundamente inmorales de saqueo y sometimiento, maltrato y genocidio. El español Bartolomé de las Casas, testigo como misionero dominico de las atrocidades cometidas por Cristóbal Colón en las islas de las Indias Occidentales, lo describe como una sucesión infinita de crueldades habituales y arrebatos asesinos:

> Un español [...] desenfundó de pronto la espada. Luego toda la centuria sacó las suyas y empezaron a rajar vientres, y a sacrificar y matar a esos pobres inocentes: hombres, mujeres, niños y ancianos, todos estaban ahí, desprevenidos y aterrorizados. [...] Los españoles entraron en la casa más cercana, pues esto ocurrió delante de la puerta, y empezaron a matar de la misma manera, a base de cortes y puñaladas, a cuantos se encontraron, hasta que se formó una corriente de sangre tan grande como si hubieran fallecido un montón de vacas.[38]

A finales del siglo XIX, casi todos los Estados europeos, pero también el Imperio otomano, China, Japón y Estados Unidos, tenían colonias o protectorados en Sudamérica, el Sureste Asiático o África, que a menudo operaban como estructuras administrativas paralelas para las empresas de comercio internacional como la Compañía Neerlandesa de las Indias Orientales y Occidentales. Los regímenes coloniales siempre han sido formas de opresión política imperialista y, en la mayoría de los casos, iban acompañados también de crueldades nauseabundas con las que se pretendía fustigar a la población indígena hasta que se sometieran políticamente, realizaran trabajos forzosos o (por lo general) cedieran en ambos campos. En una fotografía tomada por Alice Seeley Harris en mayo de 1904 vemos a un padre congoleño que, con la cabeza apoyada, mira distraído la mano y el pie de su hija Boali, de cinco años, que yacen cortados delante de él. Boali había sido asesinada poco antes por la *Force Publique*, que trabajaba para el rey Leopoldo II, por no haber cumplido con las cuotas exigidas por la Compañía del Congo Belga en la extracción del valioso caucho.[39]

Pese a su crueldad inhumana, es poco probable que el saqueo

y el trabajo esclavo fueran decisivos para explicar las diferencias económicas entre países ricos y pobres. Si la esclavitud fue tan importante para la economía de Estados Unidos antes de la guerra civil ocurrida entre 1861 y 1865, ¿por qué no se hundió la economía tras su abolición, en lugar de seguir creciendo? ¿Por qué los estados abolicionistas del Norte, donde hacía tiempo que se había suprimido la esclavitud, tuvieron una evolución económica mucho mejor que los estados del Sur de la confederación? ¿Y por qué sigue siendo así hoy en día?

El colonialismo imperialista no es la causa de la desigualdad global entre países. Los que tuvieron mayores imperios no eran ni son en absoluto hoy en día los más ricos, y los más ricos no eran ni son aquellos que más se empeñaron en erigir y mantener imperios. Además, es evidente que el colonialismo no explica cómo se convirtieron unos países en las potencias coloniales y otros en las colonias. Los imperios coloniales no cuentan la historia de saqueo de un país por parte de otro, sino en la mayoría de los casos la del saqueo de las clases pobres de *ambos países* por parte de las élites de *esos países*. El robo es un juego de suma cero: no genera riqueza, sino que solo la mueve de unas manos a otras. Sin embargo, con el inicio de la modernidad aumentó el producto económico global, lo que no puede explicarse únicamente por el pillaje. La riqueza de los países es sobre todo producto de un *crecimiento* genuino de la economía, durante el cual el rendimiento económico de la Tierra ha aumentado de manera exponencial. El colonialismo, la ocupación, la esclavitud y la opresión existen desde hace siglos y, sin embargo, nunca han provocado automáticamente un crecimiento económico a largo plazo. Este apunte es sutil: el colonialismo no enriqueció a casi nadie, pero empobreció a muchos porque, a la larga, las consecuencias sociopolíticas de la red institucional de las antiguas colonias fueron destructivas.

Los nuevos historiadores del capitalismo intentan resolver esas contradicciones con cálculos concretos que indican que el comercio de esclavos y la producción de algodón suponían alrededor de la mitad del rendimiento económico de Estados Unidos. Los primeros planteamientos en este sentido fueron, francamente, vergonzosos. Algunos autores primero deberían aprender qué es el producto interior bruto y cómo se calcula; en todo caso, la proporción del 5 % que la industria del algodón representaba en la economía estadounidense en la llamada era *antebellum*, es decir, la época anterior a la guerra civil, no puede inflarse hasta el 50 % añadiendo al valor final del producto acabado los gastos de logística, laborales, agrícolas, de administración, de adquisición de tierras y, en general, todos los derivados de toda la cadena de valor añadido, simplemente porque estos, como es lógico, ya están incluidos en el precio final del algodón y, por tanto, no se pueden contabilizar dos veces.[40]

El hecho de que la esclavitud y el colonialismo no sean conceptos económicos sólidos es una buena noticia desde el punto de vista moral y político. En realidad, la sumisión y los trabajos forzados son malos por partida doble: además de ser desastrosos en el plano moral, son desaconsejables en el plano económico. El crecimiento económico —el único medio eficaz a largo plazo contra la pobreza y la miseria que conocemos— depende en gran medida de que las instituciones sean «inclusivas»:[41] un Estado de derecho que funcione, unos mercados suficientemente libres, unos derechos de propiedad fuertes, un bajo nivel de corrupción, una infraestructura pública sólida con redes de seguridad adecuadas y la propia movilidad social son los factores que, en conjunto, generan la configuración institucional que permite escapar de la catástrofe malthusiana. Las instituciones *extractivas*, que definen las reglas del juego a favor de un pequeño grupo de élites saqueadoras, les permiten apropiarse de una proporción desmesurada de los recursos disponibles a base de coacción política sin producir por sí mismas nada que aumente el nivel de vida del resto de la sociedad. Las instituciones *inclusivas* son precisamente aquellas que con el descubrimiento de la rareza pudieron asentarse poco a poco en algunas partes del mundo.

¿Triunfalismo occidental?

No existen dos «tipos» de personas —raras y no raras—, sino un contínuum de rareza en el que se dan tendencias generales, pero en el que siempre se puede ubicar a personas distintas de culturas diversas. Las diferencias en el autocontrol personal, el pensamiento analítico o la prosocialidad universal no están programadas genéticamente, sino que son fruto de una coevolución de rasgos psicológicos y marcos institucionales en los que se desarrollan dichos rasgos.

Las diferencias en el desarrollo social, tecnológico y político de las diversas regiones no están relacionadas con diferencias genéticas o étnicas, sino con las fuerzas de la evolución cultural. Son sobre todo factores como el tamaño de una sociedad, que depende de la capacidad integradora de sus instituciones de enseñanza y cooperación, los que establecen cuál es la representación social que tiene cada rasgo psicológico. Una de las lecciones fundamentales de la evolución cultural es que la complejidad de una sociedad casi nunca depende de las características de los individuos que viven en ella, sino del andamiaje de prácticas culturales e instituciones que ha heredado una sociedad. Cuando, hace unos cuatrocientos años, un grupo de exploradores europeos se encontró por primera vez con los aborígenes de Tasmania, su nivel de desarrollo tecnológico estaba incluso por debajo del de las poblaciones de la Edad de Piedra. Al mismo tiempo, no muy lejos de allí, los aborígenes australianos disponían de centenares de herramientas complejas, desde barcas y lanzas hasta utensilios de cocina, medicamentos y recipientes de transporte; para muchos, la tentación de deducir que tras esas radicales diferencias existen divergencias genéticas de raza es demasiado grande.[42] De hecho, el estrecho de Bass, que hoy separa Australia de Tasmania, era hasta hace doce mil años un puente de tierra que se podía recorrer a pie. Con el fin de la última glaciación, el aumento del agua separó físicamente a los habitantes asentados en la zona; los grupos de personas que a partir de entonces quedaron aislados en Tasmania eran demasiado pequeños para mantener vivo culturalmente un nivel tecnológico sofisticado.

La ambición declarada de Henrich es demostrar por qué el mundo occidental se convirtió en una rareza psicológica y qué efectos tuvo en los valores y el bienestar occidentales. Según una de sus tesis principales, los hechos históricos por él expuestos no solo dieron a Occidente las ideas de libertad individual y dignidad humana, sino que también lo *enriquecieron*. Es lógico que esta tesis ponga nerviosa a mucha gente porque parece responder a los prejuicios etnocéntricos sobre la superioridad intelectual de Europa occidental, que en multitud de ocasiones se han utilizado para legitimar la opresión colonial y que ahora, con razón, se consideran inaceptables. La ironía de reprochar al triunfalismo —que se supone que hay detrás de toda explicación sociológica de la hegemonía occidental *de facto*— una estrechez de miras etnocentrista e imprudente desde el punto de vista intelectual es que la preocupación por el etnocentrismo es en sí uno de los principales síntomas de la rareza psicológica. La perspectiva universalista, que quiere emanciparse de los prejuicios de una cultura contingente y considera los valores y normas propios como una simple cosmovisión entre muchas otras, es una perspectiva profundamente occidental. En casi todas las demás partes del mundo, la actitud etnocéntrica es algo natural, y nadie duda de que sus propios valores, tradiciones y costumbres son los únicos correctos.

La convergencia de diversas tendencias actuales de desarrollo de la sociedad mundial hacia una economía basada en el mercado, unas instituciones políticas con estructuras democráticas y una llamada «cultura de consumo» se describe a veces como una «versión más suave del colonialismo». Puede que las naciones occidentales ya no introduzcan sus instituciones y su escala de valores a otros países sirviéndose de mosquetes y perros de presa, como era habitual hace unas generaciones; pero eso no significa que la dinámica expansionista no persista, solo que los agresores han aprendido y ahora utilizan medios de asimilación cultural más sutiles, pero también más pérfidos. Hoy en día se dice que Occidente ya no extiende su cultura por la fuerza, sino con las tentaciones superficiales de un estilo de vida moderno, y se olvida que, a pesar de todas las comodidades, una vez que lo has invitado a tu casa, ya no puedes librarte de sus inconvenientes.

La occidentalización es solo un fenómeno periférico cuya importancia se sobrevalora en exceso. Existe occidentalización, pero en sentido estricto solo se acierta al describirla como tal si los países no occidentales asimilan prácticas culturales que son institucionalmente opcionales. Los dirigentes del Partido Comunista Chino llevan el mismo traje oscuro y corbata monocromática que el consejo de administración de las treinta empresas del DAX. Se trata de una verdadera occidentalización porque esta forma de vestir surgió en su día en suelo occidental y, aparte de su efecto simbólico, es decir, el de suscitar una sensación de solidez y fiabilidad, no hay ningún motivo profundo para tomar decisiones políticas ataviados con esta vestimenta en lugar de con el hanfu, una túnica de seda tradicional china.

La mayor parte de lo que se denomina occidentalización es de otra naturaleza. Una descripción más productiva de este fenómeno sería la de una doble dinámica de liberalización y modernización que no incluye nada específicamente occidental.[43] Japón no empezó a desmontar sus estructuras de clan a finales del siglo XIX para copiar a Occidente, sino porque la combinación de ciertos sistemas de parentesco como el matrimonio poligénico o una marcada patrilinealidad es objetivamente incompatible con el empuje de la modernización al que aspiraba Japón hacia 1880 con el emperador Meiji. La organización de una economía moderna con unos mercados cada vez más libres crea una serie de imperativos funcionales que requieren una transformación social de las relaciones familiares en una administración jurídica y burocrática imparcial (al menos oficialmente), derechos de propiedad individuales y libre elección de profesión y domicilio.[44] China hizo ese giro a mediados del siglo XX. En este caso fue la transformación en un Estado comunista de campesinos y obreros, y no la transición a una economía de mercado capitalista, lo que sugería la permeabilidad de las relaciones de parentesco, pero el principio es el mismo: una sociedad en proceso de modernización no puede coexistir con una estructura familiar intensiva. En la década de 1950, China prohibió la poligamia y los matrimonios entre parientes consanguíneos, así como la exclusión de las hijas de la herencia familiar.

El ejemplo de China ilustra con especial claridad que la rareza psicológica no es específica de Occidente, sino que depende del marco institucional de una sociedad. Aquí los datos son mucho menos fiables, pero los testimonios existentes apuntan al patrón ya conocido: la intensidad de los modelos de parentesco está negativamente correlacionada con un perfil de valores individualistas y una forma de pensar analítica. Por supuesto, en este caso no fue la política familiar de la Iglesia católica la responsable de tales diferencias, sino el cultivo de los campos de arroz. La construcción de los diques, acequias y terrazas necesarios para el cultivo del arroz exigía una capacidad de organización que, antes de la época moderna, solo era posible merced a las amplias estructuras de clanes. Esta forma de agricultura tuvo durante siglos (y aún tiene hoy en día) mayor desarrollo en el sur de China; los primeros estudios demuestran que los habitantes de la China del norte, más volcados en el cultivo del trigo que en el del arroz, psicológicamente son de media igual de raros que los estudiantes norteamericanos de primero de carrera.

¿Significa eso que el individualismo moderno, la racionalización tecnológica y una vida supeditada a la ciencia llegarán a todas las regiones de la Tierra, quizá con algunas excepciones? No lo sabemos. Una previsión optimista hace suponer que la participación en las ventajas y las maldiciones de una civilización científico-técnica desemboca en una manera de pensar y actuar que en algún momento acabará inevitablemente minando desde dentro las ideologías despóticas y las supersticiones religiosas. Una sociedad que no quiera renunciar a la medicina moderna y a los cómodos viajes en avión tendrá que formar a algunos de sus miembros para que sean médicos e ingenieros, quienes no tardarán en descubrir que su sed de conocimiento no encaja con los dogmas fundamentalistas. Sin embargo, también existe una visión pesimista: podría ser que el hecho de que la Ilustración y la revolución científica ya hayan tenido lugar en algunas regiones permita a otras renunciar a tomar esa dirección. Las comodidades de la civilización moderna, como los aviones o las vacunas, también se pueden importar desde fuera sin llevar a cabo las mismas revoluciones culturales e institucionales.

Numerosas regiones de este mundo se encuentran a estas alturas en el mismo proceso de modernización que en su día emprendió Europa. Ella fue la primera por los motivos fortuitos que ya hemos expuesto; sin embargo, el aparente eurocentrismo de la historia que aquí se ha contado es solo una ilusión creada por la proximidad histórica. En realidad, actualmente nos encontramos en medio de una nueva era axial en la que la vida de una gran parte de la población mundial se está viendo afectada por una misma ola de modernización que dura ya varios siglos, solo que estamos demasiado cerca para verlo.

50 años

La moral de la historia

Enseñanzas duras

El siglo xx es fácil de entender sabiendo que no fue Ronald Ridenhour quien estuvo en el experimento de Princeton, sino un hombre que se llamaba como él.

El 16 de marzo de 1968, la compañía Charlie, formada por ciento veinte hombres, cometió en My Lai la masacre más cruel de la guerra del Vietnam. Los soldados estadounidenses, que sospechaban que en ese pueblecito se escondían las guerrillas enemigas del Vietcong, que poco antes habían herido a sus compañeros y matado a algunos de ellos, procedieron con una falta de piedad desmesurada:

A primera hora de la mañana descargaron a los soldados en el pueblo en helicóptero. Muchos disparaban ya mientras se dispersaban, matando a personas y animales. No había ni rastro de ningún batallón del Vietcong, y durante todo el día la compañía Charlie no recibió ni un solo disparo, pero siguieron adelante. Prendieron fuego a todas las casas. Violaron a mujeres y niñas y luego las mataron. A algunas mujeres les clavaron el cuchillo en la vagina y a otras les rajaron las entrañas, les cortaron las manos o les arrancaron el cuero cabelludo. A las embarazadas les rajaron la barriga, y las dejaron morir. Hubo violaciones en grupo y asesinatos a tiros o con bayoneta. Acabaron con ejecuciones en masa. Decenas de personas, entre ellos ancianos, mujeres y niños, fueron acribillados simultáneamente con una metralleta y arrojados a una fosa. En cuatro horas asesinaron a casi quinientos vecinos del pueblo.[1]

Cuando el joven soldado Ronald Ridenhour, de la 11.ª Brigada de Infantería, destinada cerca de allí, se enteró de lo sucedido en My Lai, se sintió en la obligación de hacerlo público. Envió un informe a su congresista, así como al propio Richard Nixon, a la sazón presidente electo de Estados Unidos. Tras varios intentos fallidos consiguió que al fin lo escucharan, y su relato fue de vital importancia para sacar a la luz el horror de Vietnam ante un público más amplio. Este y otros informes sobre la brutalidad de aquella guerra contribuyeron en última instancia a acabar con el apoyo nacional al conflicto, percibido cada vez más como absurdo e injustificado.

«Quien habla de humanidad quiere engañar»[2], aseveró el filósofo del derecho Carl Schmitt en la década de 1920, ya que consideraba esa «humanidad» como una masa informe de grupos e individuos inevitablemente enemistados y con intereses contrapuestos, entre los cuales jamás existiría auténtica concordia. El filósofo británico Jonathan Glover, en cambio, tituló en 2012 su historia de la moral del pasado siglo simplemente así: *Humanidad*.[3] El siglo XX culmina con la idea, adquirida de forma sumamente dolorosa, de que, sean cuales sean las diferencias nacionales, étnicas, lingüísticas o religiosas, vale la pena hacer hincapié en lo que comparten todos los seres humanos: su participación, como tal vez habría dicho Kant, en el reino de los fines, en el que cada miembro merece respeto y consideración moral. El psicólogo estadounidense Michael E. McCullough destaca algo parecido cuando habla de la «cordialidad de los desconocidos» (*the kindness of strangers*) como rasgo distintivo de la moral moderna.[4]

McCullough considera que el ser humano tiene una tendencia natural a reservar el respeto, la compasión y la disposición a colaborar exclusivamente para sí mismo y los suyos. La revolución moral del siglo XX consistió en eliminar ese espíritu parcial de nuestra moral, o al menos intentarlo. Este es también el mundo sobre el que cantaba John Lennon en 1971 en «Imagine»: un lugar de hermanamiento de todas las personas, en el que se superen por fin las divisiones arbitrarias de todo tipo.

También en este libro se ha repetido la idea de que la historia de la moral es, en buena medida, la historia de las nuevas formas de cooperación en grupos cada vez mayores. El siglo XX descubre al fin, con gran dolor, a la humanidad como un todo e intenta romper las fronteras moralmente arbitrarias entre pueblos y «razas» para trazar de nuevo el círculo de la comunidad moral. Es la idea del círculo expansivo de la moral. Los límites replanteados de la comunidad moral se sumaron a una nueva concepción del hombre que reconoce con más fuerza que nunca la condición social del individuo y que intenta convertir esa idea en una lógica de la prevención: ante todo somos producto de nuestro entorno social, y eso define si actuamos bien o mal. «¿Qué es esto que en nosotros fornica, miente, roba y asesina?», se pregunta el Danton de Georg Büchner en 1835, y el siglo XX nos plantea esa pregunta de nuevo con una urgencia sin precedentes. Quien quiera mejorar al ser humano y evitar la siguiente catástrofe debe empezar por ahí. Todo ello se resume en el concepto de «banalidad del mal».

Y, por último, se ha introducido la idea de que muchas de las normas que las sociedades humanas imponen a su convivencia son, en realidad, moralmente arbitrarias y que muchas de las normas con supuesto valor moral que rigen nuestra vida deberían, de hecho, ser tratadas como moralmente neutras y degradadas a la categoría de mera convención. Este proceso se podría definir como «desmoralización». Pero vayamos paso a paso.

¿Progreso moral?

Una historia de las últimas décadas podría decir que el siglo XX fue una época de progreso moral. A partir de entonces, nuestra orientación moral había de ser sobre todo el compromiso con los débiles y los desposeídos, a los que debíamos ofrecer una protección especial frente a los excesos de las mayorías dominantes. Las minorías y los grupos marginales empezaron a exigir que se cumpliera la promesa de libertad e igualdad, de cuyas comodidades habían sido —y por supuesto siguen siéndolo— injustamente excluidos hasta entonces. El siglo XX se atrevió a intentar lograr un auténtico progreso moral que no concediera los privilegios de la convivencia social solamente a quienes ya tenían el poder.

Todo esto parece, en el mejor de los casos, ingenuo, tal vez incluso cínico y apología del *statu quo*; en el peor, recuerda a una ideología peligrosa, como si fuera una canción de cuna para los pasajeros de un barco que se hunde. ¿Dónde existe ese progreso en la actualidad, si se puede saber? ¿En el coqueteo fascistoide de los regímenes autocráticos con la comunidad nacional, depurada en cuanto a la etnia y la identidad? ¿En el galopante cambio climático que nos asará, nos ahogará o que nos hará las dos cosas? ¿En la pandemia mundial que causó división política mientras se cobraba millones de vidas?

La tesis del progreso se tacha a menudo de «panglosiana», y en los círculos intelectuales no puede haber peor reproche: muchos preferirían ser denunciados por pedófilos que por panglosianos, pues ante todo los intelectuales deben ser críticos, y esa actitud no es compatible con admitir que algunas cosas son mejores hoy que entonces. En el *Cándido* de Voltaire, publicado en 1759, Pangloss es el maestro del protagonista y, como fiel seguidor de Leibniz, está convencido de que nuestro mundo, además de ser bastante aceptable, es el mejor de todos los mundos lógicamente posibles. La novela, en la que Cándido sufre un percance tras otro, refuta ese hiperoptimismo demencial e ingenuo en tono satírico. En efecto, es un puro disparate pensar que ni siquiera es concebible un mundo mejor, pero los grandes filósofos tenían un gran talento para concebir semejantes ideas. Schopenhauer se acercó más a la verdad al afirmar: «Si queréis en un abrir y cerrar de ojos ilustraros acerca de este asunto y saber si el placer puede más que la pena, o solamente si son iguales, comparad la impresión del animal que devora a otro con la impresión del que es devorado».[5] Sin embargo, ni siquiera una frase triunfal como esta demuestra que el mundo, por malo que pueda llegar a ser, no pueda ser *relativamente* mejor. Es justo lo que afirma la tesis del progreso, ni más ni menos.

Cierto escepticismo ante la fe en el progreso está justificado porque la idea de que la historia mundial tiene un destino suele tacharse de criptorreligión metafísicamente extravagante que sustituye a Dios por el «espíritu del mundo» de Hegel como titiritero de la historia. En su *Filosofía del derecho*, Hegel defendió la postura de que la historia de la humanidad no era una mera historia de casualidades ciegas y de la ley del más fuerte, sino que se regía por unos principios razonables que garantizaban la formación histórica de una comunidad moral. Esta visión del mundo es ambivalente: si solo nos separa del fin de la historia una breve marcha forzada, si la utopía de la plenitud moral y la felicidad inagotable está ya al alcance de la mano, entonces hasta la mayor cantidad de víctimas parece justificada con tal de alcanzar de una vez —¡por fin!— ese paraíso en la Tierra. El cálculo es el siguiente: quien se juega ganarse la eternidad, puede mancharse las manos con toda tranquilidad, aunque tenga pocas opciones. El deseo de justicia, como decía Albert Camus en *El hombre rebelde*, puede garantizar la paz y la solidaridad; sin embargo, el anhelo exaltado de una sociedad perfecta embriaga al ser humano y provoca «rediles de esclavos bajo el estandarte de la libertad, [y] matanzas justificadas por el amor al prójimo o la inclinación hacia lo sobrehumano».[6]

Entonces, ¿por qué luchar? Si el curso de la historia se ve abocado por unas leyes férreas a su inevitable trayectoria, si ya se cuida solo, mi mala conciencia puede descansar y yo puedo quedarme de brazos cruzados tan tranquilo. ¿Para qué hacer sacrificios, para qué esforzarse si ya se ha puesto en marcha el mecanismo del futuro y solo hay que esperar a que se haga realidad? Podría decirse que el progreso permite la pasividad, incluso la resignación.

La fe en el progreso moral parece provocar una frialdad moral que se concentra más bien en los beneficios de los ganadores, en vez de tener en cuenta, como es debido, las pérdidas de los perdedores. «¿Puede el infeliz molestar al feliz en su felicidad?», reza el cartel del colgadizo de una librería cercana a mi casa, y la respuesta de los que creen en el progreso por lo visto es: ¡no! Y, sin embargo, ¿qué prioridades se revelan cuando se ensalza que el mundo desarrollado escapa de la pobreza y la guerra, mientras que millones de niños mueren todos los años de diarrea y malaria y pierden la vista por oncocercosis?

Pese a todo, la posibilidad de progreso moral sigue siendo una idea útil. Casi todas las sociedades son conservadoras y reacias a la innovación. Incluso mantienen un estilo de vida tradicional, en la práctica o por norma, aun cuando es a todas luces perjudicial. Los ijaws nigerianos mostraron un gran interés en promover el crecimiento de su población a través de los niños, pero mataban por principio a todos los gemelos, simplemente porque era la tradición.[7] Casi todas las sociedades aceptan costes enormes con tal de conservar rituales complejos, supersticiones paralizadoras y normas disfuncionales.[8] Pese a los inconvenientes, no hay casi ninguna fuerza que pueda sacar a una sociedad de ese equilibrio tóxico. Justo ahí encaja la idea de progreso moral: hoy en día funciona como un meme que hace que las sociedades estén receptivas a las ventajas del cambio social y la innovación tecnológica. El «¡siempre lo hemos hecho así!» se sustituye por «¿qué podemos mejorar aquí?», la tradición por la innovación.

El poder de las circunstancias

¿Y Ronald Ridenhour? Como tantas otras atrocidades, My Lai también se convirtió en símbolo de la fuerza destructora y hasta demoniaca de la presión social. Parecía que solo hiciera falta una minucia para que personas antes intachables se comportaran como locos homicidas, una lección de la que el Holocausto también nos había ofrecido ya numerosas pruebas. Una de las más célebres ha quedado registrada por el historiador estadounidense Christopher Browning, perteneciente al Batallón de Reserva Policial 101 de la ciudad de Hamburgo, que en verano de 1940 recibió el encargo de «limpiar» el pueblo polaco de Józefów de los judíos que allí vivían. Cuando el comandante Wilhelm Trapp, al que sus subordinados se dirigían a veces con el apelativo cariñoso de «papá Trapp», comunicó a sus quinientos hombres el terrible encargo, les hizo una oferta inusual: quien no se sintiera en condiciones de participar en el fusilamiento de mil quinientas personas, podía comunicarlo y no asistir a la misión sin temor a sufrir las consecuencias. Solo una docena aceptaron la oferta.[9]

El férreo armazón de la conformidad pasó a ser uno de los temas predominantes de la psicología moral del siglo XX. Pronto los sociólogos y psicólogos más reputados del mundo empezaron a estudiar en mayor profundidad su peculiar carácter voluble. Querían entender en qué condiciones se podía incitar a ciudadanos en apariencia inofensivos a cometer las formas más extremas de violencia y crueldad, y qué proporción de obediencia y sumisión a la autoridad, espíritu de equipo y conformismo hacía falta para que se dieran tales condiciones. Casi todo el mundo conoce el llamado «experimento de Milgram», de 1961, en el que los participantes, bajo pretexto de colaborar en un estudio sobre la capacidad de aprendizaje del ser humano, eran inducidos sin grandes dificultades a aplicar descargas eléctricas (teóricamente) graves a otros participantes.[10] La mayoría llegaba al nivel máximo de descarga, y nadie se negaba del todo a cumplir las órdenes que daban cada vez con mayor apremio los científicos presentes.

Salvo por una excepción. Cuando el psicólogo estadounidense David Rosenhan intentó pocos años después del experimento original reproducir en la Universidad de Princeton los resultados de Stanley Milgram, solo hubo un disidente: un joven llamado Ronald Ridenhour se negó incluso a aplicar la primera descarga.

Durante décadas, los psicólogos sociales celebraron como una curiosa casualidad que la misma persona participara en el experimento más influyente y asimismo en la masacre más conocida perpetrada por estadounidenses del siglo XX, y que en ambos casos fuera el único que consiguiera hacer lo correcto pese a todos los obstáculos, en buena medida porque la finalidad del experimento de Milgram era ilustrar justo ese fenómeno de gregarismo cruel que desembocó en la catástrofe de My Lai.

Ahora se sabe que Ronald Ridenhour nunca estuvo en Princeton. Mejor dicho: no ese Ronald Ridenhour, porque en realidad eran dos personas distintas con el mismo nombre, tan sonoro por las aliteraciones, las que en 1968 y en el intervalo de pocos meses, pero muy lejos la una de la otra, pusieron a prueba su entereza en aquellos dos lugares. Hace unos años, el psicólogo social Gordon Bear logró destapar la confusión que se había difundido durante décadas en libros de texto y materiales didácticos: averiguó que los dos habían combatido aproximadamente en la misma época con los Boinas Verdes en Vietnam y se conocieron en persona por casualidad (e incluso a una tercera persona con el mismo nombre).

La confusión, en sí excusable, contiene dos lecciones: los estudios como el experimento de Milgram y los hechos históricos como el de My Lai demuestran, en primer lugar, que en nuestros valores morales —y aún más en nuestras acciones morales— influye mucho más el poder de las circunstancias externas que la personalidad interior. Somos, por lo menos en gran medida, producto de fuerzas externas; por eso se puede aplicar cualquier programa de reforma moral. En segundo lugar, esta idea no es nada intuitiva. Tendemos a atribuir las acciones de una persona a su carácter individual, que consideramos muy estable en todo tipo de situaciones.[11] Esta tendencia es tan potente que ni siquiera los psicólogos sociales, que deberían estar inmunizados contra estos errores gracias a sus propios estudios, pueden evitar tener la sensación de que los dos Ridenhour tenían que ser la misma persona: ¿acaso no había demostrado un gran coraje en las dos ocasiones en el momento de la verdad? ¿No era evidente que ese Ronald Ridenhour tenía un carácter extraordinario, íntegro y antiautoritario, que el destino le permitió sacar a relucir en dos ocasiones?

LA BANALIDAD DEL MAL

Cuando Hannah Arendt voló a Israel en 1961 para escribir un reportaje para la revista *The New Yorker* sobre Adolf Eichmann, que debía ser procesado ante el tribunal del distrito de Jerusalén, el mundo intelectual se moría por leer el retrato de un monstruo satánico. En cambio, asistieron a los lloriqueos de un administrativo que había organizado el crimen más aberrante de la modernidad con la minuciosa estrechez de miras de un funcionario al cargo. Para describir su actuación, Arendt acuñó uno de los términos más impresionantes y acertados de la filosofía moral de todos los tiempos: la banalidad del mal.[12]

Con la banalidad del mal, Arendt, además de la idea cristiana de pecado original, contradecía gran parte de la tradición filosófica. Incluso Kant opinaba que el ser humano estaba hecho de «madera torcida», que de él «no se puede sacar nada recto»;[13] el ser humano era más bien el «mal radical» porque tendía por naturaleza a incumplir las obligaciones derivadas de las normas morales.[14]

Una diferencia importante entre el mal radical y el banal consiste en que el primero sigue una lógica de autocontrol: la idea es que nuestra depravación y decadencia solo se puede superar mediante el autocontrol, la disciplina y la fuerza de voluntad. En el siglo XX se instaura cada vez más la idea de que el carácter defectuoso de la naturaleza humana apenas se puede remediar o superar, solo eludir y encauzar. El centro de atención se desplaza del llamamiento a que el individuo se controle de una vez y practique la virtud a una apelación a la sociedad para que organice sus estructuras, prácticas e instituciones de tal manera que ni siquiera pueda surgir la presión ambiental externa, ante cuyo efecto tóxico ningún ser humano es inmune. Si bajo esa presión no nos tornamos en cómplices del mal casi siempre es por pura suerte. Así, lo que importa es que ni siquiera surja la ocasión de ser cómplice.

A partir de finales de la década de 1960 se instaura en la psicología social el paradigma del «situacionismo».[15] Al parecer no existen los rasgos de carácter sólidos y coherentes en cualquier situación: si uno los busca, no los encuentra. Nadie es valiente, tímido o tacaño *per se*; nadie es bueno o malo, decente o depravado. Nuestra personalidad es mucho más fragmentaria, está mucho más asociada a la situación concreta. Somos tacaños cuando vamos al mercadillo con amigos, pero generosos en una cena con desconocidos. Hace alrededor de cincuenta años que la psicología social procura demostrar que esos factores externos, condicionados por la situación, son los que más influyen, con diferencia, en nuestra conducta. Un conocido estudio demuestra que el que una persona ayude a otra a recoger unos papeles que se le han caído depende sobre todo de si esa persona había encontrado antes una moneda (colocada a propósito) en una cabina de teléfono.[16] Muchos otros experimentos demuestran el poder que ejercen sobre nosotros las circunstancias externas.

La banalidad del mal ofrece cierto consuelo. El mundo no se divide en personas radicalmente malas o buenas que siempre libran la misma batalla en el escenario de la historia, sin que nunca se pueda ganar del todo. Está formado por personas sin más, simplemente seres humanos que, como el resto de la naturaleza, son también fruto de sus circunstancias, tienen que adaptarse a ellas y, a veces, fracasan a causa de ellas. Eso no significa que no existan malas personas que cometan actos espeluznantes, pero sí que los seres humanos —por lo menos en principio— podemos reformarnos y que no existe una masa de bellacos demoniacos «entre nosotros» a cuya degradación intrínseca debe adaptarse de algún modo el resto de la sociedad.

Sin embargo, justo esa banalidad implica algo inquietante: «Con el elemento de la degradación autorizada por uno mismo se presenta lo que vivimos en el siglo XX como la ruptura real de la civilización: nada más lejos de un "retroceso a la barbarie", sino más bien la posibilidad absolutamente nueva y en adelante siempre presente de la desintegración moral de un país entero que se había considerado "civilizado" según los estándares de la época».[17] El Holocausto y el gulag, los campos de la muerte camboyanos, los Jemeres Rojos y el genocidio de los tutsis en Ruanda, la masacre de Srebrenica o los sucesos de Abu Graib fueron la prueba definitiva de que en el ser humano siempre hay que contar con que los instintos que nos capacitan para el odio y la violencia nunca están del todo dormidos y que también una sociedad, como lo expresaron Adorno y Horkheimer, antes «totalmente ilustrada»[18] puede colocarse al borde de la implosión moral en cualquier momento.

Una transformación moral fundamental del siglo XX fue el intento de generar condiciones sociopolíticas que lograran moderar y encauzar en la práctica nuestras tendencias destructivas, para así tal vez un día hacer realidad el sueño infantil de una humanidad formada por hermanos y hermanas unidos por la paz. El punto de partida es de sobra conocido: a mediados de siglo ya superamos nuestros peores temores con un esmero apocalíptico; tenemos entonces que «tomar precauciones» y crear los diques institucionales que resistan la cruel tentación de la misantropía. Sin embargo, esas medidas no siempre surtían efecto, o solamente muy poco a poco. A partir de ese momento, por primera vez se hizo un intento serio, global y prolongado de poner coto desde el ámbito institucional a las fuerzas más destructivas de nuestra psicología. Para lograrlo, hubo que afrontar de una vez estas tendencias para entender cómo se había llegado a semejante ruina moral.

Las leyes de la sangre

Konrad Morgen, *Obersturmbannführer* de las SS, en otoño de 1943, cuando era abogado y juez responsable de la lucha contra la corrupción en el sistema de los campos de concentración del Reich alemán, sostenía un paquetito en la mano. Llamaba la atención el peso. Un trabajador sanitario había enviado la cajita a su mujer. Contenía tres pepitas de oro, una de ellas «tal vez del tamaño de dos puños», pesaba varios kilos y era de gran calidad.

Se trataba de oro dental, y el equipo de investigación aduanera de Morgen incautaba esos envíos de oro ilegales por ser divisas con obligación de entrega. Se sabía que el oro dental de los fallecidos en campos de concentración se recogía y guardaba en el Banco Central del Reich; pero, perplejo ante el tamaño de las pepitas, Morgen empezó a hacer cálculos:

Mi siguiente reflexión me provocó un buen escalofrío porque un kilo está compuesto de mil gramos. [...] Un empaste de oro son solo unos gramos. Así, mil gramos o varios miles de gramos significaban la muerte de varios miles de personas. Pero no todo el mundo llevaba empastes de oro, en aquellos tiempos de tanta pobreza solo una mínima parte. Según se calculara si una de cada dos, cinco o cien personas llevaba oro en la boca, había que multiplicar la cifra, así que en realidad ese envío incautado constituía, por así decirlo, el equivalente a veinte mil, cincuenta mil o cien mil cadáveres. [...] Podría haber resuelto esa operación del envío de oro confiscado de una manera muy fácil. Las pruebas eran convincentes. Podría haber detenido al autor y denunciarlo, y con eso quedaba zanjado el asunto. Pero, tras las reflexiones que le acabo de explicar brevemente, tenía que estudiarlo sin falta.

Así, el *Obersturmbannführer* de las SS Morgen se desplazó al lugar de origen del paquetito, un pequeño pueblo en el sur de Polonia llamado Oświęcim, en alemán Auschwitz. Quería ver con sus propios ojos el lugar donde suponía que se producía «uno de los mayores exterminios humanos [...] que el mundo haya visto jamás».

Invirtió los siguientes años en intentar minar desde dentro el asesinato en masa con el pretexto de combatir la corrupción, o al menos ralentizarla: al fin y al cabo era un «fanático de la justicia».[19] No obstante, Morgen no fue un héroe del amor al prójimo, como Oskar Schindler, que intentó salvar vidas humanas asumiendo un gran riesgo personal, sino un burócrata motivado por la ética profesional al que, sobre todo, le importaba impedir que los empleados de los campos de concentración se enriquecieran personalmente evitando al fisco. El bien, como el mal, también conoce su propia banalidad.

Al parecer hace tiempo que todo el mundo entiende que el Holocausto terminó definitivamente con la idea de progreso moral. La filósofa estadounidense Martha Nussbaum escribe: «Quizá deberíamos renunciar a esa expectativa tan extendida en el siglo XIX de progreso constante de la humanidad con logros morales cada vez mayores. Las guerras del siglo XX han borrado esa esperanza teleológica y el XXI de momento no nos da motivos para reavivarla».[20]

Lo que convirtió el Holocausto en una destructiva ruptura de la civilización fueron sobre todo sus atroces dimensiones, pero también, por una parte, su carácter racional y burocrático y, por otra, su tenebrosa organización, que guio a las víctimas con pérfidos engaños a las cámaras de gas, así como el hecho de que procediera de Alemania, el autoproclamado lugar de origen de la Ilustración, cuna del Romanticismo, patria del idealismo alemán, de Schubert y Rilke.[21]

En efecto, todo ello resulta difícil de entender, pero aun así no justifica que el mundo se encuentre en vías de una decadencia moral general. Los criminales asesinos que se hacen con el poder y empiezan a masacrar a una minoría odiada no son una novedad, sino más o menos la norma histórica. Todas las sociedades han hecho realidad la locura genocida que se les ha ocurrido, y en la medida y con la eficiencia de la que fueron capaces en su momento.

Precisamente la singularidad y el carácter excepcional del Holocausto parecen respaldar la idea de progreso moral en vez de rebatirla. Si la fe en el progreso moral fuera solo una ilusión ingenua, cabría esperar también una reacción muy distinta al Holocausto, como la indiferencia y la pasividad internacional. Las reacciones efectivas a una crueldad tan inconcebible también fueron inadecuadas en muchos sentidos: demasiado vacilantes, tardías, insignificantes, no lo bastante consecuentes... Sin embargo, al final se formó una coalición internacional de fuerzas que hicieron todo lo posible por poner fin al régimen nazi, muchas veces a costa de grandes sacrificios personales.

Al final, el Holocausto fue una operación que se mantuvo en secreto entre cargos importantes. Las decapitaciones con guillotina en las céntricas plazas de París o los ahogamientos en masa como los que se produjeron en el Loira, cerca de Nantes, conocido con el inofensivo sobrenombre de «la bañera de la nación», durante la época de terror francés a finales del siglo XVIII, tuvieron lugar a plena luz del día ante la mirada de un público curioso; en cambio, en su discurso de Posen, Himmler dejó bien claro que el exterminio planificado de los judíos había sido «un capítulo glorioso, jamás escrito y que jamás volvería a escribirse» de la historia alemana.

Por lo visto, el régimen del NSDAP conocía en profundidad la psique humana y logró una sofisticación sin igual para convencer a la mayoría de los alemanes, gracias a una propaganda taimada y genial, incluso de las mentiras más descaradas; así consiguió que un pueblo hábilmente envenenado fuera cómplice de su proyecto asesino.

Pero ¿cómo funciona la propaganda? *El judío eterno*, de 1940, una de las películas de propaganda más célebres, orquestada por Joseph Goebbels y dirigida por Fritz Hippler, muestra al pueblo judío como una masa de criaturas abominables. Hoy cabe preguntarse: ¿cómo podía creer alguien semejante disparate? ¿Cómo no veían esos borregos lo que se les estaba presentando? Es evidente que la película no tiene ni pies ni cabeza, es tendenciosa y sesgada a más no poder. ¿Cómo podían ser tan bobos, tan crédulos para creer semejante tontería?

Todas esas preguntas surgen de un malentendido. La propaganda no convence a nadie, o como mucho a unos cuantos, y tampoco es su finalidad. Es imposible que te convenza *El judío eterno*. La película empieza mostrando a unos pobres judíos polacos en sus casas desvencijadas, rodeados de mugre y moscas. La intención era demostrar que los judíos eran incapaces de llevar una vida civilizada. En las siguientes escenas se insinúa, con el respaldo de distintas estadísticas, que una cantidad desproporcionada de abogados, médicos y empresarios del Berlín de las décadas de 1920 y 1930 eran judíos. Querían dejar claro que los judíos no podían ejercer ninguna profesión honrada. A continuación, aparecen judíos que realizan el trabajo que se les obliga a hacer de forma reprobable y sin alegría; grabados por quienes los han obligado a hacer ese trabajo. Nada de eso tiene sentido.

Es una parte esencial del documental y no puede atribuirse a su mala puesta en escena. La propaganda no da una información que sus destinatarios deban creer: lanza «señales». No dice lo que se debe creer, sino lo que hay que «decir». *El judío eterno* es un filme demasiado poco inteligente, demasiado impostado para resultar convincente. Ni siquiera intenta informar en serio, solo dice al público los mensajes que debe transmitir para que otras personas puedan comprobar su lealtad a la causa. La propaganda no necesita ser plausible para que funcione. Lo que es cierto se puede creer por motivos independientes. La propaganda debe ser tan evidentemente falsa y rebuscada, tan exagerada y engañosa que al repetirla se envíe la señal correcta a otras personas: la señal de que uno se siente comprometido con un grupo determinado.[22]

Es una idea importante porque si buscamos recetas firmes contra el poder propagandístico, necesitamos saber cómo funciona. La propaganda proporciona a las masas características que les permiten reconocerse. Es más: combatir las mentiras propagandísticas con la verdad, en realidad, refuerza la eficacia de la señal porque transmite de forma implícita a aquellos que quieren identificarse como fieles a los lemas propagandísticos justo lo que no deberían decir. La propaganda funciona como un distintivo que se lleva para expresar a qué grupo pertenece uno.

Cuando la estrategia de contrarrestar la información falsa con datos ciertos no parece funcionar, los antipropagandistas suben la apuesta e intentan formular su mensaje con mucho más énfasis y vehemencia. Sin embargo, a veces sale mal porque entonces algunas personas empiezan a sospechar: ¿por qué se esfuerzan tanto en rebatir la supuesta propaganda? ¿Acaso estos traidores del pueblo y desmoralizadores de las fuerzas militares nos mienten y nos someten a un lavado de cerebro?

De hecho, hoy sabemos que la propaganda solo convenció a quienes ya se sentían atraídos por el programa antisemita de los nazis. Fue así desde el principio, pero sobre todo al final de la guerra. Un empleado del Servicio de Seguridad de Schweinfurt lo expresó con una frase lacónica: «Nuestra propaganda provoca rechazo en la población de todas partes porque se considera falsa y engañosa».[23] El cuento de la victoria final, por ejemplo, al poco tiempo ya no convencía a nadie, igual que el asesinato camuflado de «eutanasia» de los nazis era muy impopular.

¿En qué consistía la ideología nazi? El filósofo estadounidense Jason Stanley demuestra de forma convincente que los movimientos fascistas utilizan una visión romántica del pasado, el malestar por las transgresiones sexuales, el deseo de ley y orden, la creencia en una jerarquía natural de razas, pueblos o géneros y un escepticismo antintelectual frente a los expertos para activar nuestra psicología de «nosotros-ellos».[24] Los grupos marginados se convierten en chivos expiatorios de todos los males de la sociedad corrompida para que la mayoría social, que de por sí se comporta bien, pueda volver a la senda de la virtud.

Sin duda, todo ello es pertinente, pero en lo que falla el diagnóstico de Stanley es en indicar qué factores *específicos* contribuyen al éxito de los movimientos fascistas. Una actitud hostil hacia una minoría percibida como ajena y subversiva; el deseo de ley y orden y el castigo de quienquiera que infrinja las normas; una nostalgia exacerbada ligada al pesimismo frente al futuro; el rechazo de los intelectualoides sabelotodo de las redacciones, ministerios y universidades en aras de un sentido «común» supuestamente incorruptible; y, en general, todas las características que Stanley identificaba como típicas del fascismo son, en realidad, rasgos normales de la psicología humana. Este perfil psicológico en muchos casos no condujo a la toma de poder de los fascistas; por eso tampoco pudo ser el responsable causal cuando sí lo hizo.

Muchos de esos rasgos psicológicos «normales» son destructivos y peligrosos. La parcialidad con el propio grupo suele ser problemática y contraproducente; la nostalgia y el pesimismo, el moralismo sexual y el antintelectualismo son preocupantes y deben reducirse al mínimo en la medida de lo posible. Tampoco ayuda mucho explicar con un estilo político muy específico cómo piensa y siente de por sí la inmensa mayoría de las personas, aunque tales ideas y sentimientos sean reprobables. Quizá la tesis de Stanley es que los movimientos fascistas captan esos rasgos de nuestra psicología y los aprovechan para sus fines. Pero entonces esa forma de captar y sacar provecho sería la razón de ser del fascismo. Con demasiada frecuencia, la respuesta a la búsqueda de las causas del éxito de los sistemas totalitarios ha sido, en primer lugar, que los seres humanos somos criaturas bastante siniestras, para luego no llegar nunca al segundo argumento. En efecto, la ética nazi se fundamentaba en una lógica colonial y marcial muy específica que lograba neutralizar o incluso pervertir los principios y valores morales normales.[25]

La reacción adecuada a esto llegó con un retraso desastroso. La dinámica de progreso moral que hemos descrito empezó a tomar forma en Alemania unos veinte años después del final de la guerra, porque para entonces había tenido tiempo de crecer una generación capaz de articular su indignación moral con la necesaria confianza en sí misma y la capacidad de reflexión debida. Los padres y las madres los habían decepcionado, fallaron estrepitosamente: habían perdido la oportunidad de oponerse al fascismo con la suficiente contundencia, y ese error no podía repetirse, así que a partir de entonces cualquier desliz autoritario del aparato del Estado, por pequeño que fuera, se interpretaba, con exagerada alergia moral, como un sutil indicio del regreso del fascismo, y esta vez para combatirlo el fin justificaba todos los medios (*«fool me once, shame on you, fool me twice, shame on me»*). Odo Marquard lo describió con gran acierto en su rechazo de Freud como «desobediencia retrospectiva».[26] Freud había utilizado el término para designar el fenómeno según el cual, tras una fase de rebelión adolescente contra los progenitores, muchos hijos e hijas luego, cuando llegan a la edad adulta, asumen los valores y las ideas de la generación anterior. Hace cincuenta años ocurrió lo contrario: esta vez la lucha contra el fascismo se emprendió a tiempo, pero la tragedia era que en ese momento no acechaban los fascistas, así que se sumaron unos pocos estudiantes especialmente rigurosos y unos cuantos funcionarios del campo económico y político, pero por lo demás no fue de verdadera utilidad para nadie.

Dejando de lado los infantiles actos terroristas de la Fracción del Ejército Rojo, el ímpetu moral de la revuelta estudiantil de izquierdas está fuera de toda duda y, pese a algunas ideas burdas, muchas demenciales y algunas más bien superfluas, es también la historia de un gran éxito. Había que acabar con la moral hipócrita y convencional de los años de posguerra: ¿por qué no? Las normas de la decencia y el civismo no habían conseguido evitar la catástrofe final. Al contrario, parecía existir una complicidad interna entre esos valores de virtud superficial, una socialización asequible y una hipócrita mojigatería, como si todo ello hubiera contribuido a permitir las perversiones morales del Tercer Reich, que al final desembocó en una ruptura de la civilización casi absoluta.

Guerra y paz

Tres días después de haber sobrevivido por poco y con mucha suerte a la destrucción atómica de Hiroshima, Tsutomu Yamaguchi —herido, abrasado, desorientado, sordo de un oído y en un momento verdaderamente inoportuno— llegó a su ciudad natal, Nagasaki. Yamaguchi, que murió en 2010 a los noventa y tres años de edad, es la única persona hasta la fecha que ha sido reconocida oficialmente en dos ocasiones por el Gobierno japonés como *hibakusha*, es decir, superviviente de los bombardeos atómicos lanzados contra Japón en agosto de 1945. No hay muchas personas que puedan defender la paz con una credibilidad comparable a la de Yamaguchi, que sobre todo durante sus últimos años de vida abogó por el desmantelamiento de las instalaciones nucleares.

En toda Alemania, objetores de conciencia y personas exoneradas del servicio militar vivían en calles llamadas Zieten, Yorck y Gneisen, que desde hacía décadas o incluso siglos llevaban el nombre de tales generales y mariscales de campo. Son testimonio de un mundo obsoleto, ya que la Segunda Guerra Mundial ayudó a fomentar la enorme popularidad de una idea intuitivamente muy plausible: la de que las guerras casi siempre son mala idea, y que los seres humanos estarían mejor sin ellas. Hoy resulta difícil entender lo nueva que era esa idea en aquel momento.

Si una ametralladora pudiera disparar tantos tiros como cien soldados, ¿no implicaría menos muertes en la guerra porque la misma matanza se podría llevar a cabo con menos personal? Pensar que la invención de instrumentos mortíferos cada vez más horribles contribuirá a poner fin a la guerra es un error casi conmovedor que se comete una y otra vez. No obstante, ni la invención de la Gatling Gun, arma precursora de la ametralladora, ni el descubrimiento de la dinamita por parte de Alfred Nobel lograron hacer realidad esa esperanza de que una forma de matar más eficaz actuara como fuerza pacificadora. La amenaza de la destrucción atómica dio el resultado paradójico de que el arma definitiva de la humanidad consiguió aportar a los países enemistados del mundo un equilibrio en cierto modo constante de intimidación mutua que en la actualidad denominamos «guerra fría». Sin embargo, no fue el efecto civilizador de las innovaciones técnicas el que liberó la relación entre política y guerra de un pragmatismo propio de Clausewitz, según el cual la guerra solo es política con otros medios. El destierro de la guerra también fue fruto de esfuerzos conscientes por limitar por norma los conflictos violentos. La jurista Oona Hathaway y el filósofo del derecho Scott Shapiro han hecho hincapié en la escasa importancia concedida al pacto Briand-Kellogg, firmado el 27 de agosto de 1928 en el Quai d'Orsay por el secretario de Estado norteamericano Frank Kellogg y su homólogo francés, el ministro Aristide Briand, pero también por Gustav Stresemann. Durante la firma, Kellogg le había regalado al ministro de Exteriores alemán una pluma de oro con la inscripción «*Si vis pacem, para pacem*» («quien desea la paz se prepara para la paz»); los dos brevísimos artículos del pacto estipulaban que, en adelante, los conflictos internacionales solo debían resolverse por medios pacíficos.[27]

El acuerdo, también conocido como pacto de París, suele tacharse hoy en día de ridícula ingenuidad. Querer acabar con las guerras declarándolas ilegales parece infantil o cínico. ¿Cómo iba a evitar un pacto las guerras cuando estas se libran precisamente porque ningún acuerdo ha surtido efecto? Sin embargo, esta actitud es igual de absurda que argumentar que no tiene sentido declarar ilegales el asesinato y el robo porque de todos modos se seguirá matando y robando. La declaración pública de la voluntad de resolver los conflictos pacíficamente fue, de hecho, algo insólito, un auténtico cambio de paradigma en el ámbito de la política internacional. No logró evitar la Segunda Guerra Mundial, igual que ninguna ley puede impedir su propia violación por el mero hecho de existir. Aun así, sentó las bases normativas de la «larga paz», una época otrora impensable de décadas sin guerras entre países antes considerados archienemigos, como Alemania y Francia, Inglaterra y Rusia.[28]

La declaración oficial de paz fue la base de un cambio trascendental. En principio parecía tratarse de un ejemplo de la disminución de la tolerancia general hacia la violencia en y entre los países modernos, que también se vio favorecida por el resurgir económico. Durante muchos milenios, la economía mundial había sido más o menos un juego de suma cero. No se producía mucho, y en muchos casos el saqueo era la vía más rápida, o incluso la única, para lograr un crecimiento económico. Solo cuando la modernidad descubrió, gracias a la evolución cultural, que con la innovación, el comercio y los mercados se podía obtener un auténtico valor añadido económico que beneficiara a todos, se entendió que la riqueza y el bienestar aumentaban gracias a una colaboración internacional pacífica, y no a base de conflictos sangrientos. En *Sobre la paz perpetua*, Kant ya había reconocido que una economía conectada era uno de los incentivos estructurales más importantes de la paz internacional;[29] sin embargo, el intento de dar pasos serios para eliminar las acciones bélicas ha sido del todo extraordinario a lo largo de la historia.

La degradación de la guerra de *prima* a *ultima ratio* en la resolución de conflictos internacionales obedece a una lógica creciente de no violencia que ha impregnado casi todos los ámbitos de la vida. Del asesinato a la violación, pasando por la violencia doméstica contra mujeres y niños o las vulgares peleas de bar, las sociedades modernas sienten una intolerancia cada vez mayor hacia la violencia física.[30] Por desgracia, todas esas atrocidades siguen existiendo, pero las estructuras modernas de colaboración también tienen un efecto domesticación, ya que los actos violentos y la correspondiente ética marcial de honor y venganza poco a poco se van sustituyendo por patrones de conducta menos violentos.

El grado en que las sociedades tienden a las acciones violentas y el grado de tolerancia hacia la violencia como recurso para la resolución de conflictos suelen tener causas socioeconómicas. En la actualidad siguen notándose los efectos de los distintos planteamientos económicos en la frecuencia y aceptación social de la conducta violenta.[31] En el Sur de Estados Unidos aún se pueden encontrar restos sociopsicológicos de una cultura del honor: en los estados sureños es más intensa (por término medio) la reacción a las ofensas y provocaciones, los asesinatos y peleas de bar son más frecuentes y la violencia se suele disculpar o considerar comprensible. Contrariamente a lo que se suele creer, no es por motivos climáticos (o al menos solo indirectamente). La gente no se pega porque se le sube el calor a la cabeza. La conducta violenta está más bien relacionada con las distintas exigencias que una economía basada en la ganadería o (en las zonas del norte de Estados Unidos) en la agricultura provoca en la gestión de la reputación de sus participantes: un rebaño de ganado se puede robar con celeridad y de una sola vez; no sucede lo mismo con los campos y las granjas (o por lo menos no es tan fácil). Por eso los ganaderos tenían que dejar claro a su debido tiempo y de forma creíble que estaban dispuestos a defender sus recursos por medio de la violencia. Esto generó en los estados del Sur, donde estaba mucho más extendida la crianza de ganado, una cultura del honor que aún perdura y que el impulso modernizador va mitigando poco a poco.

LA REVOLUCIÓN SILENCIOSA

¿En qué consiste el progreso moral y cómo se llega a él? Durante la segunda mitad del siglo XX empieza el proceso de transformación moral en el que las sociedades modernas cambian gradualmente unas estructuras conservadoras por otras progresistas.

La transformación consiste en hacer cada vez más hincapié en los llamados valores emancipadores, que propugnan el fin de la opresión y la discriminación. Los planteamientos tradicionales se ven desplazados por concepciones seculares, y las prioridades pasan de una preocupación por la seguridad material a la autonomía individual, la autorrealización personal y la liberalización política. Esta evolución se traduce sobre todo en una tolerancia creciente de la homosexualidad y la igualdad de género, y el valor cada vez mayor que se le otorga a la libertad de expresión y pensamiento, la independencia social, el inconformismo, la educación y la creatividad personal.[32]

Las sociedades del conocimiento, con un gran desarrollo técnico y económico, hace décadas que confieren más valor a la pluralidad individual y la emancipación política. Estas tendencias se encuentran extendidas en mayor o menor grado según la región, pero afectan al mundo entero. La World Values Survey mide desde 1981 cómo se reflejan tales cambios de sistema de valores en las diversas regiones culturales. Como es habitual, siguen existiendo grandes diferencias en las orientaciones valorativas de los regímenes económicamente más pobres y políticamente más represivos, como Rumanía o Afganistán, y los países más progresistas, como Noruega, Estados Unidos, Australia o los Países Bajos; pero la tendencia apunta siempre en dirección a los valores emancipadores, salvo unas pocas excepciones, que sobre todo se dan en regiones al sur del Sahara.[33]

El politólogo estadounidense Ronald Inglehart califica esos avances de «revolución silenciosa».[34] Pero ¿seguirán existiendo? Existe la inquietud de que los logros progresistas sean engullidos de nuevo por los efectos del envejecimiento, ya que con la edad las personas se vuelven más conservadoras. Sin embargo, la preocupación parece infundada: el deseo de liberalización, emancipación y tolerancia no se revoca fácilmente porque con la edad todo el mundo redescubra las ideas y los valores conservadores. Todas las generaciones anteriores han sido, por separado y hasta su última fase, poco a poco más progresistas, y todas las generaciones posteriores son en su conjunto más progresistas que la precedente, aunque cada individuo a título personal se vuelva un poco más tradicional con la edad. De ahí se deduce una tendencia global en un sentido progresista.[35]

Los principales motores de esta dinámica son la estabilidad sociopolítica y la prosperidad económica, pero ¿por qué? ¿De dónde surge la afinidad entre bienestar y valores progresistas? Puede que tenga que ver con la «utilidad limitada» de los distintos valores, es decir, la utilidad que puede extraer una persona de poseer o consumir la siguiente unidad de un bien: una manzana tiene un valor distinto según se tenga ya una, cien o ninguna manzana. En condiciones de volatilidad política e inseguridad económica, la utilidad limitada de las mejoras económicas y los valores tradicionalistas que proporcionan estabilidad puede ser tan alta que la autonomía, la autenticidad, la liberalidad y la realización de uno mismo no tengan lugar (todavía). Cuanto más acomodada y segura se vuelva una región cultural con el paso del tiempo, menor es la utilidad marginal de los recursos económicos; de manera que, a la inversa, en algún momento la utilidad marginal de los valores emancipadores adquiere más peso relativo y al final empieza a superar a la de las ideas de «ley y orden». Todos los seres humanos anhelan gozar de libertad y autonomía, pero solo si la importancia relativa de esos valores ha aumentado lo suficiente se exigen con la vehemencia necesaria para que ni siquiera las élites poderosas, interesadas en mantener el *statu quo*, puedan retrasar su realización.

EL VIL METAL

Fueron sobre todo los cambios socioeconómicos los que desencadenaron la dinámica de progreso de la modernidad a partir de mediados del siglo xx. Solo en condiciones de relativa seguridad económica y estabilidad política se pueden reivindicar los valores emancipadores de igualdad, inclusión y libertad.

Que el dinero no da la felicidad es una de esas verdades de dominio público que no son ciertas en absoluto. De hecho, resulta difícil descartar la sospecha de que es una opinión aceptada principalmente por quienes no tienen que preocuparse por el dinero. Bajo un techo alto y estucado uno puede permitirse mirar con desprecio el vil metal; en húmedas chozas de barro y con el estómago vacío no está tan claro que los recursos materiales de verdad sean tan prescindibles como afirman los autores morales bien nutridos.

Desde la década de 1970 parece haber, por fin, una prueba empírica sólida que demuestra que el bienestar y la felicidad son, en efecto, independientes el uno de la otra. La llamada «paradoja de Easterlin», denominada así por el economista estadounidense Richard Easterlin, puso de manifiesto que, dentro de un país, los ricos tenían tendencia a ser más felices que los pobres, pero que las personas de los países ricos en conjunto no son más felices que las de los pobres.[36] Resultó que los daneses acaudalados (que residían en uno de los países más ricos del planeta) puntuaban con un 8 su nivel de felicidad en una escala del 1 al 10, mientras que los daneses pobres le daban un 6; en cambio, los habitantes relativamente más ricos de Burundi (el país más pobre del mundo conforme al PIB) puntuaban su felicidad con un 4, mientras que los más pobres lo hacían con un 2. Por lo tanto, el grado de satisfacción vital de una persona no disminuía de forma continuada con el descenso del bienestar. Pero ¿cómo puede ser? ¿La riqueza hace a la gente más feliz o no?

Easterlin explicó su inquietante hallazgo diciendo que en la valoración subjetiva de la propia felicidad influyen mucho las comparaciones. Así, las personas se consideran felices cuando son más dichosas que aquellos con los que «se comparan», y con la infelicidad ocurre lo mismo. El nivel de bienestar absoluto apenas tenía importancia en sus investigaciones, al menos una vez superados los veinte mil dólares anuales. A partir de esa cifra, la gente no era más feliz con más dinero.

Unos ingresos anuales de veinte mil dólares ya colocan a una persona en el grupo de los más ricos en el cómputo global. Así, la paradoja de Easterlin jamás llegó a demostrar que no valía la pena mejorar drásticamente el bienestar de las regiones más pobres del mundo. Aun así, es cierto que las comparaciones tienen un efecto psicológico de una fuerza sorprendente en el grado de satisfacción que experimenta una persona con su vida. Somos seres sociales, y la comparación con los demás tiene un efecto real en nuestra felicidad. No obstante, con el tiempo nuevos datos han demostrado que la paradoja de Easterlin no se sostiene en su forma original. La diferencia en la sensación de felicidad es menor en el caso de unos ingresos de entre quinientos mil y quinientos cincuenta mil dólares que entre los cincuenta mil y los cien mil. Sin embargo, se trata del fenómeno ya conocido del aumento de la utilidad marginal, y no de una paradoja. Un estudio más minucioso de los datos disponibles apunta a que existe una fuerte correlación positiva entre el aumento del bienestar y el de la felicidad.[37] Según el economista de origen británico-estadounidense Angus Deaton, cada mejora de los ingresos que se multiplica por 4 implica un aumento de la felicidad de un punto en una escala del 1 al 10.[38] Como las diferencias entre los países más pobres y los más ricos son tan extremas, el efecto de tal divergencia es radical. El nivel medio de felicidad en los países más acomodados es de 8, en los más pobres ronda el 3. Las personas más ricas de los países desarrollados están más satisfechas, gozan de mejor salud, declaran tener una calidad de vida mayor y cuentan con mejores oportunidades vitales; en resumidas cuentas, son más felices.

Claro que siempre hay excepciones. Ebenezer Scrooge, el protagonista de *Cuento de Navidad*, de Charles Dickens, es rico, pero avaricioso y gruñón; mientras que Tiny Tim es pobre y enfermizo, pero siempre está alegre y de buen humor. Aun así, el dinero —en general— sí que hace feliz. Eso significa que el dinero *ayuda*, pero *no es necesario* para sentir satisfacción en la vida. No hay países ricos en los que la gente no viva de media bastante bien, pero sí hay algunos países relativamente pobres —sobre todo en Sudamérica— donde la gente declara un grado de satisfacción alto en comparación, pese a los escasos ingresos. Tal vez sea cierto que nunca podremos saber con seguridad lo feliz que es una persona mediante parámetros objetivos, pero hay algunos buenos indicadores de lo que se necesita para lograr una buena vida. Nadie debería pasar hambre, llorar la muerte de sus hijos, realizar un trabajo duro y extenuante o sufrir persecución política. Invitamos a quienes lo discutan a explicar por qué debería ser de otra manera.

El aumento del bienestar en los países desarrollados provoca dos tipos de progreso moral. Por una parte, ya es progreso que la gente viva mejor. No hace falta ser un utilitarista para admitir que es preferible un mundo con más alegría y salud a uno con más sufrimiento y enfermedad. Por otra, una mayor riqueza fomenta una mayor sensibilidad hacia el fenómeno de la pobreza.[39] Mientras todo el mundo es pobre, no surge la conciencia de que sea una situación lamentable, evitable por principio y que merezca la pena combatir. En cambio, en las sociedades modernas millones de personas llevan a cabo investigaciones científicas sobre el problema de la pobreza e intentan minimizarla con iniciativas tecnológicas, políticas o filantrópicas. Como resultado, la cantidad de personas que viven en la llamada pobreza absoluta —cuando una persona tiene que subsistir con dos dólares al día— se ha reducido en las últimas décadas del 90 a menos del 10 % (según los estándares actuales).[40] Aunque pueda discutirse la validez de este umbral, no puede negarse que antes de la Revolución Industrial todo el mundo era pobre y ahora ya no es así.[41] En China y la India, en particular, se han logrado últimamente avances asombrosos cuya potencia sociopolítica empieza a dibujarse. También ahí comienzan a manifestarse poco a poco los valores emancipadores de la libertad y la inclusión.

Otro mito persistente es que la vida en los países modernos —y en especial en las naciones capitalistas más desarrolladas— implica un empobrecimiento espiritual y está llena de personas sin preocupaciones materiales pero rotas por dentro, nihilistas, deprimidas o ansiosas que han cambiado su bienestar psíquico por un juguete reluciente en un pacto con el diablo.[42] Los críticos culturales parecen haberse quedado prendados de la idea de que, si bien el progreso material que conlleva el capitalismo es indiscutible, se paga caro, pues se produce un aumento simultáneo de fenómenos psicopatológicos como la depresión, las fobias o una sensación general de difuso desconcierto existencial. En realidad, los datos demuestran que también en ese sentido hay buenas noticias, porque el aumento de los diagnósticos de depresión se debe casi en exclusiva a un aumento de los *diagnósticos*, no de los *casos* de depresión. La vida siempre ha sido dura, difícil y triste; sin embargo, a diferencia de épocas anteriores en las que los problemas mentales eran en el mejor de los casos menospreciados y muy a menudo silenciados o estigmatizados como una mancha personal, en el siglo XX se genera una sensibilidad cada vez mayor hacia la fragilidad del alma humana y un aumento de la oferta de terapias y propuestas de solución. Las enfermedades psíquicas se visibilizan y se tratan, pero es algo positivo, no negativo.

EL CÍRCULO EXPANSIVO

Pocos minutos antes de que el pastor Martin Luther King dejara entrever sus sueños a la humanidad, un hombre menudo en la flor de la vida sube al podio montado delante del Lincoln Memorial. Como la mayoría aquel día, Joachim Prinz lleva un pequeño emblema en la solapa, en el que una mano blanca y una negra se unían en amistad, rodeadas de las palabras: «March on Washington for Jobs & Freedom, August 28, 1963».

Prinz habla con especial autoridad frente a los seis micrófonos: como rabino de la sinagoga de Oranienburger Strasse del barrio de Mitte en Berlín se ganó enseguida la fama de orador profundamente motivador y en 1937 sufrió las consecuencias de una situación cada vez más peligrosa para la vida de los judíos en Alemania. A su sermón de despedida poco antes de partir a Estados Unidos asistieron miles de personas, entre ellas el director de la sección judía del Departamento II 112 del Servicio de Seguridad de Berlín, Adolf Eichmann. Presentándose como estadounidense, como judío y como ciudadano estadounidense de religión judía, Joachim Prinz recuerda a los oyentes en Washington que todos podemos ser vecinos y que el silencio, la indiferencia y la pasividad pueden hacer, incluso más que el odio y el fanatismo, que países en principio civilizados se inclinen hacia el extremismo.

Unos cincuenta años después, en otoño de 2011, estuve en el despacho de su nieto. Jesse Prinz, profesor de filosofía de la City University de Nueva York, me recibió en su «cabina de teléfonos», como él decía bromeando; pero es que en Manhattan el espacio es caro, más aún para la City University, que se financia con fondos públicos. Hablamos sobre el origen de la moral —yo más bien escuchaba, como buen doctorando invitado— y sobre por qué la compasión y la empatía a menudo pueden ser una brújula dudosa que incluso puede inducir a error. La empatía se agota rápidamente, se desvía con facilidad, es parcial y solo sensible a impresiones vívidas.[43] Como dijo Stalin en una ocasión, cuando muere una persona, es una tragedia; cuando muere un millón, una estadística. Y esa parece ser la máxima de nuestra compasión: solo nos preocupamos por unas cuantas personas, y son siempre aquellas a las que conocemos y queremos. La mayoría de la gente nos es indiferente. Pero ¿deberíamos darnos por satisfechos con eso?

Hay muchas propuestas sobre cuál podría ser el núcleo del progreso moral del siglo XX o la transformación moral decisiva de la modernidad tardía, pero uno de los argumentos centrales es el de una dignidad universal que corresponde y es inherente a todos los seres humanos y que se mantiene inviolable sin importar la religión, el color de la piel o el origen. En la filosofía de la moral se suele explicar la historia del progreso moral como la de un «círculo expansivo».[44] El estatus moral, según esa idea, estuvo reservado durante mucho tiempo (y sigue estándolo) a una pequeña élite social. Disfrutar del reconocimiento como miembro de pleno derecho de la comunidad, estar entre los que pueden esperar la amplia gama de derechos y comodidades disponibles en una sociedad, ha sido durante largo tiempo prerrogativa de individuos de un género, edad, etnia, religión y posición socioeconómica determinados. Esto es algo que se ha producido en casi todas las sociedades de los últimos milenios. El privilegio del estatus moral, según el lugar y la época en que se centre uno, correspondía a los ciudadanos plenos de Atenas, la aristocracia, los caciques, los mandarines y brahmanes, la burguesía capitalista o la *upper class* independiente económicamente. Mujeres y niños, obreros y campesinos, pobres y enfermos, emigrantes y discriminados, minorías y disidentes, todos eran sujetos de segunda clase, cuyo estatus moral se negaba, minimizaba, ofendía, olvidaba o ignoraba.

Los filósofos estadounidenses Alan Buchanan y Russell Powell describen el círculo expansivo de la moral como una «anomalía inclusiva».[45] «Inclusiva» porque cada vez son más las personas antes excluidas que en adelante van a acceder al anhelado ámbito del reconocimiento moral; y «anomalía» porque ese proceso era una rareza desde el punto de vista histórico: el estatus moral siempre ha sido privilegio de unos pocos.

Con las revoluciones morales que caracterizaron el inicio de la modernidad, las restricciones de acceso al círculo del estatus moral se fueron relajando poco a poco y, aunque fuera paso a paso y con una lentitud frustrante, este último se extendió a grupos cada vez mayores. Las arbitrarias delimitaciones morales entre géneros, razas y clases y las consiguientes formas de exclusión, discriminación, saqueo, opresión y marginación se estaban debilitando, o al menos eso se decía. Todo ser humano, independientemente de esas características fortuitas, debe ser reconocido como sujeto moral de pleno derecho.

El racismo, el sexismo y el clasismo se reconocen como prácticas discriminatorias sin justificación moral. Más recientemente, incluso la pertenencia a la especie biológica adecuada —es decir, la humana— se consideraba especismo: otra palabra odiosa para un tema odioso. Lo que importa para poder ser portador de estatus moral es ser capaz de pensar y sufrir. Reservar dicho estatus a una especie en concreto pone de relieve un prejuicio bastante evidente. Siguiendo esta línea, en 1975 se publicó el libro *Liberación animal*, del filósofo australiano Peter Singer, y en 1979 apareció un manifiesto sobre los derechos universales de todos los animales o seres sensibles, impulsado por el llamado «grupo de Oxford», también conocido como los Vegetarianos de Oxford.

Esta dinámica de inclusión contradice nuestros instintos morales fundamentales, orientados principalmente hacia nuestros semejantes, pero se consolidó en varios textos jurídicos centrales del siglo XX, sobre todo al término de la Segunda Guerra Mundial. El artículo 109 de la Constitución de Weimar ya recogía la abolición de la nobleza y la igualdad jurídica de hombres y mujeres y, tanto en la Constitución de la República Federal de Alemania (1949) como en la nueva constitución japonesa (1947) y en la Declaración Universal de los Derechos Humanos (1948), el tema central es el reconocimiento indiscutible de la dignidad e inviolabilidad de todos los individuos.

La idea del círculo expansivo de la moral procede del historiador irlandés William Lecky, que fue el primero en usar el concepto en su *History of European Morals* de 1869. La estructura de ese círculo sigue siendo controvertida. Algunos opinan que el círculo de la moral es en realidad un constructo de círculos concéntricos establecido en cada individuo, el cual se encuentra condicionado por las relaciones de parentesco personal, es decir, sobre todo las genéticas. Según ese modelo, el sujeto se sitúa en el centro del círculo: su pariente más próximo es él mismo. Luego están los padres, los hermanos y los hijos; después los abuelos y hermanastros, y así sucesivamente, hasta que al final se llega al círculo de aquellos con los que el individuo ya no está emparentado genéticamente pero que pertenecen a su propio *in-group*, es decir, los amigos y conocidos. Fuera de ese ámbito se encuentran los desconocidos y algunos otros miembros de la especie humana, seguidos de otras especies de mamíferos, los seres sensibles en general y, por último, todo el mundo animado. Esta manera de dibujar el círculo de la moral se inspira vagamente en la regla de Hamilton, según la cual nuestra disposición a cooperar disminuye a medida que baja el grado de parentesco.

Desde el punto de vista psicológico, parece que las diferencias entre individuos vienen dadas por el lugar en que se sitúa cada persona en la «escala de expansión moral».[46] Por lo visto, esto también tiene una dimensión política: las personas más «conservadoras» en lo político tienden a estrechar el círculo de estatus moral, ya que hacen hincapié en la lealtad moral a su propia comunidad, mientras que los liberales políticos se identifican más con la humanidad en su conjunto.[47] Ahí entran en juego diversas fuerzas centrípetas y centrífugas que determinan a quién se acepta del todo como miembro del grupo y a quién se le rechaza sin más.[48]

En 1971 se publicó la *Teoría de la justicia* de John Rawls, que explicaba que esa imparcialidad expansiva era el principio fundamental de las instituciones sociales justas, idea que reformuló la filosofía política después de décadas de debilidad teórica. Según Rawls, una sociedad justa debía estar organizada como si sus principios básicos se escogieran tras un «velo de ignorancia»:[49] las instituciones sociales justas son las que escogería una persona si no supiera el lugar que va a ocupar en esa sociedad. De esta manera se garantiza que las diferencias de religión, etnia, género y clase social no afecten a las libertades básicas a las que tiene derecho una persona ni a las oportunidades vitales que se le ofrezcan. La desigualdad social en los ingresos o la posición se justifica después, y solo después, si beneficia a los que están peor posicionados en una sociedad, es decir, si, dado que todas las personas se benefician de la existencia de médicos competentes, unos ingresos más elevados podrían ser un incentivo para que los más talentosos se hagan médicos.

Sin embargo, como es evidente que una sociedad ya articulada no se puede diseñar y reconstruir sobre el papel, a veces hay que tomar medidas concretas para que las instituciones deficientes y los derechos de propiedad que nos han legado las generaciones anteriores se acerquen lo más posible a ese ideal de imparcialidad. En muchos casos esto supuso la introducción de programas de «acción afirmativa», que defienden la idea de «discriminación positiva» en favor de grupos marginados. En 1961, la Orden Ejecutiva 10925 de John F. Kennedy declaró ilegal la discriminación por motivo de raza, creencia u origen en las instituciones estatales. A veces —tal era el fundamento de la ley— había que intentarlo de forma activa, por ejemplo, mediante procedimientos de nombramiento a ciegas o cuotas explícitas que corrigieran la infrarrepresentación de determinados grupos en algunas profesiones en concreto. La filósofa estadounidense Elizabeth Anderson ve en ello un cambio hacia el «imperativo de la integración»: las sociedades modernas deben hacer un esfuerzo para superar definitivamente las formas de segregación y discriminación social heredadas valiéndose de medidas concretas que favorezcan la inclusión.[50]

El círculo expansivo de la moral empezó ya con el descubrimiento de la rareza. Hace cientos de años, cuando la evolución cultural comenzó a diluir el papel central del parentesco como principio vertebrador de las sociedades, salió a la luz el potencial de la prosocialidad impersonal: una sociedad que empieza a ensayar interacciones cooperativas, altruistas y mutuamente beneficiosas entre individuos desconocidos acaba descubriendo que considerar a otros grupos como hordas demoniacas a las que hay que limitar, esclavizar o matar suele ser perjudicial para el comercio internacional y para el funcionamiento de un Estado moderno. El reconocimiento de un estatus moral inherente a todos los seres humanos también se ve impulsado por intereses económicos.

La expansión moral es importante, pero sigue siendo limitada: la creciente reducción y tolerancia de la violencia y el asesinato, por ejemplo, no se puede describir como una expansión del estatus. Incluso la emancipación de la mujer, que a menudo se menciona como ejemplo primordial del círculo expansivo de la moral, se debe en última instancia a una dinámica diferente. Desde un punto de vista histórico, la discriminación de las mujeres no puede tomarse como una exclusión del círculo de la moral, lo que equivaldría a la deshumanización total (aunque, por supuesto, a menudo era el caso). A la mujer nunca se le negó del todo la categoría moral; su represión no seguía el modelo de la deshumanización, sino el de la subordinación: la hembra es un sujeto moral, pero con unos derechos y obligaciones específicos basados en características en teoría específicas, que no pocas veces se entendían con más o menos rotundidad como defectos. La lucha contra la discriminación sexista debe plantearse según el modelo de la integración de roles —para que haya jefas médicas y presidentas del Gobierno—, no según el modelo de la integración social más fundamental, que fusiona, por ejemplo, espacios antes segregados por razas. El círculo en expansión de la pertinencia moral no basta, pues, como concepto universal de progreso moral.

La ampliación del reconocimiento moral ocupa un lugar especialmente destacado en muchas descripciones del progreso porque la xenofobia, la discriminación, la limitación, la deshumanización o el genocidio constituyen faltas morales tan escandalosas y de tal significado histórico que cualquier ampliación de los criterios de estatus moral es en principio plausible.

Por otra parte, también hay muchos ejemplos de avances sociales en los que las «contracciones», es decir, los estrechamientos, del círculo moral estaban en el lado correcto de la historia. La dinámica de secularización moderna pertenece a este contexto, al igual que la abolición de la nobleza. Para el Estado liberal, nada es sagrado y nadie es mejor que otro. Las diferencias de estatus adscriptivas —es decir, independientes del desempeño— se nivelaron, y la pretensión de ser reconocido como el único camino correcto de salvación (que albergan todas las religiones) se puso bajo sospecha de error.

Aún quedan pendientes otras contracciones del círculo moral. Se podría considerar excusable que a los activistas ecologistas o a los representantes de poblaciones indígenas les parezca una buena idea dotar a objetos inanimados de la naturaleza, como el río Whanganui de Nueva Zelanda, de los derechos, obligaciones y responsabilidades de una persona jurídica. Sin embargo, uno no puede evitar pensar que se podría haber buscado una solución menos animista y pansíquica para el problema de la gestión sostenible del entorno.

La reorientación del círculo moral suele entrañar consecuencias incómodas. La explotación, maltrato y desprecio de los animales considerados como especismo es una cara de la moneda; la otra puede ser la negación del estatus moral a algunos miembros de la especie humana. Como la categoría moral depende de ciertas propiedades como la capacidad de pensar, planificar o sufrir, a menudo nos vemos obligados, por razones de coherencia, a clasificar a algunos individuos al principio o al final de la vida humana como casos límite de la pertinencia moral. La idea de que, en casos extremos, la eutanasia de determinadas personas puede ser moralmente permisible o incluso imperativa le ha valido a eticistas como Peter Singer, que defienden esta postura, el reproche (sobre todo en Alemania) de difundir una forma de «higiene racial» que considera que la vida de los discapacitados carece de valor. Esta crítica es, por supuesto, una solemne tontería, pues ningún bioético le tocaría un pelo a nadie en contra de sus intereses explícitos o bien entendidos, pero demuestra que existen importantes obstáculos psicológicos que podrían interponerse en el camino del replanteamiento del círculo moral.

La expansión de la moral se extiende a todo el mundo natural. El miedo a quedarse sin hogar parece ser una constante antropológica. ¿Acaso forma parte de nuestra naturaleza? En cualquier caso, no es un invento del siglo XX, ni tampoco del Romanticismo alemán, aunque este último hizo del anhelo de una naturaleza pura, en la que solo el alma torturada del hombre moderno podría reconciliarse consigo misma, uno de sus temas principales. Al parecer nos atormenta la preocupación latente de perder nuestro hogar, de estar entre los expulsados, entre los exiliados que una mañana tienen que recoger sus cosas para no volver jamás. Esa inquietud no es del todo injustificada, pues la historia está llena de ejemplos de sociedades que se vieron abocadas a su propia ruina por esquilmar su entorno —casi siempre con el impulso de un crecimiento de la población acelerado— con la sobrepesca, la deforestación, la caza excesiva, la erosión y los problemas de riego y fertilidad del suelo.[51]

El miedo a que se produzca un crecimiento de la población fuera de control es una de las versiones más pérfidas de esa preocupación por lograr una relación sostenible con los recursos de la Tierra, que es perfectamente lógica. Se le suele reprochar —en la mayoría de los casos con razón— que lleva un racismo implícito, pues llama la atención que casi siempre se exija esa reducción demográfica a unas determinadas poblaciones de unas regiones muy concretas del mundo. Da la impresión de que nunca hay suficientes noruegos. En 1968 se publicó *La explosión demográfica*, de Paul R. Ehrlich, un sueño febril neomalthusiano cuya mayor virtud consistía en haberse equivocado en casi todas las predicciones sobre la supuesta catástrofe de hambruna mundial inminente que se cobraría inevitablemente la vida de centenares de millones de personas.[52]

Ese mismo año se fundó el Club de Roma, que en 1972 advertía de los «límites del crecimiento» en un informe detallado que se convirtió en uno de los documentos fundacionales de los movimientos ecologistas modernos. Al poco tiempo llegaron Greenpeace y el movimiento antinuclear. El miedo a un planeta superpoblado cuyos recursos naturales pronto dejarían de ser suficientes para una humanidad que no paraba de crecer se expresaba de una forma menos irracional y apocalíptica que en la obra de Ehrlich, pero la esencia es la misma: si no nos andamos con cuidado y optamos por un camino radicalmente distinto, estamos abocados al desastre. ¿Quién quiere un mundo en el que nuestros nietos estén algún día desesperados y abandonados, hambrientos y muertos de frío, sin esperanza ni futuro, envueltos en harapos pestilentes y vagabundeando en pequeños grupos dispersos por un páramo desolador, luchando por las últimas gotas del agua sucia de los charcos?

DESMORALIZACIÓN

Los Ángeles, 1940: esta vez quiere hacerlo a su manera. Para dificultar al máximo que su productor David O. Selznick, animado por su éxito con *Lo que el viento se llevó* el año anterior y ya conocido por su agresividad, introduzca cambios radicales en su visión artística, el señor Hitchcock edita su película más reciente, *Rebeca*, «en la cámara».[53] En este laborioso proceso no se rueda, como suele hacerse, un excedente de material que luego se ensambla en la sala de montaje en una película ya acabada. En la «edición en cámara» solo se graban las escenas que se van a utilizar en la obra final, y en el orden en el que se verán en el producto final. Al no haber en la cinta escenas innecesarias, ningún inversor intransigente puede sabotear la versión final del artista.

Con una fidelidad tan fanática al original, resulta aún más sorprendente que Hitchcock permitiera que cambiaran un detalle fundamental de la novela de Daphne du Maurier. En ella, Maxim de Winter confiesa haber matado a su esposa, una mujer de una belleza sobrenatural pero soberbia e insensible. En la película, en cambio, muere por accidente: Rebeca, gravemente enferma de cáncer y cansada de la vida, provoca a su marido hasta que, al final, él la hace caer durante una pelea, ella tropieza y se abre una brecha mortal en la cabeza.

La razón de esta divergencia reside en William Harrison Hays, o, para ser más exactos, en el «Motion Picture Production Code», el código que se aplicaba entonces y que, dado que Hays ocupaba la presidencia de la Asociación de Productores Cinematográficos de Estados Unidos, se conocía informalmente con su nombre. Este decálogo para cineastas debía garantizar que no se molestara al espectador con indecencias como bailes lujuriosos, movimientos sugerentes o besos excesivos. (Las extrañas escenas de las películas antiguas, en las que los actores interrumpían sus besos al cabo de dos o tres segundos, se deben a las restricciones temporales sobre la intimidad física que se establecieron con el Código Hays.) Pero también estaban prohibidas las relaciones amorosas entre blancos y negros —denominadas entonces *miscegenation* (literalmente, «mezcla de razas»)—, las palabrotas o las blasfemias. Asimismo, había que evitar despertar simpatías hacia los delincuentes, o incluso que salieran impunes. Por eso, en la película, Rebeca de Winter muere por accidente y no asesinada: así Maxim y su segunda esposa, innominada, pueden ser felices por fin. Veinte años después, la escena más escandalosa para el público de la época de *Psicosis* no fue la temprana y sorprendente muerte de la protagonista, interpretada por Janet Leigh, sino el hecho de que tirara de la cadena delante de la cámara para que se tragara unos cuantos recortes de papel. Jamás se había visto semejante obscenidad.

Hitchcock no es el único director legendario víctima del celo de Hays. Si vemos hoy en día la versión restaurada de 1991 de *Espartaco*, de Stanley Kubrick, no oiremos la voz de Lawrence Olivier —aunque no seremos conscientes de ello— en una escena que ya se había cortado en 1960. En aquella toma, perdida durante mucho tiempo y cuyo metraje se recobró después, pero sin la pista sonora, el Craso de Olivier tuvo que ser doblado por Anthony Hopkins, que logró imitar a la perfección la dicción de su antiguo profesor de interpretación. Se trata de una secuencia, escandalosa para la época, en que Craso le pregunta durante el baño a su esclavo Antonino, interpretado por un joven Tony Curtis, si prefería comer «ostras» o «caracoles», no sin antes dejar claro que la preferencia por uno u otro molusco es una cuestión de gusto, no de moral. Pero ni siquiera una defensa tan discreta del homoerotismo de la Antigüedad logró pasar desapercibida para los censores de Hays. Tuvieron que cortar la escandalosa escena para no exigir demasiado a la puritana moral de la época, pues, tal y como se establecía con toda claridad en las primeras líneas del Código Hays: «No se puede producir ninguna película que baje el nivel moral de los espectadores».

Desde entonces han cambiado muchas cosas. Aún se debate la cuestión de qué reglas morales deberían respetar los cineastas y los trabajadores de la cultura. El primer *Screw you!* —es decir, «¡Que te den!»— que se oyó en la gran pantalla de cines comerciales salió de boca de Liz Taylor en *¿Quién teme a Virginia Woolf?*, en 1966, pero al principio solo en la versión pensada para el mercado británico. Ahora las indicaciones son bien distintas: mientras que los representantes del Código Hays se dedicaban sobre todo a reproducir las concepciones morales convencionales de la sociedad mayoritaria blanca y puritana, cuya exacerbada inquietud por la supuesta decadencia de la ley, el orden y la decencia sexual debía reflejarse en las películas, las prioridades morales del momento actual apuntan a la supresión de privilegios injustificados, que hay que socavar con criterios de inclusión y representación de carácter progresista. A partir de 2024, las películas que quieran optar a un Oscar deben garantizar que una cantidad adecuada de miembros de una minoría étnica, social o sexual esté representada en la pantalla o participe en la producción.[54]

Las normas morales forman parte de nuestra herencia cultural, pero la herencia es algo delicado, y uno puede rechazar total o parcialmente un legado si tiene la sensación de que hará más mal que bien a su propio futuro.

Uno de los aspectos más importantes del progreso moral es la «desmoralización» de normas morales heredadas que han quedado obsoletas, como ha sucedido, por ejemplo, con las relaciones sexuales prematrimoniales, antes muy estigmatizadas.[55] Esto puede producirse por varios motivos: tal vez el problema que esas normas pretendían resolver haya desaparecido, quizá han resultado ser ineficaces o puede que incluso fueran perjudiciales. En todos esos casos puede ser aconsejable examinar y —si es necesario— someter a revisión la reserva de normas morales en las que uno se ha educado y que desde entonces ha aceptado con naturalidad.

Tras la desmoralización de una norma, se vive en un mundo diferente. Que antes se considerara indecente y casi de una vulgaridad insoportable enseñar un retrete en una película es algo que hemos leído en los libros. Ya no lo vemos así, y nos hace gracia que la histeria moral considerara la exhibición de aspectos elementales de higiene corporal como un indicio de decadencia moral.

A mediados del siglo xx se agudiza la dinámica de la desmoralización. La pérdida del carácter moral de las normas ha sido una constante a lo largo de la historia; a partir de la década de 1950, la neutralización ética de comportamientos antes considerados reprobables se vuelve reflexiva: se activa con insistencia e intención. Surgen movimientos sociales que luchan por acabar con el tabú de ciertas conductas, de manera que aquellos que quieran comportarse así puedan hacerlo sin ser molestados mientras no hagan daño a nadie. La desmoralización de la moral implica la liberalización de la sociedad.

Muy a menudo esos avances se defienden y se logran con grandes sacrificios personales. A finales del siglo XIX, Oscar Wilde fue encarcelado por «indecencia grave» cuando defendió el «amor que no se atreve a pronunciar su nombre» como algo noble y espiritual por lo que no había que disculparse. Desde los disturbios que empezaron en 1969 en el Stonewall Inn de Christopher Street, en Nueva York, la desmoralización de la homosexualidad ha tenido un éxito extraordinario, sobre todo en las sociedades occidentales. Ahora ya ni siquiera se puede afirmar con seguridad que alguien como el papa siga siendo homófobo.

El rechazo y drástico castigo del amor homosexual, que se desaprueba por considerarlo «sodomía», tiene una tradición milenaria en casi todo el mundo. Por eso resulta tan asombrosa la rapidez con que se han aceptado socialmente los estilos de vida no heteronormativos. En eso se ha alcanzado un progreso notable que hasta la fecha no se ha repetido de la misma manera en otras manifestaciones de discriminación, como, por ejemplo, el racismo. Puede que tenga que ver con las condiciones sociopsicológicas relativamente favorables que se derivan de la «distribución horizontal» de la homosexualidad.[56] A diferencia del color de la piel, que es patente en cualquier momento como base del constructo social de unas supuestas «razas» y se distribuye «en vertical» debido a su fuerte componente genético, de manera que puede servir como rasgo para la segregación o el *apartheid*, la homosexualidad se distribuye indiscriminadamente por toda la sociedad. En el momento en que cada vez más personas *queer* salen del armario, la mayoría de la sociedad se da cuenta de que, entre amigos y familiares, ricos y pobres, gente de derechas y de izquierdas, hay personas homosexuales. Es estadísticamente imposible no conocer y apreciar a una persona homosexual. Eso allanó el camino para su aceptación absoluta, que aún no se ha alcanzado, pero un día se hará realidad.

El sexo antes del matrimonio ahora se considera moralmente neutral y como mucho es un tema de preocupación cuando se plantea que ayuda a evitar las enfermedades de transmisión sexual y los embarazos no deseados. La estigmatización del sexo prematrimonial tuvo cierta justificación durante mucho tiempo, porque antes de que existieran los métodos anticonceptivos fiables y las redes de seguridad social modernas que hubieran podido garantizar el sustento mínimo de los bastardos y sus desdichadas madres incluso fuera de las relaciones matrimoniales, el efecto disuasorio que provocaba la reputación de llevar una vida licenciosa era un medio represivo, pero en ocasiones útil de control social. Esto afectaba sobre todo a las mujeres, mientras que los padres de la criatura, implicados al menos a medias, se limitaban a encogerse de hombros.

La desmoralización cada vez mayor del trabajo sexual también se entiende en este contexto. La moral no se detiene ante los deseos y las apetencias naturales; puede condenar a generaciones enteras de personas a soportar un férreo armazón de normas absurdas: «La generación actual no se hace una idea del terrible alcance de la prostitución en Europa antes de las guerras mundiales. Hoy en día es tan raro encontrar prostitutas en las calles de las grandes ciudades como caballos en la carretera, pero entonces las aceras estaban tan salpicadas de mujeres de mala vida que costaba más evitarlas que encontrarlas».[57] En *El mundo de ayer*, Stefan Zweig describe con fina ironía los inesperados efectos secundarios que pueden producirse cuando «la pezuña de la moral»[58] intenta ignorar, reprimir o prohibir la sexualidad humana.

Ya cuando era alumno de secundaria, Zweig vio lo que más tarde confirmaría Freud, que no es fácil reprimir los impulsos sexuales; al final siempre acaban reivindicando sus derechos. El siglo XIX trató de desmoralizar o como mínimo de negar la sexualidad de las mujeres, lo cual era algo así como intentar combatir el hambre y la enfermedad escondiendo a la gente la existencia de alimentos y de virus. El resultado fue que, según Zweig, casi todos los jóvenes vivían presos del terror constante a haberse contagiado de sífilis con una de las «chicas de la calle», cuyo tratamiento era tan humillante, prolongado e ineficaz que a muchos de los afectados el diagnóstico los empujaba a echar mano del revólver. ¿Y las «chicas de la calle»? Casi siempre sufrían más con la tóxica situación que, además de sumirlas en la pobreza, la enfermedad y la explotación, las condenaba a una irreparable exclusión social.

La sociedad europea de finales de siglo se infligió sola esas heridas al desterrar, con su moral histérica y excesivamente estricta, inclinaciones y deseos humanos de lo más inofensivos a las *chambres séparées*, donde la confusión de la mojigatería sexista con la virtud y la decencia podía provocar daños psicosociales durante décadas. Zweig informa con interés conmovedor de la libertad y la normalidad con que los jóvenes de la generación posterior pudieron redefinir la relación entre los géneros, aunque el lector ya sabe que la generosidad moral y el liberalismo de la década de 1920 pronto pasaron a formar parte definitivamente del pasado.

Adam Smith opinaba que no estaba bien cobrar por cantar en público: lo comparaba con una especie de «prostitución pública»[59] (no fueron buenas noticias para una industria musical que ya vivía en la miseria). La filosofía occidental también tenía una larga tradición de rechazo al préstamo de dinero a cambio de una comisión, que ya Aristóteles y Tomás de Aquino tachaban de «usura». Cuando las compañías de seguros empezaron a ofrecer las primeras pólizas de decesos, hubo grandes protestas por la mercantilización de que era objeto una vida humana. Los economistas bromean aún hoy con que el importe óptimo asegurado por el fallecimiento del cónyuge viene dado por el grado de indiferencia de la esposa cuando se le pregunta si su marido ha llegado vivo a casa del trabajo. En Estados Unidos el debate sobre la categoría moral del aborto aún no ha concluido. En cambio, en casi todos los demás países desarrollados, el aborto se ha convertido en gran medida en un problema médico, impulsado por acciones publicitarias como la célebre campaña «¡Hemos abortado!», iniciada por Alice Schwarzer en 1971.

Otras ideas morales anticuadas, como la defensa del honor personal de un hombre, también han desaparecido. El (a buen seguro) último duelo a muerte de un político destacado estadounidense tuvo lugar en 1804.[60] Alexander Hamilton, cuyo hijo ya había muerto en el mismo sitio en un duelo, salió por la mañana de Manhattan y, cruzando el Hudson hasta su orilla occidental, arribó a Weehawken, en Nueva Jersey, donde iba a encontrarse con Aaron Burr, su viejo enemigo y contrincante ese día, a fin de que ambos pudieran darse mutuamente la satisfacción requerida. Hamilton, acompañado por su padrino, Nathaniel Pendleton, probablemente tenía previsto perdonar a su oponente. Erró el tiro por muy poco, rompiendo la rama de un árbol que había detrás de Burr; este último, mucho menos indulgente, le dio a Hamilton en el vientre y le destrozó varias costillas y órganos. Falleció al día siguiente por las heridas.

Los duelos, aunque seguían gozando de cierta popularidad para recuperar el honor y la reputación entre caballeros, en esa época ya hacía tiempo que eran ilegales, y Burr fue acusado poco después de asesinato, aunque nunca fue a juicio. Sin embargo, los dos creían que sus años de disputas, tanto en el ámbito político como en el personal, no les dejaban alternativa. La «decencia» moral exigía en esos casos poner la vida de uno en manos del azar y de la habilidad del adversario con la pistola.

Pero ¿cómo es posible que se perpetúen normas inanes? El hecho de que las normas disfuncionales no desaparezcan por sí solas puede deberse a varios motivos. El filósofo australiano Kim Sterelny describe esas situaciones con un término de la jerga militar estadounidense: SNAFU (*situation normal, all fucked up*).[61] En muchos casos, las normas y los tabús sobreviven una vez establecidos porque la sociedad se encuentra en un estado de «ignorancia pluralista».[62] Muchas familias preferirían no mutilar los genitales de sus hijas, pero creen erróneamente que son las únicas en pensar así. En cuanto se resuelve esa situación por medio de la educación, la norma se erosiona. O bien se trata del típico problema de «quién mueve ficha primero»: nadie quiere ser el primero en distanciarse de una norma de aceptación general. O bien una norma es en gran medida perjudicial o absurda, pero su mantenimiento favorece a las élites poderosas o a intereses particulares.[63]

La desmoralización, es decir, la neutralización moral de determinadas acciones, es una consecuencia natural de la vida en las sociedades modernas. En sentido estricto, la obsesión de los conservadores de la cultura con el deterioro de los valores actuales está justificada: las normas y los valores morales se debilitan, se erosionan, desaparecen. Sin embargo —y aquí la inquietud de los conservadores de la cultura no está justificada—, esto suele ser una buena noticia porque la desmoralización de los valores siempre implica una liberalización de la sociedad y una emancipación de las restricciones que se han vuelto molestas. Es inevitable porque la evolución sociocultural genera nuevas formas de colaboración. Las sociedades desarrolladas son diversas simplemente por la cantidad de miembros que la forman, y un pluralismo vivo que evidencie la posibilidad de una multitud de los llamados *experiments in living* socava forzosamente la autoridad de las normas tradicionales porque demuestra en la práctica cuántas de esas normas son en última instancia opcionales.

En muchos casos se plantea el desafío adicional de desmoralizar las cosas incorrectas, pero también *moralizar* las cosas correctas. La moralización es ante todo un fenómeno psicológico.[64] No consiste en que una persona modifique su juicio moral de una conducta y juzgue entretanto una acción concreta de forma más estricta o más indulgente, por ejemplo, sino en que una acción se perciba por primera vez como un asunto de relevancia moral. A veces, como en el caso del tabaco, esto se produce para reducir una conducta individualmente dañina; otras, como en el del consumo de carne, por razones directamente morales.

La moralización siempre ha existido. Lo nuevo es el esfuerzo consciente por moralizar temas correctos. La vergüenza de volar, por ejemplo, responde al intento de despojar a los vuelos de su carácter de costumbre o símbolo de estatus y marcarlo como una conducta de consumo destructiva que destruye el planeta por comodidad individual.

El progreso moral se produce cuando se neutralizan normas y valores malos, perjudiciales, superfluos o injustificados. Es la raíz de los procesos de desmoralización. Sin embargo, el caso contrario es igual de importante: el progreso también puede consistir en que una conducta que antes se consideraba erróneamente neutra desde el punto de vista moral empiece a parecer perjudicial, indecente, injusta, discriminatoria o problemática por primera vez. ¿Qué hemos pasado por alto durante demasiado tiempo? ¿Y cómo podemos hacerlo al fin visible sin odiarnos a nosotros mismos ni a los demás?

5 años

Consideraciones apolíticas

¿DESPUÉS DE LA INUNDACIÓN LLEGA EL FUEGO?

En 1965 se cumplieron cien años del fin de la guerra civil estadounidense y la abolición de la esclavitud. Se celebraban «¡Cien años de libertad!», pero el escritor, intelectual y defensor de los derechos civiles James Baldwin aseguró al ver el acto solemne: «Este país celebra cien años de libertad con cien años de antelación».[1]

Resulta difícil no darle la razón. El cuerpo inerte y abotargado de Emmett Till llevaba diez años bajo tierra (su madre veló el cadáver con el ataúd abierto para denunciar el asesinato por linchamiento de su hijo); el puñetazo que Stormé DeLarverie le dio a un policía que la había maltratado el 28 de junio de 1969 ante el Stonewall Inn de Manhattan aún formaba parte del futuro. Baldwin temía que, tras la marea del movimiento en defensa de los derechos civiles, el fuego acabara llegando en algún momento si la reivindicación de «libertad y justicia para todos», que pone punto final al juramento de lealtad a la bandera de Estados Unidos, no se hiciera pronto realidad de forma satisfactoria. También en otras regiones del mundo la buena noticia del supuesto fin de la falta de libertades se había anunciado de forma precipitada, y se había percibido como cínica e ingenua.

Desde entonces han pasado más de cincuenta años, durante los cuales las sociedades modernas han repetido la promesa de libertad e igualdad para todos: nadie debe verse perjudicado por diferencias arbitrarias de origen o color de la piel; nadie debe ser discriminado, limitado o privado de sus derechos por razón de género o religión. Estas sociedades deberían ser *inclusivas* hasta la médula, acoger a todo el mundo, conceder a todos las mismas oportunidades y la misma suerte, liberar a todos de la servidumbre y de la opresión, superar los horrores de la guerra y el genocidio. Pero ¿hemos conseguido de verdad cumplir esta promesa moral?

La esperanza de que la eliminación gradual de las formas legales de discriminación, segregación y marginación y una mayor conciencia de la igualdad y la dignidad fundamentales de todos los seres humanos, junto con un orden social liberal, acabarían conduciendo a una igualdad social, política y material de verdad, aún no se ha hecho realidad. La joven generación actual experimenta esa frustración y se solidariza en vista de la impaciencia que ella misma alimenta. Busca un nuevo comienzo que ya no vea la libertad y la igualdad de oportunidades como algo por conquistar, a fin de que, como dijo Martin Luther King en una ocasión, nadie más sea juzgado por el color de la piel, sino solo por su carácter.[2] Sin embargo, la solución se busca por una vía muy distinta: la insistencia en las identidades colectivas y la adhesión a grupos que quieren ver validadas sus pretensiones, exigencias y decepciones de una vez por todas.

Hemos introducido en nuestro contrato social una firme promesa de igualdad socioeconómica, pero al mismo tiempo una aspiración igual de contundente de libertad individual. Esta segunda promesa hace que la primera no se pueda cumplir nunca del todo. Nuestra cultura actual es liberal y plural, y por eso mismo debe conceder al individuo unos derechos de defensa muy fuertes frente a la mayoría y a los instrumentos del Estado. Este liberalismo que impregna la infraestructura moral y política de la modernidad impide cumplir de una vez por todas la promesa de igualdad mediante una rigurosa intervención estatal. El racismo y la injusticia social en realidad no son difíciles de erradicar: todo lo que habría que hacer es imponer legalmente a todas las personas de quién pueden ser amigos, dónde pueden vivir, a quién deben amar, y distribuir la riqueza entre todos. Así se alcanzaría el ideal de igualdad.

Como este tipo de injerencia ultrarradical en la autonomía y la propiedad privadas resulta inadmisible en un contexto liberal, tenemos que reformar el barco de la modernidad en alta mar sin poder volver nunca al dique seco. Nuestra sociedad no se ha creado de forma racional y, por tanto, para lo bueno y para lo malo, asume la herencia y las cargas de un pasado repleto de explotación y discriminación, segregación y estratificación, de baños de sangre, linchamientos y cámaras de gas, caracterizado por el odio, el caos y la inestabilidad. Esa herencia va asociada a estructuras de discriminación, marginación y desigualdad contra las cuales apenas hay iniciativas políticas. Para este conflicto fundamental no hay una solución del todo armónica. ¿O conoces alguna? ¿O a alguien que sepa de una? La crisis moral del presente es la reacción a esta prueba de cohesión. Nadie puede afirmar con seguridad si la superaremos, ni cómo.

La crisis moral del presente

«Todo se desmorona, el centro no aguanta», se dice en el poema «The Second Coming», de William Butler Yeats. En efecto, las conmociones culturales de los últimos años solo las ignoran durante un tiempo quienes se elevan en el aire un instante.

Los que se mantienen con los pies en el suelo se dan cuenta de que está pasando algo: el sobrecalentamiento de la moral. Nuestro vocabulario moral se ha vuelto confuso y combina un incremento de los juicios implacables con un aumento de la intransigencia de los que juzgan. En las zonas angloparlantes existe un concepto para eso: *culture wars*. En las trincheras de las guerras culturales, archienemigos armados hasta los dientes de indignación y resentimiento luchan sobre cómo debería interpretarse el presente, cómo ha de entenderse el pasado y cómo debemos dibujar el futuro.

En el discurso actual, esa crisis se ha agudizado con el debate sobre la *wokeness*, es decir, la concienciación. En la segunda mitad del siglo XX se intentó construir una sociedad inclusiva que no privara a sus miembros de ventajas y privilegios según unas características morales arbitrarias. Hoy por hoy, este ideal sigue siendo aceptado y considerado sensato en casi todas partes. Al mismo tiempo, durante las últimas décadas ha aumentado la frustración por lo mucho que tarda en hacerse realidad. Desde la abolición de las leyes de Jim Crow a mediados de la década de 1960, la población negra y la blanca son formalmente iguales en Estados Unidos y tienen los mismos derechos políticos. Sin embargo, los estadounidenses blancos siguen atesorando una fortuna mucho mayor que la población negra.[3] En Alemania las personas de origen migrante también tienen la mitad de bienes que la media.[4] Las mujeres ganan por término medio un 20 % menos que los hombres, y la movilidad socioeconómica está estancada.[5]

Estas desigualdades sociales se perciben cada vez más como inaceptables. Pero ¿cómo es posible que esos problemas perduren cuando los prejuicios racistas y el sexismo remiten y son objeto de un amplio desprecio social?[6] Pronto surge la sospecha de que el pilar principal de la injusticia social no son los prejuicios, las antipatías y las actitudes discriminatorias de los individuos, sino que aquella se sustenta sobre las estructuras sociales en general, que están profundamente incrustadas en el tejido de la sociedad.

Para acabar con esas formas sistémicas de discriminación y marginación, primero hay que hacerlas visibles. «*Stay woke*» se convirtió en un lema: «mantente alerta», despierto frente a los mecanismos de opresión y discriminación, pues son tan fundamentales que a menudo ni te das cuenta de que existen. Unos ven en este movimiento el único recurso que nos queda para lograr una sociedad justa, haciendo que las minorías discriminadas tomen conciencia de la realidad de su marginación para luego poder superarla gracias a un último esfuerzo. Otros lo consideran el fin de la civilización occidental, puesto que ahora los teóricos hipersensibles de la indignación quieren socavar los cimientos de la sociedad liberal con prohibiciones de pensamiento y expresión.

El fenómeno del movimiento *woke* aúna todo lo que caracteriza la matriz moral de la modernidad tardía: la exigencia de justicia y libertad; la cuestión del significado de la identidad y la pertenencia a un grupo; el problema de la distribución del poder, la propiedad y los privilegios; la lucha por la infraestructura simbólica de nuestra sociedad; los límites de lo que se puede decir... Así las cosas, dudo en utilizar la palabra *wokeness*, que ahora se emplea casi siempre en sentido irónico o incluso peyorativo. Originalmente, este término, que hace décadas se empleó primero en la comunidad afroamericana y de ahí pasó a la cultura de masas, era un llamamiento a todos los miembros de los grupos marginados y a sus aliados para que estuvieran atentos a la realidad, a menudo invisible o considerada natural, de la discriminación racista, sexista o capacitista. El término adquirió relevancia en las redes sociales y en los medios tradicionales hace unos años, especialmente tras el asesinato de Michael Brown por parte del policía Darren Wilson en Ferguson, Misuri, en agosto de 2014.[7] Los críticos, en cambio, utilizan la palabra para burlarse de la indignación moral de los grupos discriminados y acusarlos de mostrar una preocupación histérica que responde más a una exhibición hipócrita y superficial de la propia honradez que a una auténtica preocupación por la justicia.

El momento cultural que estamos viviendo en la actualidad se debe a una combinación de mecanismos y factores que han marcado nuestras normas y valores a lo largo de toda la historia de la humanidad. ¿Qué exigencias, aspiraciones e inquietudes están justificadas y cuáles no? ¿Cómo se interpreta la gramática moral de estos enfoques opuestos? ¿Qué elementos de la historia del bien y el mal se están recomponiendo?

LOS ORÍGENES DEL MOVIMIENTO WOKE

Es probable que la hora de la verdad hubiera llegado antes de no ser por el 11-S y la crisis económica de 2008, que desviaron la atención del mundo intelectual al terrorismo global y a la vulnerable volatilidad de los mercados financieros. Pero incluso sin esos acontecimientos habría sido inevitable que en algún momento se diera una evolución parecida, ya que las fuerzas disruptivas de Internet habrían puesto tarde o temprano los problemas de discriminación racista y sexista en el orden de prioridades del *zeitgeist*.

En la blogosfera de la década de los 2000, al principio el tema central era el efecto divisorio de las religiones enemigas.[8] Armados tan solo con teclados, los *geeks*, que pronto reconocieron en Internet su nuevo hogar, empezaron a reafirmarse en su racionalidad ponderada y serena y denunciaron que los alocados dogmas de los visionarios religiosos, sobre todo los evangélicos estadounidenses, eran intelectualmente insatisfactorios frente a la sencilla superioridad de quienes siempre están en posesión de la verdad. Se dedicaron a inventar pseudorreligiones como la del Monstruo del Espagueti Volador para luchar en tono paródico contra los relatos legendarios de las religiones tradicionales y, si eso no surtía efecto, explicaban a creyentes cristianos y musulmanes en un curso de dos semestres por qué la concepción inmaculada de María no podía haber sucedido así. No sorprendió a nadie que la estrategia no funcionara.

Las participantes femeninas de ese discurso pronto comprobaron que los intentos de ligar en los foros en línea de los *nerds*, que apenas veían la luz del día, casi siempre eran más bien torpes.

Cuando ellas contestaban con desinterés o rechazo, la paz se esfumaba y no era raro que el ambiente derivara en una evidente misoginia. Esto agudizó la sensibilidad de las intelectuales ante el mundo tóxico y agresivo en el que se movían las mujeres a diario.

Sin embargo, en algún momento debió de salir a la luz que la discriminación es, en realidad, «interseccional»:[9] la discriminación se concentra, se cruza y se refuerza y, aunque las mujeres tenían que cargar con su propia cruz, a menudo sus miserias quedaban eclipsadas frente a las formas de marginación que soportaban las mujeres negras, las lesbianas, las discapacitadas y las pobres. Aparte del feminismo, los problemas de injusticia social acaparan cada vez más atención. Nuevos movimientos sociales como Black Lives Matter, animados por los casos de brutalidad policial y maltrato que se publicitaban con una espeluznante regularidad, empezaron a centrar su crítica social en las penurias de la gente de color, que lo eclipsaban todo.

Concienciación

El movimiento *woke* empezó en Estados Unidos como una hegemonía occidental. Norteamérica volvió a actuar como faro cultural de Occidente y avanzadilla de la crisis, como el lugar donde surgieron con mayor urgencia y bajo la presión de una histeria especialmente maligna las rupturas y los rechazos que conforman el actual panorama social e intelectual.

Los detractores del movimiento *woke* lo describen como la señal definitiva que marcaba el final de la era dorada de la libertad y el Estado de derecho. En realidad, los esfuerzos por detectar y eliminar los cadáveres en el sótano simbólico de nuestra cultura, lengua y pensamiento no son nada nuevo; se trata, de hecho, del fantasma ya conocido de la corrección política que acecha a las sociedades modernas y gracias al cual periodistas y escribanos se aseguran el sustento.

El problema y la misión de la corrección política se mantiene: cuanto más desarrolladas son las sociedades modernas, más difícil es cambiarlas, más voluminosas y reacias al control se vuelven. Mientras siga siendo así, y hay motivos para creer que lo será durante mucho tiempo, las injusticias sociales serán cada vez más difíciles de erradicar con medidas políticas. Y eso que parece haber riqueza suficiente para hacerlas desaparecer en un abrir y cerrar de ojos. ¿Qué demonios está pasando? ¿Qué oscuras fuerzas tienen interés en sabotear sin escrúpulos el progreso social? ¿Y qué impide a la mayoría silenciosa ir a las barricadas?

La sensación de impotencia que provoca el no poder crear situaciones justas en un santiamén hizo que en algún momento fuera irresistible cambiar aquellas cosas que, a diferencia de las tercas instituciones, las costumbres inculcadas y una infraestructura aletargada, son relativamente fáciles de reformar. Para las élites urbanas, es nuestra lengua; porque la lengua, como aprende cualquier estudiante de Filología Románica en el primer semestre, conforma el pensamiento; y si nadie coge el hacha ante las flagrantes injusticias que hay a nuestro alrededor es que estamos atrapados en un esquema de pensamiento ideológico pernicioso. De nosotros depende mostrar a la mosca cómo salir del tarro. A esto se añaden los tentadores y reconfortantes anestésicos de las cuevas de opio de la industria cultural, que atan a la mayoría a su pasividad de una forma hipnótica.[10] La reconstrucción simbólica de la sociedad se convierte así en la máxima prioridad de los círculos cultivados en la guerra cultural.[11] A partir de ahí no se está lejos de discutir si los nombres de las aves son racistas, como si la nomenclatura ornitológica fuera una cuestión de vida o muerte.[12]

Ese giro hacia lo lingüístico-simbólico se ve acelerado por el hecho de que las injusticias sociales suelen detectarse primero en ambientes académicos ávidos de innovación, donde no hay nada más prestigioso que ser el inventor de la denominación de una nueva patología social.[13] A estos círculos, en virtud de su profesión, les resulta fácil introducir y utilizar neologismos alucinantes, que luego se exigen a otras personas en nombre de la responsabilidad moral, aunque a menudo les cueste adoptar una nueva jerga. No todo el mundo recorre lo suficiente los pasillos de la NYU como para estar siempre al día del último vocabulario moralmente impecable.

Así se produce una forzosa polarización entre quienes exigen cada vez con más vehemencia el cumplimiento de las nuevas normas lingüísticas y quienes se sienten cada vez más tutelados y juzgados por ellas. Entretanto, el problema ya está en parte solucionado por la generación posterior, que absorbe las normas lingüísticas de la élite cultural como su lengua materna moral. Sin embargo, para esa generación el fenómeno se repite en el ciclo siguiente. La corrección política, o movimiento *woke*, es un impulsor irremplazable del progreso moral y (para la mayoría) enervante que no se puede erradicar. No se prevé una solución totalmente conciliadora ni, lo que es más importante, definitiva.

La vehemente exigencia de justicia social resulta atractiva ante todo para las élites caídas en desgracia, que agradecen la desestabilización social provocada por la jerga progresista como una válvula para expresar su propia decepción por la pérdida de estatus. A veces una sociedad entra en fases de «sobreproducción de élites» por motivos estructurales y demográficos.[14] Toda una cohorte de jóvenes perfectamente formados, con buenas armas intelectuales y con la presión de unas altas expectativas paternas entra en el mundo adulto con muchas esperanzas y unos brillantes títulos universitarios, para luego comprobar que la luz al final de túnel procedía de un tren que se aproximaba y no de un cofre del tesoro a rebosar. La brutal competencia en la rueda de hámster que implica tener que demostrar algo constantemente nunca se detiene porque los demás están igual de bien formados, y la suposición de que los prestigiosos títulos universitarios terminan sin problema en sueldos de seis cifras resulta ser una burda exageración. La cantidad de buenos puestos de prestigio es limitada, y la mayoría de los aspirantes acaba con las manos vacías. En algún momento se produce la impresión de que hay algo fundamental que no va por buen camino en esa sociedad. «Pese a las buenas previsiones aún no he conseguido prosperar tanto como esperaba, así que me reconcomen la envidia y el resentimiento», sería un lema político no muy afortunado para promover la solidaridad y la empatía. Por eso es mejor declararse defensor de los oprimidos, en cuyo nombre —y, por supuesto, *nunca* en beneficio propio— se pronuncian las consignas revolucionarias que exigen una reorganización completa de la sociedad. Si el efecto secundario es que se expulsa a un contrincante de ese anhelado puesto en la redacción o el despacho de abogados porque no ha añadido a tiempo en su biografía de Twitter los pronombres deseados, mucho mejor. Entre los blancos adinerados la situación acaba en una especie de psicodrama que enfrenta a los que nunca se sienten lo bastante culpables por las injusticias sociales, los que prefieren prestar menos atención a esas injusticias y seguir viviendo su vida sin que los molesten, y un pequeño grupo de intelectuales negros que no se ponen del lado de ninguno de los dos relatos.[15] Mientras tanto, no cambia nada en la situación material de los que sufren la discriminación social.

Desde el punto de vista conservador, esos fenómenos son síntomas típicos de la engreída actitud liberal, que hay que denunciar como un indicio del control latente, moralista y autoritario de las fuerzas de izquierda. Es una estrategia publicitaria fantástica, pero no tiene nada que ver con la realidad. La corriente conservadora siempre ha tenido sus propias formas de corrección política, desde el estadounidense *support our troops* hasta la *remembrance poppy* de los ingleses, pasando por el *shibboleth* alemán de reconocer la RDA como un «Estado ilegítimo». La diferencia es que esas formas de política identitaria convergen con los intereses e ideologías de la clase dominante y, por tanto, se perciben como normales, saludables y naturales.

El concepto de política identitaria lo acuñó en 1977 el Combahee River Collective, una organización de activistas negros, socialistas y feministas que defendía la justicia social.[16] Sin embargo, la política identitaria en nombre de los desprotegidos, los desfavorecidos y los malparados casi siempre se presenta como una sublevación iconoclasta que hay que sofocar desde el principio, antes de que los extremistas de izquierdas le quiten la horma al zapatero de la esquina y le reprendan levantando el dedo índice para que no pegue a su mujer. ¿A dónde vamos a ir a parar? El comunismo, cuando todo está hecho trizas, y eso lo sabemos desde Kurt Tucholsky,[17] es una de las fijaciones de la burguesía.

Los enemigos del movimiento *woke* cometen el error, muy extendido, de extrapolar las tendencias existentes hasta el infinito. Casi siempre se confunden los efectos que tiene el proyecto *woke* en su forma actual para nuestra sociedad con los que *tendría* si continuara indefinidamente y se aplicara en su integridad. Aunque pudiera ser positivo, esto no va a pasar. El movimiento *woke* perdurará, pero en una versión debilitada y domesticada; en algún momento será endémica y cambiará de forma.

La partida final será de la manera siguiente: en primer lugar, el movimiento *woke* se diluirá y será absorbido por el capitalismo y la meritocracia, del mismo modo que los sesentayochistas exigieron en su día el fin de un sistema nauseabundo para luego convertirse en cómplices un poco más alternativos; el movimiento *woke* se abrirá igualmente camino en juntas directivas, editoriales, estudios de cine y trastiendas parlamentarias, donde sobrevivirá, pero también acabará neutralizado y despojado de sus manifestaciones más radicales. Por lo general, las élites siempre encuentran la manera de adueñarse de los movimientos sociales y adaptarlos a sus propios intereses.[18] Por eso no llega el temido/deseado fin de Occidente; y en cambio hay cada vez más mujeres en los puestos de dirección y más papeles protagonistas para asiáticos y personas transexuales. Son avances positivos que llegan con mucho retraso.[19]

En segundo lugar, el movimiento *woke* es un importante artículo de exportación de la cultura occidental.[20] En este sentido, los efectos de la corrección política también serán en gran medida beneficiosos. Al fin y al cabo, no importan tanto las ideas radicales que se defienden en los seminarios teóricos de Yale, Cambridge o la Universidad Humboldt. Sin embargo, si el movimiento *woke* ayuda a asumir el pasado colonial de Bélgica y refuerza los derechos de las mujeres en los países árabes, habrá cumplido de sobra su objetivo.

Stay woke

¿Por qué odiamos tanto el movimiento *woke*? Tal vez el amplio rechazo que suscita desde el principio el fenómeno en amplias capas de la población se debe a la combinación de dos factores. Por una parte, el furor moral con el que se lleva a cabo el proyecto *woke* de justicia social. La mayoría de la sociedad no se considera a sí misma racista —cabe destacar que a menudo se equivoca— y tiene una reacción alérgica cuando se la acusa de complicidad con las estructuras racistas y se le atribuye esa mácula como si fuera un pecado original. Así, se insinúa que el racismo o no se puede erradicar, o solo se puede tratar, si es posible, mediante la disculpa permanente y un flagelante examen de conciencia.

En segundo lugar, está la ya mencionada sospecha de que la agenda de la corrección política es en última instancia un proyecto elitista de licenciados universitarios entrometidos que no paran de inventar nuevos términos lingüísticos para, por una parte, dejar claro que forman parte de una vanguardia moral y, por otra, adoptar una actitud hipócrita y engreída cuando logran victorias pírricas en política con etiquetas facilonas, aunque al final solo quieren ganar prestigio personal. En resumidas cuentas: nadie quiere ser juzgado por mojigato.

El siglo XX intentó ampliar el círculo de la moral neutralizando los peligros del pensamiento grupal por medio de una lógica de prevención institucional y de la desmoralización de tabús injustificados. Para romper esa dinámica, a partir de ahora habrá que «moralizar» las estructuras ocultas de la injusticia para hacerlas visibles y derribarlas.

La paradoja básica del movimiento *woke*, como la de muchos movimientos morales integradores, es que las normas y los valores en los que se basa están inextricablemente unidos al contexto que critica, rechaza o intenta superar. La protección de las minorías, el deseo de justicia social, la exigencia de igualdad de derechos y la lucha contra la discriminación y el racismo son ideales propios de las sociedades occidentales, sobre todo de las raras. La discriminación, la explotación, el sometimiento, el genocidio y la desigualdad son la norma (salvo en las sencillas sociedades tribales prehistóricas) en la historia de la humanidad y en nuestra propia época. La paradoja del movimiento *woke* es que, en sus manifestaciones más extremas, incitadas por una hipersensibilidad moral, empieza a rechazar la única forma de sociedad que ha hecho un intento, insuficiente, pero aun así serio, de subsanar los defectos morales que ellos detectaron correctamente. En su versión extrema, el movimiento *woke* es como un trastorno autoinmune: el legítimo deseo de mejora moral empieza a cuestionar los fundamentos gracias a los cuales pudo surgir dicho deseo.

Los que rechazan con rotundidad el movimiento *woke* y la corrección política cometen otro error. La paradoja básica de los contrarios a lo *woke* es que consideran enemigos de la civilización occidental a quienes insisten en una aplicación plena y completa de los propios valores y normas que conforman esa civilización. A fin de cuentas, no cabe duda de que los *objetivos* morales de los movimientos inclusivos son positivos y correctos. Cualquier persona admitiría que, en una sociedad moderna, la etnia, el color de la piel, la orientación sexual, la condición física o el origen social no deberían influir en el destino de una persona. Solo surgen discrepancias en cuanto a los *medios* con los que lograr esos fines. Existe un potencial enorme de reconciliación entre los razonables que todavía no se ha hecho realidad.

Los defensores del movimiento *woke* no deberían subestimar

que, como cualquier movimiento de defensa del progreso sociopolítico, no es inmune a los problemas estratégicos: el vocabulario *woke*, una vez que se ha asentado en la sociedad, puede ser adoptado por actores problemáticos con tendencia al parasitismo, que presentan una fachada de sensibilidad moral para ocultar una conducta objetivamente dañina. Términos como «lavado de imagen rosa» (*pinkwashing*) o «lavado de imagen verde» (*greenwashing*) nos muestran que no hay que dejarse engañar cuando los grandes grupos petroleros internacionales intentan compensar su devastador balance medioambiental contratando a personas *queer* para el 50 % de su equipo directivo (lavado de imagen rosa), tuiteando #TimesUp o plantando unos cuantos árboles de vez en cuando (lavado de imagen verde).[21] Como hemos dicho, las élites sociales casi siempre encuentran la manera de instrumentalizar los movimientos nuevos para sus propios fines, y el *radical chic* no existe desde que el compositor Leonard Bernstein organizó una recaudación de fondos para los Black Panthers en su ático de catorce habitaciones en la azotea del número 895 de Park Avenue.[22]

La inclusión tiene su propia dialéctica. Cada institución, cada nuevo discurso y cada práctica social innovadora crea siempre nuevos nichos para quienes envían las señales morales correctas, pero cuyos fines distan mucho de ser nobles. Así, los movimientos de emancipación generan sus propios contrapesos cuando el vocabulario inclusivo de igualdad e identidad acaba en boca de movimientos que en la práctica son contrarios a la inclusión. Los *incel* (*involuntary celibates*, es decir, jóvenes que viven en la abstinencia involuntaria) o los activistas en defensa de los derechos de los hombres, frustrados sexualmente, utilizan la lengua de la redistribución y la marginación cuando tratan de reclamar su derecho a recibir atenciones sexuales argumentando una supuesta discriminación injustificada de las personas tímidas o poco atractivas. No hay que discriminar a las personas con discapacidad, pero ¿qué pasa con los jóvenes torpes? ¿Quién escucha sus inquietudes y necesidades? ¿Quién se acuesta con ellos, pese al mal aliento y el carácter aburrido?

El desequilibrio entre la cantidad de sexo que desearía tener un joven y la cantidad de la que disfruta en realidad es el tema más banal del mundo. Sin embargo, con las redes sociales ha logrado una difusión social inesperada. Antes, la inmensa mayoría de los púberes tenía también que superar periodos de sequía más o menos prolongados hasta encontrar una muchacha con la que poder satisfacerse de algún modo. Sin embargo, cada cual tenía que arreglárselas como podía. En la era de Internet, la situación es muy distinta. Los adolescentes sexualmente frustrados se reunían en foros para quejarse ante los demás de su sufrimiento. De pronto se dieron cuenta de que no estaban solos: «¡Somos millones! ¡Somos una nueva minoría oprimida que no interesa a nadie!». Empezaron a sospechar que existía una conspiración, en la que algunos hombres con mucho éxito sexual —los llamados *chads*— monopolizaban a las pocas mujeres sexualmente deseables —las *stacy*—. Así, la mayoría de los hombres, o eso les parecía, estaban condenados a ser unos *betas*, esto es, personas con una ausencia prolongada de sexo. La raíz psicológica de la derecha conservadora siempre ha sido el resentimiento de los que experimentaban una frustración sexual, así que la solución parecía clara: hay que dejar claro a esas zorras asquerosas las ventajas del viejo patriarcado, al que hay que volver ahora mismo.

El movimiento *alt-right*, fundado alrededor de 2010 por Richard Spencer y que quiere reinstaurar la «supremacía blanca» con la etiqueta de *alternative right*, pronto empezó a preguntarse por qué debería ser bueno que haya una solidaridad especial entre las personas negras y un énfasis especial en la identidad cultural negra, y en cambio no se hacía una reflexión comparable con la identidad etnonacional de los estadounidenses blancos de origen europeo, tal y como debía ser. Aquí, sostenían, hay un doble rasero: a los afroamericanos se les permite celebrar sus valores y características particulares, ¿por qué a «nosotros» no? Son estrategias engañosas para movilizar el resentimiento racista o sexista bajo el pretexto de la igualdad de derechos, que en el caso de Spencer iban asociadas a palizas tanto metafóricas como reales.[23]

¿Qué parte de la reacción de derechas iba en serio y cuál no?[24] No hay nada que guste más a los adolescentes que la provocación, y este fin llegó a justificar en algún momento casi cualquier medio. ¿Qué remedio me queda sino dar el siguiente paso ahora que mi arsenal rebelde no para de vaciarse porque mis padres, antes *hippies*, ya no tienen problemas con las drogas ni con el sexo prematrimonial? Con frecuencia, ese siguiente paso consiste en cruces gamadas, una misoginia visceral y confesión de fantasías asesinas. La mayor parte de ello se decía en tono irónico o, mejor dicho, metairónico, pues no se dejaba claro qué es lo que se decía realmente en tono irónico y qué no. Por desgracia, algunos de los que se guiñaban el ojo y seguían la broma se olvidaron de que hay que andarse con cuidado con quién se finge ser, porque en algún momento te conviertes en esa persona. Ellos abandonaron la pose irónica y se convirtieron en auténticos nazis o en misóginos redomados (y con frecuencia en ambas cosas).

Casi todos los grupos sociales, ya sean de derechas o de izquierdas, han tenido que lidiar con el problema de la inflación del extremismo. La ideología de un grupo queda dominada por los que representan su versión más extrema. Al cabo de un tiempo, esa versión extrema se convierte en la nueva ortodoxia. Quien quiera unirse al grupo o avanzar dentro del círculo tiene que demostrar una lealtad especial a la causa, y eso significa casi siempre ahondar en la radicalización. Es fácil acabar en un grupo que proclama con firmeza que Kim Jong-un puede teletransportarse o que el Führer era infalible. Nadie cree semejantes disparates, y nadie espera que los demás los crean. El extremismo ideológico se convierte en una señal preciada para generar confianza rompiendo los puentes del sentido común. El fenómeno se observa en todo el espectro político. Unos niegan el cambio climático, otros ponen en duda que las vacunas funcionen, los de más allá creen que una camarilla judía controla la economía mundial. Todo movimiento social tiene que encontrar siempre una solución para los curanderos, charlatanes, idiotas y trastornados a los que atrae.

En todas las sociedades hay personas perjudicadas y beneficiadas de forma injusta. Eliminar esas injusticias sociales sigue siendo una de las principales aspiraciones de la modernidad. En el intento, siempre habrá casos en los que alguien saque provecho de ese esfuerzo. Si los miembros de los grupos marginados reciben un apoyo especial o acaparan más atención, existe un aliciente para exagerar la propia condición de víctima o inventársela del todo. El resultado es un síndrome de Münchhausen social.[25] Rachel Dolezal, conocida también como Nkechi Amare Diallo, es una mujer blanca de ojos claros y origen centroeuropeo de Montana que se hizo pasar durante años por activista afroamericana; Jessica Krug, una mujer blanca judía de Kansas, luchó como «Jess La Bombalera» contra la gentrificación de East Harlem, o, como se dice en la jerga de la población hispana, con fuerte representación en la zona, el Barrio. Son casos excepcionales pero perfectos para enterrar la confianza en los objetivos integradores del movimiento *woke*. La mayoría de quienes denuncian su opresión no son, por supuesto, mentirosos ni estafadores ni personas mentalmente inestables. Sin embargo, todas las nuevas prácticas sociales generan nuevas estructuras de incentivos y nuevos nichos, de los que a veces se abusa.

Esas estructuras de incentivos también explican por qué nuestro vocabulario moral está sometido a desplazamientos semánticos que van minando poco a poco su precisión. Términos como *violencia*, *trauma* o *maltrato* tienen una enorme capacidad de incidencia. Una persona que afirma estar traumatizada o haber sido víctima de la violencia está haciendo un fuerte reproche moral, exige que se la escuche y se tome en serio su dolor. La tentación de aprovecharse del poder de alarma de esas palabras en casos límite es muy grande, por muy inconsciente que sea. En psicología se denomina *concept creep*, es decir, extensión gradual del concepto.[26] Quien quiere mostrarse muy sensible y con gran intransigencia moral acaba afirmando que las escenas de violación en las *Metamorfosis* de Ovidio «disparan [sus] propios traumas». Esta tendencia a dejarse llevar por la propia vulnerabilidad no es positiva; los traumas se deben superar y asimilar, no cultivar y reforzar.[27]

La expansión de los límites semánticos de las categorías morales alberga un potencial antiliberal que pone nerviosos, con razón, a los críticos del movimiento *woke*, y sus defensores deberían reconocerlo.[28] Las sociedades liberales se distinguen por la presunción de libertad: lo que no está prohibido, está permitido; las prohibiciones deben estar justificadas con buenos argumentos, y la libertad de los individuos solo se puede restringir para proteger a terceros.[29] Por eso los actos violentos (salvo la autodefensa) están prohibidos, pero las ofensas verbales no lo están (salvo contadas excepciones), porque las palabras pueden doler, pero no infligir daños reales a nadie. De ahí deriva la firme norma de la libertad de expresión. Sin embargo, en el momento en que los límites semánticos de términos como *daño* se difuminan tanto que ya se considera «violencia» hacer determinadas declaraciones verbales, quedan justificadas unas limitaciones de mayor alcance a la libertad de expresión. Puede ser incorrecto y ofensivo discutir que las mujeres trans sean mujeres «de verdad», pero es peligroso considerar que esa afirmación ejerce sobre alguien un tipo de violencia que supera los límites de la libertad de expresión.

Todo ello lo refuerza el fenómeno del «cambio conceptual inducido por la prevalencia»[30] porque, cuanto menos frecuente es algo, más lo vemos. Hasta hace poco, el término *agresión* estaba reservado a las amenazas y ataques manifiestos, tanto físicos como verbales; cuanto más pacífica, domesticada y colaborativa se vuelve una sociedad, más disminuye la frecuencia objetiva de las «auténticas» agresiones, y como consecuencia aplicamos la etiqueta de la «agresión» a casos cada vez más leves. Es algo parecido al cuento de Pedro y el lobo: quien grita continuamente

«¡que viene el lobo!», aunque no haya nada, esperará en vano que lo ayuden cuando el lobo enseñe los dientes de verdad. Por lo tanto, hay que tener cuidado con el uso excesivo de conceptos con una gran carga moral, porque quien recurre demasiado a la capacidad de alarma de esas ideas tarde o temprano las despoja del todo de esa fuerza.

Se produce una dinámica ambivalente: por una parte, se supone que nuestros niveles morales son cada vez más estrictos y que se reduce nuestra tolerancia frente a las conductas ofensivas; y, por otra, el uso exageradamente laxo de conceptos con una fuerte carga moral acaba asociándose a una panda de *snowflakes* emocionalmente inmaduros que deberían controlarse en vez de sentirse siempre atacados y desmoronarse ante el más mínimo roce.

Es difícil establecer los límites de lo que se puede decir. Sin duda, sería agradable poder acabar con la discriminación desterrando las expresiones discriminatorias del registro sociocultural y, por tanto, de la sociedad educada. Por desgracia, no se puede hacer algo así mientras no cambien las actitudes y opiniones que dotan a esas expresiones de significado discriminatorio y de fuerza emocional. Si una expresión problemática se sustituye por otra que en un principio no resulta problemática —por ejemplo, *emigrante* por «persona de origen migrante»—, la nueva expresión pronto suele impregnarse de la misma connotación peyorativa que motivó su aparición para reemplazar la expresión anterior. Así, las propuestas de reforma lingüística suelen acabar en un «engranaje continuo de eufemismos» cosméticos.[31]

La semántica de muchas palabras es intrínsecamente ofensiva, excluyente o deshumanizadora. Ulrike Meinhof relató en una ocasión que consideraba a los policías «cerdos» y no «personas». La conclusión rápida era: «Y claro que se les puede disparar». Palabras como *marrano*, *maricón*, *tullido*, *mongol*, *muselmann*, *gitano* o *coño* tienen también una evidente raíz peyorativa. Cuando yo era niño, aún se podía usar el término *nigger*. Está bien que ya no sea así. Los intentos de la historia de la lengua por rehabilitar la palabra defendiendo que *nigger* solo significa «negro» nunca resultaron convincentes. Hubo un tiempo en que *idiota* significaba «individuo particular», y, sin embargo, la mayoría de la gente que utiliza la palabra que empieza por ene sin problema se molestarían si se dirigieran a ellos con la palabra *idiota*, en principio neutral. La etimología de una palabra no decide su significado actual.

Es un avance claro que ya no exista una palabra concreta para las personas que tienen la piel oscura, salvo neologismos bienintencionados como BIPoC (*Black, Indigenous and People of Color*), que *a priori* tienen una finalidad progresista. Pero ¿qué ocurre con los casos en que se pronuncia una palabra ofensiva, discriminatoria o que desprecia lo humano? ¿Los jóvenes aficionados al rap deberían cantar en un murmullo los fragmentos correspondientes? ¿Cómo deberíamos comportarnos ante *Lo que el viento se llevó* o *Django desencadenado*, donde se habla sin parar de *negroes*?

Los filósofos suelen diferenciar entre el «uso» y la «mención» de una palabra. *Saturno* tiene siete letras, pero Saturno no tiene ninguna porque está hecho de hidrógeno, no de letras. En el primer caso hablamos de la palabra, en el segundo la utilizamos. Esto no supone ninguna dificultad en el caso de Saturno, pero cuando se trata de nuestros semejantes, todo es muy distinto. ¿Hay algún problema en pronunciar palabras discriminatorias y no utilizarlas con un referente? ¿Se rompe a veces la distinción entre uso y mención?

Como especie simbólica, los seres humanos tenemos la capacidad de dotar de significado determinadas partes del mundo. A veces ese significado es negativo, y algunos significados negativos ganan tanta fuerza que se convierten en tabús, que son los primos profanos de lo sagrado: vienen sin la reprobación divina, pero albergan la misma semántica de elemento intocable. En Estados Unidos, ahora casi solo se habla de «la palabra que empieza por ene» considerada tabú. Cuando el *New York Times* publicó hace poco un reportaje en el que un lingüista (negro) de la Universidad de Columbia trataba el origen histórico de ese tabú, se vieron obligados a acompañar el reportaje con un artículo especial en el que se explicaba por qué habían decidido imprimir sin censura la palabra maldita.[32]

Sin embargo, ese tipo de tabús pueden tener consecuencias imprevistas. En lugar de neutralizar el efecto ofensivo de una expresión, pueden dotarla de un nuevo poder y consolidar su fuerza emocional. Todo el mundo sabe que hay una diferencia abismal entre utilizar uno mismo la palabra que empieza por ene y criticar a una persona por utilizarla diciendo: «No deberías utilizar la palabra *nigger*», aunque para poder firmarlo tenga que mencionar la palabra ofensiva. El segundo caso es moralmente inofensivo, el primero, moralmente incorrecto.[33] Sin embargo, ¿qué alternativa hay? La frase «No deberías utilizar "la palabra que empieza por ene"» es incorrecta porque es la palabra lo que hay que evitar, no el eufemismo.

El debate sobre la palabra que empieza por ene es un ejemplo ilustrativo de la ambivalente estrategia simbólica del movimiento *woke*, que pretende forzar la justicia social a través de intervenciones lingüísticas. Superar la exclusión que implica naturalizar conceptos deshumanizadores es un proyecto loable y eficaz, pero ¿cómo deberíamos comportarnos cuando un personaje destacado blanco como el cantante y compositor estadounidense John Mayer, en una célebre entrevista de 2010, compensa su cercanía musical a la comunidad afroamericana con la inevitable distancia que se impone cuando una persona a la que nunca se le ha negado una mesa en un restaurante y jamás tendría un «n***** pass», es decir, el privilegio excepcional para un blanco de usar una palabra que suele estar reservada a la comunidad negra, la usa?[34]

La vida, como decía el doctor Ian Malcolm en *Jurassic Park*, encuentra la manera: en efecto, la generación siguiente ya diferencia entre la variante claramente racista de la palabra ene que termina con una «erre dura» y el término *nigga*, provocador e informal, con el que coquetean los amigos. Las comunidades marginadas no están formadas por víctimas pasivas, sino por individuos que actúan de forma autónoma y creativa, que se apropian de las palabras denigrantes y las despojan de su connotación peyorativa, como, por ejemplo, en la *crip community*, donde las personas discapacitadas reivindican irónica y conscientemente el término *lisiado* para sí mismas.

Muchas de las inquietudes que encabezan la lista de tareas pendientes del movimiento *woke* son plausibles e importantes: la discriminación de las mujeres y los inmigrantes, las personas con discapacidades o las que viven en la pobreza es escandalosa e inadmisible. Las sociedades modernas deben seguir trabajando para que un día esos problemas lleguen a ser agua pasada. Con todo, a veces las prioridades morales de los activistas de la justicia social resultan sorprendentes. El actual *Manual diagnóstico y estadístico de los trastornos psíquicos* (DSM-V) establece que la prevalencia de la disforia de género —es decir, una incongruencia entre la identidad de género de una persona (*gender*) y la manifestación física de su género (*sex*)— es del 0,014 % de la población. Toda persona transexual debería poder vivir en libertad, con naturalidad y sin sufrir discriminación. Sin embargo, eso no quita que el problema de la transición de las personas transexuales sea pequeño desde el punto de vista de la sociedad en general. Es, sencillamente, un fenómeno muy poco frecuente.

El pánico moral del otro bando es aún más difícil de entender. La disforia de género es un fenómeno poco frecuente pero real, y el hecho de insistir sin más en que las realidades biológicas dictan quién es mujer y quién hombre no aporta nada a la hora de comprender el fenómeno o desarrollar como sociedad un trato adecuado a las personas transexuales. Tal vez sea útil la analogía con la categoría legal y social de los padres adoptivos:[35] los padres adoptivos no son los auténticos padres de sus hijos adoptivos, y sería ofensivo, irrespetuoso e innecesario aprovechar cualquier ocasión para hacer hincapié en que, desde el punto de vista biológico, no son los «verdaderos» padres. Puede haber contextos en los que esté justificado incidir en ese sentido, como, por ejemplo, en intervenciones médicas tales como la donación de órganos o el diagnóstico de enfermedades hereditarias; pero expresar una y otra vez la sospecha de que una horda de hombres transexuales sexualmente agresivos está esperando a buscar víctimas inocentes bajo pretexto de su nueva identidad vestidos de mujeres (aunque en casos concretos puede suceder, claro) es ridículo y tránsfobo. Hay algo que jamás se debe olvidar: el instrumento preferido y más eficaz de la derecha conservadora siempre ha sido atizar el miedo de la gente a lo nuevo y lo desconocido mediante un inteligente alarmismo frente a maleantes con desviaciones sexuales con el fin de lograr apoyo para sus políticas regresivas.

Las prioridades morales del proyecto progresista en parte son difíciles de cumplir, pero este no es un problema específico del movimiento *woke*. Afecta a todos los movimientos políticos y a todos los partidos. En Estados Unidos mueren a causa de enfermedades cardíacas y cáncer quinientas mil personas al año; por enfermedades renales, en torno a cincuenta mil. Sin embargo, ningún partido, ni periódico, ni grupo de activistas habla de ello con el nivel de insistencia que cabría esperar en vista de esas asombrosas cifras.[36] Es algo que responde a una patología general del discurso político. Los partidos y los movimientos sociales no se concentran en los asuntos que son importantes en conjunto, sino en aquellos con los que pueden ganar votantes indecisos y que hacen quedar mal al otro bando. Las «cuestiones divisorias»[37] son casi siempre, si no irrelevantes, *relativamente* carentes de importancia. El gran problema del fallo renal no es lo bastante controvertido, así que con ese asunto no se consigue ventaja frente al adversario político. Eso también provoca un desplazamiento del discurso político a lo cultural y simbólico. La sustitución de Cervantes por la *Critical Race Theory* en el currículo de la escuela privada de Manhattan Dalton School acabará siendo el tema político del momento, aunque no cambie ni lo más mínimo la vida de la inmensa mayoría.[38]

RACISMO DE IDA Y VUELTA

El liberalismo clásico aún confía en que el tiempo cure nuestras heridas. En cuanto a todos los seres humanos se les concedan los mismos derechos y se hayan establecido procedimientos que garanticen un trato justo y equitativo, el deseo de justicia saldrá por sí solo. Los activistas del movimiento *woke* apuntan, con razón, que a veces no es tan fácil, porque quien impone procesos neutrales, derechos equitativos y libertades individuales a las desigualdades sociales existentes no se va a librar de ellas. La injusticia radical se consolida en condiciones de libertad radical.

Entonces, ¿por qué no renunciar primero a la ilusión de neutralidad? En algún momento se consideró que hacer hincapié en las identidades de grupo colectivas era más eficaz para que se oyeran las quejas de esos grupos. Había que recordar a los hombres blancos su ineludible identidad blanca y los «privilegios blancos» asociados a ella. Se exhortó a la gente de color a solidarizarse con sus hermanos y hermanas, a considerarse una «tribu»[39] de una vez por todas para eliminar las estructuras racistas y convertir el propio sufrimiento en moneda política. Es un giro irónico de la historia que en los círculos *woke* se reconozca que la «raza» es un constructo social sin base científica, pero al mismo tiempo se ponga de relieve con una fuerza inusitada.[40] Puede que las categorías que se utilizan en el lenguaje coloquial para designar a personas de distinta procedencia étnica —negros, blancos, asiáticos— se basen *en cierta medida* en grupos poblacionales fáciles de identificar genéticamente que comparten una historia.[41] Sin embargo, esa asignación sigue siendo muy rudimentaria. Los conceptos de nuevo cuño como BIPoC suelen tener un objetivo explícito desde el principio: el de clasificar los grupos según su categoría de víctima de la discriminación y marginación del sistema.

De hecho, la insistencia en categorías «racistas» reconocidas como obsoletas pone nerviosos a muchos. ¿A quién le pareció buena idea recordar constantemente a los blancos que son blancos? ¿A quién le resulta progresista y terapéutico que las personas blancas se puedan solidarizar entre ellas bajo la bandera de su *whiteness*, incluso cuando pretenden presentar una disculpa colectiva y elogiar una mejora?[42] La tendencia, en apariencia paradójica, a insistir en categorías con carga «racial» para combatir el racismo recuerda la idea del cómico George Carlin de que luchar por la paz es tan contradictorio como practicar sexo por la virginidad. Por desgracia, es una tendencia muy arraigada en el programa *woke* porque, si para las víctimas de la marginación ser *woke* significa estar atento a la realidad de su propia discriminación, para sus beneficiarios y perpetradores significa reconocer los privilegios del propio grupo y verse perpetuamente como cómplices de la «supremacía blanca».

Los privilegios sociales son, como las injusticias y la discriminación, transversales. Esto se les pasa por alto a quienes consideran errónea la idea de privilegios «blancos» porque también existen personas blancas con un nivel socioeconómico bajo: es una noción correcta, desde luego, pero no demuestra nada porque los privilegios solo son válidos *ceteris paribus*, es decir, en igualdad de condiciones. Que existan privilegios blancos no significa que a todas las personas blancas les vaya mejor que a todas las que no lo son. Significa que, de dos personas que por lo demás son comparables, la persona blanca juega una mano un poco más fácil en la partida de la vida gracias a sus privilegios.[43]

Con el tiempo se ha instaurado un género de crítica cultural que radiografía la indignación con la que reaccionan las personas «blancas» o «bioalemanas» al problema del racismo.[44] Activistas y asesoras como Robin DiAngelo ofrecen seminarios sobre cómo pueden superar las personas blancas su «fragilidad blanca» reaccionando con menos virulencia a la idea de que se aprovechan de la «supremacía blanca» ya imperante en las estructuras existentes. Este también es un asunto ambiguo, por no decir otra cosa: una vez armado con ese vocabulario, resulta difícil diferenciar las objeciones justificadas por racismo de la falta de predisposición para reconocer la problemática herencia de las sociedades modernas. Quien niegue tener prejuicios racistas enseguida acaba en una «situación kafkiana» en la que el rechazo de un reproche se convierte en un indicio de que el reproche es justificado. A mucha gente no le gusta que la califiquen de servidora de la injusticia y reacciona a la defensiva; y en este aspecto se suele esperar una mayor disposición a la autocrítica. Sin embargo, no siempre que una persona niega beneficiarse de las estructuras racistas en un caso concreto es síntoma de hipersensibilidad blanca.

Con la aparición de las sociedades raras se impuso la idea de que las comunidades políticas ya no se entienden como una red de jerarquías y relaciones de parentesco inamovibles, sino como un contrato social que todos los miembros de la comunidad firman como partes libres e iguales. No obstante, frente a una realidad de continua discriminación racista, sexista y capacitista, la idea se antoja insípida e hipócrita. ¿Y si los negros o las mujeres nunca fueron incluidos en esa «firma de contrato»? ¿Y si nuestro contrato social en realidad siempre fue un «contrato de razas» en el que los hombres blancos han ajustado las condiciones que les permiten aprovecharse del sufrimiento y la explotación de los que no son hombres blancos?[45]

La *Critical Race Theory* (CRT)[46] intenta hacer visible ese patrón ideológico: desde la abolición de la esclavitud y la segregación oficial, puede que la discriminación racista haya perdido brutalidad, pero en cierto modo solo ha cambiado de forma y se ha vuelto más sutil, menos oficial y bastante más tóxica. Hace tiempo que salió a la luz la conspiración cleptocrática de los europeos blancos que se materializaba en los estruendosos latigazos de los vigilantes de esclavos en los campos de algodón de Georgia, los linchamientos organizados en Misisipi y los dispensadores de agua separados en Alabama. Sin embargo, los efectos secundarios de ese racismo bien arraigado perduran en el amargado corazón de los nostálgicos revisionistas y en los estatutos de la política de vivienda discriminatoria. La política estadounidense del *redli-*

ning, por ejemplo, se ocupó durante mucho tiempo de que los compradores afroamericanos de inmuebles solo pudieran adquirir propiedades residenciales en condiciones desfavorables y en zonas con dificultades sociales, cuando la vivienda es la forma más importante de crear riqueza privada y una de las principales vías de protección social. La *War on Drugs* desembocó, junto con otras patologías estructurales del sistema de derecho estadounidense, en una tasa de encarcelamiento única en todo el mundo que sufren sobre todo los hombres negros.[47]

Así, muchos grupos solo pueden sentarse a la mesa de la partida social con las cartas marcadas. De esas desventajas estructurales surge la idea de que la sociedad actual todavía les debe a los antaño marginados una compensación, una reparación, alguna forma de equilibrar en cierta medida las injusticias soportadas con anterioridad.[48] La generación más joven, que solo ha heredado esas discriminaciones estructurales y no tiene conciencia de culpa, pregunta a su vez por qué tiene que pagar por algo que nunca quiso ni provocó. Así, en algún momento todo el mundo acaba con la sensación de ser discriminado y juzgado de forma injusta. El racismo sistémico, tan imbricado en nuestra sociedad, le añade complejidad moral. Sin embargo, cuando el racismo es generalizado, no se puede evitar ni uno puede mantenerse al margen. Enseguida se simplifica la situación de manera burda: o uno es antirracista y lucha activamente contra las estructuras discriminatorias, o no lo hace y entonces es racista. No existe la opción de ser no racista, sin más.[49]

Las hostilidades a las que la sociedad mayoritaria ha sometido a las minorías, los grupos discriminados y los estilos de vida alternativos pasaron en algún momento, o esa es la sospecha, de la corriente social general, donde la difamación racista, el fanatismo sexista y la exclusión capacitista estaban bien vistas, al inconsciente colectivo. Nuestros prejuicios no desaparecen, sino que se vuelven «implícitos» y solo salen a la luz en las reacciones y juicios automáticos e intuitivos de los individuos que apenas se detectan subjetivamente. Por eso desde finales de la década de 1990 han ido ganando popularidad los test psicológicos que sacaban a la luz esas opiniones inconscientes. El más conocido es el Implicit Association Test (IAT) de Harvard, creado por Mahzarin Banaji y Anthony Greenwald.[50] Esta prueba, que en la actualidad cualquiera puede hacer desde casa, [51] pretendía demostrar que las ideas negativas pueden existir incluso cuando uno ni siquiera las ha advertido o las rechaza de forma consciente. Se basa en la noción de que las actitudes discriminatorias surgen de las asociaciones implícitas que establecemos entre grupos sociales y objetos y circunstancias con connotaciones negativas. El test mide los tiempos de reacción relativos que necesita una persona para unir conceptos con carga positiva o negativa con imágenes de personas blancas o negras, gordas o flacas, con o sin pañuelo. Puede resultar desagradable y perturbador descubrir que uno asocia un poco más rápido imágenes de armas de fuego o ratas con rostros de personas negras. Sin embargo, la solidez científica de ese test se ha cuestionado cada vez más, sobre todo durante los últimos años, porque no es «ni válida ni muy de fiar».[52] El IAT de Harvard mide ante todo los tiempos de reacción, y no está nada claro que esto equivalga a auténticos «prejuicios»; además, los resultados obtenidos varían a menudo de forma radical cuando se repite el test. A diferencia de una medida que en esencia siempre da los mismos resultados, los del test de asociación implícita pueden cambiar por completo en cuestión de minutos, horas o días. Al final, su capacidad de predicción es muy limitada: un resultado concreto en el IAT apenas dice nada sobre hasta qué punto una persona tiene una actitud discriminatoria en la vida real. Es probable que, en efecto, existan prejuicios implícitos, pero sigue siendo muy complicado medirlos y luego corregirlos.

El énfasis en las estructuras racistas a menudo contradice las recetas y soluciones que se proponen para acabar con el problema: se insiste en que la crítica de las prácticas racistas y sexistas es independiente de lo que pase en la mente y el corazón de las personas porque son los factores sistémicos los que reproducen la marginación de las minorías. Las terapias y propuestas de reforma que se presentan suelen ir dirigidas a las actitudes y hábitos psicológicos de las personas, a las que se les exige reflexionar en profundidad, actuar siguiendo los reflejos, confesar su complicidad o «verificar» sus privilegios. La crítica al racismo debería tomarse más en serio sus propios diagnósticos y explicaciones, y detectar soluciones estructurales para problemas estructurales, aunque parezca que se exculpa a los que se benefician de esas estructuras.

Una crítica progresista y ambiciosa de la sociedad debe aunar dos aspectos que van en direcciones distintas: por una parte, es importante que conserve la vigilancia necesaria y la capacidad de indignación que requiere cualquier crítica social para percibirse tan apremiante, convincente y aguda que motive la acción y gane nuevos adeptos. Por otra parte, si quiere ser fiel a los hechos, debe admitir que se han producido avances notables que han permitido socavar el mal del racismo o el sexismo y la crueldad, por suerte. Dado que esos dos aspectos encajan mal desde el punto de vista emocional —uno suena alarmante, el otro, tranquilizador—, el discurso progresista cae en la tesis de que la injusticia sigue ahí, solo que cuesta destaparla. La esclavitud y la segregación se ven y se notan, los insultos racistas se oyen y se sienten. Pero ¿qué pasa cuando la esclavitud y la separación por razas se elimina, cuando los «trabajadores extranjeros» turcos o griegos y sus hijos se convierten en ciudadanos alemanes que estudian en Alemania y ocupan cargos públicos?

La izquierda de orientación tradicional critica que esa atención político-identitaria que perciben el racismo y el sexismo como dificultades fundamentales de las sociedades modernas provoca que se pasen por alto los verdaderos problemas. En realidad, según su tesis, al final se trata de la discriminación *material* de algunos grupos: la política identitaria *woke* asimila justo las categorías racistas y étnicas que había prometido superar y olvida que la explotación y la injusticia son una cuestión de *clase* socioeconómica.

Da la impresión de que la élite dominante está encantada con que los intelectuales y los críticos de la sociedad discutan sobre cuestiones de política identitaria mientras dejan intacto el sistema general de explotación capitalista, gracias al cual la élite dominante ha llegado a ser lo que es. La lógica de la representación equitativa no desagrada al neoliberalismo, que está dispuesto a conceder una proporción de los puestos directivos a mujeres a cambio de que el sistema se perpetúe sin problemas.

EXAMEN DE VOCABULARIO

¿Acaso no hay en todo un resquicio por el que puede brillar la luz? Lo que importa es detectar esa grieta, y ahí reside la verdadera fuerza del proyecto del movimiento *woke*: en la energía creativa que se invierte en afinar nuestra brújula moral y zarandear al centro de la sociedad para que despierte de su sueño dogmático.

Para ello a veces se necesitan palabras nuevas, ya que, para los humanos, en cuanto especie simbólica que se siente como pez en el agua en el medio del significado, nada es real si no tiene nombre.[53] Esas nuevas palabras suelen topar con el rechazo porque parecen necesariamente artificiales y forzadas. Es comprensible sentir ese impulso, pero hay que superarlo: puede que una gran parte le parezcan absurdas, pero ¿quién sabe cuáles de esas propuestas acabarán siendo sostenibles y tendrán futuro? ¿Quién duda hoy de que muchos cambios pronto pasaron a formar parte del día a día?

Es fácil burlarse del narcisismo que reflejan las pequeñas diferencias entre la multitud de propuestas que compiten por lograr una lengua que refleje la equidad de género. ¿Hay que decir los y las asesoras fiscales, l@s asesor@s fiscales, les asesores fiscales? ¿Y cómo se pronuncian las vocales que marcan la diferencia de género? ¿Hay que susurrarlas, avergonzados? ¿O se disfrutan, como hacía el Humbert Humbert de Nabokov con las tres sílabas del nombre de su prisionera? ¿O mejor seguir el ejemplo de Kleist en *La marquesa de O.*? (¿Y hasta qué punto son cuestionables en este contexto las referencias justamente a esos dos textos, que adoptan una posición dolorosa y ambigua sobre el tema de la violación?) ¿A partir de ahora hay que decir cancillera obligatoriamente? El nivel de gran parte de esos debates es lamentable; pero no se puede dar por ganada una discusión cuando solo se ha conseguido rebatir a los representantes más ingenuos de la posición contraria. En este sentido, ambos bandos le deben al resto de la sociedad una deferencia: los reformadores, una mayor comprensión del carácter provisional, negociable y (en ocasiones) feo de sus propias ideas; los conservadores, una mayor disposición a ver el fondo honrado de esos esfuerzos, en vez de enfurruñarse y hacer como si nunca hubiéramos aprendido una palabra nueva.

No se puede decidir *a priori* qué solución acabará siendo la más sostenible, eso depende del libre juego de fuerzas que permite que en las sociedades plurales no se decida la forma de vida de sus miembros por orden de un superior, sino mediante una competición experimental. Yo mismo siento debilidad por la poesía hermética de los neologismos idiosincrásicos que descubren una parte del mundo que antes no me había llamado la atención, había pasado por alto o tal vez ni siquiera conocía. ¿A quién le gusta admitir que es un filisteo que rechaza una palabra nueva solo porque no encaja en el pequeño mundo propio, entre el amplio despacho y el club de bolos?

Muchos conocen el célebre «techo de cristal»: hace referencia al último paso en la escala profesional en el que se accede a puestos de auténtico poder y verdadera influencia, donde muchas mujeres ven que quedan al margen, impedidas por un obstáculo invisible pero impenetrable. Sin embargo, ¿quién ha oído hablar, aparte de un grupito de personas muy avezadas en Internet, del «techo de algodón» (*cotton ceiling*), que describe las dificultades a las que se enfrentan las mujeres transexuales que se sienten atraídas por mujeres cisgénero lesbianas? Porque es muy frecuente que no las acepten como mujeres auténticas y completas, o en todo caso eso dicen, ya que la atracción sexual es una criatura indomable. Así, con frecuencia el coqueteo prometedor concluye al franquear ese techo de algodón que es la ropa interior, en el que algunas personas progresistas tuvieron que aprender de sí mismas que sus deseos se ajustaban mal a sus convicciones políticas, o lo hacen solo a medias y en ocasiones contadas. Sin embargo, en cada concepto subyace un ámbito de la experiencia, un montón de dolor, esperanzas frustradas, vergüenza y tristeza que les hace entender que nunca van a compartir esas experiencias. Es vulgar y estúpido no comprenderlo.

W. E. B. Du Bois, uno de los intelectuales negros más notables del siglo XX y el primer afroamericano doctorado en Harvard, habló ya del «beneficio psicológico de ser blanco»,[54] término con el que hace hincapié en que incluso los blancos más pobres e incultos podían tener en todo momento el consuelo de que al menos no eran negros. El privilegio subjetivo que lo acompaña es una manera de actuar, una actitud ante el mundo y ante los demás, una voz que te susurra constantemente que está bien, que tienes derecho a estar aquí y en todas partes y que no tienes por qué avergonzarte ante nadie. Me parece evidente que existen esos privilegios. Yo mismo los siento cualquier día más o menos despreocupado de mi vida en el que nadie me molesta ni me agarra. Quien discute la existencia de esos privilegios recuerda esa terquedad ingenua de los peces que, cuando les preguntan cómo está el agua, contestan: «¿Qué carajo es el agua?».[55]

La resistencia exagerada a las iniciativas que defienden el lenguaje inclusivo no aguanta la prueba de la inversión.[56] Creada por los filósofos de Oxford Nick Bostrom y Toby Ord, pone de relieve la siguiente reflexión: quien rechaza un cambio de un determinado parámetro x en una dirección debería preguntarse si sería mejor un cambio correspondiente en la dirección *contraria*. Si tampoco lo acepta, debería poder explicar por qué nos encontramos casualmente en un punto óptimo local en relación con ese parámetro *x*. Muchos ven con escepticismo la posibilidad de aumentar capacidades cognitivas del ser humano como la inteligencia por medios químicos o genéticos, pero ¿por qué? ¿Deberíamos volvernos todos un poco más tontos por medios genéticos o químicos? Si eso tampoco nos parece correcto, la pregunta es por qué da la casualidad de que ahora hemos alcanzado el nivel óptimo de inteligencia. ¿O solo nos aferramos al sistema establecido porque es el sistema establecido?

Hay que admitir que las iniciativas de reforma lingüística a veces son torpes y a menudo insólitas. Sin embargo, ¿por qué deberíamos dar por hecho que nuestra lengua, que ha evolucionado a lo largo de los siglos, es suficiente para satisfacer las exigencias morales que nos hemos impuesto? ¿Quién está dispuesto a afirmar en serio que las correcciones que hemos impuesto en épocas anteriores en nuestro vocabulario no estaban justificadas? ¿Quién querría seguir llamando «mongoles» a los niños con síndrome de Down o «lisiados» a las personas paralíticas? No obstante, quien no quiera quedarse atrás en este progreso debe poder explicar por qué justo ahora es suficiente. ¿Por qué el nivel de lenguaje con mejoras morales alcanzado en la actualidad debería ser el final de la historia, el punto óptimo que no admite más mejoras? Aquí sale a la luz una parcialidad conservadora a favor del *statu quo*.

La autora feminista Rebecca Solnit, en su fascinante ensayo *Los hombres me explican cosas*, describe una curiosa situación en una fiesta en una casa en Aspen en la que un hombre insistía en darle lecciones con actitud pedante sobre el contenido de un libro que ella misma había escrito.[57] En cuanto uno se familiariza con el concepto de *mansplaining* —una combinación de *man* y *explaining*—, lo encuentra por todas partes. El *mansplaining* es solo una manifestación de un fenómeno general que la filósofa inglesa Miranda Fricker ha denominado «injusticia epistémica».[58] Son aquellas injusticias específicas que se infligen a una persona en su condición de sujeto pensante. Así, la injusticia hermenéutica es aquella que sufre una persona cuando se ve privada de los medios conceptuales para entender de la manera adecuada una experiencia concreta. Una secretaria que nunca ha oído hablar de «acoso sexual» tal vez no interprete los intentos de aproximación de su jefe como una agresión justiciable, sino como un hecho cotidiano e inevitable que hay que aceptar apretando los dientes y con paciencia. Si pudiera entender mejor su vivencia, podría clasificarla de un modo más competente y sentirse autorizada a quejarse.

Una injusticia testimonial consiste en no ser tenido en cuenta como fuente de saber adecuada, es decir, como informante o testigo, autoridad o experto. Las catedráticas jóvenes a menudo se perciben como estudiantes de doctorado, y las estudiantes de doctorado, como universitarias; se desconfía de las víctimas de violación por ser mujeres fatales e histéricas; a los colegas extranjeros se les interrumpe, se les pasa por alto, se les calla. El *mansplaining* es una especie de híbrido epistémico en el que la propia categoría de autoridad masculina, en un acto de engreimiento informativo, se coloca por encima de la autoridad inferior femenina de expertas demostradas.

Las injusticias testimoniales a las que se enfrentan las mujeres podrían ser, a su vez, solo un síntoma de una patología aún más profunda: el monstruo de mil cabezas del patriarcado y la misoginia. Esta, según la define la filósofa social australiana Kate Manne en su obra *Down Girl*, es el brazo ejecutivo y legislativo del sexismo.[59] El sexismo es la ideología que legitima en el patriarcado la subordinación y la opresión de las mujeres en beneficio de la hegemonía masculina; la misoginia no es un sentimiento de odio hacia las mujeres, sino una estructura social, el brazo ejecutor de la ideología del sexismo, que para los pies a las mujeres gruñonas con sanciones sociales calibradas con esmero. Los hombres, en cambio, según Manne, se benefician de la *himpatía*, una empatía exacerbada hacia los hombres (poderosos), solo por el hecho de ser hombres (poderosos).

A estas alturas se ha consolidado toda una serie de conceptos nuevos, desde «silbato para perros», pasando por «hacer luz de gas» y «microagresión», hasta «apropiación cultural» (y muchos más), que pretenden llamar la atención con una elegancia crítica con la cultura sobre las pequeñas y grandes injusticias a las que se enfrentan todos los que no cumplen las expectativas normativas de los hombres blancos, acaudalados, sanos y heterosexuales. Los «silbatos para perros» hacen referencia a una estrategia retórica con la que se transmiten mensajes ocultos. Igual que los tonos superagudos de los silbatos para perros que solo perciben ellos, determinadas connotaciones solo van dirigidas a una parte informada del público. En principio, parece intachable desde el punto de vista político aludir en un mitin a problemas sociales en «focos de fragilidad social». Sin embargo, muchos asistentes entienden en qué terreno se están moviendo y que en sus plazas no juegan Ludwigs y Charlottes rubios. Así, los demagogos llegan a sus seguidores sin necesidad de renunciar a la apariencia de corriente respetable dominante.

«Hacer luz de gas a alguien» hace referencia a una técnica sutil para convencer al interlocutor mediante señales manipuladoras de que es irracional, histérico, no está en sus cabales o incluso sufre un trastorno psíquico. En la película *Luz de gas* de 1940 (el argumento se llevó de nuevo a la pantalla en 1944), un hombre intenta hacer creer a su mujer que ha perdido el juicio. Le esconde las joyas para que no las encuentre pese a que ella está segura de haberlas guardado en un cajón concreto, mueve de un lado a otro los muebles y le dice que lo ha hecho ella pero no se acuerda. El brillo de la lámpara de gas y los pasos que ella oye en la buhardilla son solo imaginaciones suyas, síntomas de sus fantasías neurasténicas; en realidad, el hombre busca de noche en la buhardilla las joyas que escondió ahí después de un robo con homicidio. Entonces, intenta que su mujer desconfíe de sí misma para que no sospeche nada del brillo y los ruidos que cree haber percibido. Esta es una técnica que también se puede utilizar para ganar capital político convenciendo a los representantes de movimientos sociales de que son unos exagerados, ven problemas donde no los hay y se comportan como unos blandengues hipersensibles que primero deberían hacer «los deberes», o de que han perdido el contacto con la realidad.

Las microagresiones son elementos de las interacciones diarias que parecen insignificantes, pero que pueden tener un efecto ofensivo desproporcionado en sus destinatarios.[60] La clásica es preguntar por el «verdadero» origen de una persona: es difícil crecer siendo de etnia india en Gran Bretaña, una persona de origen coreano en Estados Unidos o hija de un refugiado iraní en Alemania sin que se ponga de relieve de forma implícita cientos de veces que esa persona es percibida como diferente. Las microagresiones son asimétricas: los «autores» las perciben como del todo inofensivas e incluso amables, pero en la «víctima» provocan sentimientos de exclusión con un efecto acumulativo. Así, por ambas partes se refuerza la impresión de recibir un trato injusto. Al mismo tiempo, ahí se demuestra el potencial progresista del vocabulario nuevo: como las microagresiones se ocultan gracias a su lógica interna, sin una palabra que haga comprensible el fenómeno, emisor y receptor acaban en una situación de empate de malentendidos mutuos.

El concepto de *apropiación cultural* hace referencia a los casos en que los rituales, artefactos, formas de expresión o modas que son importantes para la cultura de un grupo concreto los asume o utiliza otro grupo, a la larga o provisionalmente. Aquí tampoco suele haber mala intención, pero estos casos, cuando tienen lugar de un modo indecente o frívolo, pueden percibirse como irrespetuosos o denigrantes, sobre todo cuando el acto de apropiación lo llevan a cabo miembros de un grupo que comparte un historial de discriminación y opresión con los «expropiados» culturales. Las rastas jamaicanas y las tradicionales joyas de plumas de los crees canadienses, el *dirndl* bávaro y el kimono japonés se perciben como símbolos cargados de un significado profundo y un peso sentimental que los convierte en inadecuados para vestirlos como trajes de Carnaval. La idea es que no corresponde a cualquier persona hacer uso de esos símbolos. Un vocabulario nuevo genera problemas nuevos. Algunas innovaciones conceptuales al principio suenan plausibles, pero luego resultan ser tóxicas y contraproducentes; otras son legítimas, pero ofrecen la posibilidad de explotarlas estratégicamente; de otras se hace un uso excesivo y, por tanto, se las despoja del potencial crítico.

Parece que queda claro que la apropiación cultural —es decir, el robo de propiedad cultural por parte de un poder opresor— no es lícita. Remite al robo de objetos religiosos por parte de los invasores coloniales, que arrancaban columnas y estatuas de su contexto original para exponerlas en museos y colecciones de ricos. Sin embargo, las culturas no son monolitos rígidos, sino que viven del intercambio, de la imitación, de la inspiración mutua y de un conglomerado lúdico y creativo. La idea de que deberían existir límites infranqueables entre las culturas que no deberían superarse es regresiva y consigue lo contrario de lo que pretende: un endurecimiento entre los grupos étnicos y sociales en los lugares donde debería extenderse la solidaridad, la comprensión, el conocimiento y la convivencia. Como todos los conceptos del nuevo vocabulario de la crítica social, hay que usarlo con mesura y para mejorar la convivencia en sociedades plurales, en vez de para abrir nuevas grietas.

En efecto, hay que acabar con las injusticias epistémicas, pero ¿cómo? La solución más lógica al problema de que no se escucha a las minorías ni a las víctimas de la discriminación, de que no se da credibilidad a sus relatos desde dentro de la marginación, parece ser escucharlas a partir de ahora y creerlas. Por desgracia, eso no funciona porque para otorgar credibilidad a los oprimidos primero hay que identificarlos como tales, y eso no se consigue creyendo sin más a aquellos que aseguran ser oprimidos. Hacen falta criterios independientes para no caer en las preocupaciones mal entendidas de los hombres heterosexuales blancos que se sienten discriminados.[61] La tesis central de la «epistemología del punto de vista»[62] es que existen formas de conocimiento a las que tienen acceso algunas personas solo por pertenecer a un grupo social (marginado) concreto. Sin embargo, es fácil que algunos actores que solo fingen o exageran su opresión se aprovechen de la exigencia de dar credibilidad más o menos a ciegas a los desfavorecidos.

El mansplaining y el «hacer luz de gas» son conceptos con un elevado grado de viralidad cultural. Captan un fenómeno conocido por la mayoría y de repente lo vuelven plástico y lo sintetizan. Pronto esos conceptos están en boca de todos y se aplican cada vez más a modos de conducta que recuerdan solo vagamente a su raíz semántica original. Eso lleva a un «desplazamiento de la crítica» que va muy unido al fenómeno antes mencionado del «deslizamiento del concepto»: el potencial de diagnóstico social de esos conceptos se va minando poco a poco a base de extenderlo a casos cada vez más inofensivos o irrelevantes.[63] Llega un momento en que se acaba tildando cualquier afirmación falsa de «luz de gas», y cada vez que un hombre corrige a una mujer se considera *mansplaining*. ¿Cómo tomarse el concepto en serio sin que en algún momento se vean clavos por todas partes solo porque alguien tiene un martillo en la mano?

El movimiento *woke* perdurará. Es imprescindible: en una sociedad moderna que se siente comprometida con los ideales de libertad, igualdad y dignidad humana, pero que de momento solo los ha alcanzado de un modo muy precario, siempre habrá —tiene que haberlo— un movimiento social que informe, con la autenticidad de los afectados, de cómo son la desigualdad y la discriminación, y, con la autoridad de los que sufren, exija propuestas sobre cómo podríamos aguantarnos mejor unos a otros. No hay que confiar a ciegas en esas reivindicaciones, pero hay que escucharlas.

La verdad: obituario

Se dice que en la guerra la primera víctima es la verdad. No estamos en guerra, pero los frentes endurecidos del discurso moral de la modernidad recuerdan al carácter irreconciliable de la situación entre países armados que no ven un futuro en el que el enemigo no esté aniquilado, abatido y humillado definitivamente. La lógica marcial de ese discurso perjudica el *modus vivendi* democrático.

¿Hemos perdido del todo las verdades compartidas? Parece que vivamos en universos aislados que se rigen por reglas distintas y repletos de hechos que se contradicen. Esa percepción se agudiza en un fenómeno que desde hace unos años se debate con el término *fake news*. Son medias verdades, mentiras, tonterías o propaganda que se presentan como noticias serias.

El fenómeno no es del todo nuevo: incluso un héroe cultural como Theodor Fontane, que en principio pertenece a una época en la que nos gusta creer que todo era más fácil y claro, en la década de 1850, cuando era corresponsal del Gobierno prusiano en Londres, facilitó a los lectores de su país reportajes adornados, falsos testigos, detalles dramatizados e incluso fingió haber estado en persona en tal o cual incendio de una vivienda en Hampstead, pese a que se había enterado por el *Times* de Londres, que le enviaban a Steglitz.[64] Ya entonces existía una estructura de incentivos en la que la competencia por el dinero, la influencia y la atención promovía una relación laxa con la verdad. Y sigue existiendo en la actualidad.

Las *fake news* no aparecen por un déficit, sino por un exceso de información que desborda las capacidades limitadas de procesarla incluso de los ciudadanos más versados. El resultado es la desorientación y el deseo de evitarla. Las *fake news* cubren esa necesidad presentando supuestas verdades que asocian hechos en apariencia claros con conceptos del enemigo en teoría inequívocos. Pero ¿por qué son un problema las noticias falsas virales?

Una deducción lógica es que, quien cree en disparates burdos, en algún momento también hará el mal. El 4 de diciembre de 2016, Edgar Maddison Welch, de veintiocho años, atacó con un rifle de asalto la pizzería Comet Ping Pong de Washington D. C.

porque pensaba, inducido a error por la información falsa de Internet, que era el cuartel general de una red de pornografía infantil orquestada por los Clinton y que operaba en todo el mundo. Welch comprobó al poco tiempo que los sótanos oscuros donde supuestamente se organizaba la conspiración no existían. Al final lo detuvieron antes de que la situación empeorara.

Sin embargo, la secuencia causal del fenómeno es justo la inversa: las personas (por lo general) no cometen actos crueles porque crean falsedades absurdas; más bien creen falsedades absurdas porque quieren cometer actos crueles.[65] El deseo de violencia aparece primero y motiva la transmisión de convicciones que justifican esos actos violentos. La desinformación no se sitúa en el principio del problema, sino al final del embrutecimiento personal y la anomia social.

Las noticias falsas son especialmente perniciosas porque apenas podemos hacer nada contra ellas a título individual. Las creemos incluso cuando sabemos que son falsas, solo porque las hemos oído.[66] Las opciones de intervención política también son limitadas, por desgracia. Se suele exigir más «regulación» como terapia para la propagación de información falsa sistemática, pero ¿quién no dudaría en encargar a los gobiernos nacionales la gestión de la verdad? Muchos ya han oído hablar de un Ministerio de la Verdad, pero en *1984*, de George Orwell. Una vez legitimado, puede caer en las manos equivocadas, elegidas por personas de carne y hueso que no son inmunes a las *fake news*. ¿Confías en el hombre que te sella el pasaporte para dibujar el límite entre el conocimiento y el error?

¿Y cómo se explica el aumento explosivo de las *fake news* en nuestros días? El diagnóstico «posmoderno» da por hecho que hemos perdido del todo el acceso a la verdad porque en las sociedades modernas ya no contamos con criterios universalmente válidos que permitan diferenciar lo verdadero de lo falso. Han sido sustituidos por paradigmas, visiones e ideologías inconmensurables, que nos impiden tomar decisiones arbitrarias. Sin embargo, ese diagnóstico no es cierto: de hecho, todo el mundo tiene claro que existen verdades objetivas en las que podemos confiar, y que hay métodos serios para destaparlas, solo que ahora es muy difícil averiguar cuáles son esas verdades. Pero siempre ha sido así. Antes eran los tabús sociales, la propaganda o la ceguera religiosa los que ocultaban la verdad. Hoy día son las pseudoinformaciones que comparten casi sin límite actores privados en las redes sociales. Pese a todo, es importante no perder la perspectiva: toda sociedad de cualquier época tenía su propio nicho en el que poder difundir disparates y engaños, mentiras y falsedades según el correspondiente estado de la técnica.

El diagnóstico «político» tampoco es aplicable: se sostiene que un giro global a la derecha hacia un mayor autoritarismo reaccionario y antidemocrático genera una nueva necesidad de información falsa con la que estigmatizar los avances progresistas y a sus defensores como agentes hostiles y facilitar la toma del poder de antiliberales. Sin embargo, las *fake news* no son un problema específico «de la derecha», pues en el espectro político de izquierdas también es frecuente creer en disparates inauditos. Los medios y la comunidad científica tienden a ser por tradición liberales de izquierda, por lo que son más sensibles a la desinformación procedente del bando de la derecha. Sin embargo, con tal visión se pasa por alto la raíz del fenómeno.

El diagnóstico «psicológico» también se queda corto: psicólogos como el canadiense Gordon Pennycook investigan nuestra receptividad ante «las tonterías pseudoprofundas» y los mecanismos psicológicos que nos permiten dejarnos llevar por todo tipo de absurdos.[67] Tampoco hay nada que objetar a esos estudios: a mucha gente le iría muy bien cultivar un poco más la «resistencia a las tonterías»[68] para no ir por el mundo como un niño crédulo que se cree cualquier cuento chino político que sea oportuno. Sin embargo, la idea de que la difusión de *fake news* es atribuible al déficit individual de pensamiento crítico y cognición racional no explica el incremento de *fake news*, porque la capacidad de pensamiento crítico no puede haber cambiado en amplias capas de la sociedad de forma tan rápida ni tan radical durante los últimos cinco años. Tiene que haber una base estructural.

Tampoco el diagnóstico según el cual existen cámaras de resonancia informativa aisladas y sin contacto entre sí que nos permiten consumir y compartir tonterías entre afines se sostiene tras una revisión más precisa: las cámaras de resonancia son un mito. De hecho, nos exponemos a más información y sabemos mejor lo que creen las personas que nos rodean. A cambio, también sabemos mejor qué convicciones pertenecen a «nuestro» grupo y cuáles al «otro», que hay que evitar. Podemos ajustar mejor nuestras opiniones dentro del grupo a las de nuestra propia comunidad, justo porque conocemos mejor lo que creen otras personas de nuestro entorno. La polarización se produce gracias a la clasificación del individuo basada en la identidad y al calibrado de creencias orientado al grupo, no por la segregación social.

En algunos casos, son personas concretas las que se encargan de difundir falsedades que siembran la desconfianza y la incertidumbre a cambio de dinero.[69] Suena a teoría de la conspiración, pero es así. Se suele subestimar hasta qué punto pequeños grupos de científicos que se reúnen en laboratorios de ideas, fundaciones y asociaciones profesionales de financiación privada lanzan al público información falsa a propósito, a menudo como soldados epistémicos reclutados por los sectores industriales correspondientes para enterrar el consenso científico. Los físicos Fred Seitz y Fred Singer participaron durante la Segunda Guerra Mundial en la creación de la bomba atómica; entre 1979 y 1985 dirigieron un programa para la R. J. Reynolds Tobacco Company cuyo objetivo declarado era generar datos pseudocientíficos adecuados para poner en duda los efectos perniciosos del tabaco para la salud. William Nierenberg y Robert Jastrow, dos de los físicos que habían trabajado para el programa espacial de Estados Unidos, elaboraron en 1989 un informe en el que cuestionaban la relación causal entre el consumo de combustibles fósiles y el cambio climático global, en el cual afirmaban que la lluvia ácida no la provocaba la contaminación del medio ambiente por el ser humano, sino las erupciones de los volcanes.

Para que la estrategia resulte eficaz, no hace falta convencer de verdad a la mayoría de los ciudadanos o responsables políticos de esas falsedades. Basta con que el estado de la cuestión científica se perciba como controvertido o abierto para debilitar la determinación política que es necesaria para abordar ciertos problemas urgentes.

Para comprender la propagación de la desinformación, hay que recordar nuestra naturaleza cultural. Dado que contamos con pocos conocimientos innatos, los seres humanos tenemos que aprender casi toda la información y casi todas las capacidades de otras personas. Con el fin de optimizar ese proceso de aprendizaje social, hemos creado varios filtros y métodos para decidir *de quién* aprendemos mejor.[70] Para ello confiamos en una serie de indicios que marcan la fiabilidad de una fuente de información, como los títulos académicos o los valores compartidos.[71] Solo en contadas ocasiones podemos formarnos una opinión propia sobre lo que presentan los estudios y los datos científicos disponibles. Tenemos que decidir a quién creer porque, siendo animales completamente sociales, dependemos de la transmisión cultural y la absorción de conocimientos.

Para poder tomar la decisión, nos fiamos de las llamadas «pruebas de segundo orden». Las pruebas de «primer» orden son aquellas que demuestran los hechos: los termómetros indican el calor o el frío que hace. Sin embargo, en casi todos los casos carecemos de las competencias técnicas para valorar esas pruebas de primer orden. No hay ni una sola persona en el mundo que cuente a título individual con los conocimientos físicos, biológicos, geológicos, económicos, psicológicos, jurídicos y sociológicos necesarios para hacer una revisión general en profundidad de las propuestas de solución política, ni siquiera de las más sencillas. Dependemos de la división del trabajo epistémico.

Las pruebas de segundo orden son aquellas que no se pueden valorar como pruebas de primer orden. Ocurre casi siempre que identificamos a otras personas con una postura a la que podríamos sumarnos. Sin embargo, esa decisión —en quién podemos confiar y a quién otorgamos credibilidad— no se puede tomar por motivos epistémicos: los legos en la materia —y todos lo somos en prácticamente cualquier materia— no podemos comprobar solos quiénes son los verdaderos expertos. Por eso los valores compartidos y la pertenencia al mismo grupo social suele ser lo que nos hacer creer en algunas personas y en otras no. La susceptibilidad a las *fake news* se explica gracias a esas redes de confianza.

El problema es más profundo. Las redes de confianza que regulan el flujo y la transmisión de la información no tienen alternativa cultural. No podemos evitar adquirir casi todo nuestro conocimiento de otras personas, ni tampoco guiarnos durante el proceso por amplias reglas generales para saber en quién confiar y en quién no, quién es un experto fiable y quién un charlatán tendencioso en lo político. La idea de que algunas personas son demasiado tontas o irracionales para distinguir lo verdadero de lo falso no es cierta y rezuma vanidad, porque, por supuesto, siempre son los demás los que son irracionales y están confundidos. En realidad, todos somos meros consumidores de un capital cultural acumulativo que nos mantiene en un cautiverio informativo. Los procesos que llevan a algunas personas a transmitir *fake news* son, por muy poco intuitivo que suene, muy racionales: entran en juego los mismos mecanismos con los que se adquiere cualquier otra forma de conocimiento. No son defectos individuales, sino un entorno deteriorado de la transmisión del conocimiento el que permite que se extienda la desinformación, una contaminación del medio ambiente epistémico, por así decirlo.

Internet puede complicar el problema. El modelo de negocio de las redes sociales como Facebook, Twitter o TikTok no es por principio inmune a las noticias falsas: dado que esos proveedores se financian en gran parte mediante ingresos publicitarios, existen mecanismos estructurales que benefician la difusión de falsedades. Los mensajes falsos espectaculares llaman más la atención, generan más «me gusta» y se comparten más que las fotografías familiares del recién nacido de turno, cuyo rostro arrugado solo podría gustar a los padres. La estructura de incentivos económicos de las redes sociales garantiza la difusión de pseudoinformación.

Internet acaba con nuestra inmunidad de rebaño social contra el sinsentido. Cualquier persona tiene opiniones, posturas y convicciones de todo tipo que son confusas, absurdas, contradictorias o sencillamente incorrectas. Hasta hace poco esas opiniones fracasaban ante el tribunal del círculo social inmediato compuesto por familia y amigos, que enseguida le hacían ver a uno que estaba diciendo tonterías. Sin embargo, Internet nos permite saltarnos ese primer filtro de sano sentido común y conectar con otras personas que creen en las mismas chorradas. Así surgen las epidemias locales de falsedad.[72]

Quien considere las noticias falsas un problema dispone de un argumento fundamental contra casi todas las formas de política identitaria —ya sea de derechas o de izquierdas— que entienden los grupos sociales como componentes esenciales de la política: deberíamos incidir lo menos posible en la adhesión a grupos e identidades políticas porque minamos nuestra capacidad de procesar la información. Casi todo nuestro conocimiento se adquiere de otras personas. Para ello necesitamos confiar en ellas. Sin embargo, si debido a la polarización, teórica o real, y a ese recuerdo constante de las lealtades y disidencias políticas propias y ajenas, se borra la confianza social mutua, ya no conseguimos adquirir conocimiento de los demás.

Así, muchos perciben como poco fiables algunas fuentes serias —ya sean virólogos o investigadores del clima— en cuanto se hace hincapié en su «identidad» política y moral porque se han visto perturbados políticamente los procesos de medición de la confianza y de adquisición del conocimiento social que funcionaban bien y que permitían distinguirlos. La otra cara de la moneda de esa dinámica de corrupción es que algunas personas acaban mostrando una predisposición exagerada a creer puras tonterías o informaciones a todas luces falsas, como las teorías de la conspiración, solo porque las difunden personas que pertenecen a su grupo moral y político. Así, intentar entender el fenómeno desde el prisma individualista es situarse en el lugar equivocado, es decir, considerarlo un déficit personal de tal o cual individuo, que por inferioridad intelectual es más o menos crédulo y propenso a las patrañas. Las noticias falsas son un fenómeno social en el que el flujo de información, la difusión del conocimiento, la confianza y la asociación con valores e identidades de grupo se mezclan de una forma tóxica.

Aún nos conviene cierto grado de estoicismo. La «falacia de los activistas» es: tenemos que hacer *algo*; esto es algo; así que tenemos que hacer *esto*. No todos los problemas tienen una buena solución, y para muchos no hay ninguna. Sea como fuere, una minoría significativa de personas cree en locuras, y eso no se puede cambiar. Las sociedades modernas tienen que vivir con ello y hacer que sus instituciones mediáticas y políticas sean resistentes a ello. Cada vez hay más gente que afirma que el sida no existe, el Holocausto nunca tuvo lugar y Kennedy fue asesinado por la CIA, que las imágenes del aterrizaje en la Luna se crearon en los estudios de Paramount Pictures y que la Iglesia católica encubre sistemáticamente el abuso infantil. ¿O quizá alguna de esas teorías es cierta?

¡NADA DE PLATAFORMAS!

Si hay personas y organizaciones que difunden falsedades a las claras o con mala intención, la solución parece fácil: hay que quitar el micrófono a esas personas, sacarlas del escenario, a poder ser no invitarlas y así despojarlas del aura de credibilidad.

El procedimiento de no ofrecer un foro público a los defensores de determinadas opiniones y teorías donde poder argumentar sus posturas crudas, indecentes o falsas se llama *no platforming*. Sin embargo, a veces es demasiado tarde: un personaje destacado ya tiene su público, queda patente que el barco del *no platforming* ha abandonado el puerto. En ese caso hay que retirar a la persona caída en desgracia de su lugar de influencia y visibilidad, o tal vez solo de su puesto de trabajo. Las sanciones que quitan a una persona su puesto, su prestigio o su público se llaman «cancelaciones», y la suposición de que hoy día vivimos en una época en que la posibilidad de imponer esas sanciones ha creado un sutil pero permanente marco de amenazas, que excluye las opiniones controvertidas del discurso público y que lleva a muchos a la autocensura, se resume en el término «cultura de la cancelación».

El concepto de «cultura de la cancelación» contiene un sesgo político. Es obvio que lo suelen usar los detractores de este enfoque, que ven la mano de una policía del lenguaje demasiado solícita que quiere imponer a la rabia sincera de la sociedad su puritano rasero moral, pero que en realidad crea un ambiente insano de autocensura y denuncia moral y perjudica la libertad de pensamiento y expresión.[73] En cambio, sus defensores insisten en que lo que los críticos llaman en tono despectivo «cultura de la cancelación» en realidad es una muy esperada «cultura de la responsabilidad». Los comentarios sexistas de los hombres blancos y la manifestación de prejuicios racistas llevan demasiado tiempo existiendo sin que haya consecuencias. Por fin se deja claro que ya no hay lugar para ellos en nuestra sociedad, ni mucho menos aplausos.

El caso de Justine Sacco es la primera cancelación que recuerdo.[74] En 2013 perdió su trabajo de directora del departamento de Comunicación de InterActiveCorp después de tuitear que iba de camino a África en avión y que esperaba no contagiarse de sida, para luego añadir con alivio sarcástico: «Era broma. ¡Soy blanca!». Pero nunca se aclaró si la despidieron por motivos morales o por la prueba performativa de su incompetencia técnica como jefa de comunicación.

Aun así, el fenómeno no es nuevo, como tampoco lo es el de la corrección política o las noticias falsas. En 1988, Philipp Jenninger, presidente del Parlamento alemán, tuvo que dimitir porque en un discurso frente a los diputados por el quincuagésimo aniversario de la Noche de los Cristales Rotos se mostró demasiado comprensivo con «el faszinante Hitler» y su política; a Peter Singer se le negó la entrada varias veces en Alemania, fue abucheado, difamado y calumniado porque defendía posturas sobre la ética de la vida y la muerte que muchos no distinguían del programa eugenésico de los nazis.

No hay que confundir las «auténticas» cancelaciones con otras sanciones duras. A veces se insinúa que se ha «cancelado» a Bill Cosby y Harvey Weinstein, pero ellos no desaparecieron de la esfera pública unos meses por hacer declaraciones imprudentes, sino que fueron juzgados por delitos graves y condenados a años de prisión. El cómico de Louis C. K. se vio obligado a hacer un largo parón en su carrera después de que varias cómicas informaran de que C. K. se había masturbado delante de ellas por teléfono, en habitaciones de hotel o en los camerinos de los clubs de comedia. La expresión *Me Too* la acuñó en 2006 la activista Tarana Burke, que logró dar así con una fórmula pegadiza para la ubicuidad del acoso sexual; se convirtió en un movimiento global con su etiqueta correspondiente cuando la actriz Alyssa Milano usó su plataforma pública para popularizar el #MeToo. Era una necesidad urgente superar como sociedad el problema del acoso sexual por parte de los hombres —porque casi siempre son los perpetradores—, del mismo modo que también se necesitaba un acuerdo para desestigmatizar a las víctimas y un replanteamiento social de las normas que rigen el trato entre mujeres y hombres.[75] En aquella época, una amiga me contó la naturalidad con que se vivía unos años antes que las colegas jóvenes más guapas se sentaran durante el Oktoberfest en la mesa de los invitados más importantes de la empresa para conversar. Eso es auténtico patriarcado, y a uno le puede parecer una lástima que se elimine incluso el coqueteo más caballeresco del repertorio de bailes sociales, pero en un mundo donde todas las mujeres acaban contando con un arsenal de técnicas para zafarse de unas manos que no son bienvenidas en las rodillas con la finura esperada —lo que no deja de ser una paradoja —, en algún momento tiene que dejar de existir.

Sin embargo, el #MeToo tampoco fue inmune a los poderes estratégicos capaces de desequilibrar cualquier movimiento social. Siempre existe un reverso reaccionario contra los movimientos progresistas; se les da alas cuando la crítica legítima al acoso sexual se extiende a casos cada vez más ambiguos o, en ocasiones, incluso inofensivos. La atracción y la comunicación sexual no encajan a voluntad. ¿El cómico estadounidense Aziz Ansari fue solo otro de la lista de delincuentes sexuales masculinos que en algún momento creyó tener derecho a todo gracias al poder y la riqueza? ¿O él y aquella mujer solo tuvieron una mala cita?[76] Además, las soluciones propuestas suelen basarse en un diagnóstico erróneo del problema. Cuando las mujeres denuncian acoso o agresión sexual, en demasiadas ocasiones no se las cree. Aun así, el lema «Believe all women» no fue una buena elección porque las mujeres también mienten a veces, y los delincuentes sexuales masculinos también merecen presunción de inocencia. Además, se malentiende la lógica estratégica de la situación: el problema nunca fue que no se creyera a las mujeres que relataban experiencias desagradables con influyentes productores de cine. Todo el mundo en Hollywood sabía que los rumores sobre Harvey Weinstein eran ciertos; los hombres poderosos no quedan tan cubiertos por la desconfianza sexista respecto a sus víctimas como por la estructura de actos colectivos que hace que sea extremadamente arriesgado ser la primera persona que se reconoce como víctima. ¿Las demás víctimas también denunciarán? ¿O tiraré por la borda mi carrera sin lograr ningún efecto?

Muchos otros casos son controvertidos. Donald McNeil Jr.

era un prestigioso y veterano periodista del *New York Times* que destacó por su cobertura de la pandemia de la COVID-19. Perdió su trabajo cuando en 2019, en un viaje a Perú, entabló conversación con un grupo de estudiantes de instituto y pronunció «la palabra que empieza por ene», aunque cabe destacar que lo hizo para contestar a un alumno que preguntaba si estaba justificado soltar la palabra cuando aparecía en una canción.[77] James Damore fue despedido de Google por infringir el código de conducta: en un memorándum titulado «Google's Ideological Echo Chamber»,[78] Damore cuestionó la legitimidad del programa de diversidad e inclusión de Google haciendo referencia a estudios empíricos según los cuales las mujeres del sector tecnológico estaban infrarrepresentadas, entre otras cosas, porque a las mujeres por lo general les interesan más las personas que los objetos, y por eso prefieren ser psicoterapeutas a ingenieras informáticas. Ahora existen páginas web que elaboran listas enteras de cancelaciones.[79] Sin embargo, ¿de qué sirven el «dejar sin plataforma» y las cancelaciones en la práctica?

Como estrategia de reparación epistémica del medio ambiente, el *no platforming* tiende al paternalismo latente. Los ciudadanos mayores de edad no necesitan una dieta de información con filtro previo. Son autónomos para formarse una opinión, capaces de reflexionar por sí mismos sobre lo que ven, no asimilan lo que oyen sin juicio crítico, y no hace falta protegerlos de expresiones o tesis problemáticas. La verdad se impone, y lo que es falso se identifica como tal. Por eso el movimiento del *no platforming* no tiene que ser paternalista ni infringir la autonomía del pensador racional infantilizándolo y actuando como si no pudiera formarse un juicio sobre la verdad a la luz de las pruebas existentes. Aun así, ¿está justificado en algunos casos no ofrecer ninguna plataforma a una persona y las opiniones que representa?[80]

Aquí también es importante el concepto de «pruebas de segundo orden»: ofrecer a alguien un público no es un acto neutral en un sentido epistémico y moral, y mucho menos cuando ese público viene marcado por señales de prestigio, como cuando se invita a una persona a hablar en una universidad conocida. Esas invitaciones generan pruebas de segundo orden que las pruebas de primer orden que proporciona la persona invitada —es decir, el contenido de lo que dice— pueden tomarse en serio y merecen ser escuchadas. Conseguir una plataforma otorga credibilidad. Retirársela a alguien le quita esa credibilidad, y en algunos casos puede estar justificado. Pero ¿cuándo exactamente?

El movimiento del *no platforming* no tiene nada que ver con el derecho constitucional de libertad de expresión y opinión. Dado que nadie tiene derecho a hablar en la iglesia de San Pablo de Fráncfort o en una cátedra en el MIT, tampoco se violan los derechos de nadie si se le priva de esa posibilidad o nunca se le concede. Negarle a alguien una plataforma tampoco es incompatible con la libertad de cátedra porque las universidades y otras instituciones educativas y de investigación tienen la libertad positiva —y la misión— de decidir qué teorías y tesis a juicio de sus expertos están a la altura de sus normas disciplinarias.[81] La gran mayoría de la gente no las cumple.

Hay posturas y opiniones que, sin duda, no merecen tener plataforma. No se puede esperar que los historiadores estudien una y otra vez el tema de si el Holocausto tuvo lugar de verdad o no, o si fue una invención de una conspiración internacional sionista para ayudar a los judíos a tener por fin un Estado propio. Tampoco los biólogos serios deberían dar una plataforma a los creacionistas bíblicos. Sin embargo, la peculiaridad de esos debates reside en que ya se han producido con una conclusión clara. Mientras no aparezcan datos, argumentos o indicios nuevos no hay que resucitar esos debates zombis. En cambio, otras opiniones son genuinamente controvertidas, tal vez incluso ofensivas, pero hay que poder discutirlas. Ahí no existen reglas y principios generales que indiquen a partir de qué momento una teoría, una tesis o una persona merecen o no una plataforma. Hay que decidirlo caso por caso.

No platforming no es lo mismo que *deplatforming*. El primero consiste en no invitar a una persona, el segundo es la retirada posterior de una plataforma. Este último caso es más arriesgado porque puede generar otro tipo de prueba de segundo orden, a saber: que las opiniones de una persona son en cierto modo peligrosas e impopulares, originales y vulgares, guais, prohibidas o incómodas, y que los que promueven la retirada de la plataforma son unos cobardes miedicas o mojigatos tutelados. Mucha gente adora el carisma de los rebeldes, así que el *deplatforming* puede tener consecuencias no deseadas, incluso aumentar la credibilidad de una persona en determinados sectores del público, casi siempre aquellos en los que es menos aconsejable que ocurra.

En cuanto al *no platforming*, no está en nuestras manos que una persona consiga una plataforma o no, y esa idea es importante, pero siempre se infravalora. Nosotros podemos decidir si no le damos una plataforma a alguien. Lo que no podemos es asegurar que no lo haga *nadie más*. No podemos elegir entre *platforming* y *no platforming*. En realidad, cuando una persona problemática consigue una plataforma llena de seguidores favorables y acríticos podemos escoger si nos contamos entre ellos, siendo nosotros, o al menos eso esperamos, personas que plantearían preguntas críticas y se atreverían a señalar ante todos los demás que el emperador va desnudo. Debemos hacer lo posible para que una postura controvertida, intolerante, llena de odio o falsa deje de ser un entorno de conformistas alojados en oscuros foros de Internet y asociaciones juveniles donde, sin cuestionamientos críticos que los molesten, podrán ganar adeptos, y empezar a oponer verdadera resistencia a esa postura y hacer que fracase con la fuerza natural del mejor argumento.

Cuando la gente ya cuenta con una plataforma, esa es la única opción que nos queda. En estos casos, el *no platforming* no se justifica porque da la impresión equivocada de que nadie puede ofrecer una respuesta seria a la opinión controvertida y que el silencio conspirativo es nuestra única arma para enfrentarnos a esa opinión. Es una ilusión creer que el *no platforming* es una opción. La única salida es influir en si alguien disfruta de una plataforma sin problemas o de una plataforma en la que la parte indecisa del público a la que aún se puede convencer tiene ocasión de señalar los agujeros de una tesis.

Y, si pudiéramos retirar todo el público a alguien con solo un chasquido de los dedos, ¿deberíamos hacerlo? Puede ser, pero no nos encontramos en esa situación. Tal y como propone la heurística, es decir, la regla general para la toma de decisiones: es mejor poner en duda en la propia plataforma. Los beneficios epistémicos, morales y políticos que se pueden obtener del intercambio intelectual en el libre mercado de las ideas son tantos, los motivos para no estrechar el corredor del discurso tan potentes que casi siempre vale la pena debatir con libertad una idea y despertar la mirada crítica del público. Es un desastre mayor haber convertido una idea en un tabú que luego acaba tomándose en serio que haber debatido sin tapujos una idea que luego resulta ser una tontería. No hay que tener miedo de la verdad: las malas ideas y las opiniones inmorales se ponen en ridículo solas.

Postureo ético

La cultura de la cancelación y el *no platforming* son sanciones negativas que pretenden imponer a la sociedad el cumplimiento o la transmisión de unas normas morales nuevas y más exigentes. De manera complementaria, agentes con motivaciones morales intentan emitir señales positivas de que apoyan esas normas, esperan su aceptación y están dispuestos a criticar su infracción.

La exhibición pública de los propios deseos morales se suele denominar en el discurso actual «postureo ético», es decir, autoafirmación moral. Al principio, este concepto era una denominación neutral para referirse al hecho de que algunas personas emiten esas «señales de virtud» para manifestar su solidaridad con determinadas ideas morales y políticas; entretanto, la figura del que practica el «postureo ético» ha caído cada vez más en descrédito porque se suele presuponer que detrás de la representación pública del propio sentimiento moral hay motivaciones cínicas o hipócritas que intentan sacar provecho de la nobleza de la preocupación moral, pero el individuo no quiere comprometerse de verdad con las causas que supuestamente considera tan importantes.

Muchos casos de «postureo ético» no son más que *moral grandstanding*, una especie de efectismo moral.[82] El problema es que es fácil que la práctica de emitir señales ostentosas de ética degenere, y al poco tiempo la calidad general del discurso moral empiece a bajar: el efectismo moral suele provocar una dinámica poco atractiva de intimidación pública (*piling on*), una escalada cada vez más dura (*ramping up*) y la condena previa de delitos morales que, en realidad, no lo son (*trumping up*). El discurso moral se convierte en una competición performativa para superar a los demás. El mal subyacente es que, para el que se exhibe, lo primordial no es hacer y decir lo moralmente correcto, sino mejorar su posición y la pertenencia a un determinado grupo social. Así, la moral queda degradada a signo de lealtad.

Sin embargo, el hecho de señalar las virtudes no siempre es un acto cínico de autopromoción. Expresar en público los valores y los afectos morales puede generar confianza y, si esos valores se exponen con confianza y seguridad, contribuyen a actuar en consonancia con ellos.[83] Además, también puede ayudar a superar normas morales perjudiciales o anticuadas que se conservan en la vida gracias a las expectativas de conducta recíproca y a la «ignorancia pluralista».[84] A menudo hacemos cosas porque creemos que es lo que el resto de la sociedad espera de nosotros, pero a veces ese resto de la sociedad actúa igual por los mismos motivos. La declaración pública de un nuevo punto de vista moral puede anular esos casos de ignorancia colectiva. La vergüenza por viajar en avión, por ejemplo, es un concepto que define el intento de moralizar los vuelos ante las terribles consecuencias del cambio climático, de manera que los viajes en avión de carácter personal se limitan a lo imprescindible. Puede resultar útil a tal fin que haya personas —a poder ser de prestigio— que hagan pública esa renuncia.

Hay que desconfiar de los que ofrecen soluciones fáciles. Quien deduzca que detrás de toda expresión de un juicio moral se esconde una pseudoindignación injustificada puede hacer oídos sordos a los casos en que una persona o grupo formula quejas legítimas. Y quien acepta con actitud acrítica todos los tuits en los que una persona muestra indignación moral olvida que una de las tretas más antiguas del manual de la evolución es ocultar los propios intereses egoístas tras un velo de vocabulario moral sublime.

A CONTRAPELO

Durante los últimos años se ha creado en paralelo un movimiento que persigue los fines morales de los activistas de la justicia social —la igualdad fundamental de todos los seres vivos, la movilización a favor de los débiles, los marginados, los desfavorecidos y los oprimidos, el deseo de una reforma moral de las sociedades modernas— con recursos y métodos muy distintos: el altruismo eficaz.

Allí donde el programa *woke* actúa de forma simbólica y expresiva y sigue un razonamiento colectivista, el altruismo eficaz se considera radicalmente antisimbólico e individualista: la idea básica es que nuestras motivaciones altruistas por principio también deberían regirse por el análisis de costes y beneficios. Quien quiere hacer el bien suele dedicarse a lo que tiene justo delante, pero el «beneficio marginal» ético de mil euros que se destinan al jardín de infancia de Harvestehude y que se utilizan para comprar un aparato para trepar es insignificante: el cambio en la calidad de vida de los niños que se benefician de esa inversión es muy muy marginal. Sin embargo, si el dinero se utilizara para adquirir mosquiteras contra la malaria o financiar una campaña para desparasitar un país centroafricano, el mismo importe podría salvarles la vida a muchas personas.

El altruismo eficaz es un movimiento que remite al planteamiento ético de Peter Singer, y que con el tiempo se ha extendido sobre todo en la Universidad de Oxford. Filósofos como William MacAskill nos exhortan a hacer *mejor* el bien.[85] Se trata de una idea coherente con la dinámica de inclusión que hemos mencionado en capítulos anteriores: el destino de familiares, amigos, conocidos o conciudadanos no es más importante que el de cualquier otro ser humano. De hecho, su bienestar tiene sin duda un mayor peso moral porque «nosotros» ya somos tan ricos y estamos tan satisfechos que nuestra vida apenas mejorará si nos gastamos los siguientes cien euros en nosotros mismos. El altruismo eficaz implica que deberíamos hacer mucho, muchísimo más por combatir la pobreza y la enfermedad globales, o al menos mitigarlas. Una de ellas es un estilo de vida vegetariano que evita seguir subvencionando el horror de la industria cárnica e implica en parte restricciones drásticas en nuestro estilo de vida, porque el consumo de la mayoría de los bienes de lujo no es lo más adecuado para mejorar el bienestar de la humanidad con la máxima eficacia posible. Además, el concepto de bien de lujo en este sentido es muy amplio: incluye hasta un abrigo de invierno nuevo o ir al cine, todo lo que no aguante un análisis de costes y beneficios morales.

Una persona trabaja ochenta mil horas de media durante toda su vida. Organizaciones benéficas como 80.000 Hours ofrecen un servicio de asesoría para elegir carrera profesional según los principios del altruismo eficaz.[86] Gestionar un fondo de inversión libre en Wall Street en principio no parece la carrera más ética, pero ¿y si tenemos el firme propósito de financiar con los millones que se ganan así microcréditos en Sri Lanka para que las personas pobres puedan comprarse una bicicleta o un puesto de fruta? Páginas web como la de GiveWell[87] o The Life You Can Save[88] ofrecen información sobre qué organizaciones benéficas pasan un examen muy escrupuloso de la cantidad de *bang for your Buck* que prometen.

El altruismo eficaz supone una ruptura radical con nuestro instinto moral porque sus recomendaciones ultracerebrales apenas tienen un eco intuitivo. No es casual, porque la postura racional de esta corriente trata con gran escepticismo nuestros sentimientos por principio. La compasión suele ser mala consejera: es cortoplacista, parcial, se agota y es fácil de desviar.[89] No basta con tener el corazón en su sitio si no se filtran sus impulsos con un cálculo de base económica y crueldad despiadada y quirúrgica.

Casi todo el mundo acepta la idea fundamental del altruismo eficaz: cuando uno solo tiene que asumir unos costes mínimos para ayudar a personas que lo necesitan, hay que hacerlo.[90] Sin embargo, muy pocas personas aceptan toda la fuerza de las consecuencias morales de esa idea. Para algunos pesa más la mala conciencia, el discreto pudor de la burguesía los atormenta más, el deseo de someter su vida a lo que parece bueno y correcto se percibe intenso e inevitable. De niños se hacen vegetarianos, luego veganos; trabajan de voluntarios en albergues para personas sintecho y en mesas de reparto de comida, hacen servicios sociales en talleres para discapacitados y hospicios, se convierten en trabajadores sociales, activistas, médicos sin fronteras. Igual que Jeff y Julia Kaufman, que una noche acabaron en la cama llorando por la miseria en el mundo.[91] Pero la cosa no queda ahí: en cuanto se secan las lágrimas, elaboran un plan. Julia donará el cien por cien de sus ingresos, Jeff el 50 %. Una vez pagado el alquiler y la comida, cada uno se queda con 38 dólares en el bolsillo. Es difícil hacer lo correcto: «Oh duty, why hast thou not the visage of a sweetie or a cutie?», dice Ogden Nash, y Friedrich Schiller también dijo casi todo lo que le salía del alma para denunciar la rigurosa crudeza de las «obligaciones» morales.

Toby Ord, uno de los principales representantes del altruismo eficaz, se ha comprometido con el llamado *giving pledge*, la promesa voluntaria de renunciar de forma prolongada a una parte significativa de los ingresos y donarla con fines benéficos. En la página web de la organización Giving What We Can,[92] a la que dio vida Ord, puedes hacer tú mismo esa promesa. ¿Estás dispuesto? Probablemente no; en caso de duda, puedes comprobar, en How Rich am I?, lo rico que eres en comparación con el resto del mundo.[93] La mayoría cree que los ricos son los demás, pero un trabajador alemán con unos ingresos medios netos de 24.539 euros pertenece al 4 % de las personas más ricas del planeta: el 96 % de la población mundial es más pobre. Si a alguien le preocupa que el dinero donado se desvíe y nunca llegue a sus supuestos destinatarios, puede acudir a GiveDirectly: ahí se eliminan todos los intermediarios y se puede donar dinero *de manera directa e inmediata* a los necesitados.[94]

Los altruistas eficaces ya habían advertido de los peligros de las pandemias globales y las guerras atómicas antes de que el tema se pusiera de moda (otra vez).[95] El crecimiento económico y el progreso tecnológico que han permitido las sociedades modernas, además de darnos vacunas e Internet, generaron problemas nuevos que no habíamos anticipado, problemas antropogénicos —creados por los seres humanos— que se convierten en riesgos existenciales y suponen una amenaza para el futuro de toda la humanidad. Una variante del altruismo eficaz denominada «largoplacismo» se toma en serio esas inquietudes que la mayoría de la gente olvida, ignora o subestima, y se pregunta si estamos bien preparados para las erupciones de supervolcanes, el impacto de asteroides gigantescos, las consecuencias del cambio climático y el potencial apocalíptico de una inteligencia artificial fuera de control.[96] Todo lo que queríamos era no volver a pasar hambre nunca más, pero ¿hemos mordido más de lo que podemos masticar?

EL ABSOLUTISMO MORAL

Los movimientos de defensa de la justicia social como el programa *woke* o el altruismo eficaz parten de premisas morales radicalmente distintas y llegan a conclusiones morales radicalmente diferentes. La principal transformación moral que hemos vivido durante los últimos cinco años es una tendencia en la que esos dos movimientos coinciden en lo más profundo: un absolutismo moral según el cual lo personal siempre es político, que no admite soluciones intermedias ni conoce escapatoria, al que debe someterse todo en una eterna lucha del bien (al que pertenecemos nosotros) contra el mal (al que pertenecen los demás), que se adueña de todos los momentos en que estamos despiertos y todos los ámbitos de la vida, desde el amor y la risa, el comer y dormir, hasta el ascetismo oscuro y monacal de una exigencia de pureza moral. Sin embargo, como todas las monomanías, la exaltación ética de nuestro presente es un poco adolescente, pero eso no significa ni mucho menos que vaya a parar.

CONCLUSIÓN

El futuro de todo

EL DEVORADOR DE HOMBRES

Charles siempre salía a nadar solo; sin embargo, ya había muerto cuando llegaron a la orilla con él.

Ni los residentes ni los veraneantes sabían qué hacer en aquel momento. La opinión predominante en la comunidad científica era que estos animales no atacaban a los humanos. Pero ya era el segundo incidente en poco tiempo: una semana antes, el señor Epting Vansant, de Filadelfia, se había desangrado sobre la mesa del director del hotel Engleside de Beach Haven. En cambio, Charles Bruder (este era su apellido),* que había llegado de Suiza poco antes y que había encontrado trabajo como botones en el hotel Essex & Sussex de Spring Lake, murió cuando aún estaba en el bote salvavidas: le habían arrancado de un mordisco las dos piernas, una por debajo y otra por encima de la rodilla. El *New York Times* del 7 de julio de 1916 hablaba de mujeres que huían de la playa y de hombres conmocionados que tuvieron que recibir ayuda al ser acompañados a sus habitaciones tras ver el cuerpo mutilado de Charles.

* Bruder significa «hermano» en alemán. *(N. del t.)*

Una semana más tarde, el 12 de julio, se produjeron tres ataques más; el miedo se apoderó de la costa de Nueva Jersey. Lester Stillwell solo tenía once años; Watson Stanley Fisher había intentado salvarlo y solo tenía veinticuatro años. Joseph Dunn fue el único que sobrevivió, pero quedó tan gravemente herido que en el hospital no pudieron darle el alta hasta dos meses después. Los pescadores locales pronto comenzaron a buscar al animal, al que, con una mezcla de odio y reverencia, empezaron a llamar «el devorador de hombres». Pero los incidentes solo cesaron cuando Michael Schleisser, un domador de leones de Harlem nacido en Alemania, mató a un gran tiburón blanco que, mientras tanto, había conseguido llegar muy cerca de la costa de Nueva York. La madre de Charles Bruder, que se había quedado en Suiza, supo del destino de su hijo poco después, gracias a una carta en la que se incluía el dinero que los huéspedes del hotel habían reunido para ella.

Para Woodrow Wilson, presidente de Estados Unidos por aquel entonces, los ataques de tiburón de aquel verano solo trajeron malas noticias: su porcentaje de votos en las regiones costeras afectadas de Nueva Jersey empeoró un 10 % en las elecciones de ese mismo año, aunque (y en esto coinciden los historiadores) este resultado no tuvo nada que ver con los ataques.[1]

A menudo, nuestras posiciones políticas son poco más que arbitrarias. Las catástrofes producidas por las inundaciones, los ataques de tiburones o las pandemias influyen en nuestras actitudes políticas mucho más de lo que pensamos. Pero la influencia más fuerte es la que ejercen nuestros valores y la forma en que determinan nuestra «identidad». La historia de la moral que he estado contando trata de estos valores, de los sentimientos, normas e instituciones que han conformado nuestra vida en común. Esta historia nos ha llevado desde las planicies de África oriental, donde un pequeño número de criaturas aún no humanas luchaban por sobrevivir, hasta una sociedad moderna e interconectada a escala mundial que comercia con mercancías, armas y conocimientos como ningún otro ser vivo lo ha hecho jamás. ¿Qué es lo que ocurrirá a continuación? ¿Qué podemos esperar? ¿Qué debemos temer?

LECCIONES

La crisis moral actual es una crisis de división, o, más exactamente, de una división aparente. La doble promesa contradictoria de libertad e igualdad que nos han hecho las sociedades modernas nunca se ha cumplido. La frustración y la indignación resultantes desataron la energía de viejos instintos que volvieron a dividir el mundo en «nosotros» y «ellos». Si queremos superar esta crisis, debemos comprender los mecanismos que han conducido a esta división social. El choque de identidades que define nuestro presente surge de las fuerzas que siempre han impulsado la evolución biológica, cultural y social de la humanidad.

La evolución de la cooperación ha explicado por qué nuestra moral está *orientada al grupo*. El comportamiento cooperativo solo ha podido prevalecer porque, y cuando, se ha limitado a un pequeño número de personas —*a nosotros*— y se ha negado a los demás —*a ellos*—. «Nosotros» y «ellos» surgimos porque solo el parentesco, el intercambio recíproco y el comportamiento cooperativo dentro de nuestro grupo estrechamente definido crearon las condiciones en las que los beneficios del comportamiento moral superaban a sus costes.

Para estabilizar aún más la cohesión de nuestro grupo y hacernos todavía más cooperativos, empezamos a asegurar las normas morales que proporcionan la cohesión social mediante el establecimiento de sanciones. Adquirimos la capacidad de orientarnos por las normas, vigilar su transgresión y castigarla. Nuestra psicología moral de grupo se volvió *punitiva*.

Las crecientes exigencias de flexibilidad dentro de un entorno volátil pusieron en marcha un proceso de evolución cultural que nos convirtió en aprendices sociales. Empezamos a construir nuestro propio entorno, poblado de tecnologías e instituciones cada vez más complejas. Nuestra vida grupal pasó a depender de una reserva acumulativa de habilidades e información que adoptábamos de los demás. Los valores compartidos y las señas de identidad proporcionaban la confianza social necesaria para ello. Nuestra psicología moral punitiva y de grupo pasó a estar *orientada a la identidad*.

En el curso de la evolución cultural, surgieron sociedades cada vez más grandes que generaban cada vez más ingresos, que, legitimados por las primeras ideologías, se organizaban jerárquicamente y se distribuían de forma desigual. Nuestro mundo social se dividió entre pequeñas élites dirigentes y una mayoría de explotados y oprimidos; nuestro mundo *dejó de ser igualitario*.

Nuestra aversión a la desigualdad y la dominación se mantuvo. A medida que avanzaba la evolución sociocultural, la exigencia de emancipación, igualdad y autonomía del individuo volvió a cobrar vida. Surgieron normas e instituciones sociales que crearon un ser humano extraño y cada vez más individualista, y se empezó a cuestionar la función de las relaciones de parentesco como principio organizador central de la sociedad y la legitimidad de los privilegios heredados arbitrariamente.

Con el desarrollo de la modernidad, las desigualdades existentes y las transgresiones morales de la guerra, el genocidio, la discriminación y la explotación se hicieron cada vez más intolerables desde un punto de vista moral para una sociedad ilustrada. La realización definitiva de la exigencia de libertad e igualdad para todas las personas se hizo cada vez más urgente, acelerada por las catastróficas experiencias del siglo xx.

Dado que estas exigencias solo podían hacerse realidad con una lentitud frustrante, el discurso moral empezó a subir de tono y la articulación de reivindicaciones igualitarias se hizo cada vez más urgente. Las luchas morales se volvieron cada vez más simbólicas porque en ellas el progreso podía realizarse a una velocidad que satisfacía nuestra impaciencia moral. Las redes sociales crearon la impresión de ser campos polarizados e irreconciliables que o bien exigían con más vehemencia la lucha por la justicia social, o bien, al parecer, intentaban frenarla. Nuestra psicología grupal y punitiva se unió a nuestra aversión a la desigualdad social, lo que hizo aún más visibles nuestras identidades morales. El flujo de información cultural se interrumpió porque la confianza social solo se concedía a quienes pertenecían al supuesto campo moral propio.

El clima moral del presente se debe a una combinación desfavorable precisamente de aquellos factores que siempre han conformado la historia de nuestra moralidad. Vemos un choque entre grupos que en su interior se comportan de forma amistosa y cooperativa, y de forma recelosa y hostil en relación con el exterior, defendiendo sus propias normas y valores con sanciones a veces duras y confiando solo en aquellos con los que se identifican. Estos grupos han construido para sí mismos un mundo de desigualdades sociales marcadas a lo largo de los siglos, al tiempo que articulan valores individualistas que condenan estas desigualdades. El intento de superar esas injusticias mediante la aplicación cada vez más consecuente de valores igualitarios, por ejemplo, a través de la redistribución de recursos o de cuotas, solo produjo los resultados deseados de forma muy lenta (y a veces ni siquiera llegó a producirlos). El intento contrario de alcanzar la justicia social mediante un renovado énfasis en las identidades colectivas, en el que se presta especial atención a la pertenencia étnica o a la orientación sexual de una persona, amenaza actualmente con implosionar ante nuestros ojos.

Antes de resolver los viejos problemas, nuestra moral debe adaptarse ya a nuevos retos para los que no está hecha. Quizá sea incluso nuestro último gran reto antes de que podamos continuar más allá de este planeta —ya sea porque queramos o porque tengamos que hacerlo—. Nuestra moralidad siempre ha tenido la función de establecer normas para nuestra convivencia que nos permitan hacer frente a los agudos problemas de la cooperación social en pequeños grupos. Pero los problemas geopolíticos a los que nos enfrentamos ahora nos atormentan. Queda por ver si tenemos la capacidad de desarrollar valores y estrategias que sean duraderos a escala mundial y a largo plazo. ¿Cómo conseguiremos que sea posible la cooperación social de toda la humanidad, incluidas las generaciones que vivirán en un futuro lejano? Es la primera vez que nos enfrentamos a esta tarea: no sabemos si somos capaces de hacerlo o si hemos creado un mundo en el que nunca podremos volver a sentirnos como en casa.

La división política impide resolver estos problemas, pero nuestras creencias políticas son más superficiales y efímeras de lo que pensamos. No solo dependen de coincidencias como los ataques de tiburones, sino que, en general, son menos racionales, menos estables y están menos informadas de lo que nos parece. Nuestra política tiene más que ver con identidades de grupo compartidas que con hechos o propuestas meditadas de soluciones a problemas concretos. Pero esto también significa que la polarización política es menos profunda de lo que tendemos a creer. No discrepamos en nada; solo nos odiamos. Esta división puede superarse si conseguimos ver que nuestras lealtades políticas son menos sólidas de lo que pensamos.

Las identidades colectivas tienen que ser como una fina capa que puede desprenderse en cualquier momento. Sin embargo, la fatalidad las transformó en una coraza dura como el acero de la que nos cuesta salir. Nuestros valores morales, en cambio, son mucho menos superficiales y efímeros de lo que pensamos: de hecho, son extremadamente estables y universalmente compartidos. En realidad, no es del todo cierto que las distintas culturas tengan valores fundamentales diferentes entre sí. Hay un potencial de reconciliación claramente infravalorado, que nos cuesta ver y que merece la pena recuperar: entre la idea de que «la puntualidad es algo propio de la *white supremacy*» y la de que «tenemos que revitalizar la hegemonía cultural del cristianismo occidental» hay una mayoría silenciosa de personas sensatas. Las identidades colectivas nos sugieren que somos enemigos cuando podríamos ser amigos y vecinos que se apoyan (o al menos que se ignoran) mutuamente. Pero las divisiones políticas se pueden superar si apelamos a los valores y normas morales que compartimos para afrontar el futuro de todo lo que tenemos por delante.

IDEOLOGÍAS FRÁGILES

Las convicciones políticas son inestables. Pueden manipularse fácilmente: si es posible engañar a los participantes en un experimento haciéndoles creer que han afirmado lo contrario de lo que realmente afirmaron, estarán más que dispuestos a justificar una opinión política que no era la suya en absoluto.[2]

El psicólogo sueco Thomas Strandberg y sus colegas de la Universidad de Lund hicieron que los participantes en un estudio indicaran su acuerdo con diversas afirmaciones de contenido político en una escala del 1 al 9. Por ejemplo: «Las acciones violentas de Israel en el conflicto con Hamás están moralmente justificadas a pesar de las víctimas civiles en el lado palestino» o «Es moralmente condenable acoger a inmigrantes cuando han sido declarados ilegales por el Gobierno sueco y tienen que regresar a su país». Para llegar a una segunda serie de afirmaciones, los sujetos de la prueba tuvieron que dar la vuelta a la página superior de un portapapeles; sin que los participantes en el estudio se dieran cuenta, cuando volvieron a darle la vuelta, la página se había llevado consigo una sección oculta en el reverso, en la que el contenido de las afirmaciones se había invertido, de modo que su aprobación de la política sueca de inmigración se había convertido en desaprobación (y viceversa). No obstante, cuando se les volvió a preguntar, la mayoría de los participantes se mostraron dispuestos, sin vacilar, a justificar la postura que habían rechazado en la primera ronda, pero de la que ahora parecían estar a favor.

Un segundo estudio realizado por Strandberg y sus colegas durante los debates presidenciales estadounidenses de 2016 demostró la facilidad con la que es posible que diferentes posiciones políticas polarizadas, y aparentemente extremas, dejen de estarlo.[3] Los participantes en el estudio, en su mayoría gente que pasaba por la calle y que se eligieron al azar en varios parques públicos de Manhattan, fueron invitados a puntuar en un panel a los dos candidatos, Hillary Clinton y Donald Trump, según varios rasgos de personalidad: carisma, valentía, pasión, experiencia o credibilidad. Los científicos grabaron en secreto las evaluaciones de los sujetos de la prueba; poco después se las devolvieron, aunque con respuestas mucho más moderadas que las originales. Una vez más, solo una pequeña minoría descubrió la manipulación de las respuestas: la mayoría no tuvo dificultades en justificar de forma plausible las respuestas falsificadas. Un participante que había puntuado con un 94 % a Clinton en la categoría de «experiencia» justificó su respuesta moderada oculta del 59 % de la siguiente manera: «Creo que ambos tienen experiencia en sus campos. Trump es un hombre de negocios de gran éxito. Y, por supuesto, Hillary tiene muchos años de experiencia en cargos políticos. Así que... creo que ambos tienen mucha experiencia».

Nuestra irracionalidad política no se detiene ante ninguna pregunta. ¿Cómo debemos afrontar el cambio climático? ¿Cuál es la postura correcta sobre la investigación con células madre, el matrimonio entre personas del mismo sexo, el salario mínimo o la política de inmigración? ¿Debe implantarse otra vez la pena de muerte? La mayoría de los temas políticos que implican cuestiones morales tienen poco que ver entre sí en términos de contenido: son «racionalmente ortogonales»; dicho de otro modo, son lógicamente independientes entre sí. La respuesta correcta a cualquiera de estas cuestiones no tiene implicaciones sobre cuál es la respuesta correcta a cualquiera de las otras.

No obstante, en la mayoría de los casos podemos deducir la opinión que una persona tiene sobre un tema a partir de las opiniones que esa persona tiene sobre cualquier otro. Alguien que piensa que el cambio climático es un problema grave, que requiere medidas drásticas inmediatas, es probable que tenga una actitud liberal hacia el matrimonio entre personas del mismo sexo. Cualquiera que apoye la pena de muerte probablemente tampoco sea muy partidario de la inmigración. Pero ¿por qué, si se supone que estas posturas deberían poder combinarse libremente?[4]

¿Qué probabilidades hay de que una parte del espectro político adopte la postura correcta en un conjunto de cuestiones lógicamente independientes, mientras que la otra parte adopte la postura equivocada? ¿Y qué nos hace estar tan seguros de que estamos en el lado «correcto»? Si basamos nuestras convicciones políticas únicamente en lo que cree «nuestro» grupo, estaremos formando nuestras opiniones de una manera que apenas puede justificarse racionalmente. Esto no quiere decir que siempre sea irracional adoptar las creencias de otras personas en las que confiamos, ya que la absorción de conocimientos de otros es, como hemos visto repetidamente, algo razonable e imprescindible. El problema es, por el contrario, que un entorno informativo ideológicamente preestablecido corrompe la transmisión racional de conocimiento.

Por ello, el economista estadounidense Bryan Caplan propone una especie de test de Turing *ideológico:*[5] ¿puedes articular las opiniones y propuestas políticas de tu oponente de un modo que *este* las acepte? Si no puedes —y hay muchos indicios de que a la mayoría de la gente le resultaría difícil superar esta prueba—, probablemente te hayas convertido en víctima de tus propios prejuicios ideológicos. Tus creencias políticas se han fundido tanto con tu identidad y tus valores que solo puedes ver las opiniones políticas que difieren de las tuyas como un síntoma de estupidez o maldad.[6]

¿Por qué hay tanta gente escéptica ante políticas climáticas más agresivas? Porque, engañados por la mentira, la desinformación y la ideología capitalista del crecimiento, prefieren ver aumentar el valor de su cartera de acciones que preocuparse por el futuro de la humanidad. ¿Por qué muchas personas piensan que la riqueza debería redistribuirse de forma más radical? Porque al no tener ningunas ganas de trabajar, sentir envidia y no tener ninguna idea de economía, no permiten el éxito de los demás. Puede incluso que estas explicaciones sean ocasionalmente ciertas. Pero es poco probable que los escépticos sobre el cambio climático y los defensores de la redistribución justifiquen sus opiniones de esta manera. Como punto de partida para un debate productivo, estas descripciones de los motivos de un adversario político son inadecuadas. ¿Pasarías la prueba?

Mentiras que nos unen

Cuando se trata de cuestiones políticas, nos convertimos en defensores de una ideología cuyo comportamiento recuerda más al de fanáticos *hooligans* que animan a su equipo que al de ciudadanos autónomos que utilizan sus facultades racionales para encontrar soluciones razonables a problemas concretos.[7]

El filósofo anglo-ghanés Kwame Anthony Appiah describe nuestras identidades sociales como las «mentiras que nos unen».[8] Nos vemos a nosotros mismos como alemanes o japoneses, católicos o hindúes, europeos o africanos, blancos o negros o morenos, miembros de la clase alta o trabajadora, heterosexuales, lesbianas o *queer*...; pero por muy reales que sean estas identidades, no son más que construcciones sociales; desde el espacio exterior no se ven las fronteras nacionales, y nuestro ADN no dice nada sobre si somos *old* o *new money*.

Nuestras afiliaciones políticas parecen depender de las posiciones ideológicas que aceptamos. Pero no es así. En realidad, es al revés: las posiciones sustantivas que aceptamos están determinadas por la identidad política a la que sentimos que pertenecemos. El ser social determina la conciencia ideológica.

En Estados Unidos, el Partido Demócrata se ha considerado durante décadas partidario de ampliar la cobertura de la seguridad social y de una financiación más generosa de diversas medidas políticas encaminadas a la justicia social y la igualdad socioeconómica de los desfavorecidos. Los republicanos tienden a ser más escépticos respecto a la intervención del Estado del bienestar: abogan en su lugar por una reducción del déficit público, subrayan la importancia de la libertad y la responsabilidad individuales y advierten de los problemas que tienen las estructuras de incentivos que pueden derivarse de medidas redistributivas bienintencionadas pero desacertadas. No obstante, si describes un paquete de medidas estrictamente reducido incluso a partidarios demócratas declarados y afirmas que lo propone tu propio partido, lo respaldarán sin problemas; y, si presentas un paquete de medidas inusualmente generoso a los republicanos y lo identificas —contradiciendo el supuesto núcleo ideológico de tu propio partido en términos de contenido— con el campo conservador, también lo respaldarán. La evaluación de las cualidades morales de un candidato político también depende en gran medida de factores identitarios:[9] la misma acción se clasifica como un paso en falso inofensivo si se atribuye a un miembro del propio bando político, y como una transgresión moral indefendible si procede del bando enemigo. En lo que respecta a nuestras convicciones políticas, casi siempre se dice lo mismo: *party over policy*.[10]

La mayoría de los individuos son, como se dice en la jerga de la ciencia política, *ideológicamente inocentes*.[11] Les cuesta entender, o incluso articular, posiciones políticas. Son incapaces de participar en un debate sobre principios políticos, se muestran confusos o indiferentes ante abstracciones como «liberalismo» o «socialismo» y no tienen opinión alguna sobre prácticamente ninguna de las cuestiones concretas de la agenda política, desde los tipos impositivos hasta la política escolar o el sistema sanitario, incluso cuando estas cuestiones les afectan directamente. Distraídos por las obligaciones del día a día, están demasiado ocupados haciendo la compra y supervisando los deberes de los niños como para prestar una atención seria y minuciosa a las opciones ideológicas propugnadas por las respectivas plataformas de los partidos. A qué partido sentimos que pertenecemos es casi exclusivamente una cuestión de identidad social.

«De cada cual según sus capacidades; a cada cual según sus necesidades.» Cuando se les pregunta, la mitad de los ciudadanos estadounidenses dicen que esta frase está en la Constitución de Estados Unidos; en realidad, procede del libro de Marx *Crítica al Programa de Gotha*.[12]

Las cuestiones políticas son complejas. Para formarse una opinión informada incluso sobre las cuestiones más sencillas se requiere una gran cantidad de conocimientos que supera la competencia incluso de los expertos que han dedicado toda su vida a un único campo científico. ¿Quién puede realmente presumir de ser remotamente competente en la evaluación de los detalles macroeconómicos de la política monetaria europea, *y* en las necesidades de subvención de la industria agrícola, *y* en la situación educativa de las familias socialmente débiles, *y* en las ventajas y desventajas de los diferentes sistemas de seguros de salud que compiten entre sí, *y* en los requisitos de una política de vivienda justa, *y* en las relaciones diplomáticas entre Alemania, Israel y Palestina, *y* en el presupuesto adecuado que tendría que tener el ejército, *y* en las necesidades de financiación de museos, teatros y parques públicos? La frivolidad con la que —*todos* nosotros— formamos nuestras opiniones políticas sobre cuestiones tan complejas, la confianza con la que las articulamos y condenamos a las personas con opiniones diferentes pensando que son brutos intolerantes es impresionante.

La participación política es un problema clásico de la acción colectiva, un dilema del prisionero en el que las opciones individuales de acción racional son colectivamente devastadoras.[13] Votar, manifestarse y tuitear nos dan la confortable sensación de estar políticamente activos, y nos permiten embolsarnos las ganancias de estatus que conllevan las señales de lealtad a nuestro grupo político de pertenencia. Pero el coste de *mi* irracionalidad e ignorancia individuales es casi igual a cero, ya que, de todos modos, mi voto individual no marca ninguna diferencia. Como esto es así para *todos*, *todos* consumimos más irracionalidad política de la que es buena para nuestra sociedad. El economista austriaco Joseph Schumpeter ya resumió este fenómeno hace ochenta años: «Así, el ciudadano medio cae a un nivel inferior de rendimiento intelectual en cuanto entra en el campo político. Argumenta y analiza de un modo que él mismo reconocería fácilmente como infantil dentro de la esfera de sus intereses. Se convierte en un ser primitivo».[14]

El mito de la polarización

No hace mucho, los académicos e intelectuales de las democracias occidentales consideraban que el problema opuesto era más acuciante: nuestro panorama político *no estaba suficientemente polarizado*. Esta era una queja frecuente en el periodo de posguerra, ya que una sociedad democrática solo podía sobrevivir si ofrecía a sus ciudadanos alternativas reales.[15] Desgraciadamente, parece que la realidad política confirmaba el llamado teorema del votante mediano, según el cual el intento de ganar elecciones debe conducir, en última instancia, a un equilibrio de homogeneidad ideológica, porque la mejor forma de que cada partido pueda ganar votos es acercándose cada vez más a las preferencias del votante «medio».

El anhelo de más polarización nos parece hoy conmovedor: en el mundo en el que vivimos, la mitad de los padres se opondrían a que sus propios hijos se casaran con una pareja del «otro» bando político; en la década de 1960, tales casos habrían constituido una minoría en vías de desaparición.[16] Esta segregación de las identidades políticas se refleja también en los estilos de vida, las preferencias culturales y —sobre todo—los lugares de residencia.[17] En las últimas décadas, se ha producido una creciente segregación de ciudades, distritos y barrios, lo que ha hecho que los medios culturales y las afiliaciones políticas hayan ido ganando cada vez más importancia en el mundo de la vida, hasta que barrios como los de Prenzlauer Berg y Glockenbachviertel han acabado por estar formados únicamente por inconformistas indistinguibles.

Pero la polarización política es, en gran medida, un fenómeno superficial de minorías especialmente visibles.[18] La llamada regla del uno por ciento afirma que solo el 1 % de los usuarios de una página web participan activamente y añaden contenidos nuevos. El 99 % restante son solo *lurkers*, es decir, se limitan a merodear por ella (de forma pasiva). La composición de ese 1 % no es ideológicamente neutra, porque naturalmente las personas con posiciones políticas más extremas son las que están más motivadas para mostrar públicamente sus opiniones y propuestas. Como el 99 % restante, que tiene posturas mucho menos extremas, permanece en silencio, se crea la impresión de que casi todo el mundo en Twitter o Reddit es un fanático ideológico, cuando en realidad la inmensa mayoría acepta posturas moderadas y cree que los campos ideológicos opuestos deberían estar más dispuestos al acuerdo.[19] Esto nos lleva a estar peor preparados a la hora de superar el test de Turing ideológico, porque atribuimos a nuestros «enemigos» políticos posturas mucho más extremas y radicales de las que realmente apoyan.[20]

La polarización no consiste en que los grupos políticos mantengan determinadas creencias y defiendan versiones cada vez más extremas de ellas, sino en una creciente *clasificación* en facciones políticas opuestas.[21] Mientras que hace cincuenta años se podían encontrar posiciones liberales y conservadoras, más de izquierdas y más de derechas en todos los partidos, en las últimas décadas se ha producido una reorientación acelerada de los grupos políticos y las posturas ideológicas. Por tanto, tiene más que ver con la segregación que con la radicalización.

Desde el punto de vista de la política de partidos, este problema es especialmente destacado en Estados Unidos, donde el sistema político casi garantiza el bipartidismo debido a su principio del *winner takes all* (es lo que se denomina «ley de Duverger»). Pero también en Alemania y en Europa observamos en los últimos tiempos un desarrollo bastante parecido hacia una reideologización del campo político.

Al fin y al cabo, la polarización política carece en gran medida de una dimensión ideológica; más bien, es un fenómeno puramente *afectivo*. No estamos en un desacuerdo absoluto, sino que simplemente nos odiamos.[22] Esta creciente hostilidad entre bandos políticos aparece en todo tipo de datos: desde encuestas sobre métodos de medición implícitos hasta diferencias de comportamiento que podemos ver en los juegos económicos.[23] La antipatía entre grupos ideológicamente opuestos es incluso mucho más fuerte que cualquier prejuicio racial: si hiciéramos un estudio en el que se pidiera a los participantes que concedieran una beca (ficticia), apenas se encontrarían diferencias a favor (o en contra) de los candidatos blancos o negros. Sin embargo, el 80 % de los demócratas y republicanos prefieren a un candidato de su mismo bando político, incluso aunque tenga una preparación académica inferior. Estas formas de polarización política están estrechamente relacionadas con la autopresentación moral dentro del grupo: la radicalización surge de una competición por superar la oferta, en la que se intercambian posturas políticas cada vez más extremas por ganancias de prestigio social.[24]

La polarización política, aunque sea principalmente afectiva y no ideológica, puede reforzar el efecto devastador de las cámaras de resonancia ideológicas. Quienes se encuentran dentro de una burbuja epistémica ni siquiera entran en contacto con otras personas y opiniones: esas personas están desinformadas por efecto del aislamiento.[25] Pero los que viven dentro de una cámara de resonancia epistémica están aún peor: han aprendido a *desconfiar activamente* de los puntos de vista que se desvían del consenso del grupo. Esta distinción es importante porque las burbujas y las cámaras requieren de terapias diferentes. Una burbuja puede reventarse infiltrando en ella información nueva, desconocida hasta entonces, a través de la educación; pero frente a una cámara de resonancia, la confrontación con perspectivas desconocidas y diferentes es ineficaz y puede, incluso, reforzar el aislamiento epistémico de los que permanecen dentro de ella, porque escuchar opiniones discrepantes de personas de las que uno ya desconfía puede confirmar aún más la opinión propia.

La lógica de la cooperación hace que queramos identificarnos como miembros de un grupo en el que se puede confiar. Nuestro espíritu es «tribal», es decir, está hecho para el pensamiento tribal.[26] Dentro de nuestros respectivos grupos, es importante enviar señales de lealtad que puedan ser percibidas por otros miembros de la tribu y entendidas como signo de fiabilidad. Esta función la pueden cumplir, sobre todo, aquellas creencias que pueden producir un efecto de constitución de la identidad, en el sentido de que no son aceptadas por todos de cualquier manera, sino que siguen siendo específicas del grupo. El escepticismo y el rechazo a la eficacia de las vacunas o a la realidad del cambio climático provocado por el ser humano están predestinados a desempeñar este papel de conformador de la identidad.

El resultado es nefasto si provoca una reacción de los grupos del bando contrario que pueda desembocar en una dinámica de escalada del extremismo. Muchas patologías sociales son, de hecho, meros problemas de acción colectiva y, a la hora de combatirlas, deben entenderse como tales. El cambio climático es el ejemplo clásico: el calentamiento de la atmósfera terrestre por las emisiones de CO_2 es un caso claro de dilema del prisionero, porque es individualmente racional que todo el mundo consuma energía. Las desventajas de ese consumo pueden externalizarse casi por completo, porque no hay nadie que sea dueño del medio ambiente y que pueda hacerme pagar por su deterioro, ni que me haga reducir mi comportamiento perjudicial con el medio ambiente a un nivel que sea aceptable desde un punto de vista social y ecológico.

El problema es que ver el mundo de esta manera es extremadamente contraintuitivo. No puede ser de otro modo, porque los problemas de la acción colectiva no son fáciles de percibir: cinco millones de años de evolución biológica, cultural y social han moldeado nuestro espíritu de tal manera que, automáticamente, damos por sentada la opción cooperativa y no vemos que el equilibrio estratégico favorece la opción no cooperativa. Cuando hace unas décadas los expertos detectaron por primera vez algunos patrones alarmantes en las fluctuaciones del clima del planeta, empezaron a advertir que la humanidad se enfrentaba a un problema muy grave que tendrá consecuencias catastróficas. Incluso los escépticos ante las previsiones más alarmistas no niegan que el calentamiento global tendrá una serie de consecuencias muy graves, que van desde pérdidas catastróficas en la economía mundial, pasando por el aumento de las catástrofes naturales y los fenómenos meteorológicos extremos, hasta hambrunas, pérdidas drásticas de biodiversidad y el desplazamiento de poblaciones que viven actualmente en zonas costeras.[27]

La esperanza obvia era que, ante esta amenaza y la imposibilidad de abordar tales problemas a escala nacional, la humanidad se uniera para afrontar esta primera verdadera crisis antropogénica mundial. Cuando esta respuesta no se materializó, los activistas contra el cambio climático empezaron a intervenir. Pero, como no comprendían la naturaleza del problema, comenzaron a lanzar advertencias cada vez más vehementes sobre los riesgos del calentamiento global. Si la gente no mostraba ninguna solidaridad para resolver el problema, era obviamente porque no tenía suficiente miedo. Así que había que meterles aún más miedo hasta que, por fin, se pusieran las pilas y pasaran a la acción. Cuando eso tampoco ocurrió, los activistas empezaron a sospechar de la influencia de intereses siniestros. Obviamente, para los capitalistas sin escrúpulos era más importante obtener todo el beneficio posible de sus negocios que dejar un planeta habitable para sus hijos y los hijos de sus hijos. Esto condujo a un pánico cada vez mayor, a exageraciones cada vez más burdas de la situación y a propuestas cada vez más extremas que resultaban cada vez menos aceptables para las masas: la propuesta de que «debemos reducir la población mundial a mil millones de personas en un plazo de veinte años y, a partir de ahora, vivir todos de las abundantes cosechas de los huertos que tendremos en nuestros patios traseros porque, de lo contrario, nos enfrentamos al apocalipsis» no suscita precisamente un gran consenso. La reacción en el campo político opuesto fue, simplemente, ignorar por completo las predicciones inherentemente serias de los científicos que estaban preocupados por el cambio climático. El resultado es que tenemos un conjunto de escépticos climáticos anticientíficos políticamente influyentes y un conjunto de catastrofistas anticientíficos políticamente influyentes que, o bien niegan la existencia del problema, o bien proponen medidas contraproducentes, porque ambas partes han malinterpretado de forma esencial la lógica del escenario.

La polarización política se puede superar si se conocen sus orígenes. Nuestras creencias políticas son inestables, superficiales, irracionales y están desinformadas. En gran medida, la polarización es un fenómeno emocional: desconfiamos de otras personas cuando no podemos identificarnos con ellas. Empezamos a odiarlas cuando no pertenecen a «nosotros», aunque en realidad hay más cosas que compartimos con los demás que las que nos dividen.

HOY VOY A PROBAR MI NUEVA ESPADA (EN UN VAGABUNDO DESPREVENIDO)

Los etoros y los kalulis discrepan sobre lo que significa hacerse adulto:

> En los bosques tropicales de Nueva Guinea, los etoros creen que, para convertirse en hombre, un joven debe absorber el semen de los

ancianos de la tribu. Esto se consigue mediante ritos de iniciación en los que los jóvenes que van a absorber el semen deben satisfacer oralmente a un miembro de mayor edad. En cambio, los vecinos kalulis insisten en que la iniciación masculina solo se realiza correctamente cuando el semen pasa por el ano del iniciado. Los etoros aborrecen este comportamiento y lo consideran repugnante.[28]

El fenómeno de la diversidad moral lleva mucho tiempo rondando alrededor del canon occidental. El historiador griego Heródoto ya lo relató hace dos mil quinientos años en su *Historia*:

> Cuando Darío era rey, convocó una vez a todos los griegos de su reino y les preguntó cuánto estarían dispuestos a pagar por comerse los cadáveres de sus padres. Respondieron que no lo harían por ningún precio. Acto seguido, Darío llamó a los indios llamados calatias, que sí se comían los cadáveres de sus progenitores, y les preguntó, en presencia de los griegos —a través de un intérprete oyeron lo que decía—, por qué precio consentirían en quemar los restos mortales de sus padres. Ellos entonces se pusieron a vociferar y le imploraron vivamente que se abstuviera de pronunciar palabras tan impías. Esta es, pues, la costumbre general; y me parece que Píndaro tiene razón cuando dice que la costumbre es la reina del mundo.[29]

Michel de Montaigne, en su famoso ensayo «De caníbales», utilizó una observación similar para denunciar la arrogancia hipócrita de la sociedad francesa del siglo XVI.[30] Pero ¿esto sigue siendo cierto hoy en día? ¿Es la costumbre realmente la reina de la humanidad?

El hecho de que los seres humanos compartamos valores morales universales no solo puede corroborarse con algunas anécdotas escogidas al azar, sino que también puede demostrarse con métodos rigurosos de las ciencias sociales.[31] Durante décadas, el Schwartz Value Survey ha confirmado en repetidas ocasiones que existen valores fundamentales que todas las personas de todas las culturas consideran vinculantes. La seguridad personal y la libertad, el bienestar y la tolerancia, la felicidad, la autonomía y la autorrealización se consideran importantes en todas las culturas del mundo. Las distintas prioridades otorgadas a estos valores se deben principalmente a diferencias socioeconómicas y no a conceptos morales radicalmente divergentes.[32]

Los *Human Relations Area Files* son una colección etnográfica que reúne miles de documentos de todas las regiones culturales del mundo. Basándose en criterios estrictos, Oliver Curry y sus colegas seleccionaron de esta colección 3.460 segmentos de 603 fuentes diferentes, tomados de sesenta sociedades distintas —grandes y pequeñas, simples y complejas, tradicionales y económicamente desarrolladas— de todos los continentes y de diferentes siglos, y examinaron su contenido moral. Dieron instrucciones a los miembros del equipo que no conocían nada de la hipótesis del estudio para que hicieran sus propias selecciones. A continuación, otra persona independiente las codificó en función de si los patrones de conducta seleccionados se calificaban de «buenos» o «malos». El acuerdo intercultural sobre valores como la amabilidad, la cooperación, el respeto, la justicia, la valentía o la propiedad fue del 99,9 %.[33]

¿Pero no sabemos ya que existen diferencias morales radicales y que otras personas en otros lugares y épocas tenían valores fundamentalmente distintos a los nuestros? Cuando observamos otras culturas y épocas, ¿no observamos un panorama extraño de canibalismo, esclavitud, sacrificios humanos, luchas de gladiadores, quema de brujas, pies atados, mutilación genital femenina, genocidio e infanticidio?

Las diferencias morales entre las sociedades humanas deben equilibrarse con los puntos comunes interculturales. Hay pocas culturas más diferentes de las sociedades occidentales modernas que la antigua China. Sin embargo, las diferencias morales que encontramos incluso entre estas culturas, separadas por miles de años y kilómetros, son marginales. La obra *Lun Yu*, de Confucio, recomienda el autocontrol, la virtud, el respeto por los amigos y los padres, la compasión por los débiles, el valor de las promesas y la importancia de la justicia.[34] Las formulaciones son antiguas y extrañas, y las prioridades éticas no se corresponden exactamente con las nuestras. Pero la idea de que se trata de una cultura moral radicalmente opuesta a la nuestra, cuyos valores serían incompatibles con los nuestros, es perjudicial y falsa, y no es infrecuente que los regímenes represivos abusen de ella para deslegitimar las críticas externas.

A pesar de que en aquella época se aceptaban prácticas que ahora consideramos (con razón) aborrecibles e inmorales, no hay que subestimar el grado de desacuerdo *intra*cultural que existía ya entonces. Es inexacto decir que hace unos siglos «la gente» consideraba que la esclavitud no era moralmente problemática. La llegada de un barco negrero al puerto de Lagos fue descrita así por Gomes Eannes de Azurara, cronista de la Corona portuguesa:

> Pero ¿qué corazón humano, por duro que sea, no se sentiría traspasado por sentimientos piadosos a la vista de estos grupos de personas? Algunos mantuvieron la cabeza gacha y bañaron sus rostros en lágrimas mientras se miraban unos a otros; otros se lamentaban amargamente y miraban con firmeza al cielo como pidiendo ayuda al Padre de la Naturaleza; otros juntaban las manos delante de la cara y se tiraban en el suelo; otros mostraban sus lamentos en forma de cantos [...]. Pero para empeorar su sufrimiento, los encargados de repartirlos llegaron al lugar y empezaron a separar a unos de otros para crear grupos iguales de cinco, haciendo que los hijos fueran separados de sus padres, las esposas de sus maridos y los hermanos de sus hermanos.[35]

Aquí se buscará sin éxito el indiferente encogimiento de hombros de la persona que está atrapada en una cultura que consideraba la esclavitud como algo natural, bueno y correcto. En su lugar, escuchamos una sana compasión humana que ve los horrores de la esclavitud tal y como son. Siempre que «nosotros» rechazamos como inmoral un acto, una práctica o una forma de comportarse que encontramos en un contexto histórico o sociocultural aparentemente ajeno, ha habido también *en aquel momento y en aquel lugar* personas que habrían compartido nuestra opinión y considerado esa práctica igualmente vergonzosa y condenable. Y es sorprendente que cuando afirmamos que la esclavitud de personas se consideraba permisible en aquellos tiempos, casi siempre omitamos mencionar lo que habrían pensado de ello *las propias personas esclavizadas*. Pero el horror placentero que produce la exotización del pasado es tan seductor que nos hace ignorar las similitudes y exagerar las diferencias.

No debemos tomar partido por el bando equivocado. A veces oímos que en el Japón medieval se consideraba moralmente aceptable probar la nueva espada en un vagabundo desprevenido.[36] Esta práctica, llamada *tsujigiri*, consistía en que un samurái probaba el filo de su recién adquirida catana cortando por sorpresa a un hombre desde el hombro hasta la cadera. Pero *¿quién* consideraba moralmente aceptable esta frivolidad inhumana? A lo sumo, los propios samuráis, y también en este caso, solo muy pocos de ellos; pero ¿qué hay de esos vagabundos desprevenidos que fueron asesinados? ¿Y de sus familias, sus amigos, sus conciudadanos? Cabe dudar de que alguien, salvo quienes lo practicaban, pudiera considerar el *tsujigiri* como algo moralmente neutro u honorable (de hecho, se discute si el código de conducta existió realmente o hasta qué punto estuvo extendido. Podría haberse tratado de los excesos de asesinos concretos, que incluso entonces ya se consideraban crueles y criminales y se castigaban en consecuencia).[37] En muchos casos en los que se cita una práctica extraña o del pasado, como los sacrificios humanos, la mutilación genital o la esclavitud, como prueba de conflictos de valores fundamentales, la situación es similar: solemos dejar que aquello que toda una cultura supuestamente consideraba bueno y correcto nos venga dictado por las fechorías de una pequeña élite social, cuyas aberraciones crueles y egoístas consideramos relevantes para esa cultura en su conjunto.

Siempre ha habido grupos sociales privilegiados que justificaban sus comportamientos sin escrúpulos con ideologías sofisticadas, los presentaban como si no tuvieran alternativa y fueran inevitables, minimizaban sus consecuencias o deshumanizaban a sus víctimas. Si aceptamos su punto de vista, no estaremos practicando la tolerancia hacia la diversidad cultural, sino que, una vez más, nos estaremos poniendo del lado de los poderosos, dejándolos decidir retrospectivamente cuáles eran los valores de una cultura y silenciando por segunda vez a los débiles y vulnerables.

ESTA GRAN CELEBRACIÓN

Los valores morales que nos unen son más profundos de lo que creemos, y las divisiones políticas que nos separan son menos profundas de lo que pensamos.

A medida que aumentaba la prosperidad y que la paz duraba cada vez más, nuestras prioridades cambiaban. La comodidad material y la estabilidad sociopolítica pusieron en marcha una dinámica de liberalización hacia valores emancipadores.[38] Los límites de la comunidad moral se ampliaron a cada vez más miembros, se concedieron nuevas libertades y se sometieron a debate normas arbitrarias. Se moralizaron las tradiciones problemáticas y las prácticas discriminatorias y, cuando fue necesario, se recomendó su abolición. Las sociedades modernas podían permitirse, por fin, tomarse un poco más en serio las preocupaciones de los grupos marginados.

Pero muchas de las mejoras esperadas tardaron en llegar o no llegaron a materializarse nunca. La idea de que el racismo, el sexismo y otras formas de exclusión y discriminación son erróneas y deberían superarse no siempre condujo a su rápida eliminación. La razón es que las sociedades modernas son monstruosidades recalcitrantes que no pueden remodelarse fácilmente solo para satisfacer los ideales igualitarios de una vanguardia moral (por muy loables, nobles y justificados que puedan ser).

Por una cuestión de necesidad desesperada, la atención se desplazó cada vez más hacia el territorio simbólico-lingüístico, porque el mundo etéreo de las palabras y las imágenes es más fácil y rápido de cambiar que el reino obstinadamente inmóvil de las tradiciones y las instituciones. Dado que los viejos ideales de libertad, individualidad e igualdad de oportunidades no habían funcionado, en algún momento también fueron declarados sospechosos. Si en una sociedad de libres e iguales la opresión de ciertos grupos no acaba por desaparecer, quizá sea porque esos mismos ideales son los que nos señalan la dirección equivocada. Los *valores* de libertad e igualdad no contemplaban la *realidad* de la libertad y la igualdad y, por tanto, para que la modernidad acabara ganando esta batalla consigo misma debía ser sustituida por su opuesto: si el poderoso corazón de la sociedad simplemente no quiere dejar de discriminar por el color de la piel, la cultura o el género, entonces —como en un acto de reapropiación desafiante y más audaz de las identidades que antes se habían impuesto— esas identidades deben recibir finalmente lo que les corresponde.

Un entorno informativo destrozado por las redes sociales y la propaganda política partidista nos ha permitido entrar en un aislamiento epistémico en el que nuestras identidades sociopolíticas, que están cargadas afectivamente, solo han llegado a percibir lo que confirmaba su propia perspectiva. Sin verdaderas diferencias de opinión, nos clasificamos en bandos aparentemente hostiles de los que ya no podíamos encontrar la salida, aunque en realidad sí podíamos.

¿Qué más puedo decir? Creo que es suficiente. Hemos vuelto a ver cosas que ya conocíamos y cosas nuevas de las que no sabíamos nada. Una tierra rota con mil almas peludas, una bacanal frenética en la que no había ningún miembro que no estuviera borracho, unido en sangre, sudor y lujuria; dedos delgados que buscaban en el polvo el primer conocimiento; maestros y alumnos, dibujos en la cal, lámparas de grasa, piedra y aceite de sésamo en los mercados de Babilonia; cocinamos juntos y solos, vimos la salvación y el sacrificio, todo el alfabeto de huesos, raíces y vasijas de barro, barcos que se tragaban gente que había sido robada, niños jugando que atormentaban a un escarabajo de colores; el cielo estrellado sobre mí y la ley moral en mí; fuimos más allá del pueblo, luego bajamos al río, tomamos el último tren a la costa, donde el musgo crece en las piedras, tan exuberante, tan fresco y tan verde; vimos pies atados, cuerpos desmembrados en estacas, piedras con leyes y sin ellas, desnudos y muertos, y reyes con grandes sombreros, ladrones y gendarmes, contratos firmados y promesas primero rotas y luego dadas, el llanto de millones, desconsolados, sin vengar, que nadie ha recordado y que desaparecieron para siempre, como lágrimas en la lluvia.

Ha sido una larga historia. Ahora que se ha acabado, ¿seguiremos siendo capaces de querernos? Quizá este gran festival de discordia y odio llegue algún día a su fin. Y tal vez —¡quién sabe!— se convierta en una celebración de la comunidad, liberada —y también conquistada— por la razón.

AGRADECIMIENTOS

He recibido mucho apoyo para escribir este libro. Estoy muy agradecido por ello.

Un agradecimiento muy especial a todo el equipo de Piper, mi editorial, y en particular a Felicitas von Lovenberg, Anne Stadler y Anja Melzig; a mis editores Charly Bieniek, Martin Janik y Steffen Geier por sus comentarios alentadores, críticos e instructivos; a Michael Gaeb, Andrea Vogel, Eva Semitzidou, Elisabeth Botros y Bettina Wissmann, de mi agencia de representación; a Philipp Hübl por su impulso decisivo; a mis estudiantes y colegas de la Universidad de Utrecht; a los miembros de mi proyecto de investigación, Charlie Blunden, Paul Rehren, Cecilie Eriksen y Karolina Kudlek; a Volker y Kerstin Flemming, que acompañaron todo el proceso desde el principio; a mi familia. Y a Romina, Clara y Julia por estar ahí.

Dedico este libro a todas las personas de las que he aprendido algo.

BIBLIOGRAFÍA

Achen, Christopher H., y Larry M. Bartels, *Democracy for Realists. Why Elections Do Not Produce Responsive Government*, Princeton y Oxford, Princeton University Press, 2016.

Acemoglu, Daron, y James A. Robinson, *Why Nations Fail. The Origins of Power, Prosperity, and Poverty*, Londres, Profile Books, 2012 (trad. cast.: *Por qué fracasan los países*, Barcelona, Booket, 2014).

Adorno, Theodor W., y Max Horkheimer, *Dialektik der Aufklärung. Philosophische Fragmente*, Fráncfort, Fischer, 2020 [1947] (trad. cast.: *Dialéctica de la Ilustración*, Madrid, Trotta, 2016).

Aharoni, Eval, y Alan J. Fridlund, «Punishment without reason: Isolating retribution in lay punishment of criminal offenders», *Psychology, Public Policy, and Law*, vol. 18, n.º 4, 2012, págs. 599-625.

Alexander, Michelle, *The New Jim Crow. Mass Incarceration in the Age of Colorblindness*, Nueva York, The New Press, 2012 (trad. cast.: *El color de la Justicia*, Madrid, Capitán Swing, 2017).

Al-Gharbi, Musa, *We Have Never Been Woke. Social Justice Discourse, Inequality and the Rise of a New Elite*, Princeton, Princeton University Press, publicación prevista para 2023..

Anderson, Elizabeth, *The Imperative of Integration*, Princeton y Oxford, Princeton University Press, 2010.

Anónimo, *Physiologus*, Stuttgart, Reclam, 2001 (trad. cast.: *El Fisiólogo, atribuido a San Epifanio*, Madrid, Tuero, 1986).

Appiah, Kwame Anthony, *The Honor Code. How Moral Revolutions Ha-

ppen, Nueva York y Londres, W. W. Norton & Company, 2011, pág. 517.

—, *The Lies That Bind. Rethinking Identity*, Londres, Profile Books, 2019 (trad. cast.: *Las mentiras que nos unen*, Barcelona, Taurus, 2019).

Aplin, Lucy L., «Culture and cultural evolution in birds: A review of the evidence», *Animal Behaviour*, vol. 147, 2019, págs. 179-187.

Arendt, Hannah, *Eichmann in Jerusalem. Ein Bericht von der Banalität des Bösen*, Múnich, Piper, 2021 [1964] (trad. cast.: *Eichmann en Jerusalén*, Barcelona, Debolsillo, 2006).

Aristóteles, «Physik. Vorlesung über die Natur», *Philosophische Schriften*, vol. 6, Hamburgo, Meiner, 1995, págs. 1-258 (trad. cast.: *Física*, Madrid, Gredos, 1995).

Asch, Solomon, «Studies of independence and conformity: A minority of one against a unanimous majority», *Psychological Monographs*, vol. 70, n.º 9, 1956, págs. 1-70.

Axelrod, Robert, *The Evolution of Cooperation*, Cambridge, Basic Books, 2006 [1984] (trad. cast.: *La evolución de la cooperación: el dilema del prisionero y la teoría de juegos*, Madrid, Alianza, 1996).

Bail, Chris, *Breaking the Social Media Prism. How to Make Our Platforms Less Polarizing*, Princeton y Oxford, Princeton University Press, 2021.

Baptist, Edward E., *The Half Has Never Been Told. Slavery and the Making of American Capitalism*, Nueva York, Basic Books, 2014.

Baldwin, James, *The Fire Next Time*, Londres, Michael Joseph, 1963 (trad. cast.: *La próxima vez el fuego*, Buenos Aires, Sudamericana, 1964).

Baron, Jonathan, e Ilana Ritov, «Intuitions about penalties and compensation in the context of tort law», *Journal of Risk and Uncertainty*, vol. 7, n.º 1, 1993, págs. 17-33.

Barrett, H. Clarck, Alexander Bolyanatz, Alyssa N. Crittenden, Daniel M. T. Fessler, Simon Fitzpatrick, Michael Gurven *et al.*, «Small-scale societies exhibit fundamental variation in the role of intentions in moral judgment», *Proceedings of the National Academy of Sciences*, vol. 113, n.º 17, 2016, págs. 4688-4693.

Beckert, Sven, *Empire of Cotton. A Global History*, Nueva York, Knopf, 2014 (trad. cast.: *El imperio del algodón*, Barcelona, Crítica, 2018).

Bicchieri, Cristina, *The Grammar of Society. The Nature and Dynamics of Social Norms*, Cambridge University Press, 2005.

—, *Norms in the Wild. How to Diagnose, Measure, and Change Social Norms*, Oxford, Oxford University Press, 2016.

Bishop, Bill, *The Big Sort. Why the Clustering of Like-Minded America is Tearing Us Apart*, Boston y Nueva York, Mariner, 2009.

Bloom, Paul, *Just Babies. The Origins of Good and Evil*, Nueva York, Broadway Books, 2013.

Boehm, Christopher, *Hierarchy in the Forest. The Evolution of Egalitarian Behavior*, Cambridge, Harvard University Press, 1999.

Bostrom, Nick, y Toby Ord, «The reversal test: Eliminating status quo bias in applied ethics», *Ethics*, vol. 116, n.º 4, 2006, págs. 656-679.

Bourdieu, Pierre, *Die feinen Unterschiede. Kritik der gesellschaftlichen Urteilskraft*, Fráncfort, Suhrkamp, 1982, 1987 [1979] (trad. cast.: *La distinción*, Barcelona, Taurus, 2012).

Bowles, Samuel, «Did warfare among ancestral hunter-gatherers affect the evolution of human social behaviors?», *Science*, vol. 324, n.º 5932, 2009, págs. 1293-1298.

—, y Herbert Gintis, *A Cooperative Species. Human Reciprocity and its Evolution*, Princeton, Princeton University Press, 2011.

Boyd, Robert, y Peter J. Richerson, «Punishment allows the evolution of cooperation (or anything else) in sizable groups», *Ethology and Sociobiology*, vol. 13, n.º 3, 1992, págs. 171-195.

—, *Not by Genes Alone. How Culture Transformed Human Evolution*, Chicago y Londres, The University of Chicago Press, 2006.

Boyer, Pascal, y Michael Bang Petersen, «Folk-economic beliefs: An evolutionary cognitive model», *Behavioral and Brain Sciences*, vol. 41, 2018.

Brennan, Jason, *Why Not Capitalism?*, Londres y Nueva York, Routledge, 2014.

—, *Against Democracy*, Princeton y Oxford, Princeton University Press, 2016 (trad. cast.: *Contra la democracia*, Barcelona, Deusto, 2018).

—, *Why It's Ok to Want to Be Rich*, Nueva York, Routledge, 2020.

—, y Bas van der Vossen, *In Defense of Openness. Why Global Freedom is the Humane Solution to Global Poverty*, Nueva York, Oxford University Press, 2018.

Bright, Liam Kofi, «White Psychodrama», *Journal of Political Philosophy*, vol. 31, n.º 2, 2023, págs. 198-221.

Brosnan, Sarah F., y Frans B. M. de Waal, «Monkeys reject unequal pay», *Nature*, vol. 425, n.º 6955, 2003, págs. 297-299.

Browning, Christopher R., *Ordinary Men. Police Battalion 101 and the Final Solution in Poland*, Londres, Penguin, 2001 [1992] (trad. cast.: *Aquellos hombres grises*, Barcelona, Edhasa, 2002).

Buchanan, Allen, y Russell Powell, *The Evolution of Moral Progress: A Biocultural Theory*, Nueva York, Oxford University Press, 2018.

Burke, Edmund, «Reflections on the Revolution in France», en Edmund Burke, *Revolutionary Writings*, Cambridge, Cambridge University Press, 2014 [1790], págs. 1-251.

Camus, Albert, *Der Mensch in der Revolte*, Hamburgo, Rowohlt, 2001 [1951] (trad. cast.: *El hombre rebelde*, Madrid, Alianza, 2013).

Caplan, Bryan, *The Myth of the Rational Voter. Why Democracies Choose Bad Policies*, Princeton y Oxford, Princeton University Press, 2007.

Case, Anne, y Angus Deaton, *Deaths of Despair and the Future of Capitalism*, Princeton y Oxford, Princeton University Press, 2020 (trad. cast.: *Muertes por desesperación y el futuro del capitalismo*, Barcelona, Deusto, 2020).

Chapoutot, Johann, *The Law of Blood. Thinking and Acting Like a Nazi*, Cambridge, The Belknap Press, 2018 (trad. cast.: *La ley de la sangre*, Madrid, Alianza, 2021).

Chappell, Sophie Grace, «Transgender and adoption: An analogy», *Think*, vol. 20, n.º 59, 2021, págs. 25-30.

Clark, Gregory, *A Farewell to Alms. A Brief Economic History of the World*, Princeton y Oxford, Princeton University Press, 2007 (trad. cast.: *Adiós a la sopa de pan, hola al sushi*, Valencia, Publicacions de la Universitat de València, 2014).

—, *The Son Also Rises. Surnames and the History of Social Mobility*, Princeton y Oxford, Princeton University Press, 2014.

Cochrane, Liam, *Miracle in the Cave. The 12 Lost Boys, Their Coach, and the Heroes Who Rescued Them*, Nueva York, HarperCollins, 2019.

Cohen, Geoffrey L., «Party over policy: The dominating impact of group influence on political beliefs», *Journal of Personality and Social Psychology*, vol. 85, n.º 5, 2003, págs. 808-822.

Cohen, Gerald A., *Why Not Socialism?*, Princeton, Princeton University Press, 2009 (trad. cast.: *¿Por qué no el socialismo?*, Buenos Aires, Katz, 2011).

Cosmides, Leda, y John Tooby, «Evolutionary psychology: New perspectives on cognition and motivation», *Annual Review of Psychology*, vol. 64, 2013, págs. 201-229.

Christakis, Nicholas A., *Blueprint. The Evolutionary Origins of a Good Society*, Nueva York, Boston y Londres, Little, Brown Spark, 2019.

Crenshaw, Kimberle, «Demarginalizing the intersection of race and sex: A Black feminist critique of antidiscrimination doctrine, feminist theory, and antiracist politics», *The University of Chicago Legal Forum*, n.º 1, 1989, págs. 139-167.

Crimston, Charlie R., Matthew J. Hornsey, Paul G. Bain y Bock Bastian, «Toward a psychology of moral expansiveness», *Current Directions in Psychological Science*, vol. 27, n.º 1, 2018, págs. 14-19.

Curry, Oliver Scott, Daniel Austin Mullins y Harvey Whitehouse, «Is it good to cooperate? Testing the theory of morality-as-cooperation in 60 societies», *Current Anthropology*, vol. 60, n.º 1, 2019, págs. 47-69.

Cushman, Fiery, «Punishment in humans: From intuitions to institutions», *Philosophy Compass*, vol. 10, n.º 2, 2015, págs. 117-133.

Damásio, António, *Descartes' Error. Emotion, Reason, and the Human Brain*, Londres, Penguin Books, 1994 (trad. cast.: *El error de Descartes*, Barcelona, Booket, 2022).

Darwin, Charles, *The Descent of Man*, Nueva York, The Heritage Press, 1972 [1871] (trad. cast.: *El origen del hombre*, Barcelona, Crítica, 2021).

Dawkins, Richard, *The Extended Phenotype. The Long Reach of the Gene*, Oxford, Oxford University Press, 1982 (trad. cast.: *El fenotipo extenido: El largo alcance del gen*, Madrid, Capitán Swing, 2017).

—, *The Selfish Gene*, Oxford, Oxford University Press, 2016 [1976] (trad. cast.: *El gen egoísta*, Madrid, Bruño, 1990).

Deaton, Angus, *The Great Escape. Health, Wealth, and the Origins of Inequality*, Princeton y Oxford, Princeton University Press, 2013 (trad. cast.: *El gran escape*, Madrid, Fondo de Cultura Económica de España, 2015).

DellaPosta, Daniel, «Pluralistic collapse: The "oil spill" model of mass opinion polarization», *American Sociological Review*, vol. 85, n.º 3, 2020, págs. 507-536.

Delgado, Richard (comp.), *Critical Race Theory. The Cutting Edge*, Filadelfia, Temple University Press, 1995.

Dennett, Daniel Clement, *Darwin's Dangerous Idea. Evolution and the Meanings of Life*, Londres, Penguin, 1995.

De Waal, Frans, *Chimpanzee Politics. Power and Sex Among Apes*, Baltimore, The Johns Hopkins University Press, 1998 (trad. cast.: *La política de los chimpancés*, Madrid, Alianza, 2022).

—, *Primates and Philosophers. How Morality Evolved*, Princeton, Princeton University Press, 2006 (trad. cast.: *Primates y filósofos*, Barcelona, Paidós, 2007).

Diamond, Jared, «The worst mistake in the history of human race», *Discover*, vol. 8, n.º 5, 1987, págs. 64-66.

—, *Guns, Germs, and Steel: A short history of everybody for the last 13,000 years*, Nueva York, Random House, 1998 (trad. cast.: *Armas, gérmenes y acero*, Barcelona, Debate, 2018).

—, *Collapse: How Societies Choose to Fail or Succeed*, Londres, Penguin, 2005 (trad. cast.: *Colapso*, Barcelona, Debolsillo, 2007).

DiAngelo, Robin, *White Fragility. Why It's So Hard for White People to Talk About Racism*, Boston, Beacon Press, 2018 (trad. cast.: *Fragilidad blanca*, Guadalajara, Ediciones del Oriente y del Mediterráneo, 2021).

Diemer, Matthew A., Rashmita S. Mistry, Martha E. Wadsworth, Irene López y Faye Reimers, «Best practices in conceptualizing and measuring social class in psychological research», *Analyses of Social Issues and Public Policy*, vol. 13, n.º 1, 2013, págs. 77-113.

DiNapoli, Robert J., Timothy M. Rieth, Carl P. Lipo y Terry L. Hunt, «A model-based approach to the tempo of "collapse": The case of Rapa Nui (Easter Island)», *Journal of Archaeological Science*, vol. 116, 2020.

Doris, John M., *Lack of Character: Personality and Moral Behavior*, Cambridge, Cambridge University Press, 2002.

—, y Dominic Murphy, «From My Lai to Abu Ghraib: The moral psychology of atrocity», *Midwest Studies in Philosophy*, vol. 31, n.º 1, 2007, págs. 25-55.

Dornes, Martin, *Macht der Kapitalismus depressiv? Über seelische Gesundheit und Krankheit in modernen Gesellschaften*, Fráncfort, Fischer, 2016.

Drescher, Seymour, *Abolition. A History of Slavery and Antislavery*, Cambridge, Cambridge University Press, 2009.

Du Bois, William Edward Burghardt, *Black Reconstruction in America*, Nueva York, The Free Press, 1998 [1935].

Dugatkin, Lee Alan, y Lyudmila Trut, *How to Tame a Fox (and Build a Dog). Visionary Scientists and a Siberian Tale of Jump-Started Evolution*, Chicago, The University of Chicago Press, 2017.

Dunbar, Robin, «Neocortex size as a constraint on group size in primates», *Journal of Human Evolution*, vol. 22, n.º 6, 1992, págs. 469-493.

—, *Grooming, Gossip, and the Evolution of Language*, Londres, Faber & Faber, 1996.

—, *Human Evolution*, Nueva York, Oxford University Press, 2016 (trad. cast.: *La odisea de la humanidad*, Barcelona, Crítica, 2007).

Durkheim, Émile, *Über soziale Arbeitsteilung. Studie über die Organisation höherer Gesellschaften*, Fráncfort, Suhrkamp, 1992 [1893] (trad. cast.: *La división del trabajo social*, Madrid, Akal, 1987).

Easterlin, Richard A., «Does economic growth improve the human lot? Some empirical evidence», *Nations and Households in Economic Growth. Essays in Honor of Moses Abramowitz*, Nueva York, Academic Press, 1974.

Edgerton, Robert B., *Sick Societies. Challenging the Myth of Primitive Harmony*, Nueva York, The Free Press, 1992.

Ehrlich, Paul R., *The Population Bomb*, Nueva York, Ballantine, 1968 (trad. cast.: *La explosión demográfica*, Barcelona, Salvat, 1994).

Elias, Norbert, *Über den Prozeß der Zivilisation. Soziogenetische und psychogenetische Untersuchungen*, vol. 1: *Wandlungen des Verhaltens in den weltlichen Oberschichten des Abendlandes*, Fráncfort, Suhrkamp, 1997.

Elsen, Jan, Özlem Cizer y Ruben Snellings, «Lessons from a lost technology: The secrets of Roman concrete», *American Mineralogist*, vol. 98, n.ᵒˢ 11-12, 2013, págs. 1917-1918.

Fehr, Ernst, y Simon Gächter, «Cooperation and punishment in public goods experiments», *American Economic Review*, vol. 90, n.º 4, 2000, págs. 980-994.

—, «Altruistic punishment in humans», *Nature*, vol. 415, n.º 6868, 2002, págs. 137-140.

Fiorina, Morris P., Samuel J. Abrams y Jeremy C. Pope, *Culture War? The Myth of a Polarized America*, Nueva York, Pearson Longman, 2005.

Flannery, Kent, y Joyce Marcus, *The Creation of Inequality. How Our Prehistoric Ancestors Set the Stage for Monarchy, Slavery, and Empire*, Cambridge, Harvard University Press, 2012.

Fodor, Jerry, *The Modularity of Mind*, Cambridge, The MIT Press, 1983.

Foucault, Michel, *Überwachen und Strafen. Die Geburt des Gefängnisses*, Fráncfort, Suhrkamp, 1977 (trad. cast.: *Vigilar y castigar*, Barcelona, Biblioteca Nueva, 2012).

Frank, Thomas, *What's the Matter with Kansas? How Conservatives Won the Heart of America*, Nueva York, Owl Books, 2004 (trad. cast.: *¿Qué pasa con Kansas?*, Madrid, Machado, 2008).

Frankfurt, Harry, «Equality as a moral ideal», *Ethics*, vol. 98, n.° 1, 1987, págs. 21-43.

Freiman, Christopher, *Unequivocal Justice*, Londres y Nueva York, Routledge, 2017.

—, *Why It's Ok to Ignore Politics*, Nueva York, Routledge, 2021.

Freud, Sigmund, «Eine Schwierigkeit der Psychoanalyse», *Imago. Zeitschrift für Anwendung der Psychoanalyse auf die Geisteswissenschaften*, vol. 5, 1917, págs. 1-7.

—, «Das Unbehagen in der Kultur», en *Werkausgabe in zwei Bänden*, vol. 2, 2006 [1930], págs. 367-427.

Fricker, Miranda, *Epistemic injustice. Power and the ethics of knowing*, Oxford, Oxford University Press, 2007 (trad. cast.: *Injusticia epistémica*, Barcelona, Herder, 2017).

Fukuyama, Francis, *The End of History and the Last Man*, Nueva York, The Free Press, 1992 (trad. cast.: *El fin del hombre*, Barcelona, Ediciones B, 2002).

Funkhouser, Eric, «A tribal mind: Beliefs that signal group identity or commitment», en *Mind & Language*, vol. 37, n.° 3, 2022, págs. 444-464.

Gehlen, Arnold, *Der Mensch. Seine Natur und seine Stellung in der Welt*, Fráncfort, Klostermann, 2016 [1940].

Glover, Jonathan, *Humanity. A Moral History of the 20th Century*, New Haven y Londres, Yale University Press, 2012 (trad. cast.: *Humanidad e inhumanidad*, Madrid, Cátedra, 2013).

Gottfried, Robert S., *The Black Death. Natural and Human Disaster in Medieval Europe*, Nueva York, The Free Press, 1983 (trad. cast.: *La muerte negra*, Madrid, Fondo de Cultura Económica, 2002).

Graeber, David, y David Wengrow, *The Dawn of Everything. A New History of Humanity*, Nueva York, Farrar, Strauss & Giroux, 2021 (trad. cast.: *El amanecer de todo*, Barcelona, Ariel, 2022).

Graham, Jesse, Adam Waytz, Peter Meindl, Ravi Iyer y Liane Young, «Centripetal and centrifugal forces in the moral circle: Competing constraints on moral learning», *Cognition*, vol. 167, 2017, págs. 58-65.

Greene, Joshua, «The secret joke of Kant's soul», en W. Sinnott-Armstrong (comp.), *Moral Psychology*, vol. 3: *The Neuroscience of Moral-*

ity: Emotion, Brain Disorders, and Development, Cambridge, MIT Press, 2008.

—, *Moral Tribes. Emotion, Reason, and the Gap Between Us and Them*, Nueva York, The Penguin Press, 2013.

Grubbs, Joshua B., Brandon Warmke, Justin Tosi y A. Shanti James, «Moral grandstanding and political polarization: A multi-study consideration», *Journal of Research in Personality*, vol. 88, 2020.

Habermas, Jürgen, *Auch eine Geschichte der Philosophie*, vol 1: *Die okzidentale Konstellation von Glauben und Wissen*, Fráncfort, Suhrkamp, 2022.

Hamilton, William Donald, «The genetical evolution of social behaviour I», *Journal of Theoretical Biology*, vol. 7, n.º 1, 1964, págs. 1-16.

Haidt, Jonathan, *The Righteous Mind. Why Good People Are Divided by Religion and Politics*, Londres, Allen Lane, 2012 (trad. cast.: *La mente de los justos*, Barcelona, Deusto, 2019).

—, y Greg Lukianoff, *The Coddling of the American Mind. How Good Intentions and Bad Ideas Are Setting Up a Generation for Failure*, Nueva York, Penguin Press, 2018.

Hall, Lars, Petter Johansson y Thomas Strandberg, «Lifting the veil of morality: Choice blindness and attitude reversals on a self-transforming survey», *PloS one*, vol. 7, n.º 9, 2012.

Hannah-Jones, Nikole, Caitlin Roper, Ilena Silverman y Jake Silverstein, *The 1619 Project. A New Origin Story*, Nueva York, OneWorld, 2021.

Harari, Yuval Noah, *Eine kurze Geschichte der Menschheit*, Múnich, DVA, 2013 (trad. cast.: *Sapiens*, Barcelona, Debate, 2015).

Hardin, Garrett, «The Tragedy of the Commons», *Science*, vol. 162, n.º 3859, 1968, págs. 1243-1248.

Hare, Brian, «Survival of the friendliest: "Homo sapiens" evolved via selection for prosociality», *Annual Review of Psychology*, vol. 68, n.º 1, 2017, págs. 155-186.

—, y Vanessa Woods, *Survival of the Friendliest. Understanding our Origins and Rediscovering our Common Humanity*, Nueva York, Random House, 2020.

Haslam, Nick, «Concept creep: Psychology's expanding concepts of harm and pathology», *Psychological Inquiry*, vol. 27, n.º 1, 2016, págs. 1-17.

Hathaway, Oona A., y Scott J. Shapiro, *The Internationalists, and Their Plan to Outlaw War*, Londres, Penguin, 2017.

Heath, Joseph, «Liberalization, modernization, westernization», *Philosophy and Social Criticism*, vol. 30, n.ᵒˢ 5-6, 2004, págs. 665-690.

—, *Enlightenment 2.0. Restoring Sanity to Our Politics, Our Economy, and Our Lives*, Toronto, HarperCollins, 2014.

—, «Post-deliberative democracy», *Analyse and Kritik*, vol. 43, n.º 2, 2021, págs. 285-308.

—, *Philosophical Foundations of Climate Change Policy*, Nueva York, Oxford University Press, 2021b.

Hegel, Georg Wilhem Friedrich, *Grundlinien der Philosophie des Rechts oder Naturrecht und Staatswissenschaft im Grundrisse*, Hamburgo, Meiner, 1995 [1820] (trad. cast.: *Fundamentos de Filosofía del Derecho*, Madrid, Tecnos, 2017).

Henrich, Joseph, *The Secret of Our Success. How Culture is Driving Human Evolution, Domesticating Our Species, and Making Us Smarter*, Princeton y Oxford, Princeton University Press, 2016.

—, *The Weirdest People in the World. How the West Became Psychologically Peculiar and Particularly Prosperous*, Londres, Allen Lane, 2020 (trad. cast.: *Las personas más raras del mundo*, Madrid, Capitán Swing, 2022).

—, Steven J. Heine y Ara Norenzayan, «The weirdest people in the world?», *Behavioral and Brain Sciences*, vol. 33, n.ᵒˢ 2-3, 2010, págs. 61-83.

—, y Michael Muthukrishna, «The origins and psychology of human cooperation», *Annual Review of Psychology*, vol. 72, 2021, págs. 207-240.

Herder, Johann Gottfried von, «Abhandlung über den Ursprung der Sprache, welche den von der Königl. Academie der Wissenschaften für das Jahr 1770 gesezten Preis erhalten hat» (1772), en *Sprachphilosophische Schriften*, Hamburgo, Felix Meiner Verlag, 1960 (trad. cast.: «Ensayo sobre el origen del lenguaje», en *Obra selecta*, Madrid, Alfaguara, 1982).

Heródoto, *Historien*, Stuttgart, Reclam, 2019 (trad. cast.: *Historia*, Madrid, Cátedra, 2006).

Herrmann, Benedikt, Christian Thöni y Simon Gächter, «Antisocial punishment across societies», *Science*, vol. 319 (5868), 2008, págs. 1362-1367.

Heyes, Cecilia, *Cognitive Gadgets. The Cultural Evolution of Thinking*, Cambridge y Londres, The Belknap Press, 2018.

Hickel, Jason, «The true extent of global poverty and hunger: Questioning the good news narrative of the Millennium Development Goals», *Third World Quarterly*, vol. 37, n.º 5, 2016, págs. 749-767.

Hobbes, Thomas, *Leviathan, oder Stoff, Form und Gewalt eines kirchlichen und bürgerlichen Staates*, Fráncfort, Suhrkamp, 1966 [1651] (trad. cast.: *Leviatán*, Madrid, Alianza, 2018).

Hochschild, Adam, *King Leopold's Ghost. A Story of Greed, Terror, and Heroism in Colonial Africa*, Nueva York, Mariner Books, 1998 (trad. cast.: *El fantasma del rey Leopoldo*, Barcelona, Península, 2020).

Hrdy, Sarah Blaffer, *Mothers and Others. The Evolutionary Origins of Mutual Understanding*, Cambridge, Harvard University Press, 2009.

Hübl, Phillip, *Bullshit-Resistenz*, Berlín, Nicolai, 2018.

—, *Die aufgeregte Gesellschaft. Wie Emotionen unsere Moral prägen und die Polarisierung verstärken*, Múnich, Bertelsmann, 2019.

Hume, David, *A Treatise of Human Nature*, Oxford, Clarendon Press, 2007 [1739-1740] (trad. cast.: *Tratado de la naturaleza humana*, Madrid, Tecnos, 2005).

Husi, Stan, «Why we (almost certainly) are not moral equals», *The Journal of Ethics*, vol. 21, n.º 4, 2017, págs. 375-401.

Husserl, Edmund, *Die Krisis der europäischen Wissenschaften und die transzendentale Phänomenologie*, Hamburgo, Meiner, 2012 [1936] (trad. cast.: *La crisis de las ciencias europeas y la fenomenología transcendental*, Buenos Aires, Prometeo Libros, 2008).

Inglehart, Ronald, *The Silent Revolution. Changing Values and Political Styles Among Western Publics*, Princeton, Princeton University Press, 1977.

—, *Cultural Evolution. People's Motivations are Changing, and Reshaping the World*, Cambridge, Cambridge University Press, 2018.

Iyengar, Shanto, y Sean J. Westwood, «Fear and loathing across party lines: New evidence on group polarization», *American Journal of Political Science*, vol. 59, n.º 3, 2015, págs. 690-707.

—, Yphtach Lelkes, Matthew Levendusky, Neil Malhotra y Sean J. Westwood, «The origins and consequences of affective polarization in the United States», *Annual Review of Political Science*, vol. 22, n.º 1, 2019, págs. 129-146.

Isen, Alice M., y Paula F. Levin, «Effect of feeling good on helping: Cookies and kindness», *Journal of Personality and Social Psychology*, vol. 21, n.º 3, 1972, págs. 384-388.

Jaspers, Karl, *Vom Ursprung und Ziel der Geschichte*, Basilea, Schwabe, 2017 [1949] (trad. cast.: *Origen y meta de la historia*, Barcelona, Acantilado, 2017).

Joshi, Hrishikesh, «What are the chances you're right about everything? An epistemic challenge for modern partisanship», *Politics, Philosophy and Economics*, vol. 19, n.º 1, 2020, págs. 36-61.

Kadri, Sadakat, *The Trial. A History from Socrates to O. J. Simpson*, Londres, Harper Perennial, 2006.

Kant, Immanuel, «Beantwortung der Frage: Was ist Aufklärung?», *Was ist Aufklärung? Ausgewählte kleine Schriften*, Hamburgo, Meiner, 1999 [1784], págs. 20-28 (trad. cast.: *¿Qué es la ilustración?*, Madrid, Alianza, 2013).

—, «Idee zu einer allgemeinen Geschichte in weltbürgerlicher Absicht», en *Was ist Aufklärung? Ausgewählte kleine Schriften*, Hamburgo, Meiner, 1999 [1784b], págs. 3-20.

—, *Grundlegung zur Metaphysik der Sitten*, Hamburgo, Meiner, 1999 [1785] (trad. cast.: *Fundamentación de la metafísica de las costumbres*, Barcelona, Austral, 2016).

—, *Kritik der praktischen Vernunft*, Hamburgo, Meiner, 1990 [1788] (trad. cast.: *Crítica de la razón práctica*, Madrid, Alianza, 2013).

—, «Zum Ewigen Frieden. Ein Philosophischer Entwurf», en *Über den Gemeinspruch: Das mag in der Theorie richtig sein, taugt aber nicht für die Praxis. Zum Ewigem Frieden*, Hamburgo, Meiner, 1992 [1795-1796] (trad. cast.: *Teoría y praxis*, Buenos Aires, Leviatán, 2008).

—, *Kritik der Urteilskraft*, Hamburgo, Meiner, 2001 [1790] (trad. cast.: *Crítica del juicio*, Barcelona, Austral, 2013).

—, *Die Metaphysik der Sitten*, Stuttgart, Reclam, 1990 [1797] (trad. cast.: *La metafísica de las costumbres*, Madrid, Tecnos, 2005).

—, *Anthropologie in pragmatischer Hinsicht*, Stuttgart, Reclam, 1986 [1798] (trad. cast.: *Antropología en sentido pragmático*, Madrid, Alianza, 2004).

—, *Die Religion innerhalb der Grenzen bloßer Vernunft*, Stuttgart, Reclam, 2001 [1793-1794] (trad. cast.: *La Religión dentro de los límites de la mera Razón*, Madrid, Alianza, 2016).

Kehlmann, Daniel, *Tyll*, Hamburgo, Rowohlt, 2017 (trad. cast.: *Tyll*, Barcelona, Literatura Random House, 2019).

Kelly, Daniel Ryan, y Patrick Hoburg, «A tale of two processes: On Joseph Henrich's the secret of our success: How culture is driving human evolution, domesticating our species, and making us smarter», *Philosophical Psychology*, vol. 30, n.º 6, 2017, págs. 832-848.

Kendi, Ibram X., *How to Be an Antiracist*, Nueva York, One World, 2019 (trad. cast.: *Cómo ser antirracista*, Barcelona, Vintage Español, 2020).

Kershaw, Ian, «How effective was Nazi Propaganda?», en David Welch (comp.), *Nazi Propaganda. The Power and the Limitations*, Londres, Routledge, 1983.

Kinder, Donald R., y Nathan P. Kalmoe, *Neither Liberal Nor Conservative. Ideological Innocence in the American Public*, Chicago y Londres, The University of Chicago Press, 2017.

Kitcher, Phillip, *The Ethical Project*, Cambridge, Harvard University Press, 2011.

Kleiman, Mark, *When Brute Force Fails. How to Have Less Crime and Less Punishment*, Princeton, Princeton University Press, 2009.

Klein, Ezra, *Why We're Polarized*, Londres, Profile, 2020 (trad. cast.: *Por qué estamos polarizados*, Madrid, Capitán Swing, 2021).

Kleingeld, Pauline, «Kant's second thoughts on race», *The Philosophical Quarterly*, vol. 57, n.º 229, 2007, págs. 573-592.

Kramer, Samuel Noah, *The Sumerians. Their History, Culture, and Character*, Chicago y Londres, The University of Chicago Press, 1963.

Kumar, Victor, «Empirical vindication of moral luck», *Nous*, vol. 53, n.º 4, 2019, págs. 987-1007.

—, Aditi Kodipady y Liane Young, «A psychological account of the unique decline in anti-gay attitudes» (preimpresión).

Kuznets, Simon, «Economic Growth and Income Inequality», *American Economic Review*, vol. 45, 1995, págs. 1-28.

Laland, Kevin, *Darwin's Unfinished Symphony. How Culture Made the Human Mind*, Princeton y Oxford, Princeton University Press, 2017.

Leakey, Meave, y Samira Leakey, *The Sediments of Time. My Lifelong Search for the Past*, Boston, Houghton Mifflin Harcourt, 2020.

Lee, Richard Borshay, *The !Kung San. Men, Women, and Work in a Foraging Society*, Cambridge, Cambridge University Press, 1979.

—, *The Dobe Ju/'hoansi*, Belmont, Wadsworth, 2013.

Leeson, Peter T., *WTF?! An Economic Tour of the Weird*, Stanford, Stanford University Press, 2017 (trad. cast.: *El gran circo de la economía*, Barcelona, Deusto, 2019).

Leiter, Brian, «The death of god and the death of morality», *The Monist*, vol. 102, n.º 3, 2019, págs. 386-402.

Levari, David E., Daniel T. Gilbert, Timothy D. Wilson, Beau Sievers, David M. Amodio y Thalia Wheatley, «Prevalence-induced concept change in human judgment», *Science*, vol. 360, n.º 6396, 2018, págs. 1465-1467.

Levendusky, Matthew, *The Partisan Sort. How Liberals became Democrats and Conservatives became Republicans*, Chicago y Londres, The University of Chicago Press, 2009.

Levy, Jonathan, *Freaks of Fortune. The Emerging World of Capitalism and Risk in America*, Cambridge, Harvard University Press, 2012.

Levy, Neil, «Less blame, less crime? The practical implications of moral responsibility skepticism», *Journal of Practical Ethics*, vol. 3, n.º 2, 2015.

—, «The Bad News About Fake News», *Social Epistemology Review and Reply Collective*, vol. 6, n.º 8, 2017, págs. 20-36.

—, «No-platforming and higher-order evidence, or anti-anti-no-platforming», *Journal of the American Philosophical Association*, vol. 5, n.º 4, 2019, págs. 487-502.

—, y Mark Alfano, «Knowledge from vice: Deeply social epistemology», *Mind*, vol. 129, n.º 515, 2020, págs. 887-915.

—, «Virtue signalling is virtuous», *Synthese*, vol. 198, n.º 10, 2021, págs. 9545-9562.

—, *Bad Beliefs. Why They Happen to Good People*, Oxford, Oxford University Press, 2022.

Livingstone Smith, David, *Less Than Human. Why We Demean, Enslave, and Exterminate Others*, Nueva York, St. Martin's Press, 2011.

Lomborg, Bjorn, *False Alarm. How Climate Change Panic Costs Us Trillions, Hurts the Poor, And Fails to Fix the Planet*, Nueva York, Basic Books, 2021 (trad. cast.: *Falsa alarma*, Barcelona, Antoni Bosch, 2021).

Luhmann, Niklas, *Soziale Systeme. Grundriß einer allgemeinen Theorie*, Fráncfort, Suhrkamp, 1984 (trad. cast.: *Sistemas sociales*, Barcelona, Antrophos, 1998).

Luther King, Martin, *A Testament of Hope. The Essential Writings and Speeches of Martin Luther King, Jr.*, edición de James M. Washington, Nueva York, HarperCollins, 1986.

Lyons, Lewis, *The History of Punishment*, Londres, Amber Books, 2003 (trad. cast.: *Historia de la tortura*, Barcelona, Diana, 2006).

MacFarquhar, Larissa, *Strangers Drowning. Voyages to the Brink of Moral Extremity*, Londres, Penguin, 2015.

Machery, Edouard, «Anomalies in implicit attitudes research», *Wiley Interdisciplinary Reviews: Cognitive Science*, vol. 13, n.º 1, e1569, 2022.

Maisels, Charles Keith, *Early Civilizations of the Old World. The Formative Histories of Egypt, The Levant, Mesopotamia, India and China*, Londres y Nueva York, Routledge, 1999.

Maitra, Ishani, «New words for old wrongs», *Episteme*, vol. 15, n.º 3, 2018, págs. 345-362.

Malle, Bertram F., «The actor-observer asymmetry in attribution: A (surprising) meta-analysis», *Psychological Bulletin*, vol. 132, n.º 6, 2006, pág. 895.

Malthus, Thomas Robert, *An Essay on the Principle of Population*, Buckinghamshire, Penguin Books, 1970 [1798] (trad. cast.: *Ensayo sobre el principio de la población*, Ciudad de México, Fondo de Cultura Económica, 1986).

Manne, Kate, *Down Girl. The Logic of Misogyny*, Oxford, Oxford University Press, 2018.

Marean, Curtis W., «An evolutionary anthropological perspective on modern human origins», *Annual Review of Anthropology*, vol. 44, 2015, págs. 533-556.

Markovits, Daniel, *The Meritocracy Trap*, Londres, Penguin, 2020.

Marquard, Odo, «Abschied vom Prinzipiellen. Auch eine autobiografische Einleitung», en *Zukunft braucht Herkunft. Philosophische Essays*, Stuttgart, Reclam, 2015, págs. 11-30.

MacAskill, William, *Doing Good Better. How Effective Altruism Can Help You Help Others, Do Work That Matters, and Make Smarter Choices about Giving Back*, Nueva York, Avery, 2015.

—, *What We Owe The Future. A Million-Year View*, Londres, One World, 2022.

Marx, Karl, «Zur Kritik der Hegelschen Rechtsphilosophie», en *Marx Engels Werke*, Berlín, Dietz Verlag, 1958 [1844], págs. 378-391 (trad. cast.: *Crítica de la filosofía del derecho de Hegel*, Buenos Aires, Ediciones del Signo, 2005).

Mason, Lilliana, «Ideologues without issues: The polarizing consequences of ideological identities», *Public Opinion Quarterly*, vol. 82, n.º S1, 2018, págs. 866-887.

—, *Uncivil Agreement. How Politics Became Our Identity*, Chicago y Londres, The University of Chicago Press, 2018b.

McCloskey, Deirdre Nansen, *The Bourgeois Virtues. Ethics for an Age of Commerce*, Chicago y Londres, The University of Chicago Press, 2006.

McCullough, Michael, *The Kindness of Strangers. How a Selfish Ape Invented a New Moral Code*, Londres, OneWorld, 2020.

McGillen, Petra S., «"I was there today": Fake Eyewitnessing and journalistic authority from Fontane to Relotius», en Hansjakob Ziemer (comp.), *Journalists and Knowledge Practices: Histories of Observing the Everyday in the Newspaper Age*, Londres y Nueva York, Routledge, 2023.

McWhorter, John, *Woke Racism. How a New Religion Has Betrayed Black America*, Nueva York, Portfolio/Penguin, 2021.

Mercier, Hugo, *Not Born Yesterday. The Science of Who We Trust and What We Believe*, Princeton y Oxford, Princeton University Press, 2020 (trad. cast.: *No hemos sido engañados*, Barcelona, Shackleton books, 2023).

Midgley, Mary, «Trying out one's New Sword», *Ethics in the Workplace: Selected Readings in Business Ethics*, 2005, págs. 159-165.

Milgram, Stanley, «Behavioral study of obedience», *The Journal of Abnormal and Social Psychology*, vol. 67, n.º 4, 1963, pág. 371.

Mill, John Stuart, *On Liberty. Über die Freiheit*, Stuttgart, Reclam, 2009 [1859] (trad. cast.: *Sobre la libertad*, Tres Cantos, Akal, 2014).

Mills, Charles W., *The Racial Contract*, Ithaca y Londres, Cornell University Press, 1997.

Montaigne, Michel de, *Essais*, Múnich, dtv, 2011 [1580] (trad. cast.: *Ensayos completos*, Madrid, Cátedra, 2013).

Morris, Ian, *Foragers, Farmers, and Fossil Fuels. How Human Values Evolve*, Princeton y Oxford, Princeton University Press, 2015.

Mukherjee, Siddhartha, *The Emperor of all Maladies. A Biography of Cancer*, Nueva York, Simon and Schuster, 2010 (trad. cast.: *El emperador de todos los males*, Barcelona, Taurus, 2014).

Murray, Charles, *Coming Apart. The State of White America, 1960-2010*, Nueva York, Crown Forum, 2012.

Nagel, Thomas, «Moral Luck», en *Mortal Questions*, Cambridge, Cambridge University Press, 1979, págs. 24-39 (trad. cast.: *La muerte en cuestión*, Ciudad de México, Fondo de Cultura Económica, 2020).

Nagell, Katherine, Raquel S. Olguin y Michael Tomasello, «Processes of social learning in the tool use of chimpanzees ("Pan troglodytes") and human children ("Homo sapiens")», *Journal of Comparative Psychology*, vol. 107, n.º 2, 1993, pág. 174.

Nagle, Angela, *Kill All Normies. Online Culture Wars from 4Chan and Tumblr to Trump and the Alt-Right*, Winchester y Washington, Zero Books, 2017 (trad. cast.: *Muerte a los normies*, Madrid, Orciny Press, 2018).

Newsom, Lesley, y Peter Richerson, *A Story of Us. A New Look at Human Evolution*, Nueva York, Oxford University Press, 2021.

Nguyen, C. Thi, «Echo chambers and epistemic bubbles», *Episteme*, vol. 17, n.º 2, 2020, págs. 141-161.

Nietzsche, Friedrich, «Ueber Wahrheit und Lüge im aussermoralischen Sinne», en *Sämtliche Werke. Kritische Studienausgabe*, vol. I, Múnich, dtv, 1999 [1873], págs. 875-890 (trad. cast.: «Verdad y mentira en sentido extramoral», *Cuaderno Gris*, época III, n.º 5, Universidad Autónoma de Madrid, 2001).

—, «Zur Genealogie der Moral. Eine Streitschrift», en *Sämtliche Werke. Kritische Studienausgabe*, vol. V, Múnich, dtv, (1999 [1887]), págs. 245-413 (trad. cast.: *La genealogía de la moral*, Madrid, Alianza, 1997).

—, «Jenseits von Gut und Böse. Vorspiel einer Philosophie der Zukunft», en *Sämtliche Werke. Kritische Studienausgabe*, vol. V, Múnich, dtv, (1999 [1886]), págs. 9-245 (trad. cast.: *Más allá del bien y del mal*, Madrid, Edaf, 2012).

Nisbett, Richard E., y Dow Cohen, *Culture of Honor. The Psychology of Violence in the South*, Boulder, Colorado, Westview Press, 1996.

Nordhaus, William D., «Do real-output and real-wage measures capture reality? The history of lighting suggests not», en *The Economics of New Goods*, Chicago y Londres, The University of Chicago Press, 1996, págs. 22-70.

—, *The Climate Casino. Risk, Uncertainty, and Economics for a Warming World*, Cambridge, Cambridge University Press, 2013 (trad. cast.: *El casino del clima*, Barcelona, Deusto, 2019).

Norenzayan, Ara, *Big Gods. How Religion Transformed Cooperation and Conflict*, Princeton y Oxford, Princeton University Press, 2013.

Norton, Michael I., y Dan Ariely, «Building a better America-One wealth quintile at a time», *Perspectives on Psychological Science*, vol. 6, n.º 1, 2011, págs. 9-12.

Nozick, Robert, *Anarchy, State, and Utopia*, Nueva York, Basic Books, 1974 (trad. cast.: *Anarquía, Estado y utopía*, Londres, Innisfree, 2018).

Nussbaum, Martha C., «"Whether from reason or prejudice": Taking money for bodily services», *The Journal of Legal Studies*, vol. 27, n.º S2, 1998, págs. 693-723.

—, «On moral progress: A response to Richard Rorty», *U. Chi. L. Rev.*, vol. 74, n.º 3, 2007, págs. 939-960.

O'Connor, Cailin, *The Origins of Unfairness. Social Categories and Cultural Evolution*, Oxford, Oxford University Press, 2019.

—, y James Owen Weatherall, *The Misinformation Age. How False Beliefs Spread*, New Haven y Londres, Yale University Press, 2019.

Okun, Tema, *The Emperor Has No Clothes. Teaching About Race and Racism to People Who Don't Want to Know*, Charlotte, Information Age Publishing, 2010.

Ord, Toby, *The Precipice. Existential Risk and the Future of Humanity*, Londres, Bloomsbury, 2020.

Oreskes, Naomi, y Erik M. Conway, *Merchants of Doubt. How a Handful of Scientists Obscured the Truth on Issues from Tobacco Smoke to Global Warming*, Nueva York, Bloomsbury, 2010 (trad. cast.: *Mercaderes de la duda*, Madrid, Capitán Swing, 2018).

Pagel, Mark, *Wired for Culture. Origins of the Human Social Mind*, Nueva York y Londres, W. W. Norton & Company, 2013 (trad. cast.: *Conectados por la cultura*, Barcelona, RBA Libros, 2013).

Parfit, Derek, «Equality and priority», *Ratio*, vol. 10, n.º 3, 1997, págs. 202-221.

Parker, Victoria A., Matthew Feinberg, Alexa Tullett y Anne E. Wilson, *The Ties that Blind: Misperceptions of the Opponent Fringe and the Miscalibration of Political Contempt*, 2021 (preimpresión).

Pattison, Kermit, *Fossil Men. The Quest for the Oldest Skeleton and the Origins of Humankind*, Nueva York, William Morrow, 2020.

Pauer-Studer, Herlinde, y James David Velleman, *Konrad Morgen. The Conscience of a Nazi Judge*, Londres, Palgrave Macmillan, 2015.

Pennycook, Gordon, James Allan Cheyne, Nathaniel Barr, Derek J. Koehler y Jonathan A. Fugelsang, «On the reception and detection of pseudo-profound bullshit», *Judgment and Decision Making*, vol. 10, n.º 6, 2015, págs. 549-563.

Petersen, Michael Bang, Aaron Sell, John Tooby y Leda Cosmides, «To punish or repair? Evolutionary psychology and lay intuitions about modern criminal justice», *Evolution and Human Behavior*, vol. 33, n.º 6, 2012, págs. 682-695.

Pfaff, John, *Locked In. The True Causes of Mass Incarceration — And How to Achieve Real Reform*, Nueva York, Basic Books, 2017.

Pievani, Telmo, y Valéry Zeitoun, *Homo Sapiens. Der große Atlas der Menschheit*, Darmstadt, WBG, 2020.

Piketty, Thomas, *Capital in the Twenty-First Century*, Cambridge, The Belknap Press, 2014 (trad. cast.: *El capital en el siglo XXI*, Ciudad de México, Fondo de Cultura Económica, 2015).

Pinker, Steven, *The Better Angels of Our Nature. The Decline of Violence and Its Causes*, Londres, Allen Lane, 2011 (trad. cast.: *Los ángeles que llevamos dentro*, Barcelona, Paidós, 2018).

—, *The False Allure of Group Selection*, disponible en <https://www.edge.org/conversation/steven_pinker-the-false-allure-of-group-selection>, 2012.

—, *Enlightenment Now. The Case for Reason, Science, Humanism, and Progress*, Nueva York, Viking, 2018 (trad. cast.: *En defensa de la Ilustración*, Barcelona, Paidós, 2018).

Pleasants, Nigel, «The question of the Holocaust's uniqueness: Was it something more than or different from genocide?», *Journal of Applied Philosophy*, vol. 33, n.º 3, 2016, págs. 297-310.

Plessner, Helmuth, *Die Stufen des Organischen und der Mensch. Einleitung in die philosophische Anthropologie*, Berlín y Nueva York, De Gruyter, 1975 [1928] (trad. cast.: *Los grados de lo orgánico y el hombre*, Granada, Universidad de Granada, 2022).

Pomeranz, Kenneth, *The Great Divergence. China, Europe, and the Making of the Modern World Economy*, Princeton y Oxford, Princeton University Press, 2001.

Prinz, Jesse J., *The Emotional Construction of Morals*, Nueva York, Oxford University Press, 2007.

—, «Against empathy», *The Southern Journal of Philosophy*, vol. 49, 2011, págs. 214-233.

Ramaswamy, Vivek, *Woke, Inc. Inside Corporate America's Social Justice Scam*, Nueva York y Nashville, Center Street, 2021.

Ransmayr, Christoph, *Cox oder Der Lauf der Zeit*, Fráncfort, Fischer, 2018 (trad. cast.: *Cox o el paso del tiempo*, Barcelona, Anagrama, 2019).

Rawls, John, *A Theory of Justice*, Cambridge, The Belknap Press, 1971 (trad. cast.: *Teoría de la justicia*, Ciudad de México, Fondo de Cultura Económica, 2006).

Reich, David, *Who We Are and How We Got Here. Ancient DNA and the New Science of the Human Past*, Oxford, Oxford University Press, 2018 (trad. cast.: *Quiénes somos y cómo llegamos hasta aquí*, Barcelona, Antoni Bosch, 2019).

Renfrew, Andrew Colin, *Prehistory. The Making of the Human Mind*, Londres, Phoenix, 2008.

Rhee, Joshua J., Chelsea Schein y Brock Bastian, «The what, how, and why of moralization: A review of current definitions, methods, and evidence in moralization research», *Social and Personality Psychology Compass*, vol. 13, n.º 12, 2019.

Richerson, Peter, «Group size determines cultural complexity», *Nature*, vol. 503, n.º 7476, 2013, págs. 351-352.

—, Ryan Baldini, Adrian V. Bell, Kathryn Demps, Karl Frost, Vicken Hillis, Sarah Mathew, Emily K. Newton, Nicole Naar, Lesley Newson, Cody Ross, Paul E. Smaldino, Timothy M. Waring y Matthew Zefferman, «Cultural group selection plays an essential role in explaining human cooperation: A sketch of the evidence», *Behavioral and Brain Sciences*, vol. 39, 2016, págs. 1-68.

Rini, Regina, *The Ethics of Microaggression*, Londres y Nueva York, Routledge, 2021.

Ronson, Jon, *So You've Been Publicly Shamed*, Londres, Picador, 2015 (trad. cast.: *Humillación en las redes*, Barcelona, Ediciones B, 2015).

Roth, Mitchel, *An Eye for an Eye. A Global History of Crime and Punishment*, Londres, Reaktion Books, 2014.

Rousseau, Jean-Jacques, *Abhandlung über den Ursprung und die Grundlagen der Ungleichheit unter den Menschen*, Stuttgart, Reclam, 1998 [1755] (trad. cast.: *Discurso sobre el origen de la desigualdad entre los hombres*, Madrid, Delta, 2013).

Sandel, Michael, *The Tyranny of Merit. What's Become of the Common Good?*, Londres, Allen Lane, 2020 (trad. cast.: *La tiranía del mérito*, Barcelona, Debate, 2020).

Sahlins, Marshall, *Stone Age Economics*, Londres y Nueva York, Routledge, 2017 (trad. cast.: *Economía de la Edad de Piedra*, Madrid, Akal, 1987).

Sauer, Hanno, «Can't we all disagree more constructively? Moral foundations, moral reasoning, and political disagreement», *Neuroethics*, vol. 8, n.º 2, 2015, págs. 153-169.

—, «The argument from agreement: How universal values undermine moral realism», *Ratio*, vol. 32, n.º 4, 2019, págs. 339-352.

Scheidel, Walter, *The Great Leveler. Violence and the History of Inequality from the Stone Age to the Twenty-First Century*, Princeton y Oxford, Princeton University Press, 2017 (trad. cast.: *El Gran Nivelador*, Barcelona, Crítica, 2018).

Scheler, Max, *Die Stellung des Menschen im Kosmos*, Hamburgo, Meiner, 2018 [1928] (trad. cast.: *El puesto del hombre en el cosmos*, Madrid, Guillermo Escolar, 2017).

Schelling, Thomas C., *The Strategy of Conflict.* Cambridge, Harvard University Press, 1980 [1960] (trad. cast.: *La estrategia del conflicto*, Madrid, Tecnos, 1964).

Schmitt, Carl, *Der Begriff des Politischen*, Berlín, Duncker y Humblot, 1976 [1932] (trad. cast.: *El concepto de lo político*, Madrid, Alianza, 2014).

Schneewind, Jerome B., *The Invention of Autonomy. A History of Modern Moral Philosophy*, Cambridge, Cambridge University Press, 1998 (trad. cast.: *La invención de la autonomía*, Ciudad de México, Fondo de Cultura Económica, 2010).

Schofield, Daniel P., William C. McGrew, Akiko Takahashi y Satoshi Hirata, «Cumulative culture in nonhumans: Overlooked findings from Japanese monkeys?», *Primates*, vol. 59, 2018, págs. 113-122.

Schopenhauer, Arthur, *Die Welt als Wille und Vorstellung*, vol. II, Zúrich, Haffmans, 1988 [1859] (trad. cast.: *El mundo como voluntad y representación*, vol. 2, Madrid, Alianza, 2013).

—, *Parerga und Paralipomena*, vol. II, Zúrich, Haffmans 1988 [1851] (trad. cast.: *Parerga y Paralipomena*, Madrid, Valdemar, 2021).

Schröder, Martin, *Warum es uns noch nie so gut ging und wir trotzdem ständig von Krisen reden*, Salzburgo y Múnich, Benevento, 2018.

Schumpeter, Joseph Alois, *Capitalism, Social and Democracy*, Nueva York, Harper Perennial, 2008 [1942] (trad. cast.: *Capitalismo, socialismo y democracia*, Barcelona, Página Indómita, 2015).

Schwartz, Shalom H., Jan Cieciuch, Michele Vecchione, Eldad Davidov, Ronald Fischer, Constanze Beierlein, Alice Ramos, Markku Verkasalo, Jan-Erik Lönnqvist, Kursad Demirutku, Ozlem Dirilen-Gumus y Mark Konty, «Refining the theory of basic individual values»,

Journal of Personality and Social Psychology, vol. 103, n.º 4, 2012, pág. 663.

Scott, James C., *Against the Grain. A Deep History of the Earliest States*, New Haven y Londres, Yale University Press, 2017 (trad. cast.: *Contra el Estado*, Madrid, Trotta, 2022).

Shariff, Azim F., y Ara Norenzayan, «God is watching you: Priming God concepts increases prosocial behavior in an anonymous economic game», *Psychological Science*, vol. 18, n.º 9, 2007, págs. 803-809.

Shellenberger, Michael, *Apocalypse Never. Why Environmental Alarmism Hurts Us All*, Nueva York, HarperCollins, 2020 (trad. cast.: *No hay apocalipsis*, Barcelona, Deusto, 2021).

Simler, Kevin, y Robin Hanson, *The Elephant in the Brain. Hidden Motives in Everyday Life*, Nueva York, Oxford University Press, 2018.

Simpson, Robert Mark, y Amia Srinivasan, «No Platforming», en Jennifer Lackey (comp.), *Academic Freedom*, Oxford, Oxford University Press, 2018, págs. 186-209.

Singal, Jesse, *The Quick Fix. Why Fad Psychology Can't Cure Our Social Ills*, Nueva York, Farrar, Strauss & Giroux, 2021.

Singer, Peter, «Famine, affluence, and morality», *Philosophy and Public Affairs*, vol. 1, n.º 3, 1972, págs. 229-243.

—, *Animal Liberation*, Londres, Pimlico, 1995 (trad. cast.: *Liberación animal*, Barcelona, Taurus, 2018).

—, *The Expanding Circle. Ethics, Evolution, and Moral Progress*, Princeton y Oxford, Princeton University Press, 2011.

Singh, Manvir, y Luke Glowacki, «Human social organization during the Late Pleistocene: Beyond the nomadic-egalitarian model», *Evolution and Human Behavior*, vol. 43, n.º 5, 2022, págs. 418-431.

Sinnott-Armstrong, Walter, *Moral Skepticisms*, Oxford, Oxford University Press, 2006.

Smith, Adam, *An Inquiry into the Nature and Causes of the Wealth of Nations*, Oxford, Oxford University Press, 1976 [1776] (trad. cast.: *La riqueza de las naciones*, Madrid, Alianza, 2011).

Smith, J. Maynard, «Group selection and kin selection», *Nature*, vol. 201, n.º 4924, 1964, págs. 1145-1147.

Sober, Elliott, y David Sloan Wilson, *Unto Others. The Evolution and Psychology of Unselfish Behavior*, Cambridge, Harvard University Press, 1998 (trad. cast.: *El comportamiento altruista*, Tres Cantos, Siglo XXI, 2000).

Solnit, Rebecca, *Men Explain Things to Me*, Chicago, Haymarket Books, 2014 (trad. cast.: *Los hombres me explican cosas*, Chicago, Haymarket Books, 2017).

Sperber, Dan, *Explaining Culture. A Naturalistic Approach*, Oxford, Blackwell, 1996 (trad. cast.: *Explicar la cultura*, Madrid, Morata, 2005).

Spoto, Donald, *The Dark Side of Genius. The Life of Alfred Hitchcock*, Nueva York, da Capo Press, 1999 (trad. cast.: *Alfred Hitchcock: la cara oculta del genio*, Madrid, Ediciones JC, 2001).

Stanley, Jason, *How Fascism Works. The Politics of Us and Them*, Nueva York, Random House, 2020 (trad. cast.: *Cómo funciona el fascismo*, Barcelona, Blackie Books, 2019).

Stanovich, Keith E., *The Robot's Rebellion. Finding Meaning in the Age of Darwin*, Chicago, Chicago University Press, 2004.

Stark, Rodney, *The Rise of Christianity. A Sociologist Reconsiders History*, Princeton, Princeton University Press, 1996 (trad. cast.: *La expansión del cristianismo*, Madrid, Trotta, 2009).

Starmans, Christina, Mark Sheskin y Paul Bloom, «Why people prefer unequal societies», *Nature Human Behaviour*, vol. 1, n.º 4, 2017, págs. 1-7.

Sterelny, Kim, «Social intelligence, human intelligence and niche construction», *Philosophical Transactions of the Royal Society B: Biological Sciences*, vol. 362, n.º 1480, 2007, págs. 719-730.

—, «Snafus: an evolutionary perspective», *Biological Theory*, vol. 2, n.º 3, 2007b, págs. 317-328.

—, «Minds: extended or scaffolded?», *Phenomenology and the Cognitive Sciences*, vol. 9, n.º 4, 2010, págs. 465-481.

—, *The Evolved Apprentice*, Cambridge, MIT Press, 2012.

—, «Cultural Evolution in California and Paris», *Studies in History and Philosophy of Science Part C: Studies in History and Philosophy of Biological and Biomedical Sciences*, vol. 62, 2017, págs. 42-50.

—, *The Pleistocene Social Contract. Culture and Cooperation in Human Evolution*, Oxford, Oxford University Press, 2021.

Stevenson, Betsey, y Justin Wolfers, «Economic growth and subjective well-being: Reassessing the Easterlin paradox», *National Bureau of Economic Research*, w14282, 2008.

Strandberg, Thomas, Jay A. Olson, Lars Hall, Andy Woods y Petter Johansson, «Depolarizing American voters: Democrats and Republicans are equally susceptible to false attitude feedback», *Plos one*, vol. 15, n.º 2, 2020.

Surprenant, Chris, y Jason Brennan, *Injustice for All. How Financial Incentives Corrupted and Can Fix the US Criminal Justice System*, Nueva York, Routledge, 2020.

Suzman, James, *Work. A Deep History, From the Stone Age to the Age of Robots*, Nueva York, Penguin Press, 2021 (trad. cast.: *Trabajo*, Barcelona, Debate, 2021).

Sykes, Rebecca, *Kindred. Neanderthal Life, Love, Death, and Art*. Londres: Bloomsbury Sigma, 2020 (trad. cast.: *Neandertales*, Barcelona, GeoPlaneta, 2021).

Tainter, Joseph A., *The Collapse of Complex Societies*, Cambridge, Cambridge University Press, 1988.

Táíwò, Olfemi O., *Elite Capture. How the Powerful Took Over Identity Politics (And Everything Else)*, Chicago, Haymarket Books, 2022.

Tomasello, Michael, *A Natural History of Human Morality*, Cambridge, Harvard University Press, 2016 (trad. cast.: *Una historia natural de la moralidad humana*, Santiago de Chile, Ediciones UC, 2019).

Tönnies, Ferdinand, *Gemeinschaft und Gesellschaft. Grundbegriffe der reinen Soziologie*, Darmstadt, WBG, 2010 [1887] (trad. cast.: *Comunidad y asociación*, Barcelona, Edicions 62, 1979).

Toole, Briana, «Recent Work in Standpoint Epistemology», *Analysis*, vol. 81, n.º 2, 2021, págs. 338-350.

Tosi, Justin, y Brandon Warmke, «Moral grandstanding», *Philosophy y Public Affairs*, vol. 44, n.º 3, 2016, págs. 197-217.

Trivers, Robert L., «The evolution of reciprocal altruism», *The Quarterly Review of Biology*, vol. 46, n.º 1, 1971, págs. 35-57.

Tucholsky, Kurt, «Die Glaubenssätze der Bourgeoisie», en *Gesammelte Werke in zehn Bänden*, vol. 6, Hamburgo, Rowohlt, 1928 [1975], págs. 251-255.

Turchin, Peter, «Modeling social pressures toward political instability», *Cliodynamics*, vol. 4, n.º 2, 2013.

—, *Ultrasociety. How 10,000 Years of War Made Humans the Greatest Cooperators on Earth*, Chaplin, Beresta Books, 2016.

Veblen, Thorstein, *The Theory of the Leisure Class*, Nueva York, Oxford University Press, 2007 [1899] (trad. cast.: *Teoría de la clase ociosa*, Madrid, Alianza, 2014).

Wallace-Wells, David, *The Uninhabitable World. Life After Warming*,

Nueva York, Tim Duggan Books, 2019 (trad. cast.: *El planeta inhóspito*, Barcelona, Debate, 2019).

Walter, Annemarie S., y David P. Redlawsk, «Voters' partisan responses to politicians' immoral behaviour», *Political Psychology*, vol. 40, n.º 5, 2019, págs. 1075-1097.

Waytz, Adam, Ravi Iyer, Liane Young, Jonathan Haidt y Jesse Graham, «Ideological differences in the expanse of the moral circle», *Nature Communications*, vol. 10, n.º 1, 2019, págs. 1-12.

Weber, Max, *Wissenschaft als Beruf*, Stuttgart, Reclam, 1995 [1919].

Welzel, Christian, *Freedom Rising. Human Empowerment and the Quest for Emancipation*, Cambridge, Cambridge University Press, 2013.

Wengrow, David, *What Makes Civilization?*, Oxford, Oxford University Press, 2010.

Whitehouse, Harvey, Pieter François, Patrick E. Savage, Thomas E. Currie, Kevin C. Feeney, Enrico Cioni, Rosalind Purcell, Robert M. Ross, Jennifer Larson, John Baines, Barend ter Haar, Alan Covey y Peter Turchin, «Complex societies precede moralizing gods throughout world history», *Nature*, vol. 568, n.º 7751, 2019, págs. 226-229.

Widerquist, Karl, y Grant McCall, «Myths about the state of nature and the reality of stateless societies», *Analyse and Kritik*, vol. 37, n.ᵒˢ 1-2, págs. 233-258.

Wild, Markus, *Die anthropologische Differenz. Der Geist der Tiere in der frühen Neuzeit bei Montaigne, Descartes und Hume*, Berlín y Nueva York, de Gruyter, 2008.

Wilkins, Adam S., Richard W. Wrangham y W. Tecumseh Fitch, «The "domestication syndrome" in mammals: A unified explanation based on neural crest cell behavior and genetics», *Genetics*, vol. 197, n.º 3, 2014, págs. 795-808.

Wilkinson, Richard G., y Kate Pickett, *The Spirit Level. Why Equality is Better for Everyone*, Londres, Penguin, 2010 (trad. cast.: *Igualdad*, Madrid, Capitán Swing, 2019).

Wilson, David Sloan, «A theory of group selection», *Proceedings of the National Academy of Sciences*, vol. 72, n.º 1, 1975, págs. 143-146.

Wilson, Robert A., y Frank Keil, «The shadows and shallows of explanation», *Minds and Machines*, vol. 8, n.º 1, 1998, págs. 137-159.

Wittgenstein, Ludwig, *Über Gewißheit*, en *Werkausgabe Band 8*, Fráncfort, Suhrkamp, 1984, págs. 113-259 (trad. cast.: *Sobre la certeza*, Barcelona, Gedisa, 2022).

Wood, Bernard Anthony, *Human Evolution. A Very Short Introduction*, Oxford, Oxford University Press, 2019.

Wrangham, Richard, *Catching Fire. How Cooking Made Us Human*, Nueva York, Basic Books, 2009 (trad. cast.: *En llamas*, Madrid, Capitán Swing, 2019).

—, *The Goodness Paradox. How Evolution Made Us Both More and Less Violent*, Londres: Profile Books, 2019.

Zahavi, Amotz, «Mate selection: A selection for a handicap», *Journal of Theoretical Biology*, vol. 53, n.º 1, 1975, págs. 205-214.

Zweig, Stefan, *Die Welt von Gestern. Erinnerungen eines Europäers*, Fráncfort, Fischer, 2017 [1942] (trad. cast.: *El mundo de ayer*, Barcelona, Acantilado, 2012).

NOTAS

Introducción

1. Nietzsche, F. (1999 [1887]), pág. 317 (la traducción al castellano de este fragmento es de Andrés Sánchez Pascual: *La genealogía de la moral*, Madrid, Alianza, 1997, 7.ª ed.).

2. Stark, R. (1996); véase Prinz, J. (2007), págs. 217 y sigs.

Capítulo 1. 5.000.000 de años

1. Wood, B. (2019), págs. 65 y sigs.

2. Wood, B. (2019), págs. 65 y sigs.; Dunbar, R. (2016), págs. 8 y sigs.

3. Pattison, K. (2020); véanse igualmente Leakey, M., y S. Leakey (2020).

4. Wood, B. (2019), pág. 71.

5. Pievani, T., y V. Zeitoun (2020).

6. Dunbar, R. (2016), pág. 84.

7. Newsom, L., y P. Richerson (2021).

8. Freud, S. (2006 [1930]).

9. Tomasello, M. (2016).

10. Dunbar, R. (1992).

11. Dunbar, R. (1996), pág. 77.

12. Pinker, S. (2011), págs. 31 y sigs.

13. Bowles, S. (2009).

14. Turchin, P. (2016).

15. Kant, I., KU, pág. 400 (la traducción al castellano de este fragmento es de Alejo García Moreno y Juan Ruvira: *Crítica del juicio*, Biblioteca Virtual Miguel de Cervantes, 1999, edición digital basada en la edición de Librería de Iravedra, Madrid, 1876).

16. Dennett, D. (1996), págs. 48 y sigs.

17. Mukherjee, S. (2010).

18. Nietzsche, F. (1999 [1886]), pág. 146 (la traducción al castellano de este fragmento es de Carlos Vergara: *Más allá del bien y del mal*, Madrid, Edaf, 2012, 24.ª ed.).

19. Stanovich, K. (2004).

20. Dennett, D. (1995).

21. Greene, J. (2013), pág. 12.

22. Hrdy, S. (2009), págs. 1 y sigs.

23. Hardin, G. (1968).

24. Veblen, T. (2007 [1899]).

25. Schelling, T. (1980 [1960]).

26. Simler, K., y R. Hanson (2018), pág. 28.

27. Fehr, E., y S. Gächter (2000).

28. Luhmann, N. (1984).

29. Bowles, S., y H. Gintis (2011).

30. Bloom, P. (2013), pág. 26.

31. De Waal, F. (2006).

32. Brosnan, S. F., y F. de Waal (2003).

33. Wittgenstein, L., ÜG, § 141.

34. Dawkins, R. (2016 [1976]).

35. Stanovich, K. (2004).

36. Hamilton, W. (1964).

37. Trivers, R. L. (1971).

38. Axelrod, R. (2006 [1984]).

39. Sinnott-Armstrong, W. (2006), págs. 40 y sigs.

40. Pagel, M. (2013).

41. Simler, K., y R. Hanson (2018).

42. Zahavi, A. (1975).

43. Wilson, D. S. (1975); Smith, J. (1964).

44. Darwin, C. (1972 [1874]), págs. 115-116.

45. Sober, E., y D. Wilson (1998).

46. Véase igualmente Richerson, P., *et al.* (2016).

47. Pinker, S. (2012).

48. Haidt, J. (2021).

49. Henrich, J., y M. Muthukrishna (2021).

Capítulo 2. 500.000 años

1. Lyons, L. (2003).

2. Pinker, S. (2011), pág. 149.

3. <https://www.washingtonpost.com/opinions/the-death-penalty-is-in-the-death-throes/2021/02/05/e332c23e-67cb-11eb-8c64-9595888caa15_story.html>.

4. Wrangham, R. (2019), pág. 163.

5. Dunbar, R. (2016), pág. 11.

6. Nietzsche, F. (1999 [1886]), pág. 322 (la traducción al castellano de este fragmento y los siguientes es de Andrés Sánchez Pascual: *La genealogía de la moral*, Madrid, Alianza, 1997, 7.ª ed.).

7. *Ibid.*, pág. 323.

8. *Ibid.*, pág. 292.

9. *Ibid.*, pág. 302.

10. Foucault, M. (1977), pág. 9 (la traducción al castellano de este fragmento es de Aurelio Garzón del Camino: *Vigilar y castigar: nacimiento de la prisión*, México, Siglo XXI, 2009).

11. Hare, B., y V. Woods (2020); Hare, B. (2017).

12. Wrangham, R. (2019), págs. 24 y sigs.

13. Hare, B., y V. Woods (2020), págs. 20 y sigs.

14. Dugatkin, L. A., y L. Trut (2017).

15. Wilkins, A. S., R. W. Wrangham y W. T. Fitch (2014).

16. Damásio, A. (1994).

17. Lee, R. B. (2013), pág. 129.

18. Dunbar, R. (2016), pág. 156.

19. Cochrane, L. (2019).

20. Boyd, R., y P. J. Richerson (1992).

21. Bowles, S., y H. Gintis (2011), págs. 24 y sigs.

22. Fehr, E., y S. Gächter (2002).

23. Greene, J. D. (2008), págs. 50 y sigs.

24. Aharoni, E., y A. J. Fridlund (2012).

25. Baron, J., e I. Ritov (1993).

26. Aharoni, E., y A. J. Fridlund (2012).

27. Fodor, J. (1983).

28. Cosmides, L., y J. Tooby (2013).

29. Dunbar, R. (1996).

30. Hume, D. (2007 [1739-1740]), pág. 375 (hay trad. cast. de Félix Duque —*Tratado de la naturaleza humana*, Madrid, Tecnos, 2014—, pero la traducción de este fragmento es propia).

31. Kant, I., KpV, pág. 153 (la traducción al castellano de este fragmento es de Emilio Miñana y Villagrasa y Manuel García Morente, *Crítica de la razón práctica*, Salamanca, Sígueme, 1994).

32. Kant, I., MdS, págs. 466 y sigs. (la traducción al castellano de este fragmento es de Adela Cortina Orts y Jesús Conill Sancho: *La metafísica de las costumbres*, Barcelona, Altaya, 1993).

33. Henrich, J. (2016), pág. 188.

34. Roth, M. P. (2014), pág. 19.

35. Kitcher, P. (2011), pág. 140.

36. <https://ourworldindata.org/homicides>.

37. Roth, M. P. (2014), pág. 11; Lyons, L. (2003), págs. 71 y sigs.

38. Henrich, J. (2020), pág. 400.

39. *Ibid.*, pág. 311.

40. Herrmann, B., C. Thöni y S. Gächter (2008); Henrich, J. (2020), págs. 216 y sigs.

41. Henrich, J. (2020), págs. 401 y sigs. (la traducción al castellano de este fragmento es de Jesús Negro: *Las personas más raras del mundo: cómo Occidente llegó a ser psicológicamente peculiar y particularmente próspero*, Madrid, Capitán Swing, 2022).

42. Kant, I., MdS, pág. 333 (la traducción al castellano de este fragmento es de Adela Cortina Orts y Jesús Conill Sancho: *La metafísica de las costumbres*, Barcelona, Altaya, 1993).

43. Hegel, G. W. F. (1995 [1820]), § 100 (la traducción de este fragmento es de Juan Luis Vermal: *Principios de la filosofía del derecho*, Buenos Aires, Sudamericana, 2004).

44. Leeson, P. (2017).

45. Kadri, S. (2006).

46. Wrangham, R. (2019), pág. 143.

47. <https://warorcar.blogspot.com/2008/09/panda-stealth-bomber.html>.

48. Surprenant, C., y J. Brennan (2020).

49. Roth, M. P. (2014), pág. 11.

50. Levy, N. (2015).

51. Kleiman, M. (2009).

52. Ransmayr, C. (2018), págs. 101 y sig. (la traducción al castellano de este fragmento es de Daniel Najmías Bentolilla: *Cox o el paso del tiempo*, Barcelona, Anagrama, 2019).

53. Petersen, M. B., *et al.* (2012).

Capítulo 3. 50.000 años

1. Sykes, R. (2020).

2. Suzman, J. (2021), págs. 134 y sigs.

3. Hare, B., y V. Woods (2020), pág. 33.

4. Dunbar, R. (2016), pág. 15.

5. Marean, C. W. (2015).

6. Sterelny, K. (2010).

7. Wild, M. (2008).

8. Harari, Y. N. (2015).

9. Kant, I., ApH, pág. 321.

10. Schofield, D. P., *et al.* (2018).

11. Aplin, L. M. (2019).

12. Henrich, J. (2016).

13. Herder (1960 [1772]) (la traducción al castellano de este fragmento es de Pedro Ribas: «Ensayo sobre el origen del lenguaje», en *Obra selecta*, Madrid, Alfaguara, 1982).

14. Nietzsche (1999 [1886]), § 62 (la traducción al castellano de este fragmento es de Carlos Vergara: *Más allá del bien y del mal*, Madrid, Edaf, 1985).

15. Scheler, M. (2018 [1928]).

16. Plessner, H. (1975 [1928]).

17. Gehlen, A. (2016 [1940]).

18. Henrich, J. (2016), pág. 1.

19. <https://www.youtube.com/watch?v=BWKfJQpZtaM>.

20. Wrangham, R. (2009).

21. *Ibid.*, capítulo 2.

22. Sterelny, K. (2012).

23. Dawkins, R. (1982).

24. Sterelny, K. (2007).

25. Henrich, J. (2016), pág. 57.

26. Laland, K. (2017), págs. 215 y sigs.

27. Heath, J. (2014), pág. 84; véase igualmente <https://www.scientificamerican.com/article/no-one-can-explain-why-planes-stay-in-the-air/>.

28. Elsen, J., O. Cizer y R. Snellings (2013).

29. <https://www.motherjones.com/politics/2009/05/fog bank-america-forgot-how-make-nuclear-bombs/>.

30. Dawkins, R. (2016 [1976]).

31. Sperber, D. (1996).

32. Boyd, R., y P. J. Richerson (2006), pág. 5.

33. *Ibid.*, pág. 237.

34. Sterelny, K. (2017).

35. Heyes, C. (2018).

36. Fodor, J. (1983).

37. Nagell, K., R. S. Olguin y M. Tomasello (1993).

38. Henrich, J. (2016), pág. 28.

39. *Ibid.,* págs. 97 y sigs.

40. Christakis, N. (2019), pág. 372.

41. Wilson, R. A., y F. Keil (1998).

42. Henrich, J. (2016), págs. 104 y sigs.

43. Leeson, P. (2017), págs. 101 y sigs.

44. Freud, S. (1917).

45. Schopenhauer, A. (1988 [1859]), pág. 11 (la traducción al castellano de este fragmento es de Rafael-José Díaz Fernández y M.ª Montserrat Armas Concepción [revisor: Joaquín Chamorro Mielke]: *El mundo como voluntad y representación*, Madrid, Akal, 2005).

46. Nietzsche, F. (1999 [1873]), pág. 875 (la traducción al castellano de este fragmento es de Enrique López Castellón: «Verdad y mentira en sentido extramoral», *Cuaderno Gris*, época III, n.º 5, Universidad Autónoma de Madrid, 2001).

47. Kelly, D., y P. Hoburg (2017).

48. Kant, I. (1999 [1784]).

49. Levy, N., y M. Alfano (2020).

50. Burke, E. (2014 [1790]), pág. 173.

51. Christakis, N. (2019), págs. 59 y sigs.

52. Richerson, P. (2013).

Capítulo 4. 5.000 años

1. Maisels, C. K. (1999), págs. 25 y sig.
2. Wengrow, D. (2010).
3. Jaspers, K. (2017 [1949]).
4. De Waal, F. (1998).
5. Renfrew, C. (2008).
6. Widerquist, K., y McCall, G. (2015).
7. <https://aeon.co/essays/not-all-early-human-societies-we re-smallscale-egalitarian-bands>.
8. Diamond, J. (1998) y (2005).
9. Diamond, J. (1987).
10. Hobbes, T. (1966 [1651]), pág. 96.
11. Rousseau, J.-J. (1998 [1755]).
12. Clark, G. (2007); Sahlins, M. (2017).
13. Boehm, C. (1999).
14. Lee, R. B. (1979), págs. 244-246.
15. Marx, K. (1958 [1844]).
16. Scott, J. C. (2017).
17. Turchin, P. (2016).
18. Morris, I. (2015).
19. Diamond, J. (2005).
20. *Ibid.*, págs. 79 y sigs.; DiNapoli, R. J., T. M. Rieth, C. P. Lipo y T. L. Hunt (2020).
21. Tainter, J. A. (1998).
22. Turchin, P. (2016), págs. 131 y sigs.
23. Flannery, K., y J. Marcus (2012).
24. Singh, M., y L. Glowacki (2022).
25. Graeber, D., y D. Wengrow (2021).
26. *Ibid.*, pág. 96.
27. Fukuyama, F. (1992).
28. Kramer, S. N. (1963), págs. 336 y sigs.
29. Norenzayan, A. (2013).
30. Whitehouse, H., *et. al.* (2019).
31. Henrich, J. (2020), págs. 123 y sigs.

32. Shariff, A. F., y A. Norenzayan (2007).

33. Cohen, G. A. (2009); Brennan, J. (2014).

34. Norton, M. I., y D. Ariely (2011).

35. Boyer, P., y M. B. Petersen (2018).

36. Starmans, C., M. Sheskin y P. Bloom (2017).

37. Parfit, D. (1997).

38. Frankfurt, H. (1987).

39. Nozick, R. (1974).

40. Leiter, B. (2019).

41. Husi, S. (2017).

42. Sterelny, K. (2021), capítulo 4.

43. Scheidel, W. (2017).

44. Gottfried (1983), pág. 45.

45. Diemer, M. A., R. S. Mistry, M. E. Wadsworth, I. López y F. Reimers (2013).

46. Piketty, T. (2014).

47. Kuznets, S. (1955).

48. <https://www.oxfam.org.uk/media/press-releases/worlds-22-richest-men-have-more-wealth-than-all-the-women-in-africa>.

49. Clark, G. (2014).

50. Bourdieu, P. (1987 [1979]).

51. O'Connor, C. (2019).

52. Wilkinson, R., y K. Pickett (2010).

53. Case, A., y A. Deaton (2020).

54. Smith, A. (1976 [1776]), libro 5, capítulo II.

55. Freiman, C. (2017), capítulo 6.

56. McCullough, M. E. (2020), capítulo 7.

57. Markovits, D. (2020); Sandel, M. J. (2020).

58. Sandel, M. J. (2020), pág. 33.

59. *Ibid.*, pág. 90.

Capítulo 5. 500 años

1. Tönnies, F. (2010 [1887]).

2. Durkheim, E. (1992 [1893]).

3. Weber, M. (1995 [1919]).

4. Henrich, J. (2020), pág. 192.

5. Henrich, J., S. J. Heine y A. Norenzayan (2010).

6. Henrich, J. (2020), pág. 44.

7. *Ibid.*

8. Asch, S. (1956).

9. Henrich, J. (2020), págs. 216 y sigs.

10. *Ibid.*, pág. 24.

11. *Ibid.*, pág. 33.

12. Barrett, H. C., *et al.* (2016).

13. Henrich, J. (2020), pág. 410.

14. *Ibid.*, págs. 491 y sigs.

15. *Ibid.*, págs.162 y sigs.

16. *Ibid.*, pág. 197.

17. *Ibid.*, pág. 192.

18. *Ibid.*, pág. 236.

19. *Ibid.*, pág. 416.

20. Weber, M. (1995 [1919]).

21. Husserl, E. (2012 [1936]).

22. Aristóteles (1995), libro II (B).

23. *Physiologus* (2001).

24. McCullough, M. E. (2020), págs. 193 y sigs.

25. Kehlmann, D. (2017), págs. 27 y sig.

26. Schneewind, J. B. (1998).

27. Hume, D. (2007 [1739-1740]), libro tercero, primera parte, apartado I.

28. Kant, I., GMS, pág. 421.

29. McCloskey, D. (2006).

30. Elias, N. (1997), págs. 261 y sigs.

31. Malthus, T. R. (1970 [1798]).

32. Pomeranz, K. (2001).

33. Deaton, A. (2013).

34. <https://ourworldindata.org/economic-growth>.

35. Diamond, J. (1998).

36. Brennan, J. (2021).

37. Baptist, E. E. (2014); Levy, J. (2012); Beckert, S. (2014); Hannah-Jones, N., C. Roper, I. Silverman y J. Silverstein (2021).

38. Livingstone Smith, D. (2011), pág. 76.

39. Hochschild, A. (1998).

40. Brennan, J. (2021), págs. 122 y sigs.

41. Acemoglu, D., y J. A. Robinson (2012).
42. Henrich, J. (2016), págs. 220 y sig.
43. Heath, J. (2004).
44. Henrich, J. (2020), pág. 477.

Capítulo 6. 50 años

1. Glover, J. (2012), pág. 58.
2. Schmitt, C. (1976 [1932]), apartado 6.
3. Glover, J. (2012).
4. McCullough, M. E. (2020).
5. Schopenhauer, A. (1988 [1851]), § 149.
6. Camus, A. (1951 [2001]), pág. 10.
7. Edgerton, R. B. (1992).
8. Sterelny, K. (2007b).
9. Browning, C. R. (2001 [1992]).
10. Milgram, S. (1963).
11. Véase Malle, B. F. (2006).
12. Arendt, H. (2021 [1964]).
13. Kant, I. (1999 [1784b]), pág. 23.
14. Kant, I. (2001 [1793-1794]).
15. Doris, J. M. (2002); Doris, J. M., y D. Murphy (2007).
16. Isen, A. M., y P. F. Levin (1972).
17. Habermas, J. (2022), pág. 174.
18. Adorno, T. W., y M. Horkheimer (2020 [1947]), pág. 9.
19. Pauer-Studer, H., y D. Velleman (2015).
20. Nussbaum, M. (2007), pág. 939.
21. Pleasants, N. (2016).
22. Mercier, H. (2020), págs. 129 y sigs.
23. Kershaw, I. (1983), pág. 199.
24. Stanley, J. (2020).
25. Chapoutot, J. (2020).
26. Marquard, O. (2015).
27. Hathaway, O., y S. J. Shapiro (2017).
28. Pinker, S. (2011), págs. 189 y sigs.
29. Kant, I. (1992 [1795-1796]).
30. Pinker, S. (2011).

31. Nisbett, R. E., y D. Cohen (1996).

32. Welzel, C. (2013), pág. 71.

33. *Ibid.*, págs. 107 y 143.

34. Inglehart, R. (1977) y (2018).

35. Pinker, S. (2018), págs. 226 y sigs.

36. Easterlin, R. A. (1974).

37. Stevenson, B., y J. Wolfers (2008).

38. Deaton, A. (2013).

39. <https://cepr.org/voxeu/columns/awareness-poverty-over-three-centuries?fbclid=IwAR0d8_eC586C1GZ5dhUhPHbd qXNYFgMbRpD5FqkyoOl3Hmonvsn_4wQReaA>.

40. <https://ourworldindata.org/extreme-poverty-in-brief>.

41. Hickel, J. (2016).

42. Dornes, M. (2016); Schröder, M. (2018), págs. 100 y sigs.

43. Prinz, J. (2011).

44. Singer, P. (2011).

45. Buchanan, A., y R. Powell (2018).

46. Crimston, D., M. J. Hornsey, P. G. Bain y B. Bastian (2018).

47. Waytz, A., R. Iyer, L. Young, J. Haidt y J. Graham (2019).

48. Graham, J., *et al.* (2017).

49. Rawls, J. (1971).

50. Anderson, E. (2010).

51. Diamond, J. (2005).

52. Ehrlich, P. (1968).

53. Spoto, D. (1999), pág. 214.

54. <https://www.latimes.com/entertainment-arts/movies/story/2020-09-08/academy-oscars-inclusion-standards-best-picture>.

55. Buchanan, A., y R. Powell (2018), págs. 239-273.

56. Kumar, V., A. Kodipady y L. Young (2020).

57. Zweig, S. (2017 [1942]), pág. 104.

58. *Ibid.*, pág. 105.

59. Nussbaum, M. C. (1998).

60. Appiah, K. A. (2011).

61. Sterelny, K. (2007b).

62. Bicchieri, C. (2005) y (2016).

63. Buchanan, A., y R. Powell (2018).

64. Rhee, J. J., C. Schein y B. Bastian (2019).

Capítulo 7. 5 años

1. Baldwin, J. (1963), pág. 21.

2. King, M. L. (1986), págs. 217-221.

3. <https://www.theatlantic.com/magazine/archive/2014/06/the-case-for-reparations/361631>.

4. <https://www.armuts-und-reichtumsbericht.de/SharedDocs/Downloads/Service/Studien/analyse-erteilung-einkommen-vermoegen.pdf?__blob=publicationFile&v=3>.

5. <https://www.destatis.de/EN/Themes/Labour/Labour-Market/Quality-Employment/Dimension1/1_5_GenderPayGap.html>.

6. Pinker, S. (2018), pág. 216.

7. <https://www.vox.com/culture/21437879/stay-woke-wokeness-history-origin-evolution-controversy?fbclid=IwAR20NnYa8U6NRyLQpixl_hKGC1e_147-evIiLighF1J9YvbASrgJD6qHiY>.

8. <https://astralcodexten.substack.com/p/the-rise-and-fall-of-online-culture>.

9. Crenshaw, K. (1989).

10. Adorno, T. W., y Horkheimer, M. (2020 [1947]), págs. 128 y sigs.

11. Frank, T. (2004).

12. <https://www.washingtonpost.com/climate-environment/interactive/2021/bird-names-racism-audubon/>.

13. Al-Gharbi, M. (próxima publicación).

14. Turchin, P. (2013).

15. Bright, L. K. (próxima publicación).

16. Táíwò, O. O. (2022), págs. 6 y sigs.

17. Tucholsky, K. (1928 [1975]).

18. Táíwò, O. O. (2022).

19. <https://www.nytimes.com/2021/05/13/opinion/this-is-how-wokeness-ends.html ?searchResultPosition=3>.

20. <https://www.bloomberg.com/opinion/articles/2021-09-19/woke-movement-is-global-and-america-should-be-mostly-proud>.

21. Ramaswamy, V. (2021); <https://spectrejournal.com/whats-new-about-woke-racial-capitalism-and-what-isnt>.

22. <https://nymag.com/news/features/46170>.

23. <https://www.youtube.com/watch?v=aFh08JEKDYk>.

24. Nagle, A. (2017).

25. <https://www.theatlantic.com/international/archive/2021/03/krug-carrillo-dolezal-social-munchausen-syndrome/618289>.

26. Haslam, N. (2016).

27. Haidt, J. & Lukianoff, G. (2018).

28. <https://theline.substack.com/p/joseph-heath-woke-tactics-are-as>.

29. Mill, J. S. (2009 [1859]).

30. Levari, D. E., D. T. Gilbert, T. D. Wilson, B. Sievers, D. M. Amodio y T. Wheatley (2018).

31. <https://stevenpinker.com/files/pinker/files/1994_04_03_newyorktimes.pdf>.

32. <https://www.nytimes.com/2021/04/30/opinion/john-mcwhorter-n-word-unsayable.html>; <https://www.nytimes.com/2021/04/30/opinion/times-opinion-mcwhorter-essay.html>; <https://www.theatlantic.com/ideas/archive/2022/02/logical-end-language-policing/621500>.

33. <https://3quarksdaily.com/3quarksdaily/2021/05/do-mention-it.html>.

34. <https://www.playboy.com/read/playboy-interview-john-mayer>.

35. Chappell, S. G. (2021).

36. <https://fakenous.net/?p=225>.

37. Heath, J. (2021).

38. <https://www.vanityfair.com/news/2021/04/inside-the-antiracism-tug-of-war-at-an-elite-nyc-private-school>.

39. <https://www.theatlantic.com/national/archive/2011/05/gathering-the-tribe/239060>.

40. McWhorter, J. (2021).

41. Reich, D. (2018).

42. DiAngelo, R. (2018).

43. <https://whatever.scalzi.com/2012/05/15/straight-white-male-the-lowest-difficulty-setting-there-is>.

44. DiAngelo, R. (2018); Okun, T. (2010).

45. Mills, C. W. (1997).

46. Delgado, R. (1995).

47. Alexander, M. (2012); véase también Pfaff, J. F. (2017).

48. <https://www.theatlantic.com/magazine/archive/2014/06/the-case-for-reparations/361631>

49. Kendi, I. X. (2019).

50. Singal, J. (2021), capítulo 6.

51. <https://implicit.harvard.edu/implicit/germany/takeatest.html>.

52. Machery, E. (2022).

53. Maitra, I. (2018).

54. Du Bois, W. E. B. (1998 [1935]).

55. <https://fs.blog/david-foster-wallace-this-is-water>.

56. Bostrom, N., y T. Ord (2006).

57. Solnit, R. (2014).

58. Fricker, M. (2007).

59. Manne, K. (2016).

60. Rini, R. (2021).

61. <https://mattbruenig.com/2013/02/26/what-does-identitarian-deference-require>.

62. Toole, B. (2021).

63. <https://inthesetimes.com/article/nyu-grad-students-win-contract>.

64. McGillen, P. (2023).

65. Mercier, H. (2020), págs. 202 y sigs.

66. Levy, N. (2017).

67. Pennycook, G., J. A. Cheyne, N. Barr, D. J. Koehler y J. A. Fugelsang (2015).

68. Hübl, P. (2018) y (2019).

69. Oreskes, N., y E. M. Conway (2010).

70. Boyd, R., y P. J. Richerson (2006).

71. Levy, N. (2022).

72. O'Connor, C., y J. O. Weatherall (2019).

73. <https://www.theatlantic.com/magazine/archive/2021/10/new-puritans-mob-justice-canceled/619818>.

74. Ronson, J. (2015).

75. <https://www.newyorker.com/news/news-desk/from-aggressive-overtures-to-sexual-assault-harvey-weinsteins-accusers-tell-their-stories>.

76. <https://babe.net/2018/01/13/aziz-ansari-28355>.

77. <https://donaldgmcneiljr1954.medium.com/nytimes-peru-n-word-part-one-introduction-57eb6a3e0d95>.

78. <https://s3.documentcloud.org/documents/3914586/Googles-Ideological-Echo-Chamber.pdf>.

79. <https://www.canceledpeople.com/cancelations>.

80. Levy, N. (2019).

81. Simpson, R. M., y A. Srinivasan (2018).

82. Tosi, J., y B. Warmke (2016).

83. Levy, N. (2021).

84. Bicchieri, C. (2016).

85. MacAskill, W. (2015).

86. <https://80000hours.org>.

87. <https://www.givewell.org>.

88. <https://www.thelifeyoucansave.org>.

89. Prinz, J. (2011).

90. Singer, P. (1972).

91. MacFarquhar, L. (2015), págs. 71 y sigs.

92. <https://www.givingwhatwecan.org>.

93. <https://howrichami.givingwhatwecan.org/how-rich-am-i>.

94. <https://www.givedirectly.org>.

95. Ord, T. (2020).

96. MacAskill, W. (2022).

Conclusión

1. Achen, C. H., y L. M. Bartels (2016), capítulo 5.

2. Hall, L., P. Johansson y T. Strandberg (2012).

3. Strandberg, T., J. A. Olson, L. Hall, A. Woods y P. Johansson (2020).

4. Joshi, H. (2020).

5. <https://www.econlib.org/archives/2011/06/the_ideological.html>.

6. Parker, V. A., M. Feinberg, A. Tullett y A. E. Wilson (2021).

7. Brennan, J. (2016), capítulo 1.

8. Appiah, K. A. (2019).

9. Walter, A. S., y D. P. Redlawsk (2019).

10. Cohen. G. L. (2003).

11. Kinder, D. R., y N. P. Kalmoe (2017).

12. Brennan, J. (2016), pág. 29; Freiman, C. (2021), pág. 12.

13. Caplan, B. (2007).

14. Schumpeter, J. (2008 [1942]), pág. 262 (traducción del autor).

15. Klein, E. (2020), capítulo 1.

16. Bail, C. (2021).

17. Bishop, B. (2009); Murray, C. (2010).

18. Fiorina, M. P., S. J. Abrams y J. C. Pope (2005).

19. Mercier, H. (2020), pág. 211.

20. Bail, C. (2021), pág. 75; DellaPosta, D. (2020); véase también Sauer, H. (2015).

21. Levendusky, M. (2009).

22. Mason, L. (2018) y (2018b); Iyengar, S., y S. J. Westwood (2015).

23. Iyengar, S., Y. Lelkes, M. Levendusky, N. Malhotra y S. J. Westwood (2019).

24. Grubbs, J. B., B. Warmke, J. Tosi y A. S. James (2020).

25. Nguyen, C. T. (2020).

26. Funkhouser, E. (2022).

27. Heath, J. (2021b); Nordhaus, W. (2013); Brennan, J., y B. Van der Vossen (2018), capítulo 11; Pinker, S. (2018), capítulo 10; véase también Wallace-Wells, D. (2019) y, como contrapunto, Lomborg, B. (2021) y Shellenberger, M. (2020).

28. Henrich, J., S. J. Heine y A. Norenzayan (2010), pág. 1 (traducción del autor).

29. Heródoto (2019), tercer libro, § 38.

30. Montaigne, M. de (2011), págs. 314-334.

31. Schwartz, S. H., *et al.* (2012).

32. <https://www.worldvaluessurvey.org/wvs.jsp>.

33. Curry, O. S., D. A. Mullins y H. Whitehouse (2019); véase también Sauer, H. (2019).

34. <https://www.newappsblog.com/2015/02/why-i-deny-strong-versions-of-descriptive-cultural-moral-relativism.html>.

35. Drescher, S. (2009), pág. 60 (traducción del autor); véase también <https://necpluribusimpar.net/portuguese-chronicler-may-teach-us-moral-relativism>.

36. Midgley, M. (2005).

37. <https://www.academia.edu/40029018/Tsujigiri_Mary_Midgley_s_Misleading_Essay_Trying_Out_One_s_New_ Sword_>.

38. Welzel, C. (2013).

ÍNDICE ONOMÁSTICO Y DE MATERIAS